Christof Langholf

Ich lasse los

Christof Langholf

Ich lasse los

Das Erfahrungsbuch für innere Heilung
und spirituelles Wachstum

 **Bauer**

Verlag Hermann Bauer
Freiburg im Breisgau

Die Deutsche Bibliothek – CIP-Einheitsaufnahme

Ein Titeldatensatz für diese Publikation ist bei
Der Deutschen Bibliothek erhältlich

1. Auflage 2001
ISBN 3-7626-0849-0
© 2001 by Verlag Hermann Bauer GmbH & Co. KG, Freiburg i. Br.
www.hermann-bauer.de

Umschlag: Designagentur Peter Krafft, Bad Krozingen
Satz: CSF · ComputerSatz GmbH, Freiburg i. Br.
Druck und Bindung: fgb · freiburger graphische betriebe, Freiburg i. Br.
www.fgb.de
Printed in Germany

Dank

Danke dem EINEN-IN-ALLEM und insbesondere seinen folgenden Verkörperungen:

Sri Sathya Sai Baba, der dieses Buch inspiriert und begleitet hat;
   Doc (Isa) und Ruth (Yolanda) Lindwall, die die Releasing-Arbeit entwickelt haben und mir wichtige Lehrer und Freunde waren und sind;
   den vielen Klienten und Gruppenteilnehmern, die mir ihr Vertrauen geschenkt und durch ihre Erfahrungen dazu beigetragen haben, dass dieses Buch entstehen konnte.

Katrin, meine geliebte Frau und Seelengefährtin: Danke für deine bedingungslose Liebe, für deine stetige und vielfältige Unterstützung, für dein immer spürbares »Ja«. Dieses Buch ist auch dein Buch.
   Danke auch Jan Martin Fehr, Wilbert Röttger, Sophie Wagner, Elisabeth Wild, die das Manuskript gelesen und mir wertvolle Unterstützung, Hinweise und Anregungen gegeben haben.

Inhalt

Vorwort von Dr. Isa und Yolanda Lindwall

Seitdem wir 1978 das »Freisein-durch-Releasing«-Verfahren entwickelt hatten, ist es unser Privileg gewesen, diese Methode Tausenden von Menschen in über 30 Ländern zu vermitteln. Die vielleicht größte Herausforderung für einen Lehrer liegt jedoch darin, Schüler zu finden, die die Essenz des Gelehrten nicht nur für ihre persönliche Weiterentwicklung nutzen, sondern sich inspiriert fühlen, auch andere zu unterrichten und so das Wissen zum Wohle aller weiterzugeben. Umso mehr freuen wir uns, dass der Autor dieses Buches, Christof Langholf, in der Releasing-Arbeit einen Weg fand, nicht nur sein eigenes Leben positiver zu gestalten, sondern diese Methode auch in seiner therapeutischen Praxis einzusetzen und weiterzuentwickeln. Er verband Releasing und die verschiedensten Elemente seines Fachwissens als Psychologe – und das nun schon seit vielen Jahren mit großem Erfolg.

Sein aufrichtiges Anliegen, seinen Mitmenschen zu helfen, war bereits offenkundig, als wir ihn 1984 als jungen Studenten kennen lernten. Damals begleitete er uns von Seminarort zu Seminarort, um aus erster Hand zu lernen, was es mit Releasing auf sich hat. Nun hat Christof für Sie, lieber Leser, dieses Buch geschrieben.

Mit großer Freude empfehlen wir dieses Buch all jenen, die ihre Lebensqualität verbessern wollen. Nach unserer Erfahrung müssen alle Menschen, junge wie alte, reiche wie arme, mit schwierigen Ereignissen im Verlauf ihres Lebens fertig werden. Die meisten von uns unterdrücken die Auswirkungen dieser Belastungen jedoch fast augenblicklich. Sie versuchen so weiterzumachen, als sei nichts geschehen.

Man muss jedoch gar nicht erst eine »Tragödie« erleben, um unter eingeschränkter Funktionsfähigkeit und mangelnder Vitalität zu leiden. Auch die Ansammlung Hunderter kleiner Verletzungen und Enttäuschungen in unserem Alltag beeinträchtigt schließlich unser Wohlbefinden und unsere Lebensfreude. Zahlreiche körperliche und emotionale Schmerzen werden durch verborgene Erinnerungen verursacht, die schon lange Zeit »vergessen« sind. »Aus den Augen, aus dem Sinn« ist ein verführerisches Glaubenssystem, das uns einlullen und unserem Leben den Glanz nehmen kann.

Dieses Buch richtet sich nicht nur an diejenigen, die unter offensichtlichen psychischen Traumata leiden, sondern an alle, die gern ein freudvolleres, erfolgreicheres und schmerzfreieres Leben führen möchten. Es kann sowohl für den Laien als auch für den professionellen psychosozialen Helfer zu einem wertvollen Werkzeug werden. Wir möchten Sie darin bestärken, die beschriebenen Methoden wirklich anzuwenden, um Ihr Leben so zu gestalten, wie Sie es sich aus tiefstem Herzen wünschen.

Dr. E. E. Isa und R. Yolanda Lindwall,
Begründer der Releasing-Arbeit

Vorwort des Autors

Seit Ende der achtziger Jahre bin ich nach Beratungsstunden und
Seminaren, die ich abgehalten habe, immer wieder gefragt worden:
»Sag mal, gibt es eigentlich ein Buch über die Arbeit, die du
machst?« Meine Antwort war anfangs immer nein, ein solches Buch
gäbe es bisher leider noch nicht. Vielleicht aber würde ich ja eines
Tages selbst einmal eins schreiben. Und tatsächlich begann ich vor
Jahren auch damit, Material für ein Buch zu sammeln. Damals wollte
sich jedoch weder ein zufrieden stellendes inhaltliches Konzept in
mir formen, noch fand ich unter der Vielfalt anderer Aufgaben die
Zeit, mich intensiver mit dem Schreiben zu befassen. So versandete
mein Vorhaben allmählich wieder, und der Gedanke an ein Buch
verschwand schließlich für einige Jahre fast vollständig aus meinem
Bewusstsein.

Es traf mich daher ziemlich überraschend, als ich mich im Januar
1996 während einer Meditation plötzlich in einer Vision vor einem
tragbaren Computer sitzen sah, den ich seinerzeit weder besaß noch
zu kaufen beabsichtigte. Dazu kam die deutliche innere Eingebung,
es sei jetzt an der Zeit, ein Buch über meine Arbeit zu schreiben. Im
Juni desselben Jahres »solle« ich damit beginnen.

Tatsächlich wurde ich dieses Mal auf der Suche nach einem
stimmigen Konzept schnell fündig. In der Zwischenzeit hatte ich
damit begonnen, zusätzlich zu meiner Arbeit mit Einzelklienten
zweijährige Ausbildungstrainings anzubieten. Mit diesen Trainings
waren Menschen angesprochen, die sich einerseits über einen längeren Zeitraum hinweg in einen kontinuierlichen inneren Hei-
lungs- und Wachstumsprozess begeben, darüber hinaus aber auch
lernen wollten, andere Menschen spirituell-therapeutisch zu begleiten.

Diese Seminare die ersten Male durchzuführen war ein Abenteuer für sich. Außer der Zustimmung durch meine innere Führung hatte ich zunächst nichts als eine ungefähre Idee, wie das Programm für diese zwei Jahre strukturiert sein sollte. Es stellte sich aber bald heraus, dass ich immer dann, wenn es an der Zeit für eines der Ausbildungsseminare war (jedoch fast niemals früher), mit allem versorgt wurde, was ich und die Gruppe benötigten. Entweder bekam ich Eingaben für Meditationen, Übungen und Themen, über die ich sprechen sollte, oder mir fielen noch im letzten Moment Bücher oder CDs in die Hände, die genau die Inspirationen enthielten, die ich gerade gebrauchen konnte.

Als ich nun die Vorträge und Übungen betrachtete, die sich inzwischen als Lehrmaterial angesammelt hatten, wurde mir klar, dass ich mit diesem Material zugleich die inhaltliche Grundlage und Struktur für mein Buch gefunden hatte. So ist aus diesem Buch also eine Art »Handbuch« geworden, das Sie als Leitfaden für Ihre innere Heilung und spirituelle Entwicklung nutzen können.

Wie jedes gute Handbuch ist auch dieses in zweifacher Hinsicht ein »Erfahrungsbuch«. Zum einen basiert es auf den Erfahrungen vieler Menschen bzw. auf dem, was Menschen »wie Sie und ich« in ihren Heilungs- und Wachstumsbemühungen als hilfreich und wertvoll erlebt haben. Zum anderen ermöglicht es Ihnen ähnlich heilsame Wachstumsschritte, wenn Sie die Einsichten und Methoden, die ich Ihnen in diesem Buch vorstellen werde, für sich aufgreifen und anwenden. Alle Übungen habe ich daher so wiedergegeben, dass Sie sie selbstständig allein, zu zweit oder in einer Gruppe von Gleichgesinnten durchführen können. Falls Sie selbst als Berater oder Therapeut tätig sind, können Sie die meisten Übungen und Techniken leicht in Ihre Arbeit integrieren.

Gleichzeitig hat dieses Buch jedoch einen persönlicheren Charakter, als man es von einem Handbuch vielleicht erwarten würde. Der Grund hierfür ist, dass die Erfahrungen auf anderen Gebieten meines Lebens für mich natürlich ebenso zu meinem eigenen inneren Weg gehören wie meine Arbeit als Therapeut und Lehrer. An vielen Stellen fließt daher automatisch auch die Schilderung persönlicher Erlebnisse mit ein.

Für mich und viele andere Menschen waren und sind die in diesem Buch beschriebenen Methoden eine unschätzbar wertvolle Hilfe dabei, alte emotionale Verletzungen zu heilen, einen inneren Zugang zum göttlichen Selbst zu entwickeln und in die eigene volle Kraft zu finden. Ebenso haben sie bei vielen meiner Gruppenteilnehmer dazu beigetragen, den Mut und die Kraft zu finden, ihre Herzensträume in ihrem Leben Wirklichkeit werden zu lassen. So haben sie für sich den Grundstein gelegt, um Freude und innere Zufriedenheit als dauerhafte Grundgefühle in ihrem Leben zu erfahren.

Releasing, das Verfahren, das im Mittelpunkt der in diesem Buch vorgestellten Methoden steht, vergleiche ich in meinen Vorträgen oft mit einem Werkzeug, das es ermöglicht, seelische »Wölkchen« aufzulösen. Gemeint sind damit negative Selbstbilder, Minderwertigkeitsgefühle, Ängste, Abhängigkeiten, begrenzende Glaubensmuster, unerlöste Gefühle wie alter Groll, Zorn, Traurigkeit und andere seelische Blockaden. Je mehr dieser Wölkchen wir auflösen, umso ungehinderter kann das Licht unseres wahren Selbst durch uns hindurchscheinen. Ich selbst habe diese Zunahme von Licht unter anderem als leichteren Zugang zu der Liebe und Lebensfreude meines Herzens, als unzweideutige Wahrnehmung innerer Führung durch das Höhere Bewusstsein und als ein wachsendes Gefühl von Erfüllung durch das Annehmen meiner Lebensaufgaben erfahren.

Vor allem aber gab und gibt es jene kostbaren Momente, in denen die liebende Präsenz der göttlichen Kraft besonders deutlich fühlbar wird. Zu diesen »Momenten« gehören für mich drei Stunden vor einigen Jahren, in denen mein Körper sich aufgrund einer Infektionskrankheit vor Schmerzen krümmte. Das klingt seltsam, nicht wahr? Zumindest so lange, wie wir uns ausschließlich für unseren physischen Körper halten. Ich war mir damals jedoch meiner selbst auf einer Ebene jenseits meiner physischen Form gewahr, während sich mein Körper in dieser höchst misslichen Lage befand. In diesem tieferen Teil meines Selbst empfand ich größtes seelisches Glück, denn ich war eingehüllt und eingetaucht in die absolute und bedingungslose Liebe der göttlichen Präsenz.

Diese Momente, in denen mein Körper heftig litt, während meine Seele gleichzeitig tiefste Freude erlebte, haben mich in der Gewissheit bestärkt, dass wir ein Glück der Seele in uns tragen, das unbeeinträchtigt von den Stürmen des äußeren Lebens immer da ist und nur darauf wartet, dass wir es finden und als unseren natürlichen Zustand annehmen. In diesem Sinne wünsche ich mir und Ihnen, dass immer mehr innere Wölkchen verschwinden, die uns von diesem Zustand trennen. Möge dieses Buch Sie ein Stückchen weiterbringen auf dem Weg zu dem Licht, das Sie bereits sind.

Teil I

Einführung in die Releasing-Methode

Loslassen als Therapie und spirituelle Übung

> *Ein Schüler fragte seinen Meister:*
> *»Was ist die ewige Wahrheit?« Darauf der Meister:*
> *»Geh weiter!«[1] ***

Dieses Buch handelt vom Loslassen. Genauer gesagt beschreibt es ein praktisches Verfahren, das uns dabei von Nutzen sein kann, all die inneren Hindernisse aus dem Weg zu räumen, die uns am Wachsen, am Weitergehen und am Erleben von Glück und Zufriedenheit in unserem Leben hindern. Diese Methode heißt Releasing. Der englische Begriff *Releasing* bedeutet »Loslassen«, »Freilassen« oder auch »Erlösen«.

Releasing wurde bereits Ende der siebziger Jahre von dem amerikanischen Ehepaar »Doc« Isa und Yolanda Lindwall entwickelt. Für den Arzt und Chiropraktiker und seine als Lehrerin und Lebensberaterin tätige Frau stellt die Releasing-Methode das Ergebnis jahrzehntelangen Forschens und Experimentierens mit verschiedenen ganzheitlichen Heilweisen dar.

Bis heute wurde Releasing ausschließlich mündlich und praktisch in Form von Vorträgen, Seminaren und Ausbildungsgruppen gelehrt. Die relativ lange Zeitspanne von den Anfängen dieser Arbeit bis zum Entstehen dieses Buches hat die erfreuliche Tatsache zur Folge, dass inzwischen eine große Fülle an persönlichen Erfahrungen und Beispielen für die heilsamen Wirkungen dieser Methode existiert. Sie reichen von der Heilung emotionaler Probleme über die Auflösung verschiedenster körperlicher Krankheitssymptome bis

---

* Die hochgestellten Ziffern beziehen sich auf die Anmerkungen, die auf Seite 307 zusammengefasst sind.

hin zu »Durchbrüchen« sowohl in der persönlichen Lebensgestaltung als auch in der spirituellen Entwicklung vieler Menschen.

Releasing kann dabei helfen, all die inneren Blockaden loszulassen, die in irgendeiner Weise unser Wohlbefinden, unsere Lebensfreude, unsere Gesundheit, unsere Erfüllung im Beruf, in unseren Beziehungen oder in anderen Lebensbereichen beeinträchtigen. Zu den seelischen Dispositionen, die »release« werden können, gehören zum Beispiel Ängste, Minderwertigkeitsgefühle, Depressionen, Selbsthass, negative Glaubens- und Erwartungshaltungen, destruktive Verhaltensmuster oder auch die emotionalen Auswirkungen traumatischer Kindheitserlebnisse. Die therapeutischen Wirkungen, die ein solches Loslassen auf sie hatte, beschrieb vor Jahren einmal eine Klientin von mir in poetischer Form:

Wo ich Verzagtheit spürte, entdecke ich jetzt Mut
Wo mich Angst blockierte, entdecke ich neue Wege
Wo ich mir misstraute, entdecke ich meine Fähigkeiten
Wo ich Bürden sah, entdecke ich Leichtigkeit
Wo ich mit meinen Grenzen haderte, entdecke ich die Wichtigkeit von
Geduld und Zeit
Wo ich nicht hinschauen wollte, entdecke ich Schätze.

Es ist wunder-bar,
sich dem liebenden Gott anzuvertrauen
und sein Angebot zum Glücklichsein anzunehmen.

Was viele Menschen, die Releasing kennen gelernt haben, fasziniert und angesprochen hat, ist die Erkenntnis, dass diese Methode nicht ausschließlich der Anwendung durch professionelle Berater oder Therapeuten vorbehalten bleibt. Sie können also Releasing – ebenso wie dieses Buch – durchaus auch sehr wirkungsvoll selbständig nutzen.

Die eigentliche Releasing-Methode beinhaltet ganz bestimmte Elemente. Diese Grundpfeiler der Releasing-Arbeit beschreibe ich im ersten Teil des Buches. Zugleich stellt Releasing aber auch ein offenes System dar, in das sich bei Bedarf auch Elemente vieler anderer Formen innerer Arbeit integrieren lassen. Releasing ist also wie das Leben selbst nichts Statisches, sondern erweitert und formt sich in der praktischen Anwendung immer wieder aufs Neue. Von der Art und Weise, in der sich die Releasing-Arbeit für mich im Laufe vieler Jahre erweitert hat, vermittelt der zweite Teil dieses Buches einen Eindruck. Mein Anliegen ist es, Sie teilhaben zu lassen an den Einsichten und Übungen, die sich bei der Arbeit an den in den einzelnen Kapiteln angesprochenen Themen als hilfreich und wertvoll erwiesen haben.

Releasing ist jedoch nicht nur eine praktische Methode zur Selbsthilfe, für Beratung und Therapie. In gewisser Weise stellt Releasing auch eine Art spiritueller Praxis dar. Das heißt, Releasing kann uns dabei helfen, uns mit dem Höheren Bewusstsein, der göttlichen Kraft, der größeren Gegenwart – oder wie immer wir »Es« nennen wollen – zu verbinden und uns selbst schrittweise immer mehr als das zu erkennen, was wir wirklich und wahrhaft wesentlich sind.

Dieses Wesentliche in uns, unsere Essenz, ist gleichbedeutend mit dem »Himmelreich, das inwendig in Euch ist«, von dem Jesus sprach. Es ist das »Licht, das in dir ist«, wie er und viele andere spirituelle Meister es formuliert haben. Früher waren es ausschließlich Mystiker, die das Licht innerlich geschaut und spirituelle Wege zu diesem Erleuchtungszustand beschrieben haben. Heutzutage gibt es darüber hinaus eine Fülle an glaubhaften und gut dokumentierten Berichten von Menschen, die – durch einen Unfall oder eine Krankheit bedingt – für kurze Zeit klinisch tot waren und dann dank der Errungenschaften der modernen Medizin wiederbelebt wurden. Übereinstimmend berichten viele dieser Personen, dass sie sich während dieser Zeit außerhalb ihres Körpers wahrnahmen und zunächst die Szenerie rund um ihren leblosen Körper von außen (etwa an der Decke schwebend) betrachteten. Nach einiger Zeit kam es dann für einen großen Teil dieser Menschen zu einer Begegnung mit dem Licht, das »eine kaum vorstellbare tiefe, reine Liebe ausstrahlte«, wie es in einer Schilderung stellvertretend für viele andere heißt. Für nahezu alle dieser wiederbelebten Personen hatte die Begegnung mit dem Licht eine lebensverwandelnde Wirkung.

Wenn Sie so wie ich während meiner früheren Arbeit in einem Krankenhaus Gelegenheit haben, mit Menschen zu sprechen, die ein solches Nahtoderlebnis hatten, werden Sie sich wahrscheinlich kaum der Intensität einer derartigen Schilderung entziehen können. Durch Begegnungen mit solchen Menschen, durch eigene innere

Erfahrungen und durch das, was ich durch verschiedene spirituelle Meister gelernt habe, zweifle ich nicht daran, dass dieses »innere Himmelreich« oder Licht unser eigentliches essentielles Selbst ist. In ihm finden wir unser inneres Zuhause und erleben uns selbst als reines Sein, Bewusstsein und Glückseligkeit.

Was uns von der Erfahrung dieses Zustandes trennt – auch darin sind sich alle spirituellen Traditionen einig –, ist die Täuschung, in der wir gefangen sind. Sie beruht darauf, das wir uns ausschließlich mit unserem Körper identifizieren und uns dementsprechend für ein von anderen abgetrenntes Ich oder Ego halten. Mit dieser Körper- und Egoidentifikation hängen letztlich auch alle weiteren Bindungen und Bewusstseinsinhalte zusammen, durch die unsere Entfremdung von unserem wahren Selbst aufrechterhalten wird. Von ihnen müssen wir uns lösen, um unser wahres Sein erfahren zu können.

Diese Bindungen können verschiedenster Art sein. Es kann sich dabei um Abhängigkeiten von Personen oder Dingen handeln, um eingefahrene Denk- und Verhaltensweisen, die uns unfähig machen, dem besseren Wissen unserer inneren Stimme zu folgen, oder um oberflächliche Wünsche, die im Widerspruch zu unseren tieferen Seelenbedürfnissen stehen. Auch eine Fülle von negativen Vorstellungen über »Gott« und eine Vielzahl an begrenzenden Selbstdefinitionen, mit denen wir uns einengen und klein machen, stehen dem Erleben unseres größeren Seins im Weg. So geht es also neben dem Loslassen von Inhalten, mit denen sich auch die Psychotherapie beschäftigt (Ängste, Misstrauen, Selbstzweifel, negative Kindheitsprägungen usw.), für diejenigen, die noch weiter gehen wollen, auch um die Auflösung weiterer Bindungen, aus denen unser individuelles Ego gewissermaßen »zusammengesetzt« ist. Bei all diesen kleineren und größeren Schritten des Loslassens kann Releasing eine wertvolle Hilfe sein.

Releasing ist kein *Ersatz* für Meditation und andere spirituelle Übungen. Es *ergänzt* jedoch die spirituelle Praxis um ein überaus wertvolles Element. Gerade spirituell suchende Menschen streben häufig auf der einen Seite danach, »gut« und moralisch zu sein. Auf der anderen Seite wissen sie aber oft nicht, wohin mit den Seiten von ihnen, die ihnen alles andere als licht- und liebevoll erscheinen. Ich habe viele Suchende erlebt, für die diese Frage eine echte innere Not bedeutete. Viele von ihnen sahen den einzigen Ausweg für sich darin, ihre »negativen« inneren Anteile aus der Selbstwahrnehmung zu verdrängen und sie unter einer Maske der Scheinheiligkeit zu verbergen.

Releasing bietet eine echte Lösung für dieses Dilemma. Es gibt uns ein Werkzeug an die Hand, das uns gestattet, unsere »dunklen« Anteile weder zu verdrängen noch uns ihnen auszuliefern. Stattdessen können wir mit Hilfe der Releasing-Arbeit lernen, sie ans Licht kommen zu lassen und am Licht unvoreingenommen zu betrachten. Im nächsten Schritt können wir sie dann entweder loslassen oder integrieren, weil wir einige von ihnen bei Licht betrachtet möglicherweise als *wertvolle* Anteile erkennen, die wir zuvor nur fälschlicherweise für schlecht und dunkel gehalten haben.

Wenn wir so mit den ungeliebten Seiten von uns umgehen können, gewinnen wir in dreifacher Hinsicht. Zum einen geben wir, indem wir unsere »dunklen« Anteile erlösen, schrittweise die Illusion auf, wir seien verschieden und getrennt von dem Licht, das uns erschaffen hat und darauf wartet, dass wir es als unser eigenes Selbst wiedererkennen.

Zweitens profitieren wir davon, dass wir weniger Seelenanteile in uns tragen, die wir ins Unbewusste abgedrängt haben. Denn was wir verdrängt haben, entwickelt im Unbewussten oft eine Art Eigenleben. Wie das Wirken von Saboteuren, die im Untergrund leben, kann der Einfluss solcher verdrängter Anteile eine sehr unangenehme Wirkung entfalten. Andere Menschen nehmen nämlich sehr leicht wahr, ob wir unter unserem Heiligenschein Ärger, Wut, Bedürftigkeit und mehr oder weniger subtile Manipulationsmuster verbergen. Und sie reagieren darauf, was ziemlich bestürzend sein kann, falls man sich zuvor in dem Glauben wähnte, dass für andere nur die eigene Hochglanzfassade sichtbar sei.

Der dritte Gewinn entsteht aus der Tatsache, dass es Kraft kostet, Persönlichkeitsanteile »unter der Decke zu halten«. Diese Anteile ans Licht des Bewusstseins kommen zu lassen und zu verwandeln befreit also gleichzeitig die Energie, die wir vorher auf ihre Unterdrückung verwandt haben. So steht uns im Laufe der Zeit zunehmend mehr psychische Energie zur Verfügung, die wir als wachsende Lebensfreude und Lebendigkeit wahrnehmen werden.

Die Releasing-Methode

Der Anlass dafür, mit Releasing zu arbeiten, ist für gewöhnlich das persönliche Erleben, dass es in irgendeinem Bereich des eigenen Lebens »hakt« oder irgendwie nicht weitergeht. Wir haben also ein Problem oder Thema, an dem wir arbeiten wollen. In aller kürzester Form zusammengefasst besteht der Releasing-Prozess dann darin, nach innen zu gehen, zu schauen, durch welche inneren Anteile das Problem verursacht und aufrechterhalten wird, und diese Ursachen bzw. Muster loszulassen. So werden wir bereit für neue, befriedigendere Erfahrungen und Handlungsweisen.

Wie der Prozess im Einzelnen abläuft, werde ich nun so schildern, wie ich es bei den Einführungen für meine Seminarteilnehmer tue. Das heißt, ich stelle Ihnen zunächst die »klassische« Form der Releasing-Arbeit vor, in der zwei Partner zusammenarbeiten. Auch wenn Sie die Releasing-Methode nur für sich allein nutzen möchten, sollten Sie diesen Abschnitt lesen. Er enthält die wichtigsten Grundlagen des Releasing, deren Verständnis auch für die Arbeit ohne Partner von Bedeutung ist. Anschließend zeige ich Ihnen, wie Sie Releasing auch allein anwenden können.

Releasing als Paararbeit

In der Paararbeit hat einer der beiden Partner die Gelegenheit, nach innen zu gehen und an seinen persönlichen Themen zu arbeiten, während er dabei von der anderen begleitet und unterstützt wird. Der Einfachheit halber werde ich diese beiden Rollen fortan als »Klient« (die Person, die an sich arbeitet) und »Begleiter« bezeichnen.

Releasing als Paararbeit beinhaltet im Wesentlichen sechs Hauptelemente. Sie heißen »Entspannung«, »Ausrichtung auf das Höchste Bewusstsein«, »Der innere Prozess«, »Loslassen«, »Eine neue Entscheidung treffen« und »Der Abschluss«.

Entspannung

Eine Releasing-Sitzung beginnt im Normalfall damit, dass der Begleiter den Klienten durch geeignete Anweisungen in einen körperlichen Entspannungszustand versetzt. Man könnte dabei auch von einem Wachtraumzustand sprechen. Im Gegensatz zu einer tiefen Trance bleibt sich der Betreffende seiner selbst jedoch ständig voll bewusst und behält die volle Kontrolle über sich selbst. So ist er bei Bedarf auch jederzeit in der Lage, die Augen zu öffnen und in das normale Wachbewusstsein zurückzukehren.

Das Schließen der Augen und die Entspannungsanweisungen haben den Sinn, den Klienten in einen Zustand zu versetzen, in dem seine ganze Aufmerksamkeit gesammelt nach innen gerichtet ist, ohne dass er von äußeren Vorgängen um ihn herum abgelenkt wird. Außerdem wird durch dieses Vorgehen die rechte Gehirnhälfte stärker aktiviert, als dies im normalen Wachzustand der Fall ist. Während die linke Gehirnhälfte eher mit unserem rationalen, analytischen Verstand verbunden ist, haben wir über die rechte Gehirnhälfte Zugang zu unseren Gefühlen, Intuitionen, inneren Bildern oder auch zu unbewussten Erinnerungen.

Um Probleme wirklich an ihren Wurzeln lösen zu können, die zum Teil im Unbewussten liegen, ist es wichtig, zu Beginn der Arbeit den Zugang zu diesen inneren Bereichen zu aktivieren. Ist dieser Zugang erst einmal vertraut, wird es nicht mehr in jedem Fall notwendig sein, ausführliche Entspannungsanweisungen zu geben. Dann kann es genügen, die Augen zu schließen und sich einige Augenblicke lang innerlich zu sammeln. Besonders die ersten Male und auch später noch, wenn man »größere« Themen bearbeiten will, sollte man jedoch mit einer Phase der bewussten körperlichen Entspannung beginnen.

Der Klient liegt am besten bequem auf einer Liege oder Matratze, während der Begleiter neben ihm sitzt. Allerdings können Menschen, die im Liegen zu leicht einschlafen, auch im Sitzen in die Entspannung geführt werden. Ratsam ist es in jedem Fall, sich mit einer leichten Decke zuzudecken, da der Körper sonst leicht auskühlen kann. Außerdem vermittelt eine Decke vielen Menschen ein Gefühl von Schutz und Geborgenheit.

Während der inneren Arbeit neigt der Körper oft dazu, das Loslassen auch noch in anderer Weise zu vollziehen. Es ist daher sinnvoll, die Blase zu entleeren, bevor Sie beginnen. Sollten Sie dennoch im Verlauf der Sitzung das dringende Bedürfnis verspüren, zur Toilette zu gehen, ist es besser, diesem Impuls zu folgen als angestrengt liegen zu bleiben und durch den Blasenreiz zu stark abgelenkt zu sein, um sich auf den inneren Prozess konzentrieren zu können. Bleiben Sie dann jedoch gesammelt bei sich, ohne sich auf äußere Ablenkungen wie herumliegende Toilettenlektüre einzulassen. Danach kehren Sie einfach an Ihren Platz zurück und knüpfen da wieder an, wo Sie die innere Arbeit zuvor unterbrochen haben.

Es gibt nicht nur eine richtige oder brauchbare Methode für die Entspannung. Ich selbst verwende meistens eine Mischung aus Zählmethode und gezielter Lenkung der Körperwahrnehmung. Gelegentlich greife ich auch auf andere Elemente zurück wie beispielsweise die Visualisierung eines entspannenden Lichts, das nach und nach in die verschiedenen Körperbereiche fließt.

Im Gegensatz zu Entspannungsübungen, die nur um der körperlichen Entspannung willen durchgeführt werden, sollten Sie jedoch darauf achten, dass während der Entspannung die geistige Wachheit erhalten bleibt, da sonst keine innere Arbeit mehr möglich ist. Anweisungen aus dem autogenen Training wie zum Beispiel »Dein Kopf wird ganz schwer ...« sind daher eher ungeeignet.

Die folgenden Sätze entsprechen meinen Standardanweisungen, die sich im Verlauf vieler Einzel- und Gruppensitzungen bewährt haben. Sie setzen ein, nachdem der Klient vor mir auf dem Rücken auf einer Liege oder Matratze liegt. Als Begleiter nehmen Sie sich genügend Zeit, um sich innerlich zu sammeln, bevor Sie mit den Anweisungen beginnen. Sprechen Sie dann ruhig und eher langsam. Die Punkte zwischen den Sätzen entsprechen Pausen von einigen Sekunden, in denen der Klient die Sätze in sich »hineinsinken« lassen und nachvollziehen kann.

Entspannungsanweisungen

Schließ jetzt die Augen und nimm zwei, drei tiefe Atemzüge, lass den Atem ganz los beim Ausatmen … und lass dich mit dem Atem ganz entspannt auf die Unterlage sinken … Spür die Körperstellen, die auf der Unterlage aufliegen … und spür wie dein Körper getragen wird … Es gibt jetzt nichts für dich in der äußeren Welt zu tun, und du kannst mit deiner Aufmerksamkeit ganz bei dir sein … Der bisherige Tag ist jetzt vorüber, und alle Gedanken, die noch da sind, lässt du vorüberziehen wie Wolken am Himmel … Du bekämpfst sie nicht, gehst ihnen aber auch nicht mehr nach … und du kommst mehr und mehr bei dir an …

Ich zähle jetzt langsam rückwärts von zwanzig bis null, und du kannst dir vorstellen, jede Zahl ist wie eine Treppenstufe, die dich tiefer in die Entspannung führt … Und während sich dein Körper immer tiefer entspannt, bleibt dein Geist gleichzeitig hellwach …

Zwanzig, tiefer … neunzehn, tiefer … mit jeder Zahl und mit jedem Ausatmen lässt du ein wenig mehr los … achtzehn, tiefer … und du gehst mit deiner Aufmerksamkeit zu den Füßen und entspannst die Füße … und entspannst die Knöchel … die Unterschenkel … und siebzehn, tiefer … sechzehn, tiefer … Du gehst mit deiner Aufmerksamkeit zu den Knien und entspannst die Knie … und gehst weiter zu den Oberschenkeln und entspannst die Oberschenkel … Die ganzen Beine entspannen sich … fünfzehn, tiefer … vierzehn, tiefer … und mit dem Ausatmen lässt du noch ein wenig mehr los … dreizehn, tiefer … Du atmest sanft in dein Becken und in deinen Bauch … und mit dem Ausatmen entspannst du dein Becken und deinen Bauch … und entspannst dein Sonnengeflecht … die Brust … und zwölf, tiefer … elf, tiefer … zehn, tiefer … Du gehst mit deiner Aufmerksamkeit zu den Schultern und entspannst die Schultern … und entspannst die Arme … die Hände … und neun, tiefer … acht, tiefer … sieben, tiefer … Du entspannst deinen Nacken … deinen Hals … dein Kinn … und sechs, tiefer … fünf, tiefer … vier, tiefer … du entspannst deinen Mund und erlaubst ihm, sich leicht zu öffnen … und entspannst die Nasengegend … die Wangen … die Augen und die Stirn … Dein ganzer Kopf entspannt sich, und dein Geist bleibt gleichzeitig ganz wach dabei … drei, tiefer … zwei, tiefer … eins, tiefer … und null …

Schau jetzt noch einmal nach in deinem Körper, und wenn noch irgendwelche verspannten Stellen da sind, dann stell dir vor, wie diese Verspan-

nungen mit jedem weiteren Atemzug weniger werden und sich nach und nach auflösen.

Ausrichtung auf das Höchste Bewusstsein

Die Basis der Releasing-Arbeit besteht in der inneren Ausrichtung auf das Höchste Bewusstsein. Praktisch bedeutet dies, dass sich sowohl der Klient als auch der Begleiter auf die Präsenz der Höchsten Kraft einstimmen und innerlich darum bitten, dass die Sitzung von der liebenden Weisheit dieser Kraft geführt und getragen wird.

Dabei steht es jedem Beteiligten frei, sich in der Weise an die göttliche Kraft zu wenden, die seinem ganz individuellen spirituellen Zugang entspricht. Für manche mag dies einfach eine formlose göttliche Kraft sein, für andere »die Kraft, die mich geschaffen hat« oder »Lieber Gott«. Manche sprechen sie an als »das Licht«, und wieder anderen Menschen mag diese Kraft besonders in einer ihrer Verkörperungen vertraut sein, zum Beispiel in Gestalt der göttlichen Mutter, eines Engels, als göttliches Elternpaar oder in Form eines erleuchteten Meisters oder Avatars wie etwa Jesus, Buddha oder für manche vielleicht auch Sai Baba.

Eine innere Arbeit bewusst unter den Schutz und die Führung des Höheren Bewusstseins zu stellen macht in mehrfacher Hinsicht einen Unterschied. Für den Klienten ermöglicht es ein tieferes Vertrauen. Es macht ihm bewusst, dass die Sitzung in den Händen einer Instanz liegt, deren Weisheit sein eigenes *bewusstes* Wissen und Verstehen übersteigt – und im Bedarfsfall auch das seines Begleiters. Ein größeres Vertrauen ermöglicht es wiederum, sich tiefer zu öffnen und so schneller und intensiver mit den eigenen Gefühlen und abgelehnten Persönlichkeitsanteilen in Kontakt zu kommen.

Gleichzeitig lenkt die Bitte um innere Führung die Aufmerksamkeit des Klienten darauf, dass er den Zugang zum Höheren Bewusstsein *in sich* trägt. So weiß er oder kann zumindest die Möglichkeit in Betracht ziehen, dass er jederzeit auf die Hinweise und Antworten dieser Instanz *in sich* lauschen kann. Dementsprechend liegt auch die Aufgabe des Begleiters nicht darin, als eine äußere Autorität dem Klienten den rechten Weg zu weisen. Vielmehr ist auch der Beisitzer jemand, der nach innen auf die Impulse des Höheren Bewusstseins lauscht und den Klienten dabei unterstützt, in sich selbst diesen Zugang zu finden und zu nutzen.

In der Praxis wird tatsächlich immer wieder das Wirken einer größeren Weisheit offensichtlich, wenn zu Beginn einer Sitzung eine Einstimmung auf das Höhere Bewusstsein stattgefunden hat. So geschieht zum Beispiel normalerweise genau das, was in diesem Moment für den Klienten richtig ist, wozu er also bereit ist und was er verarbeiten kann. Ich habe es in Tausenden von Sitzungen noch nicht einmal erlebt, dass jemand bei einer solchen Arbeit mit Themen konfrontiert worden wäre, deren weitere Verarbeitung eine absolute Überforderung dargestellt hätte. Jeder bekommt also gewissermaßen jeweils die Mahlzeit serviert, die er zu diesem Zeitpunkt verdauen und verwerten kann.

Andererseits nehmen viele solcher Releasing-Prozesse eine ganz besondere Intensität an. Häufig werden dabei seelische Schichten in einer Tiefe berührt, wie sie selbst durch ein noch so intensives Gespräch im normalen Tagesbewusstsein niemals erreicht würde. Oft werden uns auch völlig verdrängte Erinnerungen als eigentliche Ursachen für Probleme gezeigt und ebenso überraschende Lösungen, auf die wir allein mit unserem bewussten Verstand niemals gekommen wären. Viele Klienten, die zum ersten Mal eine Releasing-Sitzung erlebt hatten, haben mir anschließend gesagt: »Jetzt habe ich schon jahrelang Therapie gemacht, aber an das, was heute in der Sitzung passiert ist, bin ich die ganze Zeit nicht herangekommen.«

Noch eine weitere Erfahrung ist mit der Bitte um innere Führung verbunden. Durch sie öffnen wir uns nicht nur der Weisheit, sondern automatisch auch für weitere Qualitäten des göttlichen Selbst. Und so ist in der Releasing-Arbeit häufig die stille Anwesenheit einer Liebesschwingung spürbar, die den inneren Prozess trägt. Allein das Berührt-Sein der Seele durch diese liebevolle tragende Kraft bewirkt oftmals jenseits aller Worte ein großes Maß an innerer Heilung.

Im Folgenden gebe ich nun die Anleitungen zur Bitte um innere Führung wieder, die ich gewöhnlich bei meinen Seminaren verwende. Sie schließen direkt an die Entspannungsanweisungen an.

Bitte um innere Führung

Erinnere dich jetzt an deine Verbindung zum Höheren Bewusstsein. Als Unterstützung dazu kannst du eine Lichtsäule visualisieren, die in der Mitte deiner Brust beginnt, dort, wo sich dein spirituelles Herz befindet. In diesem Zentrum stell dir eine Blüte vor – vielleicht deine Lieblingsblüte –, die sich jetzt nach und nach ganz öffnet ... Von dieser Blüte aus lass jetzt eine Lichtverbindung nach oben gehen, durch deine Brust und durch deinen Hals hindurch ... durch deinen Kopf hindurch ... über deinen Kopf hinaus ... und an irgendeinem Punkt über dir verbindet dich diese Lichtsäule mit dem Höchsten Bewusstsein ...

Visualisiere an diesem Punkt eine strahlende weiß-goldene Sonne, die das Licht des Höchsten Bewusstseins repräsentiert ... Wenn es eine besondere Form gibt, die für dich Gott oder das Göttliche verkörpert, einen Meister etwa oder einen Engel oder ein religiöses Symbol, dann kannst du dir diese Form in der weiß-goldenen Sonne vorstellen ... so dass ihr über den Lichtstrahl ganz miteinander verbunden seid.

Bitte jetzt das Höhere Bewusstsein darum, dass es diese Sitzung von innen her leiten möge ... dass die Muster und Erinnerungen an die Oberfläche kommen, für die es heute und besonders in Bezug auf dein Thema Zeit ist, angeschaut und losgelassen zu werden ... und dass das geschieht, was zu diesem Zeitpunkt richtig und gut für dich ist und auch für die, die vielleicht von dieser Arbeit mit berührt werden.

Wenn du jetzt Beisitzer bist, visualisiere ebenfalls eine Lichtsäule zum Höheren Bewusstsein ... und bitte darum, dass es die Sitzung von innen her führt ... und dass es durch dich, durch dein einfaches Dasein, durch deine Liebe und durch deine Intuition wirkt ... und dass du Impulse erhältst, die in irgendeiner Weise hilfreich für deinen Klienten sind.

Idealerweise bleibt es nicht bei dieser einmaligen Hinwendung an die Höhere Kraft. Auch während der nun folgenden Arbeit können sich Begleiter und Klient immer wieder innerlich mit Fragen oder Bitten um Hinweise an die »weiß-goldene Sonne« wenden (oder an die individuell bevorzugte Verkörperung des Höchsten Bewusstseins). Solche Fragen oder Bitten können zum Beispiel sein:

• *Höchstes Bewusstsein, Gott, woher kommt diese Angst (Wut, Trauer usw.), die jetzt gerade da ist?*
• *Was kann ich jetzt tun? Was hilft jetzt weiter?*
• *Was gibt es jetzt für mich zum Loslassen?*
• *Bitte aktiviere die Erinnerungen, aus denen dieses Gefühl (zum Beispiel der Ohnmacht, der Einsamkeit) usw. kommt!*

Falls Sie keine Antwort wahrnehmen, lassen Sie sich nicht entmutigen. Fragen Sie weiter! Wiederholen Sie gegebenenfalls Ihre Frage mehrmals, oder stellen Sie eine weitere Frage. Auf irgendeine Weise – durch einen Gedanken, eine Assoziation, ein Bild, eine aufsteigende Erinnerung, eine plötzliche Körperempfindung – werden Sie eine Antwort erhalten. Vielleicht auch durch einen Vogel, der plötzlich vor dem Fenster zu singen beginnt, oder durch ein Baby, das auf einmal im Nebenraum schreit. Auch das habe ich schon erlebt.

Wenn Sie ohne Begleitung releasen, aber auch wenn jemand Sie begleitet, so können und sollten Sie sich immer eigenständig mit Fragen oder Bitten ans Höchste Bewusstsein wenden, wenn Sie während der Sitzung den Impuls dazu verspüren.

Für den Begleiter gibt es im weiteren Verlauf der Sitzung zwei Möglichkeiten, mit Fragen an das Höhere Bewusstsein zu arbeiten. Die eine ist, selbst nach innen zu fragen und um Hinweise zu bitten, die den inneren Prozess an der jeweiligen Stelle weiterführen könnten. Die zweite Möglichkeit besteht darin, den Klienten anzuregen, sich mit einer entsprechenden Frage an das Höhere Bewusstsein zu wenden. Das kann zu irgendeinem Zeitpunkt während der Sitzung geschehen, an dem es passend erscheint. Also etwa in dieser Form:

Erinnere dich an deine Verbindung zum Höchsten Bewusstsein. Als Unterstützung dazu kannst du noch einmal wie zu Beginn der Sitzung die weißgoldene Sonne und deine Lichtverbindung zu ihr visualisieren … Frage das Höhere Bewusstsein, aus welchen Erfahrungen dieses Gefühl kommt … Frage, was du mit diesem Bild jetzt tun kannst … Frage, was es da für dich zum Loslassen gibt …

Diese zweite Art, mit Fragen zu arbeiten, indem der Begleiter den Klienten anregt, Antworten im eigenen Inneren zu finden, sollten besonders auch professionelle Berater im Gedächtnis behalten. Häufig geschieht es nämlich, dass wir als Helfer meinen, wir müssten dem Klienten alle Antworten bieten. Oder wir denken, wir seien nur »gut« als Therapeuten, wenn wir in jedem Moment die richtige Lösung parat haben und stets wissen, wie es weitergeht. Selbst wenn dies nicht unser bewusster Standpunkt ist, schleicht sich ein solches Gefühl doch allzu leicht in manche Beratungssituation ein.

Wenn Sie als Begleiter während der Arbeit also an einem Punkt angelangt sind, an dem Sie anfangen, sich ungenügend zu fühlen, weil der Prozess zu stocken scheint und Sie im Moment nicht sehen, wie es weitergehen könnte, dann ist es höchste Zeit, dem anderen seine Verantwortung für sich selbst zurückzugeben. Entlasten Sie sich von dem Übermaß an Verantwortung, das Sie vielleicht unbewusst auf sich genommen haben. Dem Klienten Fragen vorzuschlagen, die dieser selbst innerlich an das Höhere Bewusstsein stellen kann, ist eine ausgezeichnete Methode hierfür. So ermöglichen Sie ihm außerdem die Erfahrung, tatsächlich einen Zugang zu seiner inneren Weisheit zu haben. Auf diese Weise können Menschen, die wir begleiten, recht schnell in ihre innere Unabhängigkeit und Selbständigkeit hineinwachsen, was ja letztlich auch das Ziel jeder therapeutischen Begleitung sein sollte.

Der innere Prozess

Der innere Prozess, der während einer Releasing-Sitzung abläuft, kann von Mal zu Mal und von Mensch zu Mensch sehr unterschiedlich sein. Einige Sitzungen sind sehr emotional und vom Ausbruch heftiger Gefühle gekennzeichnet, andere Prozesse verlaufen dagegen eher ruhig und in normaler Lautstärke. Die ganze Situation ist mit einem Gespräch unter zwei sehr guten Freunden vergleichbar, bei dem es um die Empfindungen und persönlichen Anliegen des einen von beiden geht. Im Unterschied zu einem Gespräch, das im normalen Alltag geführt wird, findet der Releasing-Prozess allerdings in einem besonderen, nämlich eingestimmten und nach innen gerichteten Bewusstseinszustand statt. Als Klient sollten Sie die Augen während der ganzen Zeit geschlossen lassen. Für den Begleiter ergibt es sich normalerweise von selbst, dass er die Augen zeitweise geöffnet hat, sie zwischendurch jedoch immer wieder schließt, um sich innerlich mit seiner Intuition bzw. mit dem Höheren Bewusstsein zu verbinden.

Grundsätzlich geht es zunächst einmal darum, dem Klienten Zeit zu geben, sich selbst umfassend wahrzunehmen und seinem Begleiter mitzuteilen, was in ihm vorgeht. Der Liegende wird also ermutigt, seine momentanen Gefühle zu schildern, seine Körperempfindungen (die häufig ein körperlicher Ausdruck von verdrängten und festgehaltenen Gefühlen und Erinnerungen sind), innere Bilder, die vielleicht da sind, oder auch Erinnerungen an bestimmte Situationen, die ihm in den Sinn kommen. Wenn der Klient die Absicht hat, an einem ganz bestimmten Thema zu arbeiten, werden nach der Einstimmungsphase wahrscheinlich sehr schnell Gedanken, Gefühle und Bilder auftauchen, die mit seinem Anliegen zusammenhängen.

Manchmal gleicht der Beginn einer Sitzung jedoch auch eher einem freien Assoziationsprozess, in dessen Verlauf dem Betreffenden Bilder, Gedanken, Empfindungen oder auch Erinnerungen bewusst werden, die für ihn selbst in diesem Moment überraschend sind und auf den ersten Blick nicht viel mit seiner aktuellen Thematik zu tun zu haben scheinen. Meistens fügt sich dann jedoch in der späteren Rückschau auf die Sitzung vieles zu einem Gesamtbild zusammen.

Die Aufgabe des Begleiters besteht also zuerst einmal darin, dem Klienten durch sein einfaches, aber aufmerksames Da-Sein einen Raum zur Verfügung zu stellen, in dem dieser sich selbst wahrnehmen und mitteilen kann. Das heißt, er hört zu und nimmt innerlich Anteil. Wichtig dabei ist, dass der Begleiter den Klienten annimmt und ihn ohne Werturteile mit allem da sein lässt, was er von sich mitteilt. Darüber hinaus unterstützt der Beisitzer den Selbstwahrnehmungsprozess des Liegenden durch geeignetes Fragen oder Nachfragen. Solche Fragen können am Anfang der Sitzung beispielsweise lauten:

- *Wo bist du jetzt mit deiner Aufmerksamkeit? Woran musst du denken?*
- *Was für Gefühle sind jetzt da bei dir?*
- *Mit welcher Situation oder Person haben diese Gefühle zu tun?*
- *Wenn du einmal zurückdenkst, wie weit kannst du diese Gefühle in deine Vergangenheit zurückverfolgen?*
- *Was war damals in deinem Leben?*

- *Wie fühlt sich dein Körper (dein Bauch, dein Becken, dein Nacken usw.) an?*
- *Was würde dein Körper am liebsten tun?*
- *Welches Thema liegt dir momentan am meisten am Herzen? Erzähle mir davon!*
- *Gibt es innere Bilder, die jetzt da sind? Was assoziierst du mit dem jeweiligen Bild?*

Weitere Fragen ergeben sich dann natürlicherweise aus dem Zusammenhang, ganz so, wie wir in einem normalen Gespräch an bestimmten Punkten nachfragen, um das Erleben unseres Gesprächspartners ganz nachvollziehen bzw. seine Gefühle voll erfassen zu können.

Äußerlich betrachtet, findet also ein Dialog zwischen dem Klienten und seinem Begleiter statt. Im Grunde ist dieser Dialog jedoch ein mehrfacher: zum einen der zwischen Begleiter und Liegendem, zum anderen – wie bereits oben geschildert – jeweils der innere Dialog von Beisitzer und Klient mit dem Höheren Bewusstsein. Der Begleitende erinnert sich also im Verlauf der Sitzung immer wieder an seine Verbindung »nach oben« und ermutigt den Liegenden, ebenfalls Fragen nach innen zu stellen, die an dem jeweiligen Punkt weiterhelfen könnten.

Ziel dieser Kommunikation ist es, möglichst genau die blockierenden Einstellungen, Glaubenshaltungen, Gefühlsmuster, Entscheidungen und Verhaltensmuster in den Blick zu bekommen, die den Problemzustand verursachen bzw. aufrechterhalten. Manchmal liegen diese Muster sehr dicht unter der Oberfläche. Dadurch sind sie leicht zu erkennen und auch loszulassen. Zum Beispiel denken Sie vielleicht gerade: »So einfach kann es doch wohl nicht sein.« Das heißt, Ihre Vorstellung, dass Heilung und Veränderung nur durch jahrelange therapeutische Mühsal zu bewerkstelligen sind, liegt nicht sehr tief in Ihrem Inneren begraben. So leicht, wie Sie sich dieses Glaubens bewusst geworden sind, können Sie ihn – wenn Sie offen sein möchten für leichtere und schnellere Arten der Veränderung – auch loslassen. (Wie Sie das konkret vollziehen können, wird später erläutert.)

In vielen Fällen, vor allem bei unseren »größeren« Themen, ist es für eine wirkliche Problemlösung jedoch notwendig, zuerst den Ursprung des Problems freizulegen. Dann können wir es mitsamt seiner Wurzel loslassen. Denn wie eine im Boden stecken gebliebene Löwenzahnwurzel neigen solche »Problemwurzeln«, zum Beispiel »unerlöste« Kindheitserinnerungen, sonst dazu, schon nach kurzer Zeit wieder dieselben Blüten – sprich Symptome – hervorzubringen. In den meisten tiefer gehenden Releasing-Prozessen führt die Arbeit daher zurück in Situationen der Vergangenheit, in denen blockierende Entscheidungen getroffen oder negative Glaubenssätze und Gefühlsmuster gebildet wurden. Einige Beispiele (zur Wahrung der Anonymität wurden alle Namen der realen Personen geändert):

Berthold kommt zu einer Sitzung mit dem Problem, dass in seiner Ehe fast keine Sexualität stattfindet. Sobald er abends im Bett liegt, ist er auch schon eingeschlafen. Doch nicht nur das: Auch jedes Mal, wenn seine Frau sich abends zu ihm aufs Sofa setzt und die »Gefahr« besteht, dass es zu intimeren Handlungen kommen könnte, schläft er umgehend ein.

In der Releasing-Sitzung kommen nach einiger Zeit Bilder hoch, von denen er selbst völlig überrascht ist. Darin sieht er sich als Drei- bis Vierjährigen im Bett seiner Mutter. Der Vater ist häufig abwesend – so auch jetzt. Berthold erinnert sich nun lebhaft daran, wie seine Mutter bei verschiedenen Gelegenheiten sexuelle Handlungen an ihm vornimmt. Scham, Gefühle von Ohnmacht und Überforderung, der Konflikt zwischen seiner Sehnsucht nach Liebe, aber eben nicht dieser Liebe der Mutter, der Wunsch wegzulaufen und anderes mehr kommen an die Oberfläche.

Offensichtlich haben wir den Kern des Problems gefunden. Mit ihm sind unter anderem die heute noch wirksamen, aber längst vergessenen Entscheidungen verbunden, sofort einzuschlafen, sobald »sie« (früher die Mutter, heute unbewusst projiziert auf die eigene Frau) ihm zu nahe kommt, um sich so der Situation zu entziehen.

Helga kann in der Beziehung zu ihrem Mann nicht wirklich vertrauen, obwohl ihr bewusst ist, »dass er ein total guter Mensch ist und es keinen besseren Mann geben kann«. In der Sitzung kommt die Erinnerung an den Tod ihres Vaters hoch, als sie sechs Jahre alt war. Es wird deutlich, dass sie damals entschieden hat, nie mehr so zu lieben und zu vertrauen, wie sie ihren Vater geliebt und ihm vertraut hat, um nie wieder einen solchen Schmerz wie bei dem plötzlichen Verlust ihres Vaters zu riskieren.

Bei Laura, die unter Panikattacken – verbunden mit Luftnot – leidet, kommen Eindrücke ihrer Geburt hoch, als sie wegen der Nabelschnur um ihren Hals zu ersticken drohte. Offensichtlich sind diese Erinnerungen noch im Unterbewusstsein gespeichert und werden in bestimmten Situationen stimuliert.

Winfried findet einfach keinen Zugang zu seinen Gefühlen, obwohl er bereits eine Menge Selbsterfahrung gemacht hat. Von Konzepten, dass ein Mann nicht weinen darf usw., hat er sich intellektuell bereits gelöst, jedoch ohne große Wirkung.

Da kommt ihm im Verlauf der Releasing-Sitzung die Erinnerung an eine Situation in den Sinn, in der er sechs Jahre alt war. Von einem Schulrektor wurde er damals als noch nicht schulreif beurteilt, weil er auf einem Bild einen Hasen nicht erkennen konnte. Durch sein »Versagen« bereits zutiefst beschämt, kommt er nach Hause und wird von seinem Vater mit Beschimpfungen und Vorwürfen überschüttet, wie man nur so dumm sein könne.

Bittere Kindertränen beginnen bei dieser Erinnerung zu fließen, und Winfried weiß zum ersten Mal seit vielen Jahren, wie es sich anfühlt zu weinen. Jetzt erkennt er, wann und warum er entschieden hatte, immer unverletzlich und hart sein zu wollen.

Elke hat ein tiefes Misstrauen gegenüber anderen Menschen. In der Releasing-Sitzung erinnert sie sich daran, wie schutzlos sie sich fühlte, wenn ihr Vater, wie schon so oft, wieder betrunken nach Hause kam. Häufig gab es dann Streit, Geschrei und Schläge für ihre Mutter und sie selbst. Zurückgeblieben von damals ist das Gefühl, das sie sich niemals sicher fühlen kann und dass jederzeit ein Unheil über sie hereinbrechen könnte.

Wie wir sehen, kommen also während der Releasing-Arbeit häufig Erinnerungen an Kindheitssituationen an die Oberfläche. Die mit ihnen verbundenen Gefühle, Gedankenmuster und Entscheidungen wirken wie die Programmierungen eines Computers. Solange sie nicht gelöscht, das heißt losgelassen werden, gestalten sie immer wieder neu unsere persönliche Situation in der Gegenwart.

Manchmal werden uns in der Releasing-Arbeit jedoch auch andere Gefühle bewusst, die wie uralte vertraute Begleiter der Seele wirken und nicht oder nur sehr unzureichend aus den Erlebnissen des bisherigen Lebenslaufs zu erklären sind. Geht man innerlich in der Zeit zurück, zeigt sich dann oftmals, dass diese Gefühle bereits in dieses Leben mitgebracht wurden. In diesem Zusammenhang kommen dann gelegentlich Bilder hoch, die offenbar aus vergangenen Leben des Betreffenden stammen und deutlich machen, in welchen früheren Erfahrungen der Seele diese Gefühle entstanden sind.

Ich will an dieser Stelle keine Diskussion darüber führen, ob solche Erinnerungen »echt« sind. Mit Sicherheit stellen manche dieser Bilder symbolische Inszenierungen des Unbewussten für aktuelle Konflikte dar. Das heißt, so ähnlich wie ein Theaterregisseur eine aktuelle politische Thematik bearbeitet, indem er sie mit Figuren einer vergangenen geschichtlichen Epoche inszeniert, kleidet das Unterbewusstsein manchmal aktuelle Themen in Bilder aus vergangenen Zeiten. Darüber hinaus gibt es sicher hin und wieder Menschen mit einer besonders blühenden Phantasie. Viele dieser Bilder legen jedoch den Schluss nahe, dass sie – wenn auch nicht in jedem Detail, so doch im Kern – tatsächlich Ereignisse aus früheren Leben der Seele wiedergeben.

In der praktischen Arbeit sind Überlegungen bezüglich der »Echtheit« solcher Bilder allerdings auch relativ belanglos. Abgesehen von manchen Phantasiebildern, die eventuell ein Ausdruck von Abwehrprozessen sein können, lässt es sich mit symbolischen Bildern ebenfalls ausgezeichnet arbeiten. Darauf werde ich später noch näher eingehen. Wenn ich den Eindruck habe, dass es weder ein Phantasiebild noch ein symbolisches Bild, sondern eine im Kern reale Erinnerung ist, nehme ich es auf die gleiche Weise ernst wie eine verdrängte Kindheitserinnerung, die sich den Weg ins Wachbewusstsein sucht. Ein paar Beispiele:

Ines bekommt während einer Releasing-Sitzung massive Schmerzen in der Brustgegend. Auf meine Frage ans Höhere Bewusstsein nach der Ursache für diese Schmerzen wird mir innerlich mitgeteilt, dass diese Schmerzen die eines »gebrochenen« Herzens sind. Daraufhin sehe ich vor meinem inneren Auge einen See und eine Frau, die ihr totes Kind im Arm hält. Gleichzeitig vernehme ich im Inneren, Ines habe in einem noch nicht lange vergangenen Leben in Finnland ihr damals zweijähriges Kind durch Ertrinken verloren. Als ich Ines mitteile, was ich innerlich sehe und höre, bricht sich bei ihr ein uralter seelischer Schmerz Bahn und entlädt sich in einem heftigen Weinen.

Die Brustschmerzen beginnen sich aufzulösen. Anschließend gelingt es ihr,
die Auswirkungen der damaligen Erfahrung loszulassen.
   Vier Wochen nach der Sitzung erzählt mir Ines, sie habe auch in diesem
Leben ein Kind. Immer schon habe sie panische Angst um ihre Tochter
gehabt, wenn – zum Beispiel während eines Besuchs bei Freunden – ir-
gendwo in der Nähe ein Teich oder ein anderes Gewässer gewesen sei. Diese
Angst sei weit über eine natürliche mütterliche Besorgnis hinausgegangen.
Sie habe sich seit der Sitzung aufgelöst.

Susanne ist achtzehn Jahre alt und wünscht sich einen Freund. Bisher hatte
sie keinerlei Kontakt zu gleichaltrigen Männern und wusste auch nicht, wie
sie es anstellen sollte. Da sei sie irgendwie blockiert. Im Laufe der Sitzung
wird uns ein früheres Leben von Susanne als Nonne gezeigt. Es scheint, dass
ein Teil ihrer Seele sich bis heute an das damals abgelegte Keuschheits- und
Zölibatsgelübde gebunden gefühlt hat.
   Nachdem sie dieses Gelübde in der Sitzung losgelassen hatte, begannen
sich in den darauf folgenden Wochen auf einmal junge Männer aus ihrem
Schuljahrgang für sie zu interessieren und – sehr zur Überraschung der
Eltern – bei ihr zu Hause anzurufen. Einige Wochen später hatte sie einen
festen Freund.

Bei Hannelore hatten sich in jüngerer Zeit verschiedene körperliche Sym-
ptome entwickelt. Ihr Zahnarzt stellte fest, dass Hannelore allergisch gegen
die kürzlich erhaltenen Goldkronen und Füllungen war. Das innere Bild,
das hierzu in der Sitzung auftauchte, zeigte sie in einem früheren Leben als
einen sehr geldgierigen Steuereintreiber. Dieser hatte viele Menschen durch
seine unnachgiebigen Forderungen in Not gebracht. Am Ende jenes Lebens
erkannte seine/ihre Seele, welches Leid sie verursacht hatte. Sie beschloss,
sich selbst zu bestrafen, und schwor sich, nie mehr Gold(taler) zu berühren.
   Nachdem sie diesen Beschluss nun hatte loslassen können – für Geldgier
bestand bei ihrer jetzigen Persönlichkeit keine Gefahr –, teilte sie mir bei
unserem nächsten Termin zwei Monate später mit, dass ihre Körper-
symptome verschwunden seien.

Natürlich liefern diese Beispiele keine Beweise für frühere Leben. Es
geht hier allerdings auch gar nicht darum, solche Beweise überhaupt
erbringen zu wollen. Diese Beispiele stehen jedoch stellvertretend
für die in der Releasing-Arbeit häufig gemachte Erfahrung, dass

gelegentlich auch Bilder ans Licht kommen, die zumindest die Annahme plausibel erscheinen lassen, sie stammten aus früheren Leben der Seele. Und sie belegen, dass es hilfreich ist, solche Bilder dann ernst zu nehmen und sie in die innere Arbeit einzubeziehen.

Um Missverständnissen vorzubeugen: Es ist nicht das primäre Ziel der Releasing-Arbeit, auf jeden Fall irgendwelche früheren Leben zu entdecken. Etwa weil wir neugierig denken: »Mal sehen, wer und was ich schon alles gewesen bin.« Auch ist es ein in esoterischen Kreisen weit verbreiteter Irrtum zu glauben, man müsse für die Lösung jedes Problems irgendwelche Ursachen in vergangenen Leben aufdecken. Oft kann eine solche Suche nicht nur überflüssig, sondern auch irreführend sein. Manche Menschen lenken sich auf diese Weise nämlich davon ab, Gefühle oder persönliche Verantwortung anzuschauen, um die es in der Gegenwart *eigentlich* geht.

Am besten lassen wir uns also ohne vorgefasste Erwartungen auf die innere Arbeit ein und bitten das Höhere Bewusstsein darum, uns das zu zeigen, was zur Klärung unseres Anliegens wirklich wichtig ist. Wenn uns *dann* solche Bilder gezeigt werden, arbeiten wir auch damit. Das heißt, wir schauen sie an und lassen die mit ihnen verbundenen negativen Entscheidungen, Glaubenssätze und Gefühle los.

Loslassen

Der Art, wie manchmal Psychotherapie praktiziert wird, sagt man nach, sie habe die Erkenntnis »Ewig währt am längsten« hervorgebracht. Oder wie es ein alter Witz beschreibt: Ein Mann, der eine jahrelange Psychotherapie hinter sich hat, trifft einen alten Freund. »Na«, fragt ihn dieser, »wie geht es dir denn jetzt nach all der Therapie?« »Ach«, antwortet der Mann, »es geht mir noch genauso schlecht wie vorher. Aber wenigstens weiß ich jetzt warum.«

Natürlich brauchen manche therapeutischen Prozesse je nach Art und Ausmaß der behandelten Probleme unter Umständen einen längeren Zeitraum bis zu einer »endgültigen« Lösung. Grundsätzlich sollte es jedoch nicht Sinn und Selbstzweck von Therapie und Selbsterfahrung sein, sich jahrelang mit den eigenen, immer wieder gleichen Geschichten aus der Vergangenheit zu befassen. Wir wälzen uns dann sozusagen immer wieder im gleichen Morast, ohne dass unser Leben dadurch erfüllter und zufriedener würde. Im schlimmsten Fall werden wir dabei »psychosüchtig« und »brauchen« es, ständig mit irgendwelchen emotionalen Klärungsprozessen beschäftigt zu sein. Und wir nehmen durch die dauernde Zentrierung auf uns selbst und die eigenen Probleme das eigene Ego gewohnheitsmäßig viel zu wichtig. So vergrößern wir aber nur die eigene Bereitschaft zum Unglücklichsein. Es gibt diese Falle – und es gibt diese Fälle . . .

Für mich ist deshalb einer der wichtigsten und wertvollsten Aspekte der Releasing-Arbeit, dass es dabei nicht darum geht, alte Geschichten endlos immer wieder neu aufzuwärmen, sondern eben um das *Loslassen*. Das heißt, wir lassen Erinnerungen gerade deshalb noch einmal hochkommen, damit wir die mit ihnen verbundenen Blockaden ganz loslassen können. Ziel ist es, frei für die Gegenwart zu werden!

Wie können wir nun also wirklich und wirkungsvoll loslassen? Ich möchte dazu eine wahre Geschichte zitieren. Sie stammt aus der bekannten *Autobiographie eines Yogi* von Paramahansa Yogananda, einem spirituellen Meister Indiens, der Anfang des letzten Jahrhunderts nach Amerika ging, um dort Yoga zu lehren.

Eine andere Kindheitserinnerung ist ebenfalls bemerkenswert, und sogar im buchstäblichen Sinne, denn bis zum heutigen Tage habe ich eine Narbe davon zurückbehalten. Meine ältere Schwester Uma und ich saßen eines Morgens unter einem Zedrachbaum unseres Gartens in Gorakhpur. Sie half mir beim Lesen der bengalischen Fibel, hatte es aber nicht leicht mit mir, weil ich meine Augen kaum von den Papageien abwenden konnte, die an den reifen Beeren pickten.

Uma klagte über einen Furunkel an ihrem Bein und holte sich eine Dose mit Salbe. Auch ich schmierte mir etwas davon auf den Arm.

»Warum tust du dir Medizin auf einen gesunden Arm?« »Weil mir so ist, als ob ich morgen auch einen Furunkel haben werde. Ich probiere deine Salbe an der Stelle aus, wo mein Furunkel herauskommen wird.« »Du kleiner Schwindler!« »Uma, nenne mich nicht Schwindler, sondern warte erst bis morgen ab!«, sagte ich voller Entrüstung.

Doch meine Schwester schien wenig beeindruckt und neckte mich noch dreimal auf die gleiche Weise. Da aber erwiderte ich langsam und mit größter Entschlossenheit:

»Bei der Kraft meines Willens erkläre ich dir, dass ich morgen genau an dieser Stelle einen ziemlich großen Furunkel haben werde. Und dein Furunkel wird doppelt so groß sein!«

Am nächsten Morgen hatte ich tatsächlich einen großen Furunkel an der bezeichneten Stelle, und Umas Furunkel hatte sich um das Doppelte vergrößert. Mit einem Schrei eilte meine Schwester zu Mutter: »Mukunda ist ein Zauberer geworden!« Ernsthaft ermahnte mich Mutter, nie wieder die Kraft des Wortes zu gebrauchen, um anderen Schaden zuzufügen. Ich habe mir ihren Rat sehr zu Herzen genommen und ihn von da an stets befolgt.

Mein Furunkel musste chirurgisch behandelt werden und hinterließ eine sichtbare Narbe. So trage ich an meinem rechten Arm ein ständiges Mahnzeichen, das mich an die Wirkungskraft des menschlichen Wortes erinnert.

Diese einfachen und scheinbar harmlosen Sätze, die ich mit tiefer Konzentration an meine Schwester gerichtet hatte, besaßen jedoch so viel verborgene Kraft, dass sie wie ein Geschoss wirkten und wirklichen Schaden anrichteten. Später erkannte ich, dass man die explosive Schwingungskraft des Wortes weise lenken kann, um alle Arten von Hindernissen zu beseitigen, was einem weder Narben noch Vorwürfe einbringt.[2]

Diese Geschichte gibt ein eindrucksvolles Beispiel von der gewaltigen Kraft, die das gesprochene Wort haben kann. In der Regel sind wir uns dieser Kraft nur wenig bewusst. Doch auch ungezählte Beispiele aus der Hypnose belegen die ungeheure Wirksamkeit, die Sätze entfalten können, wenn sie unser Unterbewusstsein erreichen. Und genau diese Kraft des gesprochenen Wortes machen wir uns in der Releasing-Arbeit zunutze, um innere Lasten nicht nur zu erkennen, sondern sie auch wirklich loszulassen und frei von ihnen zu werden. Das eigentliche Loslassen geschieht daher, indem wir konzentriert lösende Sätze aussprechen, sogenannte »Releasing-« oder »Loslasssätze«. In ihrer einfachsten Form haben diese Sätze alle denselben Anfang. Er setzt sich zusammen aus den drei magischen Worten *Ich lasse los!*

Wie wir mit einer Pinzette alle möglichen Arten von Stacheln und Dornen aus der Haut ziehen, so können wir mit *Ich lasse los ...* alle möglichen Arten von negativen Programmierungen aus ihrer Verankerung in unserem Unterbewusstsein lösen. Wir formulieren den

Satz daher so weiter, dass er möglichst genau das Muster benennt, das jeweils losgelassen werden soll.

Bei Berthold (siehe Seite 35), der sich des sexuellen Missbrauchs durch seine Mutter erinnerte, lauteten solche Releasing-Sätze beispielsweise:
* *Ich lasse los die Auswirkungen von dem Missbrauch durch meine Mutter.*
* *Ich lasse los alle Gefühle der Scham und der Ohnmacht von damals.*
* *Ich lasse los das Gefühl von damals, dass Sexualität eine hoffnungslose Überforderung für mich bedeutet.*
* *Ich lasse los die Entscheidung, sofort einzuschlafen, sobald meine Mutter mir zu nahe kommt.*

Die Sätze für Elke waren:
* *Ich lasse los das alte Gefühl, mich niemals wirklich sicher fühlen zu können.*
* *Ich lasse los die alte Angst, dass in jedem Moment ein Unheil über mich hereinbrechen kann.*
* *Ich lasse los das Gefühl, dass ich ständig auf der Hut sein muss.*
* *Ich lasse los die Vorstellung, dass nur mein Misstrauen mich schützt.*

Releasing-Sätze, die sich als hilfreich für Ines erwiesen, lauteten unter anderem:
* *Ich lasse los die Auswirkungen von dem Ertrinken meines Kindes in einem vergangenen Leben.*
* *Ich lasse los das Gefühl von damals, dass mir das Herz bricht.*
* *Ich lasse los den Glauben, dass ich als Mutter versagt habe.*
* *Ich lasse los die Überzeugung, dass ich es nicht mehr verdiene, eine Mutter zu sein.*
* *Ich lasse los den Hass auf mich selbst, weil ich es nicht verhindern konnte.*
* *Ich lasse los alle Entscheidungen, mich selbst zu bestrafen.*

Wie und warum Releasing-Sätze wirken

Stellen Sie sich vor, Sie hätten schon eine geraume Zeit einen Zementsack auf dem Rücken getragen. Nun, in einem einzigen Augenblick, lassen Sie ihn los. Was empfinden Sie dann? Sofort werden Sie aufatmen, einen Zuwachs an Energie verspüren: Genau die Kraft, die Sie vorher darauf verwendet haben, den Sack zu schleppen, steht Ihnen nämlich nun wieder zur Verfügung. Und dieser Zuwachs an Energie wird sich noch verstärken, wenn Sie eine Nacht geschlafen und Ihre Muskeln sich regeneriert haben. Die gleiche Wirkung hat es, wenn Sie geeignete Releasing-Sätze aussprechen und damit Glaubens- und Gefühlslasten loslassen. Sie können den Zuwachs an Energie unmittelbar fühlen – Energie, die frei wird, indem Sie belastende Muster loslassen.

Für diejenigen, die die Wirkung des Loslassens noch nicht am eigenen Leib erfahren haben, demonstriere ich bei meinen Seminaren den energetischen Unterschied vor und nach dem Loslassen mit Hilfe kinesiologischer Muskeltests. Unsere Beobachtung dabei ist, dass negative Gefühle und auch unbewusste negative Glaubenshaltungen sich schwächend auf verschiedene Körperbereiche auswirken.

Eine solche Schwächung lässt sich durch einen entsprechenden Muskeltest sichtbar machen. Das heißt, man testet den entsprechenden Muskel, indem man zum Beispiel ein Bein, einen Arm oder andere Körperteile in eine bestimmte Position bringt und dann als Tester Druck darauf ausübt. Wenn der Muskel schwach ist, wird die betreffende Person kaum oder gar nicht in der Lage sein, Gegendruck auszuüben. Dann kann der Tester ein Bein des (bei manchen Tests z. B. liegenden) Probanden mit nur zwei Fingern zu Boden drücken. Es ist für mich selbst immer wieder eindrucksvoll und für viele Seminarteilnehmer im positiven Sinne geradezu erschütternd, den Muskeltest anschließend noch einmal zu machen, nachdem der Betreffende zuvor einige geeignete Releasing-Sätze ausgesprochen hat. Muskeln, die vorher überhaupt keine Kraft hatten, sind nur wenige Augenblicke später energiegeladen und halten dem Druck des Testers mühelos stand.

Wichtig ist beim Gebrauch von Releasing-Sätzen, dass sie tatsächlich laut, das heißt in normaler Gesprächslautstärke ausgesprochen werden. Dies hat eine ganz andere, unvergleichlich stärkere Wirkung, als wenn wir denselben Satz bloß denken. Ein Grund hierfür ist, dass das eigene Unterbewusstsein mithört, wenn wir einen Satz laut sagen. So können die Worte auch wirklich in unserer eigenen Tiefe ankommen und dort ihre Wirkung entfalten. Das Unterbewusstsein reagiert dabei wie ein treuer Diener im Erdgeschoss, der das ausführt, was wir ihm von oben durch das Haustelefon auftragen. »Ah, diesen Mülleimer kann ich jetzt rausbringen und entleeren?« – erleichtertes Durchatmen – »Gut, wie Sie wünschen, bin schon dabei.«

In der Sozialpsychologie ist es zudem eine bekannte Tatsache, dass »öffentlich« gesprochene Sätze ein größeres Gewicht für uns haben, als wenn wir nur ein Selbstgespräch führen. So wird in der Paararbeit die Wirkung der Releasing-Sätze noch dadurch gesteigert, dass gleichzeitig ein Begleiter als »Zeuge« anwesend ist. Wir fühlen uns dann unseren eigenen Worten noch mehr verpflichtet.

Ein besonderes Maß an innerer Wirkung bekommen Releasing-Sätze auch dadurch, dass wir im Entspannungszustand gesammelt nach innen gewandt und dabei in intensivem emotionalem Kontakt mit unserer jeweiligen Thematik sind. Wir sind dann sozusagen ganz nah an uns selbst dran. Wer einmal einen solchen inneren Prozess erlebt hat, weiß, dass es einen erheblichen Unterschied ausmacht, ob jemand rein »kopfmäßig« sagt: »Der Tod meines Vaters macht mir nichts mehr aus«, oder ob dieser alte verdrängte und festgehaltene Schmerz innerlich wirklich berührt und gefühlt wird. So darf und kann er sich lösen und kann *dann* mit entsprechenden Lösungssätzen verabschiedet werden.

Releasing arbeitet einerseits also in gewisser Hinsicht auf ähnliche Weise wie Hypnose. Das heißt, wir sprechen durch den Entspannungszustand ähnlich tiefe Schichten des Unterbewusstseins an, und wir arbeiten mit gesprochenen Sätzen. Ein wesentlicher Unterschied zur Hypnose liegt jedoch darin, dass es beim Releasing zunächst einmal nicht darum geht, neue Suggestionen aufzunehmen. Vielmehr liegt das vorrangige Anliegen darin, uns von der großen Zahl an »Programmierungen« zu befreien, die wir ohnehin schon in uns tragen und die uns in irgendeiner Weise blockieren. Wir *de*-programmieren uns also von all den begrenzenden Mustern, die im Laufe unseres Lebens bereits in unseren »Biocomputer« gelangt sind. Danach können wir immer noch sehen, ob wir zusätzlich eine bewusste neue Entscheidung treffen oder einen neuen, positiven Glaubenssatz in uns verankern wollen.

Solange in unserem Unterbewusstsein alte negative Überzeugungen, Erinnerungen und Gefühle wirksam sind, können selbst die besten Absichten oder Erkenntnisse, die wir auf rein intellektueller

Ebene vielleicht haben, keine große Kraft entfalten. Sie können noch so viele schöne Blumensamen auf ein Beet streuen: Wenn es dicht mit Disteln und anderem Kraut bedeckt ist, wird keiner dieser Samen aufgehen. Und Sie werden wenig Freude an Ihrer neuen Sitzgarnitur haben, wenn Sie sie in Ihr Wohnzimmer stopfen, ohne zuvor Ihre alten Sessel und Sofas rauszuräumen.

Hierin liegt auch der Grund, warum sich viele Menschen nach einiger Zeit frustriert von der Praxis des sogenannten »positiven Denkens« abwenden. Sie können sich beispielsweise hundert Mal sagen: »Ich verdiene das Beste im Leben.« Solange aber im Unterbewusstsein ein großer Teil Ihrer psychischen Energie an alte Schuldgefühle, Erfahrungen von Zurückweisung oder Verlassen-Werden und an damit verbundene Überzeugungen wie »Ich verdiene keine Liebe« gebunden ist, werden Ihnen solche positiven Sätze allein nur wenig helfen. Unbewusst gestalten Sie Ihre Lebenserfahrungen dann auch weiterhin im Einklang mit Ihren alten negativen Überzeugungen. Bei manchen Menschen verstärken sich negative Selbstbilder sogar noch, weil sie sich nach einiger Zeit ergebnislosen »positiven Denkens« als Versager zu fühlen beginnen.

Bei der Releasing-Arbeit geht es also zuerst einmal darum aufzuräumen, rauszuräumen und Platz in uns zu schaffen. Allein das große Gefühl der Erleichterung – wie nach dem Abwerfen einer schweren körperlichen Last – ist oft schon Belohnung in sich. Die freigesetzten Selbstheilungskräfte sorgen dann dafür, dass sich viele positive Veränderungen wie von ganz allein ergeben. Die »Rose der Liebe«, die »Sonnenblume des Selbstvertrauens« und andere »Blumen der Seele«, die zuvor vor lauter »Unkraut« klein und mickrig blieben, haben nun Platz, sich auszudehnen und zu entfalten. Manchmal müssen wir eine solche »Blume« allerdings auch ganz neu pflanzen. Weniger blumig gesagt, bedeutet dies, dass wir gelegentlich *nach* dem Loslassen bewusst eine neue konstruktive Entscheidung (in Bezug auf unser Thema) treffen oder eine neue positive Affirmation an die Stelle der alten negativen Konzepte setzen müssen. So erhält die schöpferische Energie des Unterbewusstseins eine neue Richtung, in die sie nun fließen kann (mehr hierzu an späterer Stelle).

Ein weiterer wichtiger Unterschied zur Hypnose liegt auch darin, dass wir uns in der Hypnose Suggestionen ausliefern, die von einer *anderen* Person gesprochen werden. Beim Releasing hingegen behalten wir unsere Autonomie und Selbständigkeit. *Wir selbst* sind es, die die Sätze aussprechen, die eine Wirkung auf unser Unterbewusstsein ausüben. Zwar gehört es auch zu den Aufgaben des Begleiters, Vorschläge für Releasing-Sätze zu machen, die in Bezug auf das von uns bearbeitete Thema lösend wirken. Besonders dann, wenn der Begleiter selbst Erfahrung mit dem Loslassen hat, können die vorgeschlagenen Sätze eine unschätzbare Hilfe sein. Denn aus ein wenig Distanz lässt sich manches klarer erkennen und formulieren, als wenn man gerade emotional voll in einem Thema »drinsteckt«. Diese Sätze anzunehmen (oder abzulehnen) und sie durch das Aussprechen dem eigenen Unterbewusstsein zu übermitteln liegt jedoch in der Hand des Klienten selbst. Ebenso hat der Betreffende die Möglichkeit, selbstständig Loslasssätze zu seinem Thema zu formulieren.

Natürlich gelingt nicht jeder Satz gleich gut. Besonders in der Anfangszeit mag es sein, dass wir Sätze formulieren, die ein wenig an dem eigentlichen Gefühl oder Muster, um das es geht, vorbeigehen. Das Gute daran ist jedoch, dass ein Releasing-Satz, der vielleicht nicht genau den Punkt trifft, im schlimmsten Fall lediglich nicht weiterhilft. Schaden kann so ein Satz kaum. Wenn ich zum Beispiel auf den Vorschlag meines Begleiters hin sage: »Ich lasse los meine Wut auf Herrn Müller, meinen ehemaligen Klassenlehrer«, diese angebliche Wut aber gar nicht in mir spüren kann, hat der Satz zwar keine besonders befreiende Wirkung. Wenigstens aber bekomme ich diese Wut vom Aussprechen eines solchen Satzes auch nicht. In diesem Sinne ermutige ich meine Seminarteilnehmer, Ideen für Releasing-Sätze ruhig auszuprobieren, ohne zu befürchten, sie könnten allzu viel damit falsch machen. Ein Satz, der den Punkt nicht genau trifft, hat sogar oft die segensreiche Auswirkung, dass uns durch das Spüren dessen, was es *nicht* ist, leichter klar wird, was es denn nun *eigentlich* ist, was wir lösen möchten. In diesem Sinne sind also auch »misslungene« Sätze auf ihre Weise häufig hilfreich.

Sätze, die gewissermaßen Volltreffer sind, haben in der Regel sofort spürbare Reaktionen zur Folge. Oft lösen sich mit ihnen unmittelbar intensive Gefühle, sei es in Form von Weinen, Schreien oder oftmals auch von Lachen. Häufig stellt sich direkt nach dem Aussprechen eines Satzes ein Gefühl starker Erleichterung ein. Nicht selten finden auch unmittelbare körperliche Veränderungen statt, zum Beispiel indem sich ein Krampf oder Schmerz löst, indem

Energie in vorher eher leblose Körperbereiche zu fließen beginnt, indem es warm wird an Körperstellen, die vorher kühl waren usw.

Auch wenn Releasing-Sätze oft eine unmittelbar spürbare Wirkung haben und eine einzige Releasing-Sitzung oft dramatische Veränderungen bewirken kann, so brauchen natürlich viele innere Prozesse auch ihre Zeit. (*Ich lasse los all meine Ungeduld …*) Besonders unseren »größeren« Themen liegen häufig mehrere Schichten von individuellen Erfahrungen und Prägungen zugrunde. Die Arbeit an ihnen ist vergleichbar mit dem Schälen einer Zwiebel. Wir lassen zuerst die äußere Schicht los und kommen dann möglicherweise erst einmal zu den Schalen, die uns Tränen in die Augen treiben. Nach und nach können wir jedoch die einzelnen Schichten – sprich Kindheitserinnerungen, Glaubenssätze, Entscheidungen usw. – lösen, bis von der »Problem«-Zwiebel mit dem Wegnehmen der letzten Schicht nichts mehr übrig bleibt.

Langfristig haben Releasing-Sätze die Wirkung von, wie man es in der Hypnotherapie nennen würde, »posthypnotischen Aufträgen«. Das heißt, das Unterbewusstsein »weiß«, dass die alten Programmierungen gelöscht sind und dass es nun die persönliche Wirklichkeit auf neue, positivere Weise gestalten soll und darf. Alte traumatische Erfahrungen beispielsweise verlieren ihre emotionale und energetische Ladung. Es ist, als rückten sie einfach in weite Ferne – wie Bilder einer lange zurückliegenden Reise. Man kann sich zwar irgendwie noch an sie erinnern, wenn man es möchte. Sie scheinen jedoch bereits so weit weg zu sein, dass man sich fast fragt, ob man selbst es war, der diese Reise früher einmal gemacht hat. Auf jeden Fall verlieren diese früheren Erfahrungen ihre beeinträchtigende Wirkung auf das gegenwärtige Leben. So wie bei Winfried, der den Zugang zu seinen Gefühlen wiederfand, oder wie bei Ines, die ihre Angst, ihr Kind könnte ertrinken, verlor.

Bei vielen negativen Konzepten und Problemen vergisst man nach dem Loslassen mit der Zeit schlichtweg, dass man diese Probleme überhaupt einmal hatte. Wie viele andere kenne auch ich das Gefühl, einmal bewusst zurückzublicken zu den Anfängen meiner Releasing-Zeit und ein wenig überrascht und amüsiert festzustellen: »Oh, damals ging es mir ja noch so …, und dieses Thema … war ein dickes Ding für mich.« Dazu kommt es bei mir zum Beispiel immer wieder, wenn ich vor Gruppen stehe und Vorträge halte. Ich muss dann daran zurückdenken, unter welchem Stress – verbunden mit Herzrasen, heftigem Schwitzen und schlaflosen Nächten – ich mein erstes, nur fünfminütiges Referat im Studium hielt. Anschließend wäre ich am liebsten nie wieder vor eine Gruppe von Menschen getreten. Da ich andererseits jedoch das Studium absolvieren wollte und bereits mit der Releasing-Arbeit vertraut war, gelang es mir, nach und nach all die Ängste loszulassen, die für mich mit dieser Situation verbunden waren. Etwa die Angst, bewertet zu werden, und vieles andere mehr. Heute kann ich es tatsächlich genießen, vor einer Gruppe von Zuhörern zu stehen und über meine Arbeit zu berichten und sie weiterzuvermitteln.

Wie Releasing-Sätze gebildet werden

Unter der Überschrift »Loslassen« habe ich bereits dargestellt, dass Releasing-Sätze in ihrer einfachsten Form mit den Worten »Ich lasse los« beginnen. Nach diesen Worten wird der Satz so vervollständigt, dass in ihm so genau wie möglich das erkannte Muster oder das subjektiv empfundene Gefühl zum Ausdruck kommt, das losgelassen werden soll. Auch wenn es grundsätzlich unendlich viele mögliche Releasing-Sätze gibt, kommen in der praktischen Arbeit einige Grundmuster immer wieder vor. Wenn Sie diese gängigen Formulierungen kennen, können Sie sie als Anregungen verwenden, um leichter Sätze für Ihre eigene innere Arbeit zu finden.

1. Auswirkungen vergangener belastender Situationen loslassen

Satzanfänge:
• *Ich lasse los die Auswirkungen von ... (Benennung der Situation)*
• *Ich lasse los die Auswirkungen davon, dass ... (Beschreibung des Geschehens)*

Beispiele:
• *Ich lasse los die Auswirkungen von dem Missbrauch durch meine Mutter.*
• *Ich lasse los die Auswirkungen davon, dass ich auf einmal nicht mehr weiter konnte bei meiner Geburt.*

Alte Entscheidungen loslassen

In unserer Fähigkeit, Entscheidungen zu treffen, liegt eine ungeheure Kraft. Entscheidungen, die wir einmal getroffen haben, entwickeln oft ihre eigene Dynamik, im Guten wie im Schlechten. Oft sind sie wie die Geister, die der Zauberlehrling rief und die er dann – wusste er doch nichts von Releasing – nicht mehr loswurde. Entscheidungen, die sich negativ für uns auswirken, sollten wir daher loslassen und ggf. durch neue konstruktive Entscheidungen ersetzen.

Satzanfänge:
* *Ich lasse los die Entscheidung ...*
* *Ich lasse los alle alten Entscheidungen, die ich getroffen habe ...*

Beispiele:
* *Ich lasse los die Entscheidung aus meiner Kindheit, nie mehr einen Menschen wirklich an mich heranzulassen.*
* *Ich lasse los alle alten Entscheidungen, die ich getroffen habe, meinen Körper zu zerstören.*

Negative und begrenzende Glaubenssätze loslassen

Schon und besonders als Kinder waren wir damit beschäftigt, Schlüsse aus den Erfahrungen zu ziehen, die wir machten. So verschafften wir uns Orientierung und definierten für uns, wie und was *die* Wirklichkeit ist. Solche Schlussfolgerungen tragen wir oft ein Leben lang in Form von verallgemeinerten Glaubenssätzen in uns. Nach ihnen gestalten wir immer wieder aufs Neue unsere persönliche Realität. Und wir interpretieren unsere Erfahrungen durch die »Brille« dieser Überzeugungen. Waren wir etwa als Kinder schon früh auf uns allein gestellt, weil beide Eltern berufstätig waren, haben wir vielleicht die verallgemeinerte Überzeugung gewonnen: »Ich muss immer alles allein schaffen.« Wenn wir mit diesem mittlerweile eventuell unbewussten Glauben durchs Leben gehen, werden wir genau dies erleben. Wir sind dann zum Beispiel blind für die Unterstützungsmöglichkeiten, die für uns da sind bzw. da sein könnten.

Viele andere Glaubenssätze sind uns einfach eingetrichtert worden. Auch sie wirken wie sich selbst erfüllende Prophezeiungen. So ist in Ihnen vielleicht noch der Satz Ihrer Mutter wirksam, dass Sie sich vor Männern hüten müssen oder dass Männer immer nur »das eine« wollen. Solange dieser Glaubenssatz noch in Ihnen wirkt, wird Ihnen mit Sicherheit eine dauerhafte liebe- und achtungsvolle Beziehung zu einem Mann verwehrt bleiben. Um offen zu werden für neue, glücklichere Erfahrungen, ist es daher wichtig, dass wir uns unserer Glaubenssätze bewusst werden und sie gegebenenfalls loslassen.

Satzanfänge:
* *Ich lasse los den Glauben ...*
* *Ich lasse los das Konzept ...*
* *Ich lasse los die Erwartung ...*
* *Ich lasse los die Überzeugung ...*
* *Ich lasse los die Vorstellung ...*

Beispiele:
* *Ich lasse los den Glauben, dass ich nicht nein sagen darf.*
* *Ich lasse los das Konzept, dass ich nur im Büßergewand vor Gott treten darf.*
* *Ich lasse los die Erwartung, dass ich früher oder später in jeder Beziehung enttäuscht werde.*
* *Ich lasse los die Überzeugung, dass ich im Leben um alles kämpfen muss.*
* *Ich lasse los die Vorstellung, dass andere Menschen mich nur dann mögen, wenn ich ihre Erwartungen erfülle.*
* *Ich lasse los den Glaubenssatz meiner Mutter, dass alle Männer immer nur das eine wollen.*

Negative Gefühle loslassen

Viele Gefühle, die wir in der Gegenwart erleben, sind alte unaufgelöste Gefühle, zum Beispiel aus unserer Kindheit oder aus früheren Leben. Sie gleichen einer alten Kassette, die sich immer wieder neu abspult. Solange sie ungelöst sind, projizieren wir solche Gefühle immer wieder auf gegenwärtige Situationen und Beziehungen. Mehr noch: Ähnlich wie mit Glaubenssätzen gestalten wir die Gegenwart unbewusst so, dass wir mit diesen alten Gefühlen »Recht behalten«. Menschen, die sich seit Kindheitstagen ungeliebt fühlen, suchen sich etwa unbewusst Beziehungspartner aus oder verhalten sich in gegenwärtigen Beziehungen so, dass das alte Gefühl, nicht geliebt zu werden, früher oder später wieder seine Bestätigung findet.

Gefühle, die von früheren Situationen herrühren und unterdrückt waren, müssen häufig zuerst einmal zugelassen werden und einen körperlichen Ausdruck finden (z. B. ungeweinte Tränen weinen, einen unterdrückten Schrei zulassen usw.). Danach können wir sie loslassen. Mehr zu diesem Thema im Kapitel *Das Halszentrum*.

Satzanfänge:
- *Ich lasse los das Gefühl ... (Beschreibung der subjektiven Empfindung)*
- *Ich lasse los alle Gefühle ... (Beschreibung der subjektiven Empfindung)*
- *Ich lasse los den Hass auf ...*
- *Ich lasse los den Ärger über ...*
- *Ich lasse los den Zorn auf ....*
- *Ich lasse los die Wut auf ...*
- *Ich lasse los die alte Enttäuschung über ...*
- *Ich lasse los den Schmerz über ...*
- *Ich lasse los die alte Traurigkeit über ...*

Beispiele:
- *Ich lasse los das Gefühl, es nicht wert zu sein, Liebe zu empfangen, ohne ganz viel dafür tun zu müssen.*
- *Ich lasse los alle alten Gefühle der Einsamkeit aus meiner Schulzeit.*
- *Ich lasse los den Zorn auf Gott dafür, dass er mich auf die Erde geschickt hat.*
- *Ich lasse los den alten Schmerz darüber, dass mich niemand wirklich gesehen hat, als ich klein war.*
- *Ich lasse los die alte Traurigkeit darüber, dass es niemanden interessiert hat, wie es mir wirklich geht.*

Angst loslassen

Zwar ist Angst einerseits ebenfalls ein Gefühl. Das Spektrum dessen, was wir umgangssprachlich als Angst bezeichnen, reicht jedoch von Angst als einer starken emotionalen Reaktion, zum Beispiel beim Anblick eines Hundes oder beim Besteigen eines Flugzeugs, bis hin zu negativen Erwartungen, also eher gedanklichen Befürchtungen.

Aufgrund dieser Vielschichtigkeit führe ich Angst an dieser Stelle als Extrapunkt auf.

Satzanfänge:
- *Ich lasse los die Angst (da)vor ...*
- *Ich lasse los alle alte Angst ...*
- *Ich lasse los die Befürchtung ...*

Beispiele:
- *Ich lasse los all meine Angst- und Panikgefühle gegenüber Hunden.*
- *Ich lasse los alle Angst davor, dass ich irgendetwas falsch machen könnte.*
- *Ich lasse los die Angst davor, zurückgewiesen zu werden, wenn ich meine wahren Gefühle zeige.*
- *Ich lasse los alle alte Angst, zu verletzlich zu sein, wenn ich meinen wahren Gefühlen Raum gebe.*
- *Ich lasse los all die alte Angst, dass meine sexuellen Empfindungen zu viel für mich sein könnten, wenn ich sie zulasse.*

Verhaltensmuster loslassen

Satzanfang:
- *Ich lasse los das Muster ...*

Beispiele:
- *Ich lasse los das Muster, mich ständig mit anderen zu vergleichen.*
- *Ich lasse los, immer darauf zu warten, dass jemand kommt und mir sagt, dass ich »richtig« bin.*

Negative Wünsche loslassen

Satzanfang:
- *Ich lasse los den Wunsch ...*

Beispiele:
- *Ich lasse los den Wunsch, meinen Körper zu zerstören.*
- *Ich lasse los den Wunsch, immer die Kontrolle in meinen Beziehungen zu haben.*

Eine neue Entscheidung treffen

Wie schon gesagt, genügt es häufig, die blockierenden Muster einfach loszulassen. Dennoch ist es manchmal hilfreich, zusätzlich zum Loslassen ganz bewusst eine neue Entscheidung zu treffen. So stellen wir in uns die Weichen für eine neue Richtung, in die unsere psychische Energie fortan fließen kann und soll. Nachdem wir alten Ballast abgeworfen haben, machen wir uns noch einmal klar, welche alten Muster wir haben gehen lassen und welche neuen Erfahrungen nun an ihre Stelle treten sollen. War unser Thema beispielsweise, Hass und Ablehnung gegenüber dem eigenen Körper loszulassen, könnte unsere Entscheidung lauten: »Ich entscheide mich dafür, meinen Körper zu lieben.« Wenn Sie an der Angst gearbeitet haben, Ihre wahren Gefühle auszusprechen, wäre ein guter Satz: »Ich entscheide mich dafür, zu meinen wahren Gefühlen zu stehen und sie auszusprechen.« Oder falls Ihnen bewusst wurde, dass Sie Paarbeziehungen immer wieder scheitern lassen, könnten Sie es so ausdrücken: »Ich entscheide mich dafür, mir eine erfüllte Beziehung zu einem Mann (zu einer Frau) zu erlauben.«

Um eine Entscheidung zu formulieren, können wir alternativ auch mit den Worten beginnen: »Ich öffne mich dafür ...« oder »Ich öffne mich für die Erfahrung ...«. Dann könnten wir beispielsweise formulieren: »Ich öffne mich dafür, in einer erfüllten Beziehung zu einem Mann zu leben« oder »Ich öffne mich für die Erfahrung, von anderen Menschen auch dann angenommen zu werden, wenn ich meine wahren Gefühle zeige«.

Wie die Releasing-Sätze sollten Sie auch eine solche Entscheidung immer laut aussprechen. Hilfreich ist es außerdem, sich im Anschluss an die Sitzung zu dem wichtigsten Thema Ihrer Arbeit noch eine positive Affirmation aufzuschreiben. Genaueres zur Arbeit mit Affirmationen erfahren Sie auf S. 51.

Der Abschluss

Eine Releasing-Sitzung im Wachtraumzustand dauert meistens je nach äußerem Rahmen (Einzelarbeit, Seminar, Zeiteinteilung des

Therapeuten usw.) zwischen einer und zweieinhalb Stunden. Da allerdings das Zeitgefühl in diesem Zustand verändert ist, erleben die Beteiligten diese Zeitspanne normalerweise als deutlich kürzer. Während der Sitzung wechseln sich die einzelnen Phasen ständig ab: Der Klient spürt schweigend seinen inneren Empfindungen nach, führt dann wieder ein Gespräch mit seinem Begleiter oder spricht seine Releasing-Sätze aus. Besser gesagt gehen all diese Elemente fortwährend ineinander über. Schließlich erreicht die Sitzung dann ihr zeitlich vorgegebenes Ende. Falls ein solcher Zeitpunkt nicht festgelegt wurde, kommen die meisten Sitzungen doch nach einiger Zeit an einen Punkt, an dem es sich zumindest für dieses Mal »rund« anfühlt. Dann hat der Beisitzer die Aufgabe, die Sitzung zu beenden und den Klienten ins normale Wachbewusstsein zurückzuführen.

Wenn es Ihre Zeit zulässt, können Sie als Begleiter dem Klienten vorher noch ein Geschenk machen, indem Sie ihn durch eine Abschlussvisualisierung führen. Sie stärkt den Liegenden und gibt ihm Gelegenheit, sich noch einen Moment auszuruhen und das Geschehene in sich setzen zu lassen.

Lichtvisualisierung

Erinnere dich noch einmal an die weiß-goldene Sonne über dir ... Visualisiere diese Sonne ... strahlendes weiß-goldenes Licht geht von ihr aus ... Und einfach, indem du dich innerlich empfänglich machst, lässt du das Licht dieser Sonne in dich hineinströmen ... in deinen Kopf, so dass es ganz hell wird in deinem Kopf ... in deinen Hals, so dass es auch in deinem Hals ganz hell wird ... und weiter in die Schultern und Arme ... Auch die Brust füllt sich mit weiß-goldenem Licht ... (usw. in alle Körperteile bis in die Zehenspitzen) ...

Dein ganzer Körper ist jetzt erfüllt von weiß-goldenem Licht ... das Licht strahlt über deine physischen Grenzen hinaus, so dass sich um dich herum eine Art Licht-Ei oder Lichtkugel bildet ... Das Licht ist in dir und um dich herum ... und du bist im Licht, und du bist das Licht ... und durch das Licht kommt nur das, was gut für dich ist und dich stärkt ... und du nimmst das Licht mit dir, auch wenn du gleich wieder ganz in deinem Wachbewusstsein bist.

Zum Abschluss der Sitzung rege ich meine Klienten an, sich noch einen weiteren Moment Zeit zu nehmen und in ihr Herz zu schauen, ob sie dem Höheren Bewusstsein still oder auch laut danken wollen für die innere Führung bei der Arbeit und für alles, was sie bekommen haben. Danken bedeutet annehmen und würdigen. Wer für das, was er bekommen hat, dankt, bestätigt damit auch sich selbst, dass er dieses Geschenk annimmt und mitnimmt. So schließt sich der Kreis der Sitzung: Zu Beginn öffnen wir uns, indem wir bitten, und am Schluss nehmen wir das Empfangene an, indem wir danken.

Nicht immer lässt die Zeit es zu, am Ende noch einmal eine Lichtvisualisierung durchzuführen. In *jedem* Fall aber sollte eine Sitzung, die mit ausdrücklichen Entspannungsanweisungen eingeleitet wurde, auch mit klaren Anweisungen beendet werden, durch die der Klient wieder in den normalen Wachzustand zurückgeführt wird. Das Entscheidende dabei ist, dass das Unterbewusstsein des Betreffenden die Information erhält, dass es nun gilt, wieder mit voller Aufmerksamkeit in der Gegenwart zu sein und der äußeren Welt zu begegnen. Selbst wenn der Klient das Gefühl hat, eigentlich »gar nicht weg« und »sowieso die ganze Zeit ganz da« gewesen zu sein, sollte auf einen entsprechenden Abschluss nicht verzichtet werden. Sonst kann es passieren, dass der Betreffende sich noch eine Weile gleichsam »neben sich« fühlt. Meistens genügen schon wenige Worte, um den Übergang ins normale Wachbewusstsein einzuleiten.

Anweisungen zum Abschluss einer Sitzung

Es ist jetzt für dich an der Zeit, wieder in den normalen Wachzustand zurückzukehren. Nimm ein, zwei etwas tiefere Atemzüge, und verbinde dich ganz bewusst mit deinem Körper ... fülle ihn ganz aus ... erlaube deinen Armen und Beinen, sich zu bewegen und sich zu recken und zu strecken ... Ich zähle jetzt bis drei, und bei drei bist du wieder ganz da und hellwach. Eins ... zwei ... drei ... (als Begleiter schnipsen Sie hier eventuell einmal mit den Fingern über den Augen des Liegenden) *willkommen zurück!*

Nach einer Releasing-Sitzung fühlen sich viele Menschen erleichtert und energiegeladen, manche jedoch auch erschöpft wie nach längerer Arbeit im Garten. Besonders nach sehr tief gehenden Releasing-Prozessen brauchen Sie vielleicht in den folgenden Tagen ein wenig mehr Ruhe als sonst. Nach Möglichkeit sollten Sie sich dann den Freiraum und die Ruhe geben, die Sie benötigen. So kann der Körper frei gewordene Schlacken ausscheiden, und die Seele bekommt Raum, um die inneren Veränderungen zu integrieren.

Releasing ohne Partner

Wenn Sie Releasing für sich allein anwenden wollen, gibt es verschiedene Möglichkeiten. Wie Sie den äußeren Rahmen hierfür gestalten, hängt nicht zuletzt davon ab, wie schwerwiegend und umfangreich das Thema ist, um das es Ihnen geht.

Fünf-Minuten-Releasing

Vielleicht geht es Ihnen nur um eine »kleinere Sache«, um ein ganz konkretes eingegrenztes Thema, das durch irgendein Ereignis des Tages ausgelöst wurde. Zu diesem Thema liegen Ihnen eventuell auch schon die entsprechenden Releasing-Sätze auf der Zunge. Zum Beispiel kann Ihnen während Ihrer Arbeit bewusst werden, dass Sie einen dringenden Anruf nun schon den dritten Tag vor sich herschieben. Ihnen wird klar, welche Befürchtungen, Erwartungen und unangenehmen Gefühle für Sie mit diesem Anruf verbunden sind. Dann müssen Sie nicht unbedingt erst in eine Tiefenentspannung gehen, um die zur Klärung dieses Themas geeigneten Releasing-Sätze zu finden.

Halten Sie einfach einen Moment lang inne, und konzentrieren Sie sich auf Ihr Thema und die Sätze, die Ihnen dabei in den Sinn kommen. Um sich selbst etwas tiefer zu spüren, können Sie auch für einen Moment die Augen schließen. Sprechen Sie dann laut, also gut hörbar Loslasssätze aus, mit denen Sie Ihre negativen Erwartungen, Gefühle usw. gehen lassen. Wenn Ihnen kein weiterer Satz mehr einfällt, greifen Sie zum Hörer und erleben das wohltuende Gefühl, von der Last der aufgeschobenen Angelegenheit befreit zu sein. Ganz nebenbei werden Sie vielleicht sogar bemerken, dass das Tele-

fongespräch weit weniger unangenehm verläuft, als Sie zuvor be-
fürchtet hatten.

Auf ähnliche Weise können Sie mit allen kleineren Angelegenheiten Ihres Alltags verfahren. Halten Sie einen Moment inne, konzentrieren Sie sich, und sprechen Sie geeignete Releasing-Sätze zu Ihrem aktuellen Thema. Danach gehen Sie wieder zur Tagesordnung
über.

Eine Releasing-Sitzung allein

Bei »größeren« Anliegen ist es sinnvoll, wenn Sie sich für eine bis
eineinhalb Stunden bewusst aus dem Alltagsgeschehen zurückzie-
hen. Sorgen Sie dafür, dass Sie während dieser Zeit nicht gestört
werden. Dann schaffen Sie in Ihrem Zimmer eine Atmosphäre der
Ruhe und Sammlung, indem Sie zum Beispiel ein paar Kerzen an-
zünden.

Es ist ratsam, sich nun noch einmal das Thema zu vergegenwärti-
gen, das Sie anschauen wollen. Anschließend beantworten Sie
schriftlich die folgenden drei Fragen. Am besten notieren Sie zu
jeder Frage nur einen Satz, der das Wesentliche auf den Punkt bringt.

1. *Was in mir oder in meinem Leben möchte ich heilen, verändern oder
   lösen?*
2. *Was (in Bezug auf dieses Thema) möchte ich in Zukunft nicht mehr
   erleben?*
3. *Was möchte ich in Zukunft stattdessen erleben?*

Indem Sie sich die Mühe machen, sich selbst schriftlich über diese
Fragen Klarheit zu verschaffen, haben Sie bereits einen wichtigen
Schritt getan. So wie man ein Fernglas zunächst einmal in die ent-
sprechende Himmelsrichtung dreht, um es dann richtig einzustellen,
haben Sie nun schon einmal die allgemeine Richtung Ihrer inneren
Suche bestimmt. Auf diese Weise können Sie anschließend viel leich-
ter die genauen Muster erkennen, um die es bei Ihrem Thema geht.
Und Sie haben sich bereits klar gemacht, in welche Richtung der
Lösungsprozess insgesamt gehen soll, das heißt, was er Gutes bewirken soll.

Mit Hilfe einiger weiterer Fragen können Sie dann die Feineinstellung Ihres inneren Objektivs vornehmen. Zuvor sollten Sie sich jedoch innerlich sammeln, damit Sie sich ganz mit sich selbst und mit Ihren Gefühlen verbunden fühlen. Wenn Sie sich gut mit Hilfe von Musik entspannen können, lassen Sie dabei ruhige, meditative Musik laufen.

Legen oder setzen Sie sich dann bequem hin, und schließen Sie die Augen. Atmen Sie ein paar Minuten lang ruhig und tief. Spüren Sie von Kopf bis Fuß in die verschiedenen Teile Ihres Körpers hinein, und lassen Sie die Anspannung los, die Sie in einzelnen Körperbereichen bemerken. Wenn Sie sich ruhig und gesammelt fühlen, bitten Sie das Höchste Bewusstsein darum, Ihnen bei der Bearbeitung Ihres Themas zu helfen und Sie zu einer guten Lösung zu führen.

Danach öffnen Sie die Augen und lesen die folgenden Fragen einzeln. Schließen Sie nach jeder Frage wieder die Augen. Lassen Sie die Frage auf sich wirken, bis Antworten in Ihnen aufsteigen. Sie können sich die Antworten ruhig auch laut geben, so als sprächen Sie mit einer anwesenden Person. Geben Sie sich dann einige Minuten Zeit, um das loszulassen, was Ihnen durch die Kontemplation über die jeweilige Frage bewusst geworden ist. Anschließend wenden Sie sich der nächsten Frage zu.

1. a) *Welche meiner Glaubenssätze und Überzeugungen unterstützen den bisherigen Zustand? (Achten Sie dabei besonders auf Glaubenssätze, die den Charakter von »So ist es nun mal« oder »So bin ich nun mal« oder von »Wenn ich überleben oder geliebt werden will, muss ich ...« haben.)*
   b) *Wenn ich innerlich in der Zeit zurückgehe: In welchen vergangenen Situationen bzw. in welcher Zeit meines Lebens habe ich diese Überzeugungen gewonnen?*
   • *Ich lasse los ...*

2. a) *Welche negativen Gefühle erlebe ich in Zusammenhang mit diesem Thema?*
   b) *Wenn ich innerlich in der Zeit zurückgehe: In welchen vergangenen Situationen bzw. in welcher Zeit meines Lebens habe ich diese Gefühle bereits erlebt? Wie weit kann ich sie zurückverfolgen?*
   • *Ich lasse los ...*

3. *Welche Entscheidungen habe ich damals getroffen, die mir heute im Weg stehen?*
    * *Ich lasse los ...*

4. *Durch welche Verhaltensmuster habe ich den Problemzustand bisher aufrechterhalten?*
    * *Ich lasse los ...*

5. *Welche alten Wünsche tragen zum Problemzustand bei?*
    * *Ich lasse los ...*

6. *Welche Ängste sind an dem Problem beteiligt?*
    * *Ich lasse los ...*

7. *Welche »Vorteile« bzw. welchen Nutzen hat der Problemzustand bisher für mich gehabt?*
    * *Ich lasse los ...*

Anmerkung:
Probleme haben wir in der Regel auch deshalb, weil ein Teil von uns glaubt, dass es bei allen Nachteilen, die die Problemsituation hat, eigentlich doch besser so ist, wie es ist. Zum Beispiel bekommen manche Menschen immer neue Aufgaben von anderen aufgebürdet, weil sie nicht nein sagen können. Dahinter steckt oft der Glaube, dass andere uns nur lieben, wenn wir zu allem ja sagen. Der »Nutzen« des Ja-Sagens besteht dann darin, dass andere uns für »nett« halten und wir nicht riskieren, uns durch Auseinandersetzungen mit ihnen zu entzweien.

8. *Welche »Nachteile« fürchte ich in Bezug auf die Lösung? Welche negativen Erwartungen oder Befürchtungen verknüpfe ich mit dem Gedanken an die Lösung?*
    * *Ich lasse los ...*

Anmerkung:
Die Lösung, die wir auf der bewussten Ebene wollen, fürchten wir unbewusst gleichzeitig oft, da wir negative Assoziationen mit ihr verbinden. Beispielsweise wünschen wir uns vielleicht

einen besser bezahlten Posten. Insgeheim fürchten wir aber, dass wir die größere Verantwortung nicht tragen könnten oder nicht genug Fachwissen für diesen Job mitbringen. Oder wir sehnen uns einerseits nach einer Paarbeziehung, haben aber unbewusst Angst davor, wirkliche Nähe zuzulassen oder zu sehr gebunden zu sein. *Unbewusste Einwände wirken aber in aller Regel stärker als bewusste Absichten.* Daher kommen wir oft einfach nicht zu einer Lösung (also zum Beispiel zu einem besseren Job oder zu einer erfüllenden Beziehung), bevor wir uns diese Befürchtungen bewusst gemacht und losgelassen haben.

9.   *Was will ich zu diesem Thema sonst noch loslassen?*
 • *Ich lasse los ...*

Nachdem Sie diese Fragen der Reihe nach durchgegangen sind und die Releasing-Sätze zu den jeweiligen Antworten (laut!) ausgesprochen haben, lassen Sie noch für einen Moment die Augen geschlossen. Schauen Sie, ob Sie noch eine neue Entscheidung treffen möchten und wenn ja welche. Formulieren Sie diese Entscheidung ebenfalls laut. Gönnen Sie sich dann noch einige Minuten der Ruhe und Entspannung. Danken Sie dem Höheren Bewusstsein für die Führung in Ihrem inneren Prozess. Wenn Sie möchten, bitten Sie um Unterstützung dabei, die positive Lösung (das, was Sie in Zukunft anstelle des Bisherigen erleben möchten) in Ihrem Leben zu manifestieren. Danach nehmen Sie ein paar tiefe Atemzüge und kommen langsam wieder in die Gegenwart zurück.

Teil II

Innere Heilung und spirituelles Wachstum

Einführung

Die folgenden Kapitel befassen sich mit den Energiezentren unseres Körpers, den »Chakren«, wie sie in den spirituellen Traditionen des Ostens genannt werden. Es ist jedoch keinesfalls meine vorrangige Absicht, der bereits bestehenden Fülle an Werken über die Chakren ein weiteres hinzuzufügen. Auch geht es mir nicht darum, sämtlichen tatsächlichen und vermeintlichen esoterischen Aspekten der einzelnen Chakren umfassend Rechnung zu tragen.

Der hauptsächliche Grund, warum diese Energiezentren in den folgenden Kapiteln eine Rolle spielen, besteht darin, dass das Chakrensystem einen nützlichen Orientierungsrahmen zur Ordnung wichtiger Themenschwerpunkte der spirituellen Entwicklungspsychologie bildet. Zudem weist dieses System auf Zusammenhänge zwischen seelischen Vorgängen und Entwicklungsschritten auf der einen Seite und körperlichen Prozessen auf der anderen Seite hin.

»Entwicklung« meint dabei zunächst einmal den Reifeprozess zu einem – wie Humanistische Psychologen es nennen – »voll funktionierenden« bzw. »sich selbst verwirklichenden« Individuum. Man könnte auch von einer reifen menschlichen Persönlichkeit sprechen. Darüber hinaus beschreibt das Chakrensystem jedoch eine noch umfassendere Entwicklung, die die Ebene der individuellen Persönlichkeit überschreitet. Sie hat die Entfaltung unserer spirituellen Potenziale und schließlich das Einswerden mit dem alles umfassenden göttlichen Bewusstsein zum Ziel.

Allerdings kann auch die beste und ausgefeilteste konzeptionelle Struktur die Komplexität menschlicher Wachstumsprozesse niemals voll und ganz erfassen und systematisieren. Es wäre daher verfehlt, wollte man starre Zuordnungen zwischen Energiezentren auf der einen und seelischen Prozessen auf der anderen Seite festlegen. Daher lässt sich die Bedeutung der Chakren in den nächsten Kapiteln am besten mit den Ausgangspunkten verschiedener Rundwanderwege vergleichen, die alle durch unterschiedliche Bereiche desselben Waldes führen. Zwar ist die Ausgangsbasis nicht dieselbe, doch manche der Wege kreuzen sich, und einige Routen haben sogar identische Teilstrecken. In diesem Sinn gehören viele der Themen, die in den Kapiteln zu den einzelnen Energiezentren behandelt werden, eindeutig und zwingend zu dem jeweiligen Chakra. Andere Themen dagegen könnte man ebenso gut einem anderen Chakra zuordnen.

Die Energiezentren

Das Wort »Chakra«, die ursprüngliche Sanskritbezeichnung für die Energiezentren des Körpers, bedeutet soviel wie »Rad« oder auch »Kraftwirbel«. Es gibt sieben Hauptenergiezentren, die jeweils sowohl seelische als auch körperliche Entsprechungen besitzen. Diese Zentren sind vertikal entlang der Wirbelsäule angeordnet. Das unterste, das sogenannte Wurzelchakra oder Wurzelzentrum, liegt am Steißbein, das höchste, das Kronenzentrum, oben auf dem Kopf. Zwischen diesen beiden befinden sich – nach ihrer körperlichen Lage benannt – das Becken-, das Solarplexus-, das Herz-, das Hals- und das Stirnzentrum.

Jedes dieser Kraftzentren steht sowohl mit spezifischen Körperregionen, Organen und Drüsen in Verbindung als auch mit bestimmten seelischen *Ausdrucks-* und *Wahrnehmungsfähigkeiten*. Im Beckenzentrum beispielsweise nimmt unsere Lebenskraft die Form sexueller Energie an. Das heißt, einerseits *drücken* wir durch dieses Zentrum unsere sexuelle Energie *aus*, und andererseits *nehmen* wir durch das Beckenzentrum die sexuelle Energie *wahr*, die von einem anderen Menschen ausgeht. Das Herzzentrum dagegen ist das Zentrum bedingungsloser Liebe. Von dort können wir also einerseits Liebe *ausströmen* lassen und andererseits die Liebe *wahrnehmen*, die uns entgegengebracht wird.

Wie weit wir die zugehörigen seelischen Potenziale entwickelt und integriert haben, zeigt uns der entsprechende Körperbereich: Er

ist entweder entspannt und durchlässig für das Fließen der körpereigenen Lebensenergien, oder aber er fühlt sich verspannt, undurch-
lässig und eher kalt an.

Dieser Zusammenhang zwischen seelischen Vorgängen und körperlichen Auswirkungen, den ich als die »Psychodynamik« oder
»Psychosomatik der Chakren« bezeichne, kann von jedem leicht
nachvollzogen werden. Zum Beispiel nehmen Menschen, denen es
an der Fähigkeit mangelt, tiefe Liebe oder überhaupt tiefe Gefühle
zu empfinden, ihre Brustgegend – den Bereich des Herzzentrums –
oft als eng oder zusammengedrückt wahr. Bei Menschen, die ihre
Sexualität innerlich abgespalten und kaum oder gar nicht integriert
haben, fühlt sich der untere Bauch- und Beckenbereich (Beckenzentrum) häufig kalt, gebläht, schmerzhaft oder empfindungslos an.
Andere wiederum, die Angst davor haben, offen ihre wahren Gedanken oder auch ihre kreativen Impulse zu äußern, erleben dies auf der
körperlichen Ebene als Enge im Hals(zentrum).

Das Wissen um diese Zusammenhänge zwischen Seele und Körper kann bei der inneren Arbeit also sehr hilfreich sein. Es gibt uns
bei einer körperlichen Symptomatik Hinweise darauf, worin die
seelischen Ursachen bzw. Anteile des Problems liegen könnten.

Andererseits möchte ich an dieser Stelle ein Wort der Klärung
zum Umgang mit solchen Einsichten, wie ich sie auch in den folgenden Kapiteln beschreibe, einfügen. Selbst ein Wissen, das nicht nur
theoretisch ist, sondern auf Erfahrung beruht, sollte man immer mit
Vorsicht und Achtsamkeit in die innere Arbeit einbeziehen. Jeder
Mensch und jeder Einzelfall ist anders, und die scheinbar gleiche
Symptomatik zweier Menschen kann völlig unterschiedliche Ursachen haben.

Darüber hinaus heißt die richtigen Ursachen zu finden auch nicht
zwangsläufig, dass das jeweilige Symptom immer geheilt werden
kann. Ja, wir wissen nicht einmal, ob der betreffenden Seele damit
wirklich in jedem Fall gedient wäre. Manchmal ist das Erleben selbst
von schweren Krankheiten wie Krebs oder Blindheit letztendlich ein
Segen für eine Seele. Vielleicht kann sie nur auf diese Weise bestimmte wertvolle Einsichten gewinnen oder eine ganz besondere
Kraft entfalten. Aus dem Mund eines Gesunden mag das wie eine
leichtfertige Behauptung klingen. Ich weiß jedoch aus Erfahrung,
dass auch viele Betroffene es selbst durchaus so erleben. Von solchen

Menschen, zum Beispiel von Krebskranken, habe ich häufig Sätze gehört wie: »In diesen zwei letzten Jahren, in denen ich so krank war, habe ich erst richtig angefangen zu leben. Sie haben mich mehr über das Leben und die Liebe gelehrt als mein ganzes Leben davor.«

Wir begeben uns also selbst – besonders auch als Therapeuten – in eine anmaßende Position und sind nicht mehr im Einklang mit der tieferen Seele, wenn wir ausschließlich darauf fixiert sind, Symptome beseitigen zu wollen – noch dazu nach vorgefertigten Rezepten. Wie viel Unheil ist schon mit der psychologisierenden »Überfliegereinstellung« angerichtet worden, die dahergeht und sagt: »Wenn körperlich das und das vorliegt, steckt als Ursache das und das dahinter, und wenn du das und das änderst, bist du geheilt.« Wenn das Patentrezept des »Helfers« nicht funktioniert hat, folgt dann oft noch der manchmal zwar zutreffende, jedoch häufig diffamierende Nachsatz: »Du willst es halt nicht wirklich.«

Besonders als Therapeuten sollten wir uns also vor der Illusion hüten, wir hätten die Entscheidung über Heilung oder »Nicht-Heilung« in der Hand. Jede Heilung ist immer auch Geschenk und Gnade, und manchmal vollzieht sich »Heilung« auf völlig andere Weise, als wir erwartet haben.

Wie Sie mit den Releasing-Sätzen umgehen können

Die in den einzelnen Kapiteln angegebenen Releasing-Sätze sind Beispiele für häufig vorkommende Lösungssätze aus den jeweiligen Themenbereichen. Wahrscheinlich werden Sie dabei auf manche Sätze stoßen, bei denen Sie denken: »Oh, Volltreffer, dieser Satz steht da extra für mich«. Dann sollten Sie einen Moment lang innehalten, sich mit ein oder zwei tiefen Atemzügen innerlich sammeln und den Satz *laut* aussprechen.

Ja, Releasing lässt sich in dieser einfachen Form tatsächlich in fast jeder Lebenslage anwenden. Das gilt auch für Releasing-Sätze, die Ihnen in anderen Situationen in den Sinn kommen, zum Beispiel beim Autofahren, am Frühstückstisch, unter der Dusche oder wo auch immer. Halten Sie inne, und sagen Sie die Sätze laut! Warum Zeit verlieren?

Mit dem Loslassen verhält es sich ähnlich wie mit der Zahnpflege. Bei schwerwiegenden Problemen, zum Beispiel einer Wurzelentzündung, ist es ratsam, zum Zahnarzt zu gehen. Allerdings vermute ich, dass Sie Ihre Zähne allein putzen, oder nicht? Ebenso kann es gut und sinnvoll sein, bei »tieferen« seelischen Blockaden freundschaftliche oder professionelle Hilfe in Anspruch zu nehmen. Die eher oberflächlichen Muster können Sie jedoch auch allein erkennen und loslassen. Und genauso wie regelmäßiges Zähneputzen dazu führt, dass Zahnbeläge verschwinden und keine neuen Löcher mehr entstehen, werden Sie auch innerlich immer klarer und freier von drohenden emotionalen »Löchern«, je mehr Sie sich die Praxis des Loslassens in Ihrem täglichen Leben zu Eigen machen.

Selbst wenn vermutlich einige »Treffer« für Sie dabei sein werden, handelt es sich bei den Beispielsätzen in den nächsten Kapiteln grundsätzlich nicht um die ausschließlich »richtigen« Sätze zu dem jeweiligen Thema. Es geht auch nicht um Patentrezepte, die Sie schematisch anwenden sollten. Vielmehr sind diese Beispiele als Anregung und Hilfestellung gedacht, damit Sie selbst leichter Ihre eigenen lösenden Sätze finden können, wenn in Ihrem persönlichen Releasing-Prozess ähnliche Themen berührt werden.

Das Wurzelzentrum:
Der Wille zu leben und das Leben
tatkräftig zu gestalten

Allgemeines

Am unteren Ende der Wirbelsäule liegt das Wurzelzentrum. Während das Kronenchakra auf dem Kopf sich wie ein Trichter nach oben öffnet und das zweite bis sechste Energiezentrum jeweils auf der horizontalen Ebene nach vorne und nach hinten weisen, ist die Öffnung des Wurzelzentrums nach unten gerichtet. Die ursprüngliche Sanskritbezeichnung für dieses Energiezentrum lautet »Muladhara-Chakra«. *Mula* bedeutet so viel wie »Wurzel«, *dhara* heißt Stütze. Dieser Wortbedeutung entsprechend sorgt das Wurzelzentrum dafür, dass wir uns auf der Erde und somit im Leben gut »verwurzelt« und uns von der Kraft von »Mutter Erde« getragen und genährt fühlen.

Die Beziehung zu diesem größeren Wesen Erde, das uns trägt, ist vergleichbar mit der Beziehung eines Kindes zu seiner Mutter. Ähnlich wie ein Säugling auf seine Mutter angewiesen ist, die ihn nährt und trägt, sind auch wir auf die tragende und nährende Kraft der Erde angewiesen. Wie wir noch sehen werden, ist gerade die Säuglingszeit die entscheidende Lebensphase, in der die Weichen dafür gestellt werden, ob wir Erdverbundenheit und Vertrauen gegenüber dem Leben auf der Erde empfinden oder nicht.

Wir nehmen über das Wurzelzentrum also einerseits Energie von der Erde in unser feinstoffliches System auf und erleben diese Energieaufnahme als Gefühl der Stärkung. Andererseits können wir aber auch bewusst unsere Aufmerksamkeit und somit den Fluss unserer Energie auf die Natur und auf das Erdinnere lenken. Dadurch öffnen wir uns für das Gefühl, festen Halt zu haben und gut im irdischen

Leben verankert zu sein – wie ein Baum, der mit seinen Wurzeln aktiv in die Erde vordringt.

Die folgende Übung eignet sich gut dafür, im Unterbewusstsein das Gefühl von Halt und Verwurzelung in der Erde zu verankern.

Übung: Geerdet sein

Suchen Sie sich in der Natur einen großen Baum, der Ihnen gefällt und für Sie Kraft und Stärke ausstrahlt. Sollten Sie keine Gelegenheit haben, in die Natur zu gehen, so können Sie einen solchen Baum auch als inneres Bild erscheinen lassen und alle weiteren Schritte in Ihrer Vorstellung vollziehen.

Umarmen Sie den Baum, oder lehnen Sie sich an ihn. Fühlen Sie sich dann ganz in diesen Baum ein. Versetzen Sie sich in ihn hinein. Erfühlen Sie von innen seine Wurzeln, seinen Stamm, seine Äste. Identifizieren Sie sich dann ganz mit dem Baum, seien Sie selbst eine Zeit lang der Baum. Halten Sie dabei Ihre Aufmerksamkeit auf »Ihre« Wurzeln gerichtet, die tief in die Erde hinabreichen. Empfinden Sie den Halt und die Kraft, die Ihre Wurzeln Ihnen geben. Bleiben Sie so lange in dieser Empfindung, bis das Gefühl aufkommt, »aufgetankt« zu haben. Kehren Sie dann langsam in Ihr Alltagsbewusstsein zurück.

Im physischen Körper werden besonders die Beine sowie alles Feste, wie zum Beispiel die Knochen, die Wirbelsäule und die Zähne, vom Wurzelzentrum beeinflusst. Darüber hinaus sind der Dickdarm, der Mast- und Enddarm, Rektum und Anus sowie das Blut dem Wurzelzentrum zugeordnet.

Menschen mit gut integriertem Wurzelzentrum strahlen Vitalität und volle seelische Präsenz aus. Bei ihnen ist es nicht wie bei anderen, die oftmals irgendwie »blutarm« und abwesend erscheinen und die man manchmal vielleicht sogar gern schütteln und fragen würde: »Hallo, ist jemand zu Hause?« Menschen mit guter Verwurzelung haben darüber hinaus den festen Willen, ihre Zeit hier auf der Erde zu nutzen und etwas aus ihrem Leben zu machen. Sie verfügen über die Art von Tatkraft, die einem Menschen den Ruf einbringt, er stünde mit beiden Beinen fest auf der Erde.

Bezüglich der Themen, die mit dem Wurzelzentrum verbunden sind, können Sie sich also fragen:

- *Habe ich das Gefühl, zu 100 Prozent hier zu sein?*
- *Fühle ich mich energetisch präsent?*
- *Empfinde ich den deutlichen Willen, hier auf der Erde zu leben und etwas aufzubauen?*
- *Stimme ich voll und ganz zu, in diesem materiellen Körper zu sein?*
- *Behandle ich meinen Körper mit der entsprechenden Achtsamkeit?*

Inwieweit diese letzte Frage mit Ja beantwortet werden kann, können Sie auch daran ablesen, ob Sie Ihren Körper mit ausreichend Bewegung an frischer Luft, mit guter Nahrung oder auch mit dem notwendigen Maß an Ruhe und Erholung versorgen. All diese Dinge sind wichtig, denn für unsere Aufgaben im Leben benötigen wir einen gesunden Körper. Kümmern Sie sich darum! Das heißt aber nicht, dem Körper *übermäßig* viel Beachtung zu schenken, ständig mit Mittelchen für unsere Wehwehchen oder stundenlangem Körpertraining beschäftigt zu sein und mit missionarischem Eifer auch kleinste Mengen nicht vollwertiger Kost zu vermeiden. Solche eher zwanghaften Verhaltensweisen stärken nur unsere illusorische Identifizierung mit dem physischen Körper.

Wichtig ist aber ein gesundes Maß an Achtung und Zuwendung für das »göttliche Instrument«, das uns für unsere Zeit hier auf der Erde gegeben wurde. Unsere innere Haltung sollte die eines Reiters in einem weiten Land gegenüber seinem Pferd sein. Einerseits kann er sehr wohl zwischen sich und seinem Reittier unterscheiden, er verwechselt sich selbst also nicht mit seinem Pferd. Andererseits ist ihm wohl bewusst, dass er ohne sein Pferd dieses Land niemals durchqueren könnte, und so sorgt er gut für dessen Bedürfnisse.

Sie können sich noch zwei weitere Fragen stellen um sich über Ihr Verhältnis zu Ihrem Körper klar zu werden:

- *Kann ich jeden Bereich meines Körpers erfühlen? (Oft haben Menschen keinerlei Gefühl zum Beispiel in ihrem Bauch oder in ihren Beinen.)*
- *Suche ich »Freiheit« im Verlassen meines physischen Körpers?*

Besonders Menschen mit »spirituellem« Selbstbild können dazu neigen, ihren Körper abzulehnen und gering zu schätzen und die Missachtung ihres Körpers mit echtem spirituellem Bewusstsein zu verwechseln. Hinter dieser Haltung liegt oft der irrige Glaube, dass allein durch das Verlassen des Körpers der Himmel gefunden werden könne. Diese Menschen verkennen jedoch, dass »Himmel« ein Bewusstseinszustand ist, der unabhängig davon existiert, ob wir uns in einem materiellen Körper befinden oder nicht. Doch gerade um dieses höhere Bewusstsein auf Erden entwickeln zu können, haben wir ja diesen Körper als Instrument geschenkt bekommen. Der indische Mystiker und Poet Kabir hat das einmal sehr treffend formuliert:

> *Freund, hoffe auf das Beste, während du am Leben bist.*
> *Stürz dich in die Erfahrung hinein, solange du lebendig bist.*
> *Was wir »Errettung« nennen, gehört in die Zeit vor dem Tod –*
> *wenn du die Fesseln nicht zu Lebzeiten abschüttelst,*
> *glaubst du,*
> *dein Geist wird es nach dem Tod für dich tun?*
> *Die Vorstellung, dass die Seele in die Ekstase eingeht,*
> *nur weil der Körper zerfällt,*
> *ist pure Phantasie.*
> *Was du jetzt findest, besitzt du auch dann.*
> *Wenn du jetzt nichts findest,*
> *endest du einfach*
> *in einem Apartment in der Stadt der Toten.*
> *Wenn du dich jetzt aber in Liebe mit dem Göttlichen vereinigst,*
> *so wird sich im nächsten Leben auf deinem Gesicht*
> *befriedigtes Verlangen malen.*
> *Stürz dich also in die Wahrheit.*
> *Finde heraus, wer der Lehrer ist.*
> *Glaube an den Großen Laut.*[3]

So entstehen Blockaden im Wurzelzentrum

Anlass für eine innere Arbeit an den Themen des Wurzelzentrums haben wir vor allem dann, wenn es uns an Vitalität, seelischer Präsenz, spürbarem Lebenswillen und Tatkraft mangelt. Als häufigste Ursache für solche »Mangelzustände« findet man auf der seelischen Ebene Vorbehalte bzw. Entscheidungen, deren Grundmuster lautet: »Ich will nicht hier sein, ich will nicht in diesem Körper sein, ich will mit dem Leben auf der Erde nichts zu tun haben, ich will raus aus diesem Körper.«

Manchen Menschen sind diese seelischen Fluchttendenzen sehr bewusst. Bei anderen dagegen steigen Erinnerungen an entsprechende Entscheidungen, die in der Vergangenheit getroffen wurden, erst im Laufe einer Tiefenentspannung aus dem Unterbewusstsein auf. Begibt man sich auf die Suche nach den – meistens zunächst noch unbewussten – Ursachen für solche Entscheidungen, so führt die innere Arbeit in sehr vielen Fällen zurück zum Beginn des Lebens. Genauer gesagt geht es dabei um die Zeit kurz vor der körperlichen Empfängnis bis zur Geburt und weiter bis zum Alter von ungefähr zwei Jahren.

Natürlich spielen unter Umständen auch »Veranlagungen« aus früheren Leben eine Rolle, die die Seele bereits mitbringt, ebenso wie Ereignisse im Verlauf des weiteren Lebens. Im Allgemeinen wird jedoch in der Anfangsphase einer jeden neuen Verkörperung ein Grundstein dafür gelegt, ob und wie umfassend die Seele mit ihrem Hiersein einverstanden ist. Davon hängt auch ab, wie viel Kraft für das Leben auf der Erde sie entwickeln kann. Zum besseren Verständnis möchte ich daher einen Blick auf das Stadium werfen, in dem eine Seele sich in den Körper begibt, und auf die Einflüsse, denen sie in dieser Phase ausgesetzt ist.

Vor der Empfängnis

Wir wissen nicht genau, wie weit im Voraus feststeht, dass eine Seele, die sich im nicht verkörperten Zustand der geistigen Welten befindet, in einen neuen, ganz bestimmten Körper eingeht. Meine eigene unmittelbare Erfahrung geht so weit zurück, dass ich mit Sicherheit sagen kann, dass sich die Geburt eines oder mehrerer Kinder oft schon Jahre vorher ankündigt. So hat eine Seele, die auf ihre Verkörperung wartet, häufig bereits längere Zeit vor der Empfängnis Kontakt zu ihren zukünftigen Eltern in der physischen Welt und nimmt unter Umständen bereits während dieser Zeit Eindrücke aus dem Leben der Eltern auf.

Des öfteren habe ich in der inneren Arbeit auf anderen Ebenen Seelen wahrgenommen, die darauf warteten, dass ihre Eltern (meine

Klienten) dazu bereit wurden, sie zu empfangen. In den Fällen, die ich persönlich weiterverfolgen konnte, bestätigten sich diese Wahrnehmungen, als diese Seelen anschließend tatsächlich als Kinder empfangen und geboren wurden. Bei einer Frau, bei der ich auf anderen Ebenen einen Engel mit zwei Kindern an der Hand sah, stellte sich nachträglich heraus, dass die Empfängnis schon zwei Tage vorher stattgefunden hatte, ohne dass es der Mutter bewusst geworden war.

Bei meiner Frau Katrin und mir war es so, dass wir schon ganz zu Beginn unserer Beziehung »wussten«, dass wir einmal drei Kinder haben würden. Tatsächlich kam 1995 unsere dritte Tochter zur Welt. Bei jedem dieser Kinder konnten wir bereits sechs bis achtzehn Monate vor der Empfängnis hin und wieder die Anwesenheit einer Seele um uns herum wahrnehmen. Manchmal spürten wir einfach deutlich, dass außer uns noch eine weitere Seele im Raum war, und manchmal schien ein Lichtpunkt im Zimmer zu schweben, der uns auf die Anwesenheit einer Seele aufmerksam machte. Besonders vor Katrins erster Schwangerschaft bekamen wir auch »innere Botschaften«, die uns auf das bevorstehende Ereignis vorbereiteten.

Im Herbst 1986 wurde uns auf diesem Weg beispielsweise während einer Einstimmung mitgeteilt, die göttliche Mutter Maria sei da, und sie habe ein Geschenk für uns. Wir erhielten jedoch zunächst keine Auskunft darüber, was wir unter diesem Geschenk zu verstehen hätten, und so ließen wir die Sache vorerst auf sich beruhen. Bewusst wurde uns die Bedeutung dieser Mitteilung erst einige Wochen später, als Katrins Arzt uns bestätigte, dass sie schwanger war. Wir konnten dann rekonstruieren, dass die Zeugung drei Tage nach der »Botschaft« stattgefunden hatte – zu einem von Katrins Zyklus her eigentlich »unmöglichen« Zeitpunkt.

Auffallend war, dass wir jedes Mal eine ganz besondere tiefe Seelenfreude empfanden, wenn wir die Gegenwart einer Seele spürten. Diese Freude war einfach da und schien sich nicht im Geringsten um unsere Zweifel und Bedenken zu kümmern: Ob jetzt gerade der richtige Zeitpunkt sei, ein Kind zu bekommen, ob wir uns gerade jetzt – im Studium – ein Kind »leisten« könnten usw., spielte keine Rolle. Im Nachhinein sehe ich, dass diese besondere Art der Freude, die ich manchmal als geradezu »trunken machend« empfand, das sicherste Anzeichen für Paare sein kann, dass es richtig und gut ist, sich auf eine Schwangerschaft einzulassen.

Da wir gerade bei dem Thema sind: Falls Sie zufällig zu den Paaren gehören, die allein durch »vernünftige« Überlegungen den richtigen Zeitpunkt herausfinden wollen – vergessen Sie es! Für den Verstand gibt es nie den richtigen Zeitpunkt. Wenn Sie endlich an dem vermeintlichen Punkt angekommen sind, zum Beispiel *nach* Ihrem Studium, *nach* Ihren ersten Jahren im Beruf oder *nachdem* Sie Ihr Haus gebaut haben, wird es nur wieder neue Einwände geben, warum es gerade jetzt doch nicht geht. Irgendwann werden Sie dann feststellen, dass sich die Frage, ob Sie ein Kind wollen oder nicht, inzwischen sozusagen selbst beantwortet hat, da es mittlerweile tatsächlich nicht mehr geht. Wie ein weiser Mensch einmal so schön gesagt hat: Der Gott der rechten Zeit trägt vorn eine Locke, an der man ihn fassen kann. Hinten aber hat er eine Glatze, und so greift man ins Leere.

Aber zurück zum Thema. Nachdem die Seele also bereits einige Zeit vorher direkten Kontakt zu dem Elternpaar aufgenommen hatte, formt sich mit der körperlichen Empfängnis ein energetisches Band zwischen der Seele und dem befruchteten Ei. Dadurch ist die Seele mit dem entstehenden materiellen Körper verbunden. In den folgenden Schwangerschaftsmonaten scheinen manche Seelen schon häufig bei den Eltern präsent zu sein, während andere den größten Teil der Zeit noch »fernab« in geistigen Dimensionen verbringen, solange ihr zukünftiges »körperliches Vehikel« im Bauch der Mutter heranwächst. Ungefähr ab dem fünften Monat nimmt die Seele den Körper dann zunehmend in Besitz.

Während dieser ganzen Zeit empfängt das Kind bereits Eindrücke von der emotionalen Atmosphäre bei den Eltern. Auch werden die emotionalen Reaktionen der Mutter auf sehr intensive Erlebnisse, wie zum Beispiel einen Unfall, den Tod eines Angehörigen oder eine Trennung der Eltern, im Zellgedächtnis des heranwachsenden Körpers abgespeichert. Wenn all diese Eindrücke eher unerfreulich sind, entwickelt die Seele des Kindes unter Umständen bereits in diesem Zeitraum Widerstände dagegen, sich in den Körper zu begeben. Dazu kann es kommen, wenn die Eltern zerstritten sind oder fürchten, das Kind nicht ernähren zu können (wie es etwa häufig in den Nachkriegsjahren der Fall war), oder wenn aus anderen Gründen starker emotionaler Stress vorherrscht.

Manchmal erhält die Seele vor der Geburt auch einen Ausblick auf schmerzhafte Ereignisse, die in den Jahren des Heranwachsens vor ihr liegen. Auch das kann zur Entscheidung führen, gar nicht erst geboren werden zu wollen. Die Geburt findet zwar in den meisten Fällen trotz aller Widerstände der Seele statt, doch haben solche negativen Entscheidungen die Wirkung von »Bremsklötzen«. Das hat zur Folge, dass der Seele die volle Kraft, die ins Leben führt, fehlt.

Geht man in der inneren Arbeit in die vorgeburtliche Phase zurück, sind neben möglichen Entscheidungen, nicht auf die Welt kommen zu wollen, häufig auch Gefühle loszulassen, die von der Mutter übernommen wurden. Besonders während der Schwangerschaft, in der die Energiefelder von Mutter und Kind eng miteinander verwoben sind, nimmt das Kind ungefiltert die emotionalen Schwingungen der Mutter auf und erlebt sie als eigene Gefühle. Dies kann dazu führen, dass das Kind später belastende Gefühle mit sich herumträgt, die eigentlich gar nicht die eigenen sind, aber als solche erlebt werden.

Ich lasse los …

- *alle Widerstände dagegen, ganz in diesen Körper zu kommen*
- *die Entscheidung, nicht geboren werden zu wollen*
- *alle Entscheidungen, mit dem Leben auf der Erde nichts zu tun haben zu wollen*
- *die Gefühle, die ich damals von meiner Mutter aufgenommen/übernommen habe (zum Beispiel den Zorn, die Niedergeschlagenheit, die Angst, Gefühle von Unsicherheit, Ohnmacht usw.)*
- *die Angst von damals vor den Erfahrungen, die mir auf der Erde bevorstehen*

Bei der Geburt

Die nächste wichtige Phase während der »Landung« der Seele auf der Erde ist die Geburt. Auch hier können je nach Geburtsverlauf ausgeprägte Widerstände entstehen, sich auf die Erfahrungen der physischen Ebene einzulassen. Viele Menschen erinnern sich in der Therapiearbeit an den Schock, aus dem warmen und geborgenen

Inneren des Bauches plötzlich an die vergleichsweise kalte Luft eines Kreißsaals gekommen zu sein. Dann wurden sie möglicherweise noch an den Füßen hochgehalten und mussten beim ersten Öffnen der Augen in grelles Neonlicht schauen, das in den Augen schmerzte.

Gelegentlich haben auch Panikattacken, die mit Erstickungsängsten und mit dem Gefühl verbunden sind, die Kontrolle über den eigenen Körper zu verlieren, ihre tiefere Ursache im Erleben der eigenen Geburt. Bei Lisa, einer meiner Klientinnen, verschwanden diese Paniksymptome fast vollständig, nachdem wir die Auswirkungen ihrer Geburtserfahrung release hatten. Wir fanden in der therapeutischen Arbeit heraus, dass Lisas Mutter eine Injektion erhalten hatte, die die bis dahin gut und zügig verlaufende Geburtsarbeit von Mutter und Kind völlig zum Erliegen brachte. Dieser plötzliche Stillstand wurde von dem damaligen Baby offensichtlich als Schock erlebt. Verbunden mit diesem Schock war Lisas Empfinden, von ihrer Mutter bzw. von der »größeren Kraft«, die bis dahin gewirkt hatte, völlig im Stich gelassen worden zu sein. Ein solches Gefühl wird später übrigens unbewusst sehr oft auf die Beziehung zu Gott übertragen. Auch die Angst, ersticken zu müssen, von der Lisas Panikattacken begleitet wurden, rührte ganz offensichtlich von ihrer Geburtserfahrung her und löste sich nach der Sitzung auf.

Wurden Narkosemittel o.Ä. injiziert, wird das spätere Nacherleben einer solchen Geburt oft von starker Übelkeit begleitet. Darin drückt sich die körperliche Abwehr gegen die verabreichte Substanz aus. Dann ist es ratsam, den Ekel über das Mittel loszulassen und das Höhere Bewusstsein darum zu bitten, die Erinnerungen an diese Substanz im Zellgedächtnis des Körpers zu löschen.

Manchmal bildet die Art des Geburtsverlaufs auch das Grundmuster für spätere charakteristische Verhaltensweisen. Ich erinnere mich zum Beispiel an Martin, der Arbeiten und Ausbildungen, die er begonnen hatte, immer wieder abbrach, kurz bevor er den Abschluss hätte erreichen können. Der ursprüngliche Auslöser für dieses Verhaltensmuster zeigte sich in der inneren Arbeit: Martins Mutter war während der Geburt ein wehenhemmendes Mittel verabreicht worden, wodurch der Geburtsverlauf vorläufig zum Stillstand gekommen war. Hierdurch prägte sich bei Martin das Gefühl ein, kurz vor Erreichen des Zieles plötzlich wie gelähmt zu sein und nicht mehr weiterzukönnen. In Martins Unterbewusstsein war dieses Gefühl erhalten geblieben und hatte sich unbewusst auf andere Situationen übertragen. So hatte sich Martin später auch vor anderen wichtigen »Durchbrüchen« in seinem Leben plötzlich wie gelähmt und unfähig gefühlt weiterzugehen.

Wenn ich diese Erfahrungen aus der therapeutischen Arbeit erwähne, möchte ich zugleich davor warnen, im Nachhinein voreilige Rückschlüsse zu ziehen. Falls es Schwierigkeiten bei Ihrer Geburt gab, so müssen Sie nicht zwangsläufig noch heute davon beeinträchtigt sein. Die Erfahrung zeigt, dass verschiedene Seelen, die äußerlich vergleichbaren Geburtskomplikationen ausgesetzt waren, diese Ereignisse subjektiv sehr unterschiedlich erlebt und verarbeitet haben. Erfahrungen, die für den einen Menschen zu Problemen im späteren Leben führen, müssen nicht notwendigerweise für jeden anderen Menschen dieselben Auswirkungen haben. Auch sorgen manchmal eine liebevolle, Sicherheit vermittelnde Umgebung und die Selbstheilungskräfte der Seele dafür, dass Traumata im Laufe der Zeit auf ganz natürliche Weise geheilt und innerlich losgelassen werden. Wie Wundschorf, der nach einer Weile abfällt und durch neue Haut ersetzt wird.

Ich lasse los ...

- *den Ekel über die Substanz(en), die meine Mutter bekam (zum Beispiel eine Narkose, wehenhemmende Mittel)*
- *die Angst von damals, ersticken zu müssen*
- *das Gefühl, im Stich gelassen zu werden; die Erwartung, immer wieder im Stich gelassen zu werden*
- *das damals entstandene Muster, immer kurz vor dem Ziel aufzugeben*
- *alle Gefühle der Ohnmacht*
- *die Angst sterben zu müssen, bevor das Leben überhaupt begonnen hat*
- *den Schock (über die Kälte usw.), als ich herauskam*

- *Ich bitte Gott in mir darum, alle Zellerinnerungen an diesen Schock zu heilen.*

Nach der Geburt

Vielen Seelen fällt es schwer, das schwerelose Dasein der geistigen Welt hinter sich zu lassen und sich an die Begrenzungen eines physischen Körpers zu gewöhnen. Unangenehme Körperempfindungen wie Schmerzen beim Zahnen, Koliken usw. erschweren diesen Umstellungsprozess oft noch zusätzlich. Auch die vorher nicht gekannte Abhängigkeit davon, dass die Eltern die Bedürfnisse und vielleicht auch Schmerzen des Kindes erkennen und angemessen darauf eingehen, ist für viele Seelen unangenehm.

Aus unserem Umgang mit anderen Menschen wissen wir, dass für gewöhnlich der erste Eindruck unsere Einstellung und unser weiteres Verhalten ihnen gegenüber prägt. Ist der erste Eindruck negativ, so braucht es meistens nicht nur einigen guten Willen, sondern auch eine größere Anzahl von positiven Erfahrungen, bis der ursprüngliche Eindruck von einem Menschen durch eine positive Einstellung ersetzt wird. Ganz ähnlich ergeht es uns, wenn wir in den ersten zwei Lebensjahren Bekanntschaft mit dem Leben auf der körperlichen Ebene machen. Ist die Summe der Eindrücke während dieser Zeit überwiegend positiv, fällt es uns auch später leicht, uns in unserem Körper wohl zu fühlen. Wir stehen dann mit beiden Beinen auf der Erde und verspüren den Impuls, etwas aus dem eigenen Leben zu machen.

Sind unsere Erfahrungen während dieser Zeit jedoch eher schmerzhaft und unangenehm, so entwickeln wir unter Umständen den starken Drang, diese qualvolle physische Daseinsform möglichst bald hinter uns zu lassen. Das kann der Fall sein, wenn wir über längere Zeit allein und isoliert im Brutkasten gelegen haben, wenn Streit, Depression und Existenzangst die häusliche Atmosphäre bestimmt haben oder wenn aus anderen Gründen unsere Bedürfnisse nach Zuwendung, Sicherheit und körperlichem Wohlbefinden nicht erfüllt worden sind. Häufig ziehen wir dann in dem Versuch, uns von diesen unangenehmen Empfindungen zu lösen, einen großen Teil unserer Seelenenergie aus dem Körper zurück. Diese Energie fehlt uns natürlich später im Leben, so dass wir uns kaum je wirklich vital, präsent und tatkräftig fühlen.

Eltern sollten sich immer der Tatsache bewusst sein, dass sie es nicht nur mit einem kleinen, hilflosen und abhängigen Körper zu tun haben, der erst Jahre später ein »richtiger« Mensch wird, sondern mit einer Seele. Der Körper braucht lediglich einige Zeit, bis er seinem »Bewohner« bessere Ausdrucksmöglichkeiten bieten kann. In der inneren Arbeit zeigt sich sehr oft, dass es vielen Seelen den tiefsten Schmerz zufügt, von ihren Eltern nicht als das göttliche und lichtvolle Wesen erkannt zu werden, das sie eigentlich sind. Dieser Schmerz bleibt in der Seele oft ein Leben lang zurück: als ein Grundgefühl von Einsamkeit und als Empfinden, nie wirklich gesehen zu werden.

Ein Säugling spürt oft sehr genau, ob er von seinen Eltern wirklich willkommen geheißen wird oder nicht. Fast immer überträgt sich das Erleben dieser ersten und wichtigsten Kontakte auch auf zukünftige Beziehungen. So gehen wir später entsprechend unserer frühkindlichen Erfahrungen entweder eher davon aus, dass andere Menschen uns annehmen, wie wir sind, oder wir halten ängstlich und misstrauisch Ausschau nach Anzeichen dafür, dass wir (wieder) nicht willkommen und gewollt sind.

Damit seine Seele ein Gefühl von Grundvertrauen für das weitere Leben entwickeln kann, ist es für einen neugeborenen Säugling eine unschätzbare Hilfe, in der Anfangszeit viel unmittelbaren Körperkontakt zu erleben. Nach Möglichkeit sollte er auch zumindest einige Monate lang gestillt werden. Solange das Kind noch nicht zu schwer ist, sollten es die Eltern vor allem außerhalb der Wohnung in einem Tragetuch am Körper tragen. Sowohl für das Kind als auch für die Eltern kann das ein sehr inniges Erlebnis sein. Außerdem wird dem Säugling so ein sanfter Übergang vom Aufenthalt in der dunklen warmen Gebärmutter ins äußere Leben ermöglicht. Zudem kann der Säugling auf diese ganz konkrete körperliche Weise das Bewusstsein verinnerlichen, dass er in seinem Leben hier auf Erden von einer »größeren Kraft« – was die Eltern ja für das Kind sind – getragen wird. Diese Erfahrung bildet zugleich die emotionale Grundlage dafür, dass es dem Kind auch in seinem späteren Leben leicht fällt, sich von einer »größeren Kraft« getragen zu fühlen.

Wenn ich die Entwicklung von Kleinkindern oder auch die biographischen Ereignisse im Leben meiner Klienten anschaue, erscheint es mir oft so, als ob für die Seele im Alter von ungefähr zwei Jahren noch einmal so etwas wie eine letztliche Entscheidung darüber ansteht, ob sie ihre Inkarnation und die bevorstehenden Aufgaben wirklich annehmen oder sie auf später vertagen will. Häufig kommt es dann zu einer Krise wie zum Beispiel zu Unfällen oder zu einer bedrohlichen Krankheit (beides habe ich seinerzeit selbst erlebt). Manche Kinder schweben auch eine Zeit lang zwischen Leben und Tod, nachdem sie beispielsweise in des Nachbarn Teich gefallen sind. Ich glaube zwar grundsätzlich, dass die letztendliche Entscheidung darüber, ob ein Kind dann wirklich stirbt oder nicht, in anderen Händen liegt. Dennoch scheint es, dass viele Seelen in dieser Lebensphase vor einer Art Prüfung stehen, ob sie ihre Verkörperung auf der Erde wirklich ganz annehmen oder den Körper wieder verlassen wollen.

Wie schon gesagt, geht es bei den Themen des Wurzelzentrums also im Kern um das Loslassen von inneren Bestrebungen der Seele, sich aus dem physischen Körper zurückzuziehen und nichts mit dem Leben auf der Erde zu tun haben zu wollen. Für diese »Fluchttendenzen« findet man in der inneren Arbeit vier häufig vorkommende Grundmotive. (Weitere Dynamiken, die ebenfalls aus dem Leben hinausführen, die ihre Ursache jedoch weniger in persönlichen Erfahrungen der Anfangszeit als vielmehr in bestimmten Dynamiken des Familiensystems haben, werde ich im Zusammenhang mit den Themen des Solarplexuszentrums beschreiben.) Das erste dieser Motive, das man unter der Überschrift »Reaktion auf schmerzhafte Ereignisse« zusammenfassen kann, habe ich in den vorhergehenden Abschnitten bereits geschildert.

Andere Entscheidungen, wieder gehen zu wollen, kommen aus der kindlichen Liebe gegenüber der Familie. Besonders wenn das Kind die Eltern als überfordert und überlastet wahrnimmt, hat es oft die Empfindung: »Ich bin eine Last für alle. Besser wäre es, ich wäre gar nicht gekommen.« Das kann zum Beispiel daran liegen, dass es den Eltern schwer fällt, die Familie zu ernähren, oder dass in der Familie das Gefühl herrscht, es seien ohnehin schon »zu viele« Kinder da. Im Herzen sagt das Kind dann manchmal: »Damit es euch besser geht, will ich wieder verschwinden.« Ein solches Kind trägt oft auch als Erwachsener noch das Gefühl in sich, eine Last für andere Menschen zu sein.

Eine dritte Ursache dafür, die Verbindung zur Erde über das Wurzelzentrum nicht entwickeln zu wollen, liegt häufig darin, dass die Seele an dem Zustand festhalten will, in dem sie sich vor der Verkörperung befand. Viele Seelen behalten noch lange die Erinnerung daran, wie leicht, schwerelos und voller Licht es in der anderen Welt war. Die Erinnerung an die reine Liebe, die sie dort mit anderen Seelen geteilt haben, lässt bei manchen das Gefühl entstehen, ihre eigentliche, wirkliche Familie verloren zu haben, als sie auf die Erde kamen. Viele Kinder können noch Jahre nach der Geburt ihre geistigen Freunde und Begleiter in ihren feinstofflichen Körpern sehen. So werden sie immer wieder an die Welten erinnert, in denen alles leichter und friedvoller war als in ihrer momentanen physischen Existenz.

Als viertes Grundmotiv kommt in der inneren Arbeit immer wieder das Gefühl zum Vorschein, das eigene Leben nicht zu verdienen und es deshalb nicht voll und ganz annehmen und leben zu können. Dies ist fast immer der Fall, wenn die Geburt für die Mutter lebensbedrohlich oder gar tödlich verlief oder wenn Eltern oder Geschwister andere große Opfer für das Neugeborene erbringen mussten. So wurde zum Beispiel die ältere Schwester einer meiner Klientinnen auf Dauer bei Verwandten in Pflege gegeben, um Platz für das Baby zu schaffen. Das Gefühl, das sie noch immer in sich trug, war: »Wie soll ich mein Leben annehmen, wenn es meine Schwester so viel gekostet hat?« Noch stärker ausgeprägt ist ein solches Gefühl natürlich bei Kindern, deren Mutter bei ihrer Geburt starb.

Ich lasse los ...

- *die Auswirkungen meiner Zeit im Brutkasten*
- *alle Gefühle der Einsamkeit/Hoffnungslosigkeit/Resignation von damals*
- *das Gefühl, dass auf der Erde niemand für mich da ist*
- *den Wunsch von damals, diesen Körper schnellstmöglich wieder zu verlassen*
- *das Gefühl, nicht willkommen zu sein hier auf der Erde*
- *das Gefühl, dass mich niemand wirklich will*
- *den Schmerz darüber, nicht als die (lichtvolle) Seele erkannt worden zu sein, die ich war und bin*
- *das Gefühl, meine Seelenfamilie in der Lichtwelt verloren zu haben; den Schmerz darüber*
- *den Entschluss, festzuhalten an meinem Leben in der geistigen Welt, an dem Zustand der Körperlosigkeit*

- den Wunsch (und die Entscheidung), mich aus meinem Körper zurückzuziehen, meinen Körper wieder zu verlassen
- die Entscheidung, wieder zu gehen, damit ihr (Mama, Papa usw.) es leichter habt, damit es euch besser geht
- das Gefühl, eine Last zu sein für meine Eltern (und überhaupt für andere Menschen)
- das Gefühl, dass es meine Mutter (Vater, Geschwister usw.) zu viel gekostet hat, dass ich hier bin
- das Gefühl, mein Leben nicht zu verdienen und es nicht annehmen zu dürfen

Positive Affirmationen

- Ich danke dir (Höchste Kraft/Mama/Papa) für das Leben, das du mir geschenkt hast, und ich halte es in Ehren.
- Ich nehme jetzt mein Leben an zu dem vollen Preis, den es dich (zum Beispiel Mama) gekostet hat und den es mich kostet.
- Ich bin jetzt hier, und ich will leben.
- Ich öffne mich dafür, mich als ein Geschenk zu sehen für mich, für andere und für alles Leben.
- Ich nehme mein Leben jetzt ganz an, und ich mache etwas daraus.

Übung: Den inneren Säugling bemuttern bzw. bevatern

Vorbereitung:
Vor der eigentlichen Übung, die ca. fünf bis zehn Minuten dauert, lesen Sie in Ruhe die unten stehenden positiven Zusicherungen für Ihren inneren Säugling durch. Stellen Sie sich den Säugling vor, der Sie einmal waren. Falls es Ihnen schwer fällt, nehmen Sie ein Foto von sich aus der damaligen Zeit zu Hilfe. Betrachten Sie es eine Weile, und fühlen Sie sich ein in dieses kleine Wesen. Kreuzen Sie die Zusicherungen an, die für die Heilung Ihres inneren Säuglings besonders wichtig sind. Falls Ihnen weitere positive Sätze einfallen, die Ihr innerer Säugling braucht, notieren Sie auch diese Sätze. Am Beginn jedes Satzes sollte Ihr eigener Name stehen.

- ..., ich bin jetzt für dich da.
- ..., willkommen auf der Erde, wie schön, dass du jetzt da bist.
- ..., wie gut, dass es dich gibt.

- ..., *ich liebe dich. Du bist genau richtig so, wie du bist.*
- ..., *was auch immer geschehen mag, ich bleibe bei dir.*
- ..., *ich möchte, dass du weißt, dass deine Bedürfnisse gut und in Ordnung sind.*
- ..., *ich gebe dir alle Zeit, um die Bedürfnisse zu befriedigen, die du jetzt als Säugling hast.*
- ..., *ich freue mich sehr, dass du ein Mädchen (ein Junge) bist.*
- ..., *es macht mir Spaß, dich herumzutragen und dich ganz nah bei mir zu haben.*
- ..., *es macht mir Spaß, dich zu füttern, dich sauber zu machen und zu baden und meine Zeit mit dir zu verbringen.*
- ..., *es macht mir Spaß, dich im Arm zu halten und zu streicheln.*
- ..., *du bist einzigartig und kostbar, so wie du bist.*
- ..., *ich kann deine Seele sehen und das Licht, das du zu uns bringst.*
- ..., *als du auf die Welt gekommen bist, hat Gott gelächelt.*

Übungsablauf:
Für die eigentliche Übung benötigen Sie ein Kissen oder eine säuglingsgroße, nicht zu harte Puppe. Halten Sie das Kissen oder die Puppe so liebevoll im Arm, als hielten Sie einen lebendigen Säugling. Schließen Sie die Augen. Mit zwei, drei tiefen Atemzügen entspannen Sie sich.

Stellen Sie sich nun vor, dass Sie als Erwachsener sich selbst als Säugling auf dem Arm halten. Sie halten also den Säugling auf dem Arm, der Sie damals waren und der noch immer in Ihnen existiert. Lassen Sie ein möglichst deutliches Bild von sich als Säugling aufsteigen, so dass Sie Ihren inneren Säugling jetzt sehen und fühlen können.

Sagen Sie dann jeden der ausgesuchten Sätze mehrmals zu Ihrem Säugling, am besten laut. Nehmen Sie sich die Zeit, jeden Satz innerlich nachschwingen zu lassen.

Bei Bedarf wiederholen Sie diese Übung mehrmals über einige Wochen hinweg.

Bilder aus früheren Leben

Bei der Arbeit an den Themen des Wurzelzentrums findet man mitunter neben den geschilderten einschneidenden Erlebnissen zu Beginn des jetzigen Lebens auch »Erinnerungen« an traumatische

Erfahrungen aus *früheren* Leben. Auch solchen Erinnerungen entstammen manchmal mit sehr viel Energie geladene Entscheidungen, nie wieder etwas mit dem Leben auf der Erde zu tun haben zu wollen. So sah zum Beispiel eine Frau in einer Sitzung ein inneres Bild, in dem sie als Hexe verbrannt wurde. Bei einer anderen Frau, die das Gefühl hatte, ihr Dasein sei ein einziger Kampf ums Überleben, zeigte sich, dass sie in einem vergangenen Leben als Bauer in China trotz härtester Arbeit ihre Familie nicht hatte ernähren können. Ein Mann wiederum »erinnerte« sich unter Tränen daran, wie in einem früheren Leben als Indianer sein gesamter Stamm zugrunde gegangen war. Falls solche Bilder in der inneren Arbeit aufsteigen, ist es ratsam, ihnen zunächst einmal Raum zu geben und dann loszulassen, zum Beispiel mit Sätzen wie:

• *Ich lasse los die Traurigkeit darüber, dass ich ohnmächtig den Untergang meiner Kultur mit ansehen musste in einem Leben als Indianer.*
• *Ich lasse los die Auswirkungen von den übergroßen Anstrengungen während einer Hungersnot in einem früheren Leben als Bauer.*
• *Ich lasse los das Gefühl von damals, dass das Leben auf der Erde zu hart, zu schwer, zu schmerzhaft usw. ist.*

Dann sollte all diesen Fällen der Satz folgen:

• *Ich lasse los die Entscheidung, nie wieder etwas mit dem Leben auf der Erde zu tun haben zu wollen.*

Wie bereits gesagt: Spirituelles Bewusstsein bedeutet nicht, die Erde und den Körper als dunkle und unheilvolle Orte zu sehen und nur darauf bedacht zu sein, sie so schnell wie möglich hinter sich zu lassen. Solange wir gegen unser Hiersein ankämpfen, sind wir in der illusionären Trennung zwischen Gott und Erde, zwischen geistiger und materieller Welt gefangen. Statt der materiellen Welt entfliehen zu wollen, sollten wir den Bewusstseinszustand zu überwinden versuchen, in dem wir die Welt der materiellen Erscheinungen als einzige und ausschließliche Wirklichkeit erleben.

Jegliche Materie besteht aus Atomen, die sich wiederum aus noch kleineren subatomaren Teilchen zusammensetzen. Der Abstand zwischen diesen kleinsten nachweisbaren Teilchen entspricht in der

Relation ungefähr dem Abstand zwischen der Erde und ihren Planeten. Mit anderen Worten: Materie besteht im Grunde aus weit mehr »Nichts« – nämlich dem Raum *zwischen* den Teilchen – als »Etwas«! So ist also die ganze Vielfalt an »Etwas«, die wir um uns herum wahrnehmen, vor allem eine »Erscheinung«, die unser Gehirn aus den Informationen zusammensetzt, die unsere physischen Sinne ihm liefern. Diese Art, die Wirklichkeit wahrzunehmen, ist durchaus sinnvoll, denn sie hilft uns, in der physischen Welt zurechtzukommen. Keinesfalls sollten wir sie jedoch als *die* absolute Realität betrachten.

Was ist dann aber diese riesige, ungleich größere Menge an »Nichts«? Vielleicht das, was die Mystiker in ihrer inneren Schau als Licht oder als die göttliche Essenz gesehen haben?!

Die Entwicklung von spirituellem Gewahrsein hat also auch damit zu tun, unsere *inneren* Sinne zu entwickeln, anstatt die Sinneseindrücke unserer Augen, Ohren usw. für die einzig existierende Realität zu halten. Solange wir jedoch ständig damit beschäftigt sind, uns von der Erde abzuwenden und vor unseren Aufgaben hier davonzulaufen, können wir nicht wirklich hin- und hindurchschauen durch den »Schleier der Maya«, wie die Inder unsere Bindung an die Welt des Scheinbaren nennen. Ein erster Schritt zu dieser tiefen inneren Schau ist es also, unser Hiersein anzunehmen, uns zu entspannen und einzuwilligen, dass unser Weg zum göttlichen Bewusstsein nun einmal *durch* das Leben in der Materie führt.

Symbolisch für diesen Weg der »Erdeinweihung« ist das Weihnachtsfest. Das Christuslicht kommt in der Jahreszeit auf die Erde, in der die tiefste Dunkelheit herrscht. Bedeutsam ist dieser Zeitpunkt vor allem, weil er die dichteste, »dunkelste« Materie symbolisiert, in die das Licht des Bewusstseins dringt. Und eben dadurch wird die Grundlage dafür geschaffen, dass zu einem späteren Zeitpunkt die Auferstehung des Geistes, mit anderen Worten das Erwachen des Selbstgewahrseins als göttliches Wesen, als göttliches Bewusstsein, möglich wird.

Seien wir also wahrhaftig einverstanden mit unserem Hiersein. Beginnen wir damit, die Erde und die Natur nicht als getrennt von Gott zu sehen, als ob das Absolute einen Gegenpol haben könnte, dessen Fängen wir entrinnen müssten. Öffnen wir uns stattdessen dafür, die Erde und alle Geschöpfe der Natur als Ausdruck des

Göttlichen zu sehen, als Gott selbst, der uns in unendlich vielen Erscheinungsformen gegenübertritt. Lernen wir von Völkern, in deren erdverbundener »Schöpfungs-Religiosität« – im Gegensatz zu unserem häufig eher jenseitsorientierten Religionsverständnis, nach dem das Heilige nur im jenseitigen Himmel zu finden ist – die Erde schon immer als heiliger Ort geachtet wurde. So wie es in der berühmten Rede des Indianerhäuptlings Seattle zum Ausdruck kommt:

Jeder Teil dieser Erde ist meinem Volk heilig. Wir kennen den Saft, der durch die Bäume strömt, wie wir das Blut kennen, das durch unsere Adern strömt. Wir sind ein Teil der Erde, und sie ist ein Teil von uns. Die duftenden Blumen sind unsere Schwestern. Der Bär, der Hirsch, der große Adler, sie sind unsere Brüder. Die Felsgrate, die saftigen Wiesen, die Körperwärme des Ponys, der Mensch, alle gehören derselben Familie an ... [4]

Ich lasse los ...

das Konzept/die Überzeugung/den Glauben ...
- *dass die Erde ein dunkler Planet ist*
- *dass es zu schwer (zu schmerzhaft, zu leidvoll) ist, auf der Erde zu leben*
- *dass ich meinen Körper verlassen muss, um frei sein zu können*
- *dass der Himmel und die Erde voneinander getrennt sind*
- *dass der Himmel licht und die Erde dunkel ist*
- *dass das Leben in einem physischen Körper nur Leiden bedeutet*
- *dass ich auf der Erde von Gott getrennt bin*
- *dass es eine Strafe von Gott war, mich (noch einmal) auf die Erde zu schicken*

Ich lasse los ...

- *den Schock darüber, dass ich mich auf einmal in der dichten Materie wiederfand und meine vorherige körperlose Leichtigkeit verloren hatte*
- *den Wunsch und alle Entscheidungen, die ich getroffen habe, meinen Körper zu zerstören*
- *die Angst/ das Gefühl meiner Seele, dass die Erde zu »dicht« ist und ich mich als Seele hier nicht ausdrücken kann*
- *die Angst, meinen Aufgaben auf der Erde nicht gewachsen zu sein*

- *den Glauben, dass die Tatsache, dass ich mich noch einmal inkarnieren musste, ein Beweis dafür ist, dass ich versagt habe*
- *alle Gefühle der Hoffnungslosigkeit über mein(e) Leben auf der Erde*
- *das Gefühl/den Glauben, dass Gott mich verlassen hat, als ich auf die Erde gekommen bin*
- *alle Enttäuschung über mich selbst (und über verwandte Seelen, mit denen ich ursprünglich auf die Erde gekommen bin), dass ich mich (wir uns) verstrickt habe(n) auf der Erde*
- *das Gefühl, in meiner Aufgabe, mit der ich ursprünglich auf die Erde gekommen bin, versagt zu haben*
- *die Entscheidung, nie wieder etwas mit der Erde zu tun haben zu wollen*

- *Ich entscheide mich dafür, jetzt ganz (mit meiner ganzen Seele/mit meiner ganzen Kraft) auf der Erde zu sein.*
- *Ich öffne mich dafür, meine Verbundenheit mit allen Wesen hier zu fühlen.*
- *Ich öffne mich dafür, die Erde als einen Ausdruck des Göttlichen zu sehen.*
- *Ich sehe die Erde als einen Körper Gottes.*
- *Ich öffne mich dafür, Gott (das Licht) hier in meinem Körper, hier auf der Erde zu erfahren.*
- *Gott, ich sehe Dich in jedem Wesen, in jeder physischen Form.*
- *Indem ich mein Licht auf die Erde bringe, helfe ich anderen, ihr Licht zu erkennen.*

Gebet an die Erde

Göttliche Mutter Erde,
ich bin ein Teil von Dir,
und Du bist ein Teil von mir.

Mit Liebe gibst Du mir
alles, was ich brauche, um hier zu sein,
deine Erde, dein Wasser, dein Feuer,
deine Luft, deine Kraft,
und ich nehme es von Dir mit Dank.

Ich gebe Dir
mein Licht.
Im Licht bin ich eins mit Dir.
Mögen wir und alle Wesen hier
glücklich sein!

Das Beckenzentrum: Die eigene Lebendigkeit befreien

Allgemeines

Das Beckenzentrum, manchmal auch Sakralchakra genannt, liegt zwischen Nabel und Schambein. Die Sanskritbezeichnung für dieses Zentrum lautet »Svadhisthana-Chakra«. *Svadhisthana* bedeutet so viel wie »besonderer Wohnsitz« oder auch – manch einer mag es zunächst kaum glauben – »Ort der Freude«. Dieses Energiezentrum steuert und beeinflusst alle wichtigen Organe im Beckenbereich. Dazu gehören die Geschlechtsorgane einschließlich der Gebärmutter, Eierstöcke, Hoden und Prostata. Der Harntrakt, die Blase und die Nieren werden ebenfalls vom Beckenzentrum gesteuert sowie – in Zusammenarbeit mit dem Wurzelzentrum – die Verdauung.

Im Beckenzentrum ist unsere sexuelle Kraft lokalisiert, aus der neues Leben entstehen kann. So haben wir über dieses Zentrum teil an dem immer währenden Schöpfungsprozess der Natur, der durch das Zusammenfließen von männlichen und weiblichen Energien auf den verschiedensten Ebenen stattfindet. Diesem Zusammenhang entsprechen auch die drei seelischen Themenkreise, die mit dem zweiten Chakra assoziiert sind: die Beziehung zum eigenen Körper, die Identität als Mann bzw. als Frau sowie das subjektive Erleben und der Ausdruck der eigenen Sexualität.

Genauer gesagt hängt der Energiezustand des zweiten Chakras auf der seelischen Ebene in erster Linie davon ab, wie wohl wir uns in unserem physischen Körper fühlen und mit wie viel Zustimmung und Liebe wir ihn anschauen können. Dieses »Anschauen« umfasst jedoch nicht nur unsere bewussten rationalen Auffassungen, sondern auch die in unserem Unterbewusstsein möglicherweise noch wirksamen Programmierungen und emotionalen Prägungen unserer Kindheit. So stimmen heutzutage die meisten Menschen auf der bewussten Ebene durchaus zu, dass der Körper ein natürlicher und keinesfalls verdammenswerter Bestandteil des Lebens ist. Gleichzeitig verspüren viele jedoch Unsicherheit und Scham im Umgang mit dem eigenen Körper, da auf der Gefühlsebene die Auswirkungen früh erlebter Ablehnung und Abwertung der eigenen Körperlichkeit noch immer wirksam sind.

Das zweite wichtige Thema ist die eigene Identität als Mann oder als Frau. Hier stellt sich die Frage, wie klar, sicher und wohl wir uns in unserer Rolle als Frau oder als Mann fühlen.

Als Drittes geht es um die Frage, wie vollständig wir unsere Sexualität als wesentlichen Teil unseres Lebens integriert haben. Im körperlichen Bereich bedeutet dies, dass unser Körper entspannt und durchlässig für das Fließen unserer sexuellen Energien ist, so dass wir eine sexuelle Vereinigung als wohltuend, lustvoll und belebend empfinden können. Auf der seelischen Ebene geht es darum, inwieweit wir – eine entsprechende Partnerschaft vorausgesetzt – eine sexuelle Begegnung als beglückend, erfüllend und nährend erleben können.

Wo immer wir Blockierungen oder Disharmonien in einem der genannten körperlichen oder seelischen Bereiche empfinden, steht innere Arbeit an. Dann gilt es die entsprechende Thematik zu integrieren und den Fluss der Energie im Bereich des Sakralchakras zu erhöhen oder zu harmonisieren. Auslösendes Moment kann zum Beispiel die Feststellung sein, dass wir chronisch »zu« sind gegenüber dem anderen Geschlecht. Vielleicht wird uns auch bewusst, dass wir ganz allgemein sexuellen Erfahrungen und sexueller Hingabe ausweichen. Sexuelle Probleme wie Erektionsstörungen, vorzeitiger Samenerguss, Frigidität, Orgasmusschwierigkeiten oder die Unfähigkeit, überhaupt ein sexuelles Bedürfnis oder körperliche Erregung zu empfinden, führen im Verlauf der inneren Arbeit ebenfalls zu den angesprochenen seelischen Themenbereichen. Das Gleiche gilt für organische Probleme in der Beckengegend, wie zum Beispiel Blasen-, Anal-, Nieren-, Prostataprobleme, Myome, Gebärmutterkrebs oder auch Verstopfung.

Insgesamt lässt sich die energetische Qualität, die unsere Lebensenergie auf der Ebene des Beckenzentrums annimmt oder annehmen möchte, am besten mit dem Wort »Lebendigkeit« beschreiben. Ihrer Natur nach ist diese Energie eine fröhliche, vitale Lebenskraft, die danach drängt, sich auszudrücken, sich auszudehnen und teilzuhaben am Leben, sei es im Tanz, im Spiel, in der sexuellen Vereinigung oder in der Hingabe an eine kreative Arbeit. Während die Energie des Wurzelzentrums eher die Kraft ist, die die materielle Form, die Knochen, die Körperzellen usw. bereitstellt, sorgt die Energie des zweiten Chakras dafür, dass diese Form lebendig wird. Ähnlich wie ein Baum nur dann lebt und wächst, wenn sein Holz von Lebenssaft durchströmt wird.

Sexualität und spiritueller Weg

Vielen Menschen fällt es schwer, ihre sexuellen Erfahrungen als Bestandteil ihres spirituellen Weges zu erleben und zu integrieren. Das trifft vor allem dann zu, wenn sie mit religiösen Vorstellungen aufgewachsen sind, in denen Sexualität »verteufelt« wird, zumindest jedoch im Widerspruch zu wahrer Religiosität steht. Der spirituelle Weg kann dann zu einem Dilemma führen, so als müssten sie sich zwischen einer Partnerschaft und ihrer Beziehung zu Gott entscheiden.

So jedenfalls erging es Jens, einem Mann Mitte 30, der vor kurzem von seiner Frau verlassen worden war. Die Erfahrung, verlassen zu werden, hatte er bereits zum wiederholten Mal gemacht. Einerseits sehnte er sich zutiefst nach einer neuen Partnerschaft, andererseits wollte er jedoch auch spirituell »richtig« handeln, was in seiner Vorstellung von Spiritualität offensichtlich den Verzicht auf Frauen bedeutete. Diese Situation brachte einen alten Grundkonflikt in ihm an die Oberfläche, der bereits seit dem Erwachen seiner Sexualität in der Pubertät bestand: Er war abwechselnd wütend auf Gott und dann wieder auf sich selbst gewesen. Wütend auf Gott, da dieser – unter anderem in Gestalt seiner sehr religiös orientierten Familie – ihm ein recht trocken-freudloses, rein geistiges Leben verordnet zu haben schien. Wütend auf sich selbst, da ihn seine Leidenschaft für die Frauen von Gott zu trennen schien.

Wie in der inneren Arbeit deutlich wurde, steckten hinter diesem Konflikt bereits Verhaltensmuster und Entscheidungen aus früheren Leben. Ich sah in der inneren Einstimmung, dass Jens in Spanien einmal ein großer Frauenheld gewesen war, der seinen Stolz und seine Eitelkeit mit der Eroberung von Frauen befriedigte. Waren sie erst einmal erobert, hatte er sein Ziel erreicht und ließ die Frauen dann schnell wieder fallen. Nach seinem damaligen Tod hatte er Rückschau auf sein soeben beendetes Leben gehalten und sich selbst für das, was er getan, und für den Schmerz, den er den Frauen zugefügt hatte, verurteilt. Er traf die Entscheidung, in Zukunft allein bleiben zu wollen und sich keine Beziehung zu Frauen mehr zu gestatten. Diese Entscheidung war offenbar eine der Ursachen dafür, dass er in diesem Leben immer wieder an Frauen geriet, die ihn früher oder später verließen. Mit dieser Entscheidung ging das Gefühl einher, nie mehr die Liebe einer Frau zu verdienen. Zudem hatte er seit damals versucht, seiner Verhaftung an die Frauen dadurch Herr zu werden, dass er sich ganz von ihnen abwandte und nur noch nach »oben«, zu Gott, schaute. Dieser Strategie entsprach auch ein späteres vergangenes Leben von Jens, das uns anschließend gezeigt wurde. In diesem lebte er als Einsiedler im Himalaja, allein und ohne menschliche Bindungen, jedoch auch ohne Freude und mit der heimlichen Sehnsucht nach menschlicher Wärme.

Die Lösung für dieses Dilemma bestand in der Releasing-Arbeit darin, zunächst die Auswirkungen seines Lebens als Frauenheld loszulassen (*Ich lasse los das Muster, die Frauen nur zur Befriedigung meiner Lust zu gebrauchen, ich lasse los den alten Stolz und die Eitelkeit usw.*). Dabei bat Jens die göttliche Kraft und die Seelen, die damals Frauen gewesen waren, um Vergebung und konnte schließlich auch sich selbst vergeben. Danach konnte er dann auch sein Gefühl loslassen, nie wieder die Liebe einer Frau zu verdienen. Ebenso alle Muster, sich selbst zu bestrafen, und die Entscheidung, für immer allein zu bleiben. Und schließlich machte die bedrückte Stimmung von Jens endgültig einem erleichterten, frohen Lachen Platz, als ich ihm die Affirmation vorschlug: »Wenn ich mit einer Frau zusammen bin, schaue ich an erster Stelle auf Gott in mir und in dieser Frau.« (Anstatt wie früher in Frauen nur mehr oder weniger begehrenswerte Körper zu sehen.) »Gott, wenn es Dein Wille ist, dass Du mich durch eine Frau liebst, dann öffne ich mich für diese Erfahrung. Und wenn es Dein Wille ist, dass ich Dich in einer Frau liebe, dann stimme ich dem zu, und ich öffne mich für eine liebevolle und tragfähige Beziehung zu einer Frau.«

Ähnlich wie für Jens geht es für die meisten von uns nicht darum, entweder Gott oder dem Leben in einer partnerschaftlichen Beziehung und der Sexualität zu entsagen. Vielmehr sollten wir die Trennung zwischen »spirituell« und »nicht spirituell« überwinden und uns dafür öffnen, unsere menschlichen Beziehungen und besonders unsere Partnerschaft als Teil unseres spirituellen Weges zu begreifen. Auf diese Weise transformieren wir unser menschliches Erleben, wie zum Beispiel unsere Sexualität, in spirituelle Erfahrungen. Der Schlüssel zu dieser Transformation liegt darin, in allem und jedem Gott zu sehen und beständig ausgerichtet zu sein auf die göttliche Präsenz. Je besser und je länger uns also auch und gerade in unserer sexuellen Beziehung die Ausrichtung auf Gott in uns selbst und gleichzeitig auf Gott in unserer Partnerin bzw. in unserem Partner gelingt, desto tiefer werden wir Innerlichkeit und Spiritualität in unserer Sexualität erleben.

Schon immer hat es spirituelle Traditionen gegeben, zum Beispiel im Taoismus oder im Tantra-Yoga, in denen Sexualität als ein möglicher Weg zur Vereinigung mit Gott betrachtet wird. In ihren Lehren werden sowohl bestimmte »Entwicklungsstationen« wie auch geistige und körperliche Übungen für diesen Weg beschrieben. Diese Schulen betonen, dass die sexuelle Energie an sich weder gut noch schlecht, sondern einfach Bestandteil der Schöpfung und somit göttlich ist. Sie machen auch deutlich, dass diese elementare Kraft bei weisem Umgang von ungeheurem spirituellem Nutzen für uns sein kann. Dabei kann »weise« je nach Lebensumständen und je nach den aktuellen Herausforderungen auf dem eigenen spirituellen Weg durchaus etwas völlig Unterschiedliches bedeuten.

Ein Extrem im Umgang mit der sexuellen Energie ist völlige Enthaltsamkeit. Hier gilt es zu unterscheiden, was die wirklichen Beweggründe für diese Haltung sind. Auch dann oder – besser gesagt – gerade dann, wenn sexuelle Abstinenz mit großartig klingenden Worten über spirituelle Weiterentwicklung begründet wird, liegen die eigentlichen unbewussten Triebfedern nur allzu oft in der neurotischen Vermeidung wirklicher Intimität und Nähe. Enthaltsamkeit kann jedoch auch eine angemessene Umgangsweise mit der sexuellen Energie sein. Dies gilt vor allem dann, wenn sie sich ganz natürlich aus einer zuvor erfüllten Sexualität ergibt.

Enthaltsamkeit kann ebenfalls angemessen sein, wenn sie intensiv empfundener Hingabe an eine spirituelle Praxis entspringt, die wiederum in intensiv empfundener Sehnsucht nach und Liebe zu Gott wurzelt. Entscheidend hierbei ist, dass die sexuelle Energie tatsächlich durch Meditation, Gebet, Dienen usw. in bedingungslose Liebe und erleuchtetes Bewusstsein transformiert wird. Am ehesten führt ein solcher Weg in der geschützten Umgebung eines Ashrams oder einer anderen Form von spiritueller Gemeinschaft zum Erfolg.

Der Entscheidung, einen solchen Weg zu gehen und sich innerlich oder auch offiziell der Keuschheit zu verschreiben, fehlen jedoch Tiefe und Reife, wenn die Sexualität gleichsam abgetan wird als etwas, was bloß triebhaft und minderwertig ist und was man selbst »nicht braucht«. Ein französisches Sprichwort sagt dazu: »Wer den Engel spielen will, spielt in Wirklichkeit den Narren.«

Meinen Beobachtungen zufolge ist die völlige sexuelle Enthaltsamkeit nur relativ selten ein »wahrer« Weg. Auf jeden Fall stellt sich dabei immer die Frage, was wirklich hinter einem solchen Entschluss steckt. Denn für die meisten Menschen, die inmitten menschlicher Beziehungen und weltlicher Pflichten leben, dürfte das angemessen sein, was uns die Natur vorzeichnet, nämlich der *Weg der Erfüllung*. Das beinhaltet, dass wir unsere alten inneren Verletzungen im Zusammenhang mit Intimität und Körperlichkeit heilen, um in liebevoller Weise die sinnlichen und seelischen Möglichkeiten der Sexualität zu erfahren. So können wir die wichtigen Lektionen der Sexualität selbst und die ihrer möglichen Folgen (Elternschaft!) lernen. Dazu gehören so essenzielle spirituelle Lernerfahrungen wie die Entwicklung von Feingefühl, Verständnis, Rücksichtnahme, Fürsorge und das Absehen vom eigenen Ego. Was erst einmal erfüllt ist, kann man schließlich auch lassen – nach einer reichhaltigen Mahlzeit essen wir ja auch nicht weiter. Vielleicht – vielleicht aber auch nicht – stellt sich Enthaltsamkeit dann auf ebenso natürliche Weise ein, wie der Apfel vom Baum fällt, wenn er ausgereift ist. Es gibt dazu eine alte Geschichte über zwei Mönche. Raten Sie mal, welcher von den beiden zu früh ins Kloster gegangen war …

Zwei Mönche

Zwei pilgernde Mönche kamen an die Furt eines Flusses. Dort sahen Sie ein Mädchen, gekleidet in ihren schönsten Staat, das offenbar nicht wusste, was sie tun sollte, denn der Fluss war tief, und sie wollte ihre Kleider nicht verderben. Ohne weiteres nahm einer der Mönche sie auf den Rücken, trug sie hinüber und setzte sie auf der anderen Seite auf trockenem Boden ab.

Dann setzten die Mönche ihren Weg fort. Aber nach einer Stunde begann der andere Mönch zu klagen: »Sicherlich ist es nicht richtig, eine Frau zu berühren; es ist gegen die Gebote, engen Kontakt mit Frauen zu haben. Wie konntest du gegen die Gesetze der Mönche verstoßen?«

Der Mönch, der das Mädchen getragen hatte, ging schweigend dahin, aber schließlich bemerkte er: »Ich setzte sie vor einer Stunde am Fluss ab, warum trägst du sie noch immer?«[5]

Ich lasse los …

- *den Glauben, dass ich mich zwischen Gott und einer Partnerschaft (oder auch: zwischen Gott und der Sexualität) entscheiden muss*
- *das Gefühl, Gott untreu zu sein, wenn ich mich zu einer Frau (einem Mann) hingezogen fühle*
- *meine Schuldgefühle gegenüber Gott, wenn ich mich zu einer Frau (einem Mann) hingezogen fühle*
- *die Vorstellung, dass ich auf Gottes Gunst verzichten muss, wenn ich mich für eine (sexuelle) Beziehung entscheide*

- *Ich entscheide mich dafür, auf Gott (das Höhere Bewusstsein) in mir und in der Frau (dem Mann) zu schauen, die (den) ich liebe.*
- *Gott, wenn Du mich durch eine Frau (einen Mann) lieben willst, dann öffne ich mich für diese Erfahrung.*
- *Gott, wenn Du willst, dass ich Dich in einem Mann (einer Frau) liebe, dann öffne ich mich für diese Erfahrung.*
- *Ich sehe die Sexualität als einen möglichen Weg Gottes, Liebe durch mich auszudrücken und zu teilen.*

Sexualität und Partnerschaft

In dem Maß, in dem wir unsere einengenden und negativen Vorstellungen über Sexualität loslassen, werden unsere sexuellen Begegnungen von zunehmender Leichtigkeit geprägt sein. Eine erfüllende sexuelle Beziehung – wie überhaupt eine erfüllte Partnerschaft – fällt jedoch kaum einem in den Schoß. Normalerweise gibt es eine Menge an innerem »Zeug« loszuwerden, und es gibt einiges zu lernen. Aus meinen eigenen Erfahrungen und aus meiner therapeutischen Arbeit mit Einzelnen und Paaren zum Thema Sexualität haben sich mit der Zeit einige Grundbedingungen dafür herauskristallisiert, dass Sexualität zu wirklicher Zufriedenheit und immer tieferer Erfüllung beider Partner führen kann. In der Beratung arbeite ich daher nicht nur an den konkreten sexuellen Symptomen, sondern schaue immer auch, inwieweit diese Voraussetzungen überhaupt gegeben sind und wie sie sich im vorliegenden Fall vielleicht verbessern oder überhaupt erst schaffen ließen.

Eine dieser Grundbedingungen ist, dass der sexuelle Austausch in einer innerlich verpflichteten, monogamen Partnerschaft stattfindet, die auf gegenseitiger Liebe und Achtung beruht. Mir ist bewusst, dass die Stichwörter »Monogamie« und »innere Verpflichtung« vielen noch immer als Relikt einer überkommenen, restriktiven Moral erscheinen. Es geht hier jedoch nicht darum, überkommene Moralvorstellungen wieder zu beleben und sich diesen zu unterwerfen. Vielmehr geht es darum, sich auf eine freiwillige Verbindlichkeit einzulassen, die aus einem inneren Bedürfnis kommt. Wurzeln sollte dieses Bedürfnis in der Erkenntnis, dass eine solche Beziehung auf Dauer einfach besser funktioniert, wenn wir spirituell wachsen und uns seelisch und sexuell erfüllt und zufrieden fühlen wollen.

Vor Jahren habe ich einmal ein Radiointerview mit einer berühmten Cellistin gehört. Ihr hatte eine Stiftung eines der wenigen kostbaren Stradivari-Cellos zur Verfügung gestellt. Ein wunderbares Instrument sei dieses Cello, sagte die Musikerin. Es sei jedoch ein sehr langwieriger Prozess für sie gewesen, ganz mit diesem Cello »zusammenzuwachsen«. Hiermit lässt sich das Zusammenwachsen in einer Paarbeziehung durchaus vergleichen. Tatsache ist, dass sich in einer über längere Zeit bestehenden monogamen Beziehung die feinen körperlichen und seelischen Energien eines Paares immer besser aufeinander abstimmen können. Zugleich können wir immer tiefere Ebenen von Vertrauen und Vertrautheit aufbauen, was bei häufig wechselnden Sexualpartnern kaum möglich ist.

Gewiss kann es wichtige Kontakte und Erfahrungen mit anderen Menschen außerhalb der Paarbeziehung geben. Vielleicht zeigt sich manchmal sogar, dass ein sexueller Kontakt außerhalb der Paarbeziehung quasi »notwendig« und sinnvoll war, um etwa eine bestimmte Entwicklung in Gang zu setzen oder um eine alte karmische Verbindung zu heilen oder abzuschließen. Im Allgemeinen könnte man jedoch die Sexualität in einer monogamen Beziehung von ihren Möglichkeiten her mit einem Festmahl in einem Fünf-Sterne-Lokal vergleichen, die Sexualität mit verschiedenen Partnern dagegen mit dem Essen in einem Fast-Food-Restaurant. Letzteres füllt zwar auch den Magen, vielleicht schmeckt es sogar. Auf Dauer ist es jedoch nicht wirklich nährend. Denn in der Regel enthält es nicht nur wenig Nährstoffe, sondern stattdessen noch manches, was dem Körper schadet. Vor allem aber bleibt die Seele dabei unerfüllt.

Klare Kommunikation

Eine monogame Beziehung allein ist natürlich noch keine Garantie dafür, dass die sexuellen Begegnungen auch die Qualität eines Festmahls besitzen. Der Aufenthalt in einem Fünf-Sterne-Lokal wird Ihnen wenig bringen, wenn Sie nicht das bestellen, was Sie wirklich haben möchten, sondern sich darauf verlassen, dass Ihnen das Richtige schon serviert wird. Zumal Sie möglicherweise selbst nicht so genau wissen, was das Richtige eigentlich ist. Vielleicht bringt man Ihnen gar nichts und weist Ihnen die Tür. Vielleicht serviert man Ihnen der Einfachheit halber eine Cola statt des erhofften Spitzenweines, vielleicht erhalten Sie das Tagesmenü »Wildschwein mit Trüffelsoße«, obwohl Sie Vegetarier sind.

Das klingt etwas abwegig, meinen Sie? Genau das spielt sich aber häufig im Bereich der sexuellen Beziehungen ab. Es ist sehr weit verbreitet, und Sie sollten es unbedingt pflegen, wenn Ihnen am Scheitern Ihrer Beziehungen gelegen ist. Das zugrunde liegende Muster besteht in der Erwartung, Ihr Mann oder Ihre Frau müsste wissen, was Sie mögen und was Sie nicht mögen, was Sie erwarten und erhoffen – ohne dass Sie es aussprechen müssen. Dies gilt übrigens auch für alle anderen Bereiche einer Paarbeziehung. Im Kapitel über das Halszentrum werde ich noch einmal darauf zurückkommen.

Natürlich kann diese Erwartung nur zu Frustration und Enttäuschung führen. Deshalb ist es notwendig, dass beide Partner frei und ohne falsche Scham über ihre sexuellen Empfindungen und Bedürfnisse sprechen. Das setzt jedoch voraus, dass wir unsere Trägheit und unsere Hemmungen überwinden. Wir müssen lernen auszusprechen, was wir bei verschiedenen Berührungen empfinden, welche sexuellen Handlungen wir mögen und welche nicht, welche Art, uns zu begegnen, wir uns mehr und welche wir uns weniger wünschen usw.

Diese intimen Empfindungen in Worte zu fassen, mag am Anfang schwer erscheinen. Es ist aber besser, für einen Moment seinen ganzen Mut zusammenzunehmen und – notfalls mit heißem Kopf und roten Ohren – mit dem Sprechen zu beginnen, als ein Leben lang sexuell frustriert zu bleiben. Denn nur so können wir verhindern, dass die wichtige Quelle versiegt, durch die sowohl unsere eigene Energie als auch der Liebesfluss in der Beziehung immer wieder erneuert werden kann. Ehrliche, offene und klare Kommunikation ist hier angesagt!

Ich lasse los ...

* *die Erwartung, dass mein Partner wissen und fühlen soll, was ich mir wünsche, ohne dass ich es aussprechen muss*
* *die Angst, meine wahren Bedürfnisse zu äußern*
* *alle Schamgefühle, über meine Sexualität zu sprechen*
* *das alte Konzept, dass man »darüber« nicht spricht*
* *die Erwartung, abgelehnt und bewertet zu werden, wenn ich sage, was ich mir wünsche*

Natürlich ist es wichtig, dass diese Kommunikation mit besonders viel Behutsamkeit, Respekt und Geduld geführt wird, da sie den verletzlichsten Teil von uns berührt. Einigen Sie sich darauf und sichern Sie sich gegenseitig zu, dass Sie auf Entwertungen, Vorwürfe und Etikettierungen der geäußerten sexuellen Phantasien und Wünsche verzichten werden. Viele unserer Negativurteile sind ohnehin nur kollektive Prägungen aus dem »Pool« unserer gesellschaftlichen Moralvorstellungen, die sich im Spannungsfeld zwischen christlich-puritanischer Moral und seelenlosem Sexkonsum bewegen. Spätestens ab der Pubertät übernehmen wir aus diesem Pool alle möglichen Ansichten über das, was »normal«, »erlaubt« und »richtig« oder eben »unnormal«, »pervers« usw. ist – oft ohne diese Etikettierungen jemals zu hinterfragen. Um eine erfüllende Sexualität zu erleben, sollten Sie daher genau überprüfen, welche Einstellungen wirklich Ihrem eigenen unmittelbaren Empfinden und Ihren echten Bedürfnissen entsprechen.

Ich lasse los ...

- *alle Bewertungen meiner sexuellen Bedürfnisse*
- *die Überzeugung, dass mein Wunsch nach ... nicht sein darf*

- *Ich öffne mich für die Erfahrung, in Liebe angenommen zu werden, wenn ich meine sexuellen Bedürfnisse ausspreche.*
- *Ich nehme mich selbst an mit meinen sexuellen Bedürfnissen.*

Nicht zuletzt gehört zu einer verantwortungsvollen Kommunikation auch, dass Sie ganz klar den möglichen Folgen der Sexualität ins Auge schauen und darüber sprechen. Sei es, besonders zu Anfang einer neu eingegangenen Beziehung, die Frage der Ansteckungsgefahr mit Aids oder sei es die Möglichkeit, ein Kind zu zeugen. Ich bin immer wieder verblüfft, wie häufig ich es in meiner Praxis erlebe, dass trotz Sexualerziehung in der Schule und Sex auf allen Fernsehkanälen noch immer nicht offen über diese Themen gesprochen wird. So beklagte sich eine Frau bei mir, dass sie und ihr Lebensgefährte sexuell nie richtig zusammenkämen, weil ihr Körper einfach »dichtmache«. Im weiteren Gespräch erfuhr ich, dass sie bereits zwei Kinder von zwei verschiedenen Vätern hatte, für die sie allein sorgen musste. Also fragte ich sie: »Willst du denn mit deinem jetzigen Partner ein Kind, und will er eins?« Sie: »Bei ihm weiß ich es nicht so genau. Ich will auf jeden Fall keins mehr.« Ich: »Verhütet ihr denn?« Die Frau: »Nein.« Wie kann unter solchen Voraussetzungen ein entspannter sexueller Austausch möglich sein?

Sie können die wildesten Mutmaßungen über verborgene sexuelle Traumata als Ursachen für die Probleme in Ihrer sexuellen Beziehung anstellen. Solange Sie diese einfachsten und naheliegendsten Punkte jedoch nicht klären und mit Ihrem Partner besprechen, verschließen Sie vor dem Offensichtlichen, nämlich der Tatsache, dass es einfach nur an Kommunikation fehlt, die Augen. Tatsächlich ist die Lösung mancher Probleme erstaunlich einfach, wenn man sich dem Naheliegenden stellt.

In manchen Fällen werden das eigene Nicht-Hinschauen und die eigene Sprachlosigkeit auf diesem Gebiet noch mit pseudospirituellen Worthülsen verbrämt nach dem Motto: »Wenn ein Kind kommen soll, dann kommt es sowieso, wenn nicht, dann nicht.« Es ist ja schön und gut, wenn beide Partner das so sehen können. Allerdings nur dann, wenn es Ausdruck einer echten Hingabe an den göttlichen Willen ist und wenn beide in vollem Umfang bereit sind, die Konsequenzen dieser Einstellung zu tragen. In vielen Fällen wird jedoch mit solchen Sätzen nur vermieden, die eigene Verantwortung zu übernehmen. Es heißt also, sich selbst gegenüber wirklich Rechenschaft abzulegen über die Frage, ob man bereit ist für ein Kind und anschließend dem Partner oder der Partnerin den eigenen Standpunkt mitzuteilen. Wir können all das loslassen, was Klarheit über diese Frage verhindert.

Ich lasse los ...

- *die möglichen Folgen unserer Sexualität nicht anschauen zu wollen*
- *die Angst, das auszudrücken, was ich wirklich empfinde (dass ich [k]ein Kind bekommen möchte)*
- *die Angst, meine(n) Partner(in) zu verlieren, wenn ich sage, dass ich (k)ein Kind will*

Der Liebe den ersten Platz einräumen

Eine weitere wichtige Voraussetzung für eine erfüllte sexuelle Beziehung ist das Bewusstsein, dass das eigentliche Bedürfnis der Seele auch in der Sexualität immer darin besteht, Liebe und tiefe Verbundenheit zu erfahren. Das reibungslose Funktionieren körperlicher Abläufe ist hierfür zwar eine schöne und hilfreiche »Zutat«, sollte jedoch nicht mit der Hauptsache an sich verwechselt werden. Wenn Sie Ihre Konzentration in der Sexualität an erster Stelle auf das Herz, auf die Qualität von geteilter Liebe, Zärtlichkeit und Verbundenheit richten, fühlen Sie sich in der Seele viel eher erfüllt, als wenn die rein körperlichen Aspekte im Zentrum der Aufmerksamkeit stehen. In den Köpfen von vielen Paaren haben Bilder darüber, wie »es« ablaufen und »richtig« funktionieren muss, ein viel zu großes Gewicht. Das führt letztendlich jedoch nur zu Verspannung und Versagensangst und verhindert so das innere Einswerden. Jeder bleibt dann durch die ständige gedankliche Beschäftigung damit, es ja »richtig« machen zu wollen, auf sich selbst bezogen.

Ist unsere Aufmerksamkeit jedoch in erster Linie darauf gerichtet, uns auf der Herzensebene miteinander zu verbinden und Liebe fließen zu lassen, gibt es keinen Grund mehr, sich minderwertig und unzulänglich zu fühlen. Auch dann nicht, wenn der Körper nicht genau das tut, was wir gerade von ihm erwarten. Es ist einfach nicht mehr so furchtbar wichtig. Ja, wir können sogar lernen, über die Launen und den Eigenwillen unseres Körpers zu lachen.

Sind Sie innerlich gelöst, entspannt sich auch Ihr Körper. So ist er viel eher bereit, sich dem Spiel der Energien hinzugeben und auf hilfreiche Weise zu »funktionieren« (was immer das bei verschiedenen Menschen bedeuten mag: bei einigen vielleicht »schneller«, »fester«, »endlich«, bei anderen dagegen »langsamer«, »weicher« oder »endlich nicht« …).

Ohne Freude und Erfüllung bleibt die Sexualität oft auch dann, wenn sie der einzige oder hauptsächliche Ausdruck von Zuneigung und gegenseitiger Anziehung in der Paarbeziehung ist. In diesem Fall ist die Sexualität von vornherein mit so viel Ballast überfrachtet, dass sie einfach nicht gelingen kann.

Wissenschaftliche Untersuchungen haben belegt, dass sich erfolgreiche Beziehungen von scheiternden vor allem dadurch unterscheiden, dass in ihnen ein hohes Maß an positivem Geben und Nehmen stattfindet. Und da Sexualität immer eingebettet ist in die Paarbeziehung als Ganzes, kann natürlich auch die sexuelle Beziehung kaum erfüllend sein, wenn es schon an der Basis der Partnerschaft fehlt.

Es ist deshalb wichtig für Paare, auch nichtsexuelle Begegnungen und den nichtsexuellen Austausch von Liebe und Zuneigung miteinander zu pflegen, zum Beispiel wirkliches Zuhören, Umarmungen, ein gemeinsames Abendessen bei Kerzenschein und vieles mehr. (Siehe dazu auch den Abschnitt »Wertschätzung ausdrücken« im Kapitel über das Halszentrum, S. 228)

Die Sprachen der Liebe verstehen lernen

Damit die Beziehung eine tragfähige Liebesgrundlage hat, ist es nicht nur notwendig, dass wir auch alle möglichen Arten von nichtsexuellen »Liebestechniken« pflegen. Wir müssen die Liebe, die ausgedrückt wird, auch als solche erkennen. Das mag selbstverständlicher klingen, als es in Wirklichkeit oft ist. Häufig nehmen wir nämlich die Liebe, die uns gezeigt wird, einfach nicht als solche wahr, obwohl andere sie in der gleichen Situation deutlich sehen und spüren könnten.

Wir alle haben unterschiedliche Vorstellungen davon, was »Liebe zeigen« und »geliebt werden« eigentlich *konkret* bedeutet. Häufig scheinen wir in einer Beziehung zwei völlig verschiedene Sprachen zu sprechen, ohne es überhaupt zu merken. Doch was hilft es, wenn er zwanzig Jahre lang »Je t'aime« sagt und sie »I love you«, solange keiner versteht, was der andere meint. Es ist daher überaus förderlich für das gegenseitige Verständnis und für das eigene Erleben, geliebt zu werden, wenn Sie sich bewusst machen, was es für Sie selbst *konkret* bedeutet, zu lieben und geliebt zu werden. Und was heißt Lieben und Geliebtwerden in der Sprache Ihres Partners?

Ich erinnere mich an eine Frau, die immer darauf wartete, von ihrem Mann endlich einmal rote Rosen geschenkt zu bekommen, was in ihrer Sprache ein Ausdruck für »Ich werde geliebt« war. Seine Art, ihr seine Liebe zu zeigen, war jedoch, sie häufig auf ganz mütterliche Weise zu bekochen und an Tampons für sie zu denken, wenn er einkaufen ging.

In meiner Beziehung zu Katrin kam es manchmal zu Unstimmigkeiten und Gefühlen von Nicht-geliebt-Sein in Situationen, in denen einer von uns beiden krank war. Wenn ich krank bin und im Bett liegen muss, sehne ich mich gewöhnlich nach absoluter Ruhe und danach, möglichst wenig gestört zu werden. Katrin dagegen hat es gern, wenn regelmäßig jemand hereinkommt, sich nach ihrem Befinden erkundigt und sich um sie kümmert, also ungefähr das Gegenteil von meinen Bedürfnissen bei Krankheit. Da uns dies zu Anfang unserer Beziehung noch nicht klar war, neigten wir beide dazu, dem anderen, wenn er krank war, auf die Weise unsere Liebe zu zeigen, die unserem eigenen Verständnis von »Geliebt-Werden« entsprach. Mit dem Ergebnis, dass ich häufig von Katrins ständiger Fürsorge genervt war und Katrin sich von mir vernachlässigt fühlte, weil ich sie die meiste Zeit allein ließ. Erst nachdem wir uns über unsere verschiedenen Vorstellungen von Lieben und Geliebt-Werden bei Krankheit klar geworden waren, konnten wir unser Verhalten in die Sprache des anderen übersetzen.

Sich die unterschiedlichen Sprachen der Liebe bewusst zu machen kann uns helfen, die Liebe des anderen auch hinter Verhaltensweisen zu erkennen, hinter denen wir sie nie vermutet hätten. Außerdem können Sie, wenn Ihnen Ihre eigene Sprache der Liebe bewusst ist, konkret um etwas bitten, was für Sie »Ich liebe dich und achte deine Bedürfnisse« bedeutet (in meinem Fall also, dass die Tür zu meinem Zimmer nicht oder nur höchst selten aufgeht, wenn ich krank bin). Zudem können Sie, wenn Sie sich die Mühe machen, die Sprache Ihrer oder Ihres Geliebten zu erlernen, viel leichter das geben, was der andere in seiner Sprache sofort als »Ich liebe dich« verstehen kann.

Übung: Die Sprachen der Liebe

Sie können diese Übung allein machen oder zusammen mit Ihrem Partner bzw. Ihrer Partnerin, wobei jeder für sich zunächst die folgenden Anleitungen ausführt. Anschließend tauschen Sie sich über Ihre Ergebnisse aus.

a) Schreiben Sie 5 Minuten lang auf, auf welche Weisen Sie »Ich liebe dich« sagen.

b) Schreiben Sie 5 Minuten lang auf, wie Ihr Mann bzw. Ihre Frau »Ich liebe dich« sagt.

c) Schreiben Sie 5 Minuten lang konkrete Handlungen auf, die Sie sich von Ihrem Partner/Ihrer Partnerin wünschen, mit denen er/sie Ihnen sagen könnte: »Ich liebe dich.«

d) Zu welchen (neuen) Handlungen sind Sie bereit, die für Ihren Mann bzw. für Ihre Frau ein Ausdruck von »Ich liebe dich« sind?

Zum Thema »Sexualität und Partnerschaft« möchte ich hier noch einige Releasing-Sätze wiedergeben, die erfahrungsgemäß für viele Menschen hilfreich sind. Die in ihnen angesprochenen Muster entstammen im Einzelfall nicht selten bereits früheren Leben der Seele. Dabei geht es besonders um solche vergangenen Inkarnationen, in denen Frauen von Männern oder Männer von Frauen – auch das gab es, zum Beispiel in manchen matriarchalen Kulturen – unterdrückt und erniedrigt wurden.

Ich lasse los ...

- *das alte Gefühl, ohnmächtig zu sein als Frau*
- *die Auswirkungen davon, dass ich als Frau in früheren Leben keine eigenen Entscheidungen treffen durfte*
- *meinen Hass auf alle Männer (von damals)*
- *das Gefühl (von damals), den Männern ausgeliefert zu sein*
- *den Hass darauf, in diesem Leben wieder eine Frau zu sein*
- *alle religiösen Konzepte und Programmierungen, dass Frauen unrein, böse, dunkel sind*
- *die Überzeugung, dass eine Frau keine Lust empfinden darf*
- *das Gefühl, dass ich die Männer (die Frauen) kontrollieren muss und die Überzeugung, dass sie sonst mich kontrollieren*
- *die Angst davor, einer Frau zu nahe zu kommen*
- *alle Gefühle der Ohnmacht gegenüber Frauen (aus dem Matriarchat)*
- *das Gefühl (aus dem Matriarchat), als Mann keine eigene Kontrolle über meine Sexualität (über meinen Körper) zu haben*
- *meinen Hass auf die Frauen (von damals)*

- *Ich öffne mich dafür, Frieden, gegenseitige Achtung und Harmonie in meiner Beziehung zu Männern (zu Frauen) zu erleben.*

Eine gesunde Beziehung zum Körper und zur Sexualität entwickeln

In der Bibel heißt es: »Wenn ihr nicht umkehrt und werdet wie die Kinder, so werdet ihr nicht ins Himmelreich kommen.« Auch wenn dieser Satz ursprünglich in einem anderen Zusammenhang stand, lässt er sich durchaus sinnvoll auf das »Himmelreich« der Sexualität übertragen. Damit sie zu einer »himmlischen« Erfahrung werden kann, müssen wir zu der natürlichen Unschuld und Unbefangenheit zurückfinden, mit der ein Kind seinen eigenen Körper und den anderer Menschen anschaut. Stellen Sie sich ein eineinhalb- bis zweijähriges Kind vor, wie es spielerisch und ohne jede Bewertung seinen eigenen Körper untersucht und mit demselben neugierigen Forschergeist Eltern und Geschwistern begegnet, auch und besonders dann, wenn diese nackt sind.

Den meisten von uns ist diese Unbefangenheit und Unschuld des Schauens im Laufe der Entwicklung jedoch abhanden gekommen. Stattdessen wird unsere Wahrnehmung gefiltert und getrübt durch eine mehr oder weniger dicke Schicht von individuellen Konditionierungen, programmierten Normen und ungeprüften Überzeugungen über unseren Körper und unsere Sexualität. Urteile über das, was wir »leisten« müssen, über das, was gut und schlecht ist, erlaubt und verboten, richtig und falsch, verstellen uns den Blick.

Häufig sind wir von diesen Mustern so hypnotisiert, dass wir gar nicht mehr wach und unvoreingenommen wahrnehmen können, was in unserem Körper und in unseren Gefühlen wirklich geschieht, während wir körperlich zusammenkommen. So bleiben uns oftmals auch die tieferen Impulse unseres Herzens und unseres Körpers verborgen. Statt voller Freude und Liebe miteinander zu *spielen*, indem wir unseren spontanen inneren Impulsen folgen, spulen wir immer wieder die gleichen verselbständigten Programme ab, die meistens weit mehr mit Liebes*müh* als mit Liebes*spiel* zu tun haben.

Zum besseren Verständnis dieses Prozesses möchte ich einen kurzen Blick auf die natürliche kindliche Entwicklung der körperlich-sexuellen Identität werfen. Danach werden wir sehen, wie wir durch Loslassen zur Unschuld des Schauens und zum inneren

Frieden mit dem eigenen Körper und der eigenen Sexualität zurückfinden können.

Durch die heutzutage verfügbaren Untersuchungsmethoden wie
etwa Ultraschallgeräte wissen wir, dass die Erforschung des eigenen
Körpers und das Spielen mit den eigenen Genitalien bereits im
Mutterleib beginnt. Männliche Säuglinge haben bereits in dieser
Zeit Erektionen. Das Kennenlernen des eigenen Körpers und seiner
Empfindungen findet in den ersten Lebensjahren seine natürliche
Fortsetzung. Säuglinge und Kleinkinder berühren, kneifen, betasten,
drücken und reiben ihren Körper und ihre Genitalien. Das Vergnü-
gen, das sie dabei empfinden, fördert wiederum ihren Drang zur
Selbsterforschung. In den ersten Jahren ist dieser Forschergeist in
erster Linie auf den eigenen Körper bezogen. Wir lernen also zunächst einmal, sinnlichen Kontakt zu uns selbst herzustellen.

Wenn diese Phase einen positiven Verlauf nimmt, können wir ein
gesundes Grundvertrauen in uns selbst, unseren Körper und unsere
sinnlichen Empfindungen entwickeln. Auf ganz natürliche Weise
empfinden wir uns selbst als nackte körperliche Wesen und unsere
lustvollen Empfindungen dann als »gut«. Später dehnt sich unser
Aktionsradius aus auf die gegenseitige Erforschung und Untersuchung im Spiel mit Gleichaltrigen. Das Spektrum unserer körperlich-sinnlichen Äußerungen reicht dann von Anlehnen, Streicheln,
Umarmen, Kitzeln, Küsschen-Geben bis hin zu Nacktspielen, etwa
den berühmten Doktorspielen. Die sexuelle Energie richtet sich also
mit zunehmendem Alter mehr nach außen.

Wenn wir in einer Atmosphäre aufwachsen, in der diese kindlichen
Erfahrungen erlaubt sind, können wir im Verlauf der Kindheit ein
natürliches Vertrauen in uns selbst entwickeln. Wir verinnerlichen,
dass unsere körperlichen Kontakte zu anderen und unsere körperlich-sexuellen Äußerungen ihnen gegenüber grundsätzlich »gut«
sind. Außerdem können wir durch unsere Erfahrungen mit Gleichaltrigen lernen, unsere sexuellen Gefühle in einem Rahmen von
Freundschaft zuzulassen. Auf diese Weise bereiten wir uns innerlich
darauf vor, als Erwachsene unsere Sexualität in Verbindung mit
unserem Herzen und mit echter emotionaler Nähe zu leben.

Die Wirklichkeit, die in der inneren Arbeit am Thema Körper und
Sexualität ans Licht kommt, entspricht natürlich meistens nicht dem
hier geschilderten Idealbild. Vielmehr entsteht bereits während der

ersten zehn bis zwölf Lebensjahre der größte Teil der inneren Blockierungen, die sich später störend auf unser körperlich-sexuelles Wohlbefinden auswirken. Nach meinen Beobachtungen kann man hier drei Gruppen von Erfahrungen unterscheiden, die im Zustand der Tiefenentspannung an die Oberfläche kommen und des Loslassens bedürfen: die Auswirkungen einer sogenannten »unterbrochenen Hinbewegung«, Erinnerungen an Verurteilung und Zurückweisung der körperlich-sinnlichen Äußerungen des Kindes und Erlebnisse, in denen die intimen Grenzen des Kindes missachtet und übertreten wurden.

Die unterbrochene Hinbewegung

Das Muster, dem sehr oft eine unterbrochene Hinbewegung zugrunde liegt, besteht darin, sich in Beziehungen immer wieder bis zu einem gewissen Punkt auf den Partner bzw. auf die Partnerin zuzubewegen. An diesem Punkt wird es jedoch plötzlich irgendwie zu »heiß« oder zu »eng«, und man zieht sich wieder zurück. Dieses Muster kann ganz allgemein den Umgang mit dem Partner charakterisieren. Es wirkt sich oft aber in besonderer Weise auf den sexuellen Bereich aus. Manchmal lässt sich eine Partnerschaft zwar aufrechterhalten, die sexuelle Beziehung des Paares leidet jedoch darunter, dass der betroffene Partner Angst vor körperlicher Intimität hat und tendenziell das sexuelle Beisammensein meidet. Den Betroffenen gelingt es kaum jemals, echte körperlich-seelische Intimität zuzulassen und in der körperlichen Begegnung mit einem anderen Menschen ein tiefes Vertrauen zu erleben.

Als Ursprung eines solchen Musters kommen in der Therapie häufig Erinnerungen an eine oder mehrere – meist längere – räumliche Trennungen eines Kindes von seinen Eltern in den ersten vier bis fünf Lebensjahren hoch. Dies kann zum Beispiel bei einem Krankenhausaufenthalt der Mutter oder des Kindes selbst gewesen sein, bei einem Aufenthalt in einem Kinderheim oder auch im Fall eines frühen Todes der Mutter oder des Vaters. Die Sehnsucht des Kindes und damit die Hinbewegung der Liebe richtet sich in einer solchen Situation auf die Mutter oder den Vater. Kommt das Kind jedoch über längere Zeit mit dieser Liebessehnsucht nicht bei den Eltern an, etwa weil sie das Kind nicht besuchen dürfen, resigniert es an einem gewissen Punkt und zieht sich in sich selbst zurück. Die innere Bewegung, die hin will zu den Eltern, wird also unterbrochen.

Dieser Punkt, an dem das Kind die eigene Ohnmacht wahrnimmt und die innere Bewegung zu den Eltern abbricht, ist äußerst schmerzhaft. Deshalb wird es in Zukunft alles dafür tun, diesen inneren Schmerzpunkt nicht wieder berühren zu müssen. Auch wenn das Kind erwachsen geworden ist, wird in jeder neuen Beziehung, in der es darum geht, sozusagen »ganz hinzugehen« mit der eigenen Liebe, im Unterbewusstsein der alte Schmerz wieder berührt. Die Betroffenen treten dann unwillkürlich und reflexartig immer wieder den Rückzug an. Dieses Muster wird oft endlos in verschiedenen Beziehungen wiederholt. Menschen, die in diesem Verhalten gefangen sind, beschreiben ihr Grundgefühl in Beziehungen häufig mit »Ich fühle mich in meinen Beziehungen immer hin- und hergezogen«.

Nicht jede Trennung eines Kleinkindes von seinen Eltern hat jedoch solche gravierenden Folgen. Vor allem dann nicht, wenn es in der Obhut von nahen Angehörigen oder anderen liebenden, vertrauten Personen und in der gewohnten häuslichen Umgebung gelassen wird. Ob eine unterbrochene Hinbewegung im Kind stattgefunden hat, lässt sich im Zweifelsfall daran erkennen, dass das Kind sich gegen seine Eltern und besonders gegen ihre körperliche Zuwendung sperrt, wenn es wieder mit ihnen zusammenkommt.

Die wirksamste Methode, dieses Muster aufzulösen, besteht darin, während der Tiefenentspannung noch einmal in die Situation zurückzugehen, in der die kindliche Bewegung der Liebe ursprünglich unterbrochen wurde. So kann sie gewissermaßen nachträglich ihr Ziel erreichen. Der Ausgang der damaligen Situation wird also innerlich neu gestaltet, und zwar dieses Mal mit »gutem« Ende. So dreht zum Beispiel die vorher im Hinausgehen begriffene Mutter auf der Türschwelle um, kommt auf das Kind zu, nimmt es hoch und hält es lange und innig fest. Oder die reale Situation, in der die Mutter oder der Vater schließlich kam, wird noch einmal wiederbelebt. Diesmal kommt das Kind jedoch – statt sich zu sperren und zurückzuweichen – mit seiner ganzen Sehnsucht, seinem Schmerz über die vorherige Trennung und seiner Liebe zur Mutter oder zum Vater ganz bei diesen im Arm an. Diese »neue Erinnerung« kann nun im

Unterbewusstsein an die Stelle der bisherigen schmerzhaften Erfahrung treten. Menschen, denen auf die beschriebene Weise die Heilung der ursprünglichen Trennungserfahrung gelingt, haben anschließend oft das Gefühl, auch in ihren gegenwärtigen Beziehungen erstmals wirkliche Nähe zulassen zu können.

Um das innere Sich-Sperren des Kindes zu überwinden, sind häufig während der inneren Arbeit einige Releasing-Sätze notwendig und hilfreich, wie zum Beispiel:

Ich lasse los ...

- *meine Wut auf dich, Mutti*
- *die Angst, meine Sehnsucht nach dir noch einmal zu fühlen, Mutti*
- *meine Resignation und die Entscheidung, mich in mich zurückzuziehen*
- *die Entscheidung, mit deiner Liebe nichts mehr zu tun haben zu wollen*
- *die Entscheidung, mit meinem Bedürfnis nach deiner Liebe nichts mehr zu tun haben zu wollen*
- *die Angst, dass du ja doch gleich wieder weggehst*
- *das Gefühl und die Entscheidung, dass ich dir nie wieder vertrauen kann, Mama*
- *das Gefühl, dass niemand da ist, der mich hält*

- *Ich nehme dich jetzt als meine Mutter und halte mich an dir fest.*

Damit sich die unterbrochene Hinbewegung in eine »ankommende« Bewegung wandeln kann, ist es wichtig, dass die ursprüngliche Sehnsucht des Kindes zu dem Elternteil sowie der ursprünglich erlebte und dann verdrängte Schmerz in Ihnen ganz an die Oberfläche kommen können. Beides muss wirklich *gefühlt* werden, damit die (er-)lösenden Kindertränen endlich fließen können. Nur so kann dieser Schmerz anschließend tatsächlich losgelassen werden. Die große Kraft der Liebe, die vorher zusammen mit dem Schmerz zurückgehalten wurde, kann dann wieder frei fließen und sich ihren Weg zur Mutter oder zum Vater von damals suchen.

Eine große Hilfe ist es, sich während dieser Übung von einer vertrauten Person körperlich halten zu lassen, so wie ein Erwachsener ein Kind halten würde. Auch das »Kind« sollte dabei beide Arme um den »Erwachsenen« legen und sich an ihm festhalten. Wichtig ist jedoch die klare Vorgabe, dass der »Erwachsene« das »Kind« während der Übung nur *stellvertretend* für den Elternteil des Kindes festhält (und dass er in sich »Platz macht« für diesen Elternteil), zu dem die kindliche Hinbewegung damals unterbrochen wurde. In den meisten Fällen geht es dabei um die Mutter.

Asthma ist übrigens oft Folge und Ausdruck einer unterbrochenen Hinbewegung. Wie die innere Bewegung der Liebe ist bei Asthma auch das Aus- und »Sich-Hinatmen« blockiert. Bei einer älteren Frau, die bereits seit ihrer Kindheit unter Asthma litt, habe ich erlebt, dass ihr Asthma verschwand, nachdem die unterbrochene Hinbewegung zu ihrem früh verstorbenen Vater nachträglich an ihr Ziel gekommen war. In jedem Fall ist es jedoch sehr wichtig, während der Übung tief zu atmen.

Übung: Eine unterbrochene Hinbewegung vollenden

Einzelübung:
Wenn Sie die Übung allein machen wollen, seien Sie sich bewusst, dass durch die Übungsanweisungen sehr tiefe frühkindliche Gefühle berührt werden können. Im Zweifelsfall wenden Sie sich lieber an einen erfahrenen Begleiter, der Sie durch diese Übung hindurchführen kann.

Falls Sie die Übung doch allein angehen wollen, können Sie den Text lesen und sich dabei die entsprechenden Situationen genau vorstellen. Machen Sie dabei jedes Mal 20–30 Sekunden Pause zwischen den einzelnen Textstellen. Der Nachteil bei der ersten Variante ist allerdings, dass Sie während der Übung immer wieder aus Ihrer nach innen gerichteten Konzentration auftauchen müssen, um den nächsten Übungsschritt zu lesen.

Eine andere Möglichkeit ist es, die Anleitungen auf Kassette aufzunehmen. Achten Sie dabei ebenfalls darauf, ausreichende Pausen zwischen den Sätzen einzuhalten. Legen oder setzen Sie sich dann bequem hin, bevor Sie das Tonband anschalten, um den Anweisungen zu folgen.

Übung zu zweit:
Entscheiden Sie sich, wer von Ihnen zuerst die Rolle des Kindes übernimmt und wer zuerst die Mutter oder bei Bedarf auch den Vater vertritt. Der »Erwachsene« setzt sich dann am besten auf eine Matratze, und zwar so,

dass er sich mit dem Rücken an die Wand lehnen kann. Das »Kind« legt sich bei dem »Erwachsenen« in den Schoß. Die Arme des »Kindes« sind um den Oberkörper der »Mutter« bzw. des »Vaters« gelegt. Besonders wichtig ist dabei, dass Sie eine Position finden, in der das »Kind« körperlich wirklich ganz loslassen kann und sich nicht selbst noch abstützen muss! Wenn Sie eine bequeme Position gefunden haben, schließt das »Kind« die Augen, und der »Erwachsene« liest langsam, mit ausreichend langen Pausen zwischen den Sätzen (als Richtlinie je ca. 20–30 Sekunden), die Anweisungen vor:

Nimm ein, zwei tiefe Atemzüge, und entspann dich mit dem Ausatmen ... Geh nun zurück in eine Situation in deinen ersten vier bis fünf Lebensjahren, in der du zu deiner Mutter wolltest ... oder stell dir eine solche Situation aus der damaligen Zeit vor ... Stell dir vor, deine Mutter steht nun einige Schritte von dir entfernt ... du spürst dein Bedürfnis, zu ihr hin zu wollen ... Sag zu ihr (laut aussprechen!): »Bitte, Mama« (oder: »Bitte, Mutti«, je nachdem, wie du sie als vierjähriges Kind angeredet hast) ... »Liebe Mama, bitte ... bitte nimm mich in den Arm ... und bitte halt mich fest, liebe Mama« (diese Sätze müssen meistens mehrmals wiederholt werden, bis das entsprechende Gefühl an die Oberfläche kommt) ... Sieh dann, wie sie ganz zu dir kommt ... und dich hochnimmt ... und spür, wie sie dich ganz fest hält ... und wie du sie ganz fest hältst ... Lass das ganze Bedürfnis, das zu ihr hin will, mit dem Ausatmen durch die Arme und Hände zu ihr fließen ... Atme tief ein, als wolltest du deine Mutter einatmen ... und atme ganz tief aus, mit dem ganzen Kinderbedürfnis, das hin will zu deiner Mutter ... und nimm wahr, wie du gehalten wirst.

Nachdem der Erwachsene das »Kind« noch fünf bis zehn Minuten gehalten hat, können Sie die Übung beenden oder die Rollen tauschen. Entlassen Sie sich beide bewusst aus den Rollen der Übung, indem Sie sich gegenseitig anschauen und sagen: »Ich entlasse dich jetzt aus deiner Rolle als Mutter (bzw. Vater, Kind).«

Abwertung und Zurückweisung der kindlichen Sexualität

Der zweite große Bereich, der sich häufig als Ursache für Schuldgefühle, Ängste und Unsicherheiten im Umgang mit dem eigenen Körper und mit der Sexualität erweist, umfasst alle möglichen Arten von Erfahrungen, in denen unser kindliches Bedürfnis nach Berührung und Körperkontakt (zum Beispiel auf dem Schoß sitzen) zurückgewiesen wurde. Das gilt auch für Situationen, in denen unsere kindliche sexuelle Neugier (zum Beispiel bei den berühmten »Doktorspielen«) verurteilt wurde.

Das Spektrum entsprechender Erlebnisse reicht von einem Klima völliger Gleichgültigkeit und absolutem Totschweigen von Sexualität in der Familie bis hin zu Bestrafungen und verbalen Entwürdigungen des Kindes. Dazu kam es bei vielen Menschen vor allem, wenn sie als Kind beim Erproben und Erforschen ihres Körpers und ihrer genitalen Empfindungen »erwischt« wurden. So haben mir schon viele Klienten gesagt: »Sexualität oder Zärtlichkeit existierte bei uns einfach nicht. Ich kann mich nicht daran erinnern, dass wir jemals in den Arm genommen oder gestreichelt wurden. Schon gar nicht wurde über Sexualität gesprochen.« Bei anderen Menschen kommen während der inneren Arbeit beschämende Erinnerungen an Situationen hoch, in denen sie sich zusammen mit anderen Kindern ausgezogen hatten, dann von Eltern oder anderen Erwachsenen entdeckt, übel beschimpft und mit Verachtung, Stubenarrest usw. bestraft wurden.

Ein Mann erzählte mir einmal, wie seine Mutter ihn lauthals auslachte, als er einmal im Grundschulalter eine Erektion bekam. Im Fall einer Frau, die ihren Unterleib kaum spüren konnte, »sah« ich während der Sitzung innere Bilder, in denen ihr als Kind die Hände von den Genitalien weggerissen wurden, wenn sie diese berührte (was sie mir anschließend bestätigte). Als Satz vor dem Einschlafen klang ihr noch in den Ohren: »Lass die Hände auf der Decke!« Auch andere Sätze, die in vergleichbaren Situationen fallen, wie zum Beispiel: »Das macht man nicht«, »Das ist eine Schweinerei«, »Wenn das der liebe Gott sieht ...«, »Fass dich da nicht an«, »Das ist unhygienisch« usw., wirken oft ein Leben lang wie hypnotische Befehle. Sie können zu tiefer Scham und Verkrampfung und manchmal sogar zur völligen Vermeidung von jeglichem sexuellem Kontakt führen, solange sie nicht bewusst und kraftvoll losgelassen werden.

Selbst wenn die *intellektuelle* Loslösung von solchen »Erziehungsprogrammen« schon längst vollzogen wurde, empfiehlt es sich, solche früh gehörten und verinnerlichten Sätze durch das bewusste Aussprechen passender Releasing-Sätze noch einmal ganz bewusst loszulassen. Denn bei vielen meiner Klienten habe ich festgestellt, dass sie zwar zu einer besseren Einsicht gelangt waren, jedoch nur auf der intellektuell-rationalen Ebene. Das *emotionale* sexuelle Erleben und Verhalten wurde daher noch immer von den alten, fest im Unterbewusstsein verankerten Prägungen beherrscht.

Diese wenigen Beispiele verdeutlichen, um welche Art von prägenden Erfahrungen es hier geht. Kommen Erinnerungen an derartige Erlebnisse in der inneren Arbeit an die Oberfläche, können die folgenden Releasing-Sätze als Anregungen dienen, um eigene Loslasssätze zu formulieren:

Ich lasse los ...

* *das Gefühl, dass ich den Lustgefühlen meines Körpers nicht trauen darf*
* *das Muster, sie zu unterdrücken*
* *die Angst, bestraft zu werden, wenn ich diese Impulse zulasse*
* *die Auswirkungen davon, bestraft (ausgelacht, gedemütigt) worden zu sein, als ich mich mit anderen Kindern zusammen ausgezogen habe*
* *meinen Schock, als ich bei der Selbstbefriedigung entdeckt wurde*
* *meine Schamgefühle von damals*
* *das Programm, dass ich meine Genitalien nicht berühren darf*
* *den Glauben, dass ich meinen Körper (meine Genitalien) nicht lieben darf*
* *das Gefühl, dass mein Körper nicht liebenswert ist*
* *die Entscheidung, mich abzuschneiden von meinen Lustempfindungen*
* *den Widerstand gegen die Kraft, die aus meinem Becken kommt; ich lasse diese Kraft jetzt fließen*
* *die Angst, dass die sexuelle Energie mich überwältigen könnte, wenn ich sie zulasse*
* *die Angst, dass ich die Kontrolle über mich verlieren könnte, wenn ich mich dieser Energie hingebe*
* *die Angst und den Glauben, dass Gott mich bestraft, wenn ich an meinem Körper spiele (mich befriedige)*
* *die Vorstellung, dass die untere Körperhälfte dunkel und böse ist*

* *Gott (Höchstes Selbst usw.), Du hast meinen Körper in Deinem Licht erschaffen. Also ist er unschuldig.*
* *Ich sehe meinen Körper als gut und liebenswert.*
* *Ich sorge liebevoll für meine sexuellen Bedürfnisse.*

* *Ich berühre meinen Körper gern und lasse mich gern liebevoll berühren.*
* *Ich öffne mich dafür, sexuellen Austausch als liebevoll und lustvoll zu erleben.*
* *Ich entscheide mich jetzt, meine sexuellen Empfindungen zuzulassen und zu genießen.*
* *Ich vertraue den Empfindungen und Impulsen meines Körpers.*
* *Ich lebe meine Sexualität mit Liebe.*

Auswirkungen von sexuellem Missbrauch loslassen

Ein weites Feld bei der Arbeit an der Beziehung zum eigenen Körper und zur Sexualität sind Erinnerungen an Erlebnisse in der Kindheit oder frühen Jugend, in denen die intimen Grenzen des Kindes von Erwachsenen überschritten wurden. In den letzten Jahren ist dieses Thema durch viele Veröffentlichungen unter der Überschrift »Sexueller Missbrauch« stärker ins öffentliche Bewusstsein gerückt.

In meinen Gruppen habe ich festgestellt, dass bei ungefähr jedem dritten bis vierten Teilnehmer im Lauf der Zeit mehr oder weniger deutliche Erinnerungen an sexuellen Missbrauch an die Oberfläche steigen, die des Loslassens bedürfen. Dieser Prozess der Bewusstwerdung zieht sich oft über viele Monate hin. Das Spektrum der dabei erinnerten Grenzüberschreitungen reicht von anzüglichen Bemerkungen, Blicken und Berührungen bis hin zu direkten sexuellen Handlungen verschiedenster Art, die mit sexueller Erregung des Erwachsenen und manchmal auch des Kindes einhergingen.

Die Folgen derartiger Erlebnisse sind in fast allen Fällen gravierend für die gesamte Persönlichkeitsentwicklung des Opfers. Erinnerungen an sexuelle Missbrauchserfahrungen kommen daher auch nicht ausschließlich bei der Arbeit an den beschriebenen Themen des Beckenzentrums hoch. Sie liegen als unbewusster Ursachenkern einer Vielzahl psychischer Symptome zugrunde. Zu diesen Symptomen gehören:

Angstzustände
Angstzustände sind in diesem Zusammenhang ein Ausdruck der psychischen Abwehr dagegen, dass das Missbrauchserlebnis in irgendeiner Form an die Bewusstseinsoberfläche kommt und somit in

der Erinnerung noch einmal »erlebt« werden muss. Ein starker Anteil der Angst, das Erlebte ans Licht kommen zu lassen, rührt auch häufig von Drohungen des Erwachsenen her, dass etwas Schlimmes passieren werde, wenn das Kind irgendjemandem etwas davon erzählt (zum Beispiel »Dann bringe ich dich um«, »Dann glaubt dir ja doch keiner« oder »Dann bricht die Familie auseinander, und du musst ins Heim«).

Diese Angstzustände können durch irgendein äußeres Erleben ausgelöst werden, das im Unterbewusstsein die verdrängte Erinnerung stimuliert, etwa in Situationen, in denen körperliche Nähe zu einem anderen Menschen entsteht. Manchmal entwickelt sich diese Angst jedoch auch einfach dadurch, dass die an das Missbrauchserlebnis gebundene körperlich-emotionale Energie in Situationen an die Oberfläche drängt, in denen die Aufmerksamkeit nicht im Außen abgelenkt wird. Das kann beispielsweise während des Alleinseins zu Hause oder eben im Entspannungszustand während einer Releasing-Sitzung geschehen. Solange die ursprüngliche und eigentliche Ursache noch verdrängt und somit unbewusst ist, wird die Angst auf der bewussten Ebene oft mit allen möglichen anderen Auslösern in Zusammenhang gebracht. So wird sie beispielsweise als Angst vor dem Einschlafen, vor dem Einkaufen, vor Schlangen, vor Männern usw. erlebt. Sind die entsprechenden Missbrauchserlebnisse erst einmal bewusst erinnert und ausgesprochen worden, verschwinden in der Regel auch die Angstzustände.

Todessehnsucht
Todessehnsucht kann unter anderem daher rühren, dass das ganze Leben nach dem Missbrauch als so furchtbar erlebt wird, dass der Tod als einziger Ausweg, als einzige Erlösung erscheint. Zusätzlich werden in dem Moment, in dem der Missbrauch geschieht, oft Entscheidungen getroffen, jetzt und sofort den eigenen Körper und damit den furchtbaren Ort des Geschehens zu verlassen und so der Situation zu entkommen. Besonders viel Energie steht hinter solchen Entscheidungen, wenn es während des Missbrauchs zu körperlichem Eindringen kam. Die mit diesen Entscheidungen verbundene Todessehnsucht sucht oft auch Ausdruck in allen möglichen Arten von selbstzerstörerischem Verhalten, wie zum Beispiel Alkohol- und Drogenmissbrauch.

Starker Selbsthass und Hass auf den eigenen Körper
Der eigene Körper wird als »für immer verschmutzt« empfunden
und vom Opfer dafür verantwortlich gemacht, dass er den Täter
quasi »angelockt« und somit all das Schreckliche verursacht hat.
Verstärkt wird dieser Hass noch, wenn der Körper in der Miss-
brauchssituation auch mit Lustempfindungen reagiert hat und damit
gewissermaßen auch noch auf der »feindlichen Seite« war.

*Die Unfähigkeit, eigene Grenzen zu bestimmen und die Grenzen
anderer Menschen wahrzunehmen und zu respektieren*
Durch den Missbrauch werden natürlicherweise empfundene Grenzen zwischen Erwachsenem und Kind eingerissen. Dadurch verliert
das Kind oft jedes Empfinden dafür, eigene Grenzen zu haben. Dies
ist besonders bei wiederholtem Missbrauch der Fall. Das Recht,
gegenüber anderen Menschen eigene Grenzen ziehen und geltend
machen zu dürfen (zum Beispiel nein sagen zu dürfen), liegt dann
außerhalb der Realität und wird als völlig unerreichbar empfunden.
Zumeist geht damit auch das Gefühl für die Grenzen anderer Menschen verloren. So verletzen Missbrauchsopfer in ihrem späteren
Leben, ohne es zu merken, auf verschiedene Weisen häufig die
Grenzen anderer Menschen und rufen damit Ablehnung hervor.

Die Unfähigkeit, eigene Gefühle wahrzunehmen
Ursache hierfür sind Entscheidungen des Kindes während der Miss-
brauchssituation oder im Anschluss daran, körperlich und emotional
nichts mehr spüren zu wollen. Dies geschieht, um die mit dem
Missbrauch verbundenen Empfindungen nicht mehr wahrhaben zu
müssen.

Ein Grundgefühl des Unrein-, Schuldig- und Schlecht-Seins
In aller Regel schreibt sich ein Kind selbst die Schuld und die
Verantwortung dafür zu, dass es überhaupt zu dem gekommen ist,
»was niemals hätte passieren dürfen«. Selbst nachdem die bewusste
Erinnerung an den erlebten Missbrauch abgespalten wurde und dem
Erinnerungsvermögen im normalen Wachzustand nicht mehr zu-
gänglich ist, bleibt doch ein starkes Schuldgefühl als eine Art Grund-
gefühl im Leben zurück.

Wenn der Täter ein Angehöriger war, den das Kind geliebt hat, macht es oft auch seine eigene Liebe verantwortlich für das schreckliche Geschehen und verurteilt sie als schlecht und schädlich. Es will dann nichts mehr von der eigenen Liebe wissen. Da wir alle aber essenziell als Seelen Liebe *sind*, ist diese Abspaltung von der eigenen Liebe gleichbedeutend mit einer völligen Abkehr *von sich selbst*. Oft ist diese Abkehr eine der schlimmsten und schmerzhaftesten Verletzungen im Zusammenhang mit sexuellem Missbrauch, da wir so buchstäblich den Zugang zu uns selbst verloren haben. Wir sind dann wie jemand, der draußen im Regen steht und aus seinem eigenen Haus ausgesperrt ist.

Die Unfähigkeit, eigene Bedürfnisse wahrzunehmen
und zu artikulieren

Das durch den Missbrauch entstandene Ich-Gefühl lautet: »Ich bin jemand, der es sich gefallen lassen muss, von anderen für ihre Absichten benutzt zu werden.« In einer solchen Selbstdefinition haben eigene Bedürfnisse keinen Platz. Zudem erscheinen eigene Bedürfnisse für jemanden, der sich *grundsätzlich* schuldig fühlt, wie ungerechtfertigte Ansprüche, wie eine Anmaßung.

Das Gefühl, sich selbst und den eigenen Gefühlswahrnehmungen
nicht trauen zu können und zu dürfen – bis hin zu der Angst,
verrückt zu sein oder es zu werden

Dass der eigene Vater oder Stiefvater, die eigene Mutter oder eine andere vertraute Person »so etwas macht«, ist oft so unglaublich für das Kind, dass es im Nachhinein häufig die eigene Wahrnehmung der erlebten Wirklichkeit anzweifelt, etwa nach dem Motto: »Es kann nicht wahr sein, was nicht wahr sein darf.« In der Folge wird grundsätzlich die eigene *gefühlsmäßige* Wahrnehmung der Wirklichkeit angezweifelt, auch in anderen Bereichen. Häufig bekommt das Opfer vom Erwachsenen auch eingetrichtert: »Merk dir eins: Das hier ist nicht passiert.« Ein solcher Satz wirkt wie ein starker hypnotischer Befehl und schafft eine tiefe innere Verunsicherung in dem unterbewussten Konflikt zwischen der *erlebten* Wirklichkeit und *der* Wirklichkeit, die durch die erhaltene Anweisung erzeugt wurde. Der Widerspruch zwischen diesen beiden »Wirklichkeiten« erzeugt eine extreme innere Spannung.

Andererseits ist dann später ein Wiedererinnern an das Geschehene zwar sehr schmerzlich, gleichzeitig aber auch oft mit einem Gefühl großer Erleichterung verbunden, selbst wenn die Details nicht genau erinnert werden. Zitat einer Frau: »Gut, dass das jetzt am Licht ist. Ich habe immer gedacht, mit mir stimmt etwas nicht, ich bin verrückt.«

Die Unfähigkeit, tiefes Vertrauen in partnerschaftlichen Beziehungen zu erleben
Dieses Grundmisstrauen ist Folge der traumatischen Erfahrung, dass das ursprünglich tiefe Vertrauen des Kindes durch den Übergriff des Erwachsenen zerstört wurde.

Die Vermeidung jeglichen Körperkontakts zu anderen Menschen (manchmal auch in Form eines »Heiligensyndroms« mit Tendenz zu klösterlichem Leben)
Dahinter verbirgt sich die unbewusste Angst, durch Körperkontakt an das ursprüngliche Trauma erinnert zu werden und dasselbe noch einmal erleben zu müssen. Vielleicht erinnern Sie sich an das Beispiel von Andreas, der sofort einschlief, sobald die »Gefahr« von körperlichem Kontakt mit seiner Frau bestand. In vielen Fällen wird aber nicht nur sexueller Kontakt, sondern sogar jegliche partnerschaftliche Beziehung vermieden.

Die Neigung zu sexueller Entgrenzung und unverbindlichen, unpersönlichen Sexualkontakten
Einerseits drückt sich hier der oben erwähnte Verlust des Gefühls für persönliche Grenzen aus. Andererseits ist dieses Verhalten jedoch oft auch ein Ausdruck der kindlichen Liebe, die zur Entlastung des Erwachsenen die Verantwortung für das Geschehene übernehmen will. Besonders wenn der Erwachsene der eigene Vater war, sagt diese Liebe oft: »Schau, Papa, du brauchst dich nicht schlecht zu fühlen; ich bin ja auch so eine.«
Manchmal war die sexuelle Annäherung zudem die einzige Form von intensiver Zuwendung, die das Kind von Erwachsenen überhaupt erfahren hat. Die dann verinnerlichte Glaubensstruktur, die sich später in wahllosem Sexualverhalten zeigt, ist: »Wenn ich Liebe bekommen möchte, muss ich mich sexuell einlassen« oder »Nur über Sexualität bekomme ich überhaupt Aufmerksamkeit und Zuwendung«.

Fettleibigkeit durch übermäßiges Essen und die Neigung
zu einem ungepflegten, unattraktiven Äußeren
In diesen Symptomen steckt als ursprünglicher Problemlösungsversuch die Strategie des Kindes oder Jugendlichen, möglichst unattraktiv, unscheinbar und geschlechtslos sein zu wollen (keine weiblichen Formen sichtbar werden lassen!), um von dem Täter oder auch von potenziellen zukünftigen Tätern am besten gar nicht wahrgenommen zu werden, wenigstens aber nicht als sexuelles Wesen.

Projektion von »dunklen Energien«
Solange das Missbrauchstrauma verdrängt und somit vom eigenen Bewusstsein abgespalten ist, besteht oft das subjektive Gefühl, »dass da irgendetwas ganz Dunkles in mir ist«. Oftmals wird dieses »Dunkle« jedoch auch nach außen projiziert auf andere Menschen. Solche Missbrauchsopfer »sehen« bei ihren Mitmenschen häufig alle möglichen »dunklen Energien«, vor denen sie sich schützen müssen. In extremen Fällen kann dieses Muster psychotische Züge annehmen.

Nicht jedem der aufgezählten Symptome liegt zwangsläufig eine Missbrauchserfahrung zugrunde. Je mehr dieser Symptome jedoch gleichzeitig auftreten, desto eher sollte ein solcher Hintergrund in Betracht gezogen werden. Andererseits führt nicht jeder Fall von sexuellem Missbrauch zu all den beschriebenen Folgen zugleich und in gleich starker Ausprägung. Das Fehlen einzelner Symptome bzw. eine »normale« psychische Funktionsfähigkeit ist also keine Garantie dafür, dass entsprechende Erinnerungen während der Arbeit nicht an die Oberfläche kommen können. Viele der beschriebenen Muster treten zudem nur verdeckt auf und sind von außen nicht immer sofort zu erkennen.

Allgemein kann man sagen, dass bei wohl kaum einer anderen Kindheitserfahrung eine so gründliche Verdrängung des Erlebten stattfindet wie bei sexuellem Missbrauch. So sind diese Erlebnisse in der Regel tatsächlich völlig in Vergessenheit geraten. Die Betroffenen können sich oft lange Zeit absolut nicht vorstellen, dass derartige Ereignisse in der eigenen Biographie stattgefunden haben könnten. Zum einen liegt dies an dem bereits erwähnten inneren Erleben, dass einfach nicht wahr sein kann, was nicht sein darf. Zum anderen stellen die nach dem Missbrauch oftmals ausgesprochenen Drohungen des Erwachsenen – zum Beispiel dem Kind werde etwas Schlimmes widerfahren, wenn es irgendeinem Menschen davon erzählen würde – eine kaum überwindbare Schwelle dar, sich überhaupt zu erinnern oder über die Erinnerungen gar noch zu sprechen. Zementiert wird dieser Gedächtnisverlust häufig auch durch ein Versprechen, das dem Kind abverlangt wird, niemals etwas zu verraten.

Manchmal hat dieses Versprechen sogar die Kraft eines Eides. So erinnerte sich beispielsweise eine Frau in der Sitzung daran, wie ihr im Alter von vier Jahren von ihrem Vater in der Kirche – also vor Gott! – das Versprechen abgenommen wurde, nichts zu verraten. Nachdem sie während der Sitzung zunächst selbst nicht wusste, worum es bei diesem Versprechen gegangen war, *was* sie also eigentlich nicht verraten sollte, stiegen schließlich Erinnerungen an sexuellen Missbrauch durch ihren Vater in ihr hoch, an dem auch Arbeitskollegen von ihm beteiligt gewesen waren. So war in ihrem Kinderglauben also sogar Gott selbst nicht nur mit den Tätern im Bunde, sondern er wachte auch noch über die Geheimhaltung des schlimmen Geschehens. Das ursprüngliche Thema war übrigens ihr tiefes Gefühl gewesen, Gott nicht vertrauen zu können, obwohl sie auf der Verstandesebene ein eher positives Gottesbild hatte. Das half ihr jedoch nur wenig, solange sie ihre Beziehung zu Gott unbewusst durch den Filter dieses Kindheitstraumas wahrnahm.

Für das innere Kind, das auf dem damaligen Altersstand stehen geblieben ist, und für die gesamte bisherige Persönlichkeitsstruktur stellt es zumeist ein großes Wagnis dar, die abgespaltenen Erinnerungsstücke überhaupt ins Bewusstsein kommen zu lassen. Die meisten Menschen können einen solchen Aufarbeitungsprozess nur innerhalb eines stabilen Rahmens erfolgreich bewältigen, wie ihn etwa eine fortlaufende therapeutische Gruppe oder Einzelbetreuung bieten kann. Falls Sie nach dem bisher Gelesenen also den starken Verdacht haben, Sie könnten von dieser Thematik betroffen sein, zum Beispiel weil viele der oben beschriebenen Symptome auch auf Sie zutreffen, möchte ich Ihnen daher dringend empfehlen, sich zur Aufarbeitung dieser Thematik professionelle therapeutische Hilfe zu suchen. Die nachfolgenden Übungen können Sie dann als zusätzliche Hilfen hinzuziehen.

Ich lasse los ...

- *die Angst davor, mich an das zu erinnern, was hochkommen möchte*
- *die Entscheidung, mich niemals daran erinnern zu wollen*
- *das Versprechen, niemandem etwas davon zu verraten, was ich erlebt habe*
- *die Entscheidung, nichts mehr zu fühlen und zu erstarren*
- *die Angst, dass etwas Schlimmes passiert (dass ich bestraft werde), wenn ich mich erinnere und wenn ich etwas sage*
- *die Angst, verrückt zu werden, wenn ich die Erinnerungen zulasse*
- *die Angst, für verrückt erklärt zu werden, wenn ich sage, was ich empfinde*
- *das Gefühl, verrückt zu sein*

Heilsame Übungen

Sprechen mit dem inneren missbrauchten Kind

In dieser Übung lässt man dem missbrauchten Kind, das auf der damaligen Altersstufe gleichsam »eingefroren« wurde und als innerer seelischer Teil im Unterbewusstsein weiterlebt, die notwendige Unterstützung zukommen, die es zu seiner Heilung braucht. Dabei sprechen Sie als erwachsenes Ich mit dem Kind in Ihnen.

Schließen Sie die Augen. Entspannen Sie sich. Visualisieren Sie Ihre Lichtverbindung zum Höchsten Bewusstsein, und bitten Sie das Höchste Bewusstsein um Hilfe und Unterstützung bei der Übung.

Seien Sie sich Ihres jetzigen Erwachsen-Seins bewusst. Lassen Sie dann gleichzeitig ein Bild hochkommen von dem Kind, das Sie damals waren, also ein Bild von sich im damaligen Alter ...

Gehen Sie dann innerlich als Erwachsener auf das Kind zu, und stellen Sie sich ihm vor. Sie können dem Kind zum Beispiel sagen: »Hallo, ich bin die große (eigener Name) *und komme aus deiner Zukunft ... du brauchst keine Angst mehr zu haben, ich bin jetzt für dich da.«*

Weitere Sätze, die Sie als Erwachsener
dem inneren Kind sagen können:
»Wenn du willst, kannst du mir alles erzählen ... Von mir aus hast du alle
Zeit, die du brauchst. Ich bin jetzt einfach für dich da. Du darfst mir alles
erzählen, ich werde dir zuhören, und du brauchst keine Angst zu haben, dass
ich dich verurteile ... Was immer du erlebt hast, es war nicht deine Schuld,
und es war nicht deine Verantwortung. Du bist ja noch ein Kind. Kinder sind
immer unschuldig. Die Erwachsenen müssen darauf achten, dass sie nicht zu
weit gehen. Es ist nicht deine Verantwortung. Du bist unschuldig. Auch deine
Liebe ist gut und unschuldig ... Du darfst dich abgrenzen. Ich liebe dich, auch
wenn du dich abgrenzt ... Du kannst mir jetzt vertrauen ... Deine Bedürf-
nisse sind mir wichtig. Ich freue mich, wenn du mir deine Bedürfnisse sagst
... Möchtest du, dass ich dich in den Arm nehme?«
   Falls das Kind dies möchte, visualisieren Sie, wie Sie als Erwachsener das
eigene innere Kind in die Arme nehmen und festhalten.

Dem inneren Kind göttlichen Schutz zukommen lassen

Schließen Sie die Augen. Entspannen Sie sich. Visualisieren Sie Ihre
Lichtverbindung zum Höchsten Bewusstsein, und bitten Sie um Hilfe und
Unterstützung bei der Übung. Seien Sie sich Ihres jetzigen Erwachsen-
Seins bewusst. Lassen Sie dann gleichzeitig ein Bild hochkommen von dem
Kind, das Sie damals waren, also ein Bild von sich im damaligen Alter ...
   Konzentrieren Sie sich dann wieder auf Ihre Verbindung zum Höheren
Bewusstsein, und bitten Sie das Höhere Bewusstsein darum, Ihnen innerlich
in irgendeiner schützenden Gestalt – als liebende göttliche Mutter, als
göttlicher Vater, als göttliches Elternpaar oder vielleicht auch als Engel – zu
erscheinen. Nehmen Sie Ihre Vorstellungskraft zur Hilfe, um eine solche
Gestalt zu visualisieren.
   (In den meisten Fällen erscheint hier auf der inneren Ebene entweder
sofort oder nach einiger Zeit ein Bild, das individuell sehr verschieden sein
kann, zum Beispiel das Bild der Mutter Maria oder das einer anderen
freundlichen Frauengestalt, das Bild eines Meisters wie Jesus oder einfach das
Bild von zwei Gestalten aus Licht, die die göttlichen Eltern repräsentieren.)
   Wenn solch ein positives Bild aufgetaucht ist, das Schutz, Sicherheit und
bedingungslos annehmende Liebe der göttlichen Kraft vermittelt, sagen Sie
Ihrem inneren Kind: »Ich sorge jetzt für dich, und die göttlichen Eltern (die
göttliche Mutter usw.) sorgen für uns beide ... es ist für uns beide gesorgt.«

Bringen Sie das Kind dann behutsam – wenn es dazu bereit ist – mit der göttlichen Gestalt zusammen, und stellen Sie sich vor, wie sie das Kind auf den Arm nimmt oder umarmt oder wie das Kind bei der göttlichen Gestalt auf dem Schoß sitzt und sich anlehnt. Nehmen Sie sich genug Zeit, um sich diese innere Szene ausführlich auszumalen.

Heilsame Visualisierungen

Neben der eben beschriebenen Visualisierungsübung fallen Ihnen vielleicht noch weitere spontane Visualisierungen ein, die sich an der Frage orientieren: Was braucht das innere Kind? Zum Beispiel könnten Sie sich ein Reinigungsbad in einem klaren Gewässer an einem geschützten Platz in der Natur ausmalen, bei dem Sie all die unangenehmen Körperempfindungen abwaschen. Oder Sie visualisieren, wie Sie Ihre alten Kleider (sinnbildlich für die Empfindungen, die durch den Missbrauch an Ihnen hafteten) in einer Art heiligem Feuer verbrennen und anschließend neue, wunderschöne Kleider anziehen.

Schließen Sie die Augen. Entspannen Sie sich. Visualisieren Sie Ihre Lichtverbindung zum Höchsten Bewusstsein, und bitten Sie das Höchste Bewusstsein um Hilfe und Unterstützung bei der Übung.

Seien Sie sich Ihres jetzigen Erwachsen-Seins bewusst. Lassen Sie dann gleichzeitig ein Bild hochkommen von dem Kind, das Sie damals waren, also ein Bild von sich im damaligen Alter ...

Fragen Sie das innere Kind, was es braucht ... was Sie für es oder mit ihm zusammen jetzt tun können, damit es ihm gut geht. Folgen Sie dem, was das Kind möchte, und malen Sie es sich möglichst anschaulich aus.

Konzentrieren Sie sich wieder auf Ihre Verbindung zum Höheren Bewusstsein und fragen Sie das Höhere Bewusstsein, was Sie für das innere Kind oder auch für Ihr jetziges Selbst zur Heilung tun können. Folgen Sie den Eingebungen, und lassen Sie sich Zeit, sich das Geschehen ausgiebig auszumalen.

Ich lasse los ...

• *den Glauben, dass ich jemand bin, der es verdient, von anderen für ihre Wünsche benutzt zu werden*

- *allen Ekel über die ganze Situation, über meinen Körper, den anderen Körper*
- *allen Selbstekel*
- *alle Gefühle von Hilflosigkeit, Ohnmacht, ohnmächtiger Wut, Hass usw.*
- *alle Scham- und Schuldgefühle, dass mir das passiert ist*
- *alle Selbstverurteilung, allen Hass auf mich selbst (besonders wichtig, wenn der Missbrauch auch mit körperlichen Lustempfindungen des Kindes verbunden war)*
- *das Gefühl/die Überzeugung, für immer beschmutzt zu sein*
- *das Gefühl, dass ich meiner Liebe nicht mehr vertrauen kann (aus dem Empfinden heraus, dass sie mich in diese Situation gebracht hat)*
- *die Entscheidung, nichts mehr mit meiner Liebe zu tun haben zu wollen*
- *die Suggestion des Erwachsenen, es sei nicht passiert (das Verbot, die Wahrheit zu sehen)*
- *die Entscheidung, meinen Körper hässlich zu machen (zu zerstören, zu verbergen), um kein sexuelles Verlangen bei Männern auszulösen*
- *die Entscheidung, körperlich nichts mehr zu empfinden*
- *die Entscheidung, mich von meinem Körper abzuschneiden*
- *die Entscheidung, meinen Körper zu verlassen*
- *alle innere Erstarrung aus dieser Situation*
- *den Glauben, dass ich mich körperlich und sexuell ausliefern muss, wenn ich geliebt werden will*
- *den Glauben, dass dies (die Selbstauslieferung) der einzige Weg ist, um überhaupt Zuwendung zu bekommen*
- *das Gefühl, dass meine Bedürfnisse (meine Grenzen) nichts wert sind und dass ich sie nicht zeigen darf*

- *Meine Liebe ist gut und in Ordnung.*
- *Mein Körper ist gut und unschuldig.*
- *Die Lustempfindungen meines Körpers sind gut und unschuldig.*
- *Ich sage nein, wenn ich nein sagen will, und ich sage nur dann ja, wenn ich ja sagen will.*
- *Ich entscheide mich frei, wann und wem ich mich körperlich hingebe.*
- *Ich öffne mich dafür, auf unendlich viele nichtsexuelle Weisen Liebe zu empfangen.*
- *Ich öffne mich jetzt für neue Erfahrungen, in denen ich meine Sexualität als schön und erfüllend erlebe.*

Paradies

ist, sich nirgendwo festhalten zu müssen,
nicht an meiner Himmelswolke und mit Geringschätzung auf
die Erde zu schauen
und nicht an meinen Rollen, die ich auf der Erde spiele
und mich darin zu verlieren,
sondern frei zu sein,
das Spiel der Formen und der Dualität mit Liebe zu spielen,
in der Einheit zu ruhen
und in der Vielfalt zu tanzen und mich auszudrücken
und zu wissen:

Ich bin nicht dieser Körper –
und gleichzeitig:
ja, ich liebe diesen Körper, ich fülle ihn ganz aus,
und ich sorge gut für ihn.

Ich bin weder Mann noch Frau –
und gleichzeitig:
ja, ich liebe es, ein Mann zu sein oder eine Frau,
und ich gebe mein Bestes, um diese Rolle ganz und gut zu spielen.

Ich bin still und friedvoll –
und gleichzeitig:
ja, ich fühle den Schmerz aller Männer, die unter Frauen
gelitten haben,
und ich weine die Tränen aller Frauen, die von Männern
verletzt wurden.

Ich bin als Seele reine Bewusstheit, körperlos und jenseits aller
sexuellen Anziehung -
und: ja, ich sehne mich nach der Berührung
meiner geliebten Frau oder meines geliebten Mannes
und danach, im Tanz der sexuellen Freude mit dir zu verschmelzen.

Ich bin.
Ich bin, was ich bin
und was immer ich bin, ist okay.

Das Solarplexuszentrum:
Beziehungen als Kraftquellen erleben

Allgemeines

Auf Höhe des Sonnengeflechts liegt das dritte Energiezentrum, das Solarplexus-Chakra. Es beeinflusst die Bauchspeicheldrüse, die Leber und Gallenblase, die Milz und den Magen. Über das sogenannte Solarplexus-Ganglion, eine dichte Ansammlung vegetativer Nervenzellen, hat es zudem großen Einfluss auf das vegetative Nervensystem.

Das Sonnengeflechtszentrum erfüllt drei Hauptfunktionen. Zum einen dient es als Brücke für den Fluss unserer Körperenergien zwischen Becken- und Herzzentrum. Es beeinflusst somit unsere Fähigkeit, Liebe und Sexualität zugleich und in Harmonie miteinander erfahren zu können. Menschen, die Sexualität und Liebe als voneinander getrennt erleben, nehmen diese Blockade im Körper oft als einen »Ring« um das Sonnengeflecht wahr. Sie fühlen sich zumeist hin- und hergerissen, als hätten sie nur die Wahl, entweder »heilig« oder »sündig« zu sein. Ihre Beziehungen teilen sie oft ein in solche, deren hauptsächlicher oder einziger Zweck im sexuellen Austausch besteht, und in andere, die als nichtsexuell und somit »rein« definiert werden. Da es ihnen nicht möglich ist, ihre Herzensliebe und ihre Sexualität als miteinander verbunden und im Einklang zu erleben, bleibt ihnen oft eine im vollen Sinne erfüllende partnerschaftliche Beziehung versagt. In Releasing-Sitzungen steht daher für diese Menschen die Aufgabe an, all die inneren Prägungen und Einstellungen loszulassen, durch die eine solche innere Spaltung aufrechterhalten wird.

Ich lasse los ...

• *das Muster, entweder nur Liebe oder nur Sexualität auszudrücken, aber niemals beides zusammen*
• *den Glauben, dass Liebe und Sexualität voneinander getrennt sind.*

• *Ich öffne mich dafür, meine Sexualität als eine mögliche Ausdrucksweise meiner Liebe zu (er)leben.*

Da wir uns mit dem Thema »Sexualität« ansonsten ja bereits im vorigen Kapitel ausgiebig beschäftigt haben, brauche ich hier nicht mehr ausführlicher darauf einzugehen.

Die zweite Funktion des Sonnengeflechtszentrums, die zum Teil auch in Verbindung mit dem Herzzentrum steht, ist die Wahrnehmung von Gefühlen und Emotionen. Darüber hinaus empfangen wir im Sonnengeflecht jedoch auch die emotionalen »Schwingungen« von anderen Menschen und von Orten.

Manchmal funktioniert diese Wahrnehmung selbst über große Entfernungen hinweg. Mütter »wissen« zum Beispiel oft sehr genau, wie es ihren weit entfernt wohnenden Kindern geht, auch wenn sie keinerlei äußeren Kontakt miteinander hatten. Mir selbst erging es in den ersten Jahren meiner therapeutischen Arbeit so, dass ich vor manchen Einzelstunden eine gewisse Angst verspürte. Ich wunderte mich dabei über mich selbst, weil ich mich eigentlich in meiner Arbeit sicher fühlte und vor anderen Sitzungen ganz ruhig und gelassen war. Schließlich machte ich eine interessante Beobachtung: Immer dann, wenn sich dieses Angstgefühl eingeschlichen hatte, kamen anschließend Klienten zu mir, die besonders viel Angst vor ihrer Einzelstunde hatten, etwa so, wie viele Menschen vor dem Zahnarzt. Offensichtlich hatte ich bereits im Vorfeld diese Angst gespürt und sie für meine eigene gehalten. Diese Erkenntnis half mir, später in ähnlichen Situationen diese Empfindung als Wahrnehmung eines fremden Gefühls einzuordnen und mich nicht damit zu identifizieren.

Zu solch einer Übernahme fremder Gefühle kommt es natürlich noch viel häufiger unter den Mitgliedern einer Familie, die alle eng miteinander verbunden sind. Es ist daher wichtig für unsere innere

Klarheit, genau hinzuspüren und unterscheiden zu lernen, welche Gefühle wirklich unsere eigenen sind und welche wir von außen aufgenommen haben.

Ist der Zugang zu den eigenen Gefühlen im Allgemeinen oder auch nur in bestimmten Bereichen blockiert, macht sich dies körperlich oft als Druck oder eine Art »Kloß« auf dem Sonnengeflecht bemerkbar, so »als läge ein Stein darauf«, wie es ein Klient von mir einmal formulierte. Auch Magen-, Leber- und Gallenprobleme hängen häufig mit unterdrücktem Ärger, Zorn und Angst zusammen.

Menschen, die nur wenig Zugang zu den eigenen Gefühlen haben, fällt es auch schwer, andere Personen oder Situationen über ihr Gefühl zu erfassen. Zudem wird ihre Wahrnehmung der Außenwelt häufig von Projektionen eigener »Schattenanteile« überlagert. Statt sich zum Beispiel eigene Wut und Aggressionen bewusst zu machen, projizieren sie diese Gefühle nach außen und unterstellen dann ihren Mitmenschen Feindseligkeit. Oder sie fangen an, vermeintlich »verletzte« oder bedürftige Seelen in ihrer Umgebung zu bemitleiden und in unangemessener Weise zu bemuttern, statt sich ihre eigenen Gefühle der Verlassenheit und ihre Bedürftigkeit einzugestehen.

Manchmal kommt es zu Angstzuständen, wenn Schmerz, Wut, Trauer, Lustempfindungen und andere Gefühle im Körper unterdrückt und von der Selbstwahrnehmung ausgeschlossen werden. Die nach oben drängende emotionale Energie staut sich dann im Sonnengeflecht und wird dort als Angst wahrgenommen. Da der Gefühlsstau gleichzeitig auf das Zwerchfell drückt, kommt zu der Angst noch das bedrohliche Gefühl hinzu, keine Luft mehr zu bekommen. Solche Angstzustände lösen sich jedoch auf, wenn man den unterdrückten Gefühlen Raum gibt, so dass sie bewusst wahrgenommen und in irgendeiner Form zum Ausdruck gebracht werden können.

Für Helmut war es während einer Sitzung zum Beispiel heilsam, den Schmerz und die Gefühle der Demütigung an die Oberfläche kommen zu lassen – und sie anschließend zu releasen –, die mit den Erinnerungen an die körperlichen Misshandlungen durch seinen Vater verbunden waren. Bei Sibylle hörten die Angstzustände auf, nachdem die Erinnerungen – und die damit verbundene Wut, jedoch auch körperliche Lust – an einen sexuellen Missbrauch in ihrer frühen Kindheit dem Bewusstsein wieder zugänglich geworden waren.

Wie Sie die Wahrnehmung und Lösung von alten negativen Gefühlen unterstützen können, werde ich im nächsten Kapitel beschreiben.

Die dritte wichtige Aufgabe des Sonnengeflechtszentrums besteht darin, energetische Verbindungen zu anderen Menschen zu schaffen und aufrechtzuerhalten. »Verbindlichkeit« entsteht in einer Beziehung dann, wenn wir uns über das Sonnengeflecht auf andere Menschen einstellen und mit ihnen kommunizieren (zusammenkommen), das heißt, wenn wir Nähe und persönliche Gefühle miteinander teilen. Zwar tauschen wir auch über andere Chakren Energie mit unseren Mitmenschen aus. So kann zum Beispiel bedingungslose Liebe von Herz zu Herz fließen. Ein solcher Austausch von Liebe kann jedoch auch unpersönlich und »unverbindlich« bleiben und schafft allein noch keine dauerhafte Bindung.

Eine langfristige Beziehung braucht daher als tragende Kraft die Energie des Sonnengeflechts, die zusammen mit der sexuellen Energie des Beckenzentrums die größte Bindungskraft hat. Auf der physischen Ebene wird dieser Zusammenhang durch die Nabelschnur sichtbar, die genau zwischen diesen beiden Zentren ihren Ursprung hat.

Die energetischen Verbindungen des zweiten Chakras entwickeln sich hauptsächlich in Beziehungen, in denen auch ein direkter sexueller Kontakt stattgefunden hat. Über das Sonnengeflecht sind wir dagegen unmittelbar mit allen Mitgliedern unserer Sippe verbunden, selbst mit jenen, die wir persönlich niemals kennen gelernt haben. Solche Verbindungen bestehen sowohl zu den Mitgliedern unserer Ursprungsfamilie bis hin zur Generation der Groß- und Urgroßeltern als auch zu früheren und gegenwärtigen Partnern oder Partnerinnen und natürlich zu unseren Kindern.

Es ist daher von großer Bedeutung, dass wir diese Beziehungen so weit heilen, dass sie zu einer Quelle von Kraft für uns werden. Besonders der Klärung unserer Beziehungen zu den Eltern kommt hier eine entscheidende Bedeutung zu. Sie hat maßgeblichen Einfluss darauf, ob wir unser volles persönliches Kraftpotenzial entwickeln können. Denn nur ein Kind, das innerlich mit seinen Eltern im Reinen ist, kann mit sich selbst im Reinen sein. Dies gilt auch – und vielleicht sogar besonders – dann, wenn das Kind erwachsen geworden ist.

Wenn wir unsere Beziehungen zu den Mitgliedern unserer Ursprungs- und unserer Gegenwartsfamilie »in Ordnung bringen«, können wir die Erfahrung machen, uns zugehörig und am richtigen Platz im Leben zu fühlen. Wir werden für diese »Arbeit« außerdem damit belohnt, dass wir innerlich frei werden für langfristige und tragfähige Beziehungen und Zufriedenheit und Erfüllung darin erleben können.

Die Harmonisierung unserer Beziehungen

Was das Thema »Ordnen unserer Beziehungen« betrifft, hat für mich in den letzten Jahren die Arbeit mit Familienaufstellungen eine herausragende Bedeutung gewonnen. Die Form, in der ich mit Familienaufstellungen arbeite, wurde in den achtziger und neunziger Jahren von dem deutschen Therapeuten Bert Hellinger entwickelt. Bemerkenswert an dieser Arbeit ist, dass sie oft schon innerhalb kürzester Zeit dramatische positive Veränderungen im Leben und in den persönlichen Beziehungen bewirkt. Jedenfalls dann, wenn sie unter verantwortungsvoller und kompetenter Leitung praktiziert wird (es gibt inzwischen leider auch eine Vielzahl von weniger empfehlenswerten Umgangsweisen mit dieser Methode).

Am wirksamsten ist eine Familienaufstellung in einer Gruppe von mehreren Personen. Die Mitglieder der eigenen Familie werden dabei von Darstellern vertreten, die man sich aus dem Kreis der Gruppenteilnehmer aussucht. Anschließend führt man die einzelnen Personen, die nun »Vater«, »Mutter«, »älterer Bruder« usw. sind, an »ihren« Platz im Raum bzw. innerhalb des dargestellten Familiensystems. Dabei überlässt sich der Aufstellende ganz dem im Moment des Aufstellens hochkommenden Gefühl, das ihm zeigt, an welchem Platz die einzelnen Sippenmitglieder stehen. Nur von diesem spontanen, zumeist nicht begründbaren Gefühl sollte er sich leiten lassen und nicht etwa von Vorstellungen und rationalen Begründungen.

Sollten Sie sich also gerade überlegt haben, wie Sie die Mitglieder Ihrer Familie aufstellen würden, vergessen Sie diese Vorstellung am besten gleich wieder. Denn das innere Bild unserer familiären Strukturen, das in den Tiefen unserer Seele tatsächlich wirksam ist und möglicherweise der Heilung bedarf, kommt nicht aus dem Kopf, sondern zeigt sich erst *während* des Aufstellens. Wenn jemand ganz gesammelt sein Familienbild aufbaut, kann man förmlich »sehen«, wie es *aus dem Sonnengeflecht* aufsteigt. Wenn dieses Bild dagegen einer Vorstellung entspricht, die der Betreffende vorher schon *im Kopf* hatte, bleiben die eigentlichen Dynamiken, in die wir tatsächlich verstrickt sind, zumeist verborgen und somit auch ungelöst.

Ist die Familienkonstellation erst einmal aufgebaut, lassen die Positionen der einzelnen Angehörigen und die Aussagen ihrer Stellvertreter über ihre Empfindungen an ihrem Platz erkennen, welche familiensystemischen Dynamiken hier wirksam sind. Danach führt der leitende Therapeut die Personen schrittweise an neue Standorte, bis jede an dem Platz ihrer größten Kraft steht. Zusätzlich wird während dieser Lösungssuche – ähnlich dem Releasing – mit heilsamen Sätzen und, wo es hilfreich ist, auch mit anderen Mitteln gearbeitet, zum Beispiel mit Umarmungen oder mit Verneigungen, durch die einzelnen Mitgliedern des Familiensystems Achtung erwiesen wird. Schließlich nimmt der Aufstellende die Endkonstellation als neues heilsames Bild in die eigene Seele auf. Von dort aus entfaltet ein gelungenes und innerlich wirklich angenommenes Lösungsbild oft unmittelbare Wirkungen.

Ich erinnere mich noch gut an Stella, der bewusst geworden war, dass zwei ihrer Tanten, beides Schwestern der Mutter, in der ganzen Familie verachtet wurden. In der Aufstellung verneigte sich Stella vor den Stellvertreterinnen dieser Tanten. Zwei Tage danach standen die beiden wirklichen Tanten, die von Stellas Aufstellungsarbeit nichts wussten, plötzlich vor der Tür, und zwar zum ersten Mal nach fünfzehn Jahren! Es war, als sei plötzlich Frieden eingekehrt, und auch die Beziehung zwischen Stellas Mutter und ihren Schwestern war wie verwandelt.

Vielleicht noch entscheidender als die oft unmittelbaren Veränderungen sind jedoch in vielen Fällen die langfristigen Auswirkungen des Lösungsbildes. Diese entfalten sich oft über mehrere Jahre hinweg. Manchmal werden sie überhaupt erst nach Monaten oder gar nach einem Jahr richtig sichtbar und fühlbar. Ähnlich wie eine Saat, die über längere Zeit unsichtbar im Boden keimt und dann erst an die Oberfläche kommt und dort weiterwächst.

Zu dem »Kraftfeld Familie«, in dem die einzelnen Mitglieder besonders stark miteinander verbunden und zum Teil verstrickt sind, gehören in der Ursprungsfamilie: wir selbst und unsere Geschwister und Halbgeschwister, unsere Eltern, die Geschwister unserer Eltern, unsere Großeltern, manchmal auch die Urgroßeltern, vor allem dann, wenn es besonders schwere Schicksale in dieser Generation gab. Außerdem sind all diejenigen wichtig, die für einen von uns »Platz gemacht haben« und denen wir dadurch unsere Zugehörigkeit zur Familie oder unser Leben verdanken. Dies trifft zum Beispiel auf frühere Partner der Eltern oder Großeltern zu, deren Weggang wir das Zusammensein unserer Eltern und somit unseren Platz im Leben mitverdanken.

Zu unserem so genannten »Gegenwartssystem« gehören unser Mann oder unsere Frau, unsere Kinder, manchmal auch die eine oder andere wichtige Person aus den Ursprungsfamilien beider Partner. Letzteres gilt vor allem dann, wenn diese Menschen einen besonderen Einfluss auf das gegenwärtige Beziehungssystem ausüben. Des Weiteren gehören dazu alle, die Platz gemacht haben, also in erster Linie frühere Partner oder Partnerinnen und auch Kinder, die aus diesen Beziehungen hervorgegangen sind.

Wie gesagt umspannen diese Personenkreise also Kraftfelder, in denen alle auf schicksalhafte Weise miteinander verbunden sind. So laufen Verstrickungen unter Sippenmitgliedern unabhängig davon ab, ob sie uns bewusst sind oder nicht und ob sie von uns anerkannt oder geleugnet werden. Dabei spielt es auch keine Rolle, ob wir jeden der Beteiligten persönlich kennen gelernt oder überhaupt von seiner Existenz gewusst haben. Es ist wie bei adoptierten oder auch untergeschobenen Kindern, deren wahrer Vater ein anderer ist als der offizielle: In der Tiefe ihrer Seele wissen sie immer, dass sie einer anderen Familie oder einem anderen Vater zugehörig sind. Dieses Wissen ist auch dann vorhanden, wenn ihnen die Wahrheit niemals gesagt wurde und sie sich selbst diesen Verdacht niemals eingestehen oder gar aussprechen würden, um die Zuwendung durch ihren Versorger nicht aufs Spiel zu setzen.

Es zeigt sich immer wieder, dass wir diese Art von unmittelbarem, normalerweise jedoch unbewusstem Wissen über unsere gesamte Sippe in der Seele tragen, zumindest über die erwähnten Personenkreise. Durch das Aufstellen eines Familiensystems teilt sich dieses Wissen oft auf überraschende Weise auch den Stellvertretern der Familienangehörigen mit. Als Beatrice zum Beispiel ihr Ursprungssystem aufgestellt hatte, fragte ich den Stellvertreter ihres Großvaters, wie er sich fühle. Daraufhin fasste dieser sich an den Hals und rang nach Worten, brachte jedoch nichts heraus. Nach einiger Zeit stieß er schließlich hervor: »Ich kann nicht, ich kann nichts sagen, ich bin stumm.« Als Beatrice dies hörte, rang sie um Fassung und meinte: »Das gibt's ja nicht, der ist tatsächlich durch eine Krankheit stumm geworden.« Solche erstaunten Ausrufe und solch fassungsloses Staunen erlebe ich bei Familienaufstellungen immer wieder.

Ein Familiensystem in einer Gruppe mit mehreren Teilnehmern aufzustellen ist die weitaus gründlichste und wirksamste Art, um systemische Verstrickungen zu erkennen und zu lösen. Einen Teil meiner Seminare widme ich daher ausschließlich der Arbeit mit Familienaufstellungen. Gleichwohl lassen sich doch auch viele Elemente dieser Methode in die Einzelarbeit übertragen. Sie können zum Beispiel die betreffenden Familienmitglieder, mit denen Sie vielleicht auf unheilvolle Weise verstrickt sind, visualisieren und zu ihnen sprechen, als seien sie jetzt wirklich gegenwärtig. Wenn man »wirklich« definiert als das, was »wirkt«, so *sind* sie auch tatsächlich anwesend. Ebenso können Sie Umarmungen, Verneigungen usw. da, wo es angebracht ist, im inneren Bild vollziehen.

Um Ihnen einige Hinweise zu geben, ob und – wenn ja – mit welchen Verstrickungen Sie es möglicherweise selbst zu tun haben, werde ich nun die sieben wesentlichen Verstrickungsprozesse innerhalb von Familiensystemen schildern. Vielleicht entdecken Sie dabei Ähnlichkeiten mit Abläufen in Ihrer eigenen Familie. Dann können Sie die in den Beispielen vorgeschlagenen Lösungen als Anregungen für Ihre eigene innere Arbeit verwenden.

Familiäre Verstrickungen und ihre Lösungen

1. Nachahmung

Der Prozess der Nachahmung gründet in dem inneren Gefühl, wir dürften nicht anders sein und handeln als die, zu denen wir gehören, an erster Stelle die Eltern. Im Volksmund ist die Auswirkung dieses Gefühls auch als »Königstreue« bekannt. So weiß sich der Sohn eines Diebs in seiner Kinderseele richtig und gut, wenn er selbst ein Dieb wird. Ein Kind armer Eltern hat ein reines Gewissen, wenn es später selbst arm bleibt. Und wenn für die Eltern im Leben nur die Arbeit zählte, gönnt sich auch das Kind – wenn überhaupt – nur mit schlechtem Gewissen einmal eine Pause oder etwas Vergnügen.

Petra wollte sich, ohne es selbst richtig verstehen und begründen zu können, mit zweiunddreißig Jahren von ihrem Mann scheiden lassen, mit dem sie bis dahin eine recht zufriedene Ehe geführt hatte. Wie sich herausstellte, hatte ihre Mutter im selben Alter ihren ersten Mann durch einen Unfall verloren.

Annette hatte bereits den Vater ihres ersten Kindes durch ihr verächtliches Verhalten ihm gegenüber verloren und war dabei, auch die Liebe des Vaters ihres zweiten Kindes zu verspielen. Ihr wurde durch die Familienaufstellung bewusst, dass sie es machte wie ihre Mutter, die stets schlecht über Annettes Vater und über Männer im Allgemeinen gesprochen hatte.

Die Treue, die sich in dem nachahmenden Verhalten ausdrückt, hat ihre Ursache in dem besonders für Kinder existenziellen Bedürfnis nach Zugehörigkeit. In diesem Sinn versteht das Kind unter Liebe »so werden und sein wie die, die ich liebe«. Beides zusammen, die kindliche Liebe und das Bedürfnis nach Zugehörigkeit, hat oft sogar mehr Macht als der Wunsch zu überleben. So sind Kinder aus Treue zu den Eltern häufig auch dazu bereit, sich selbst zu schaden oder auf das eigene Leben zu verzichten.

Lösungsmöglichkeiten

Die Auflösung von abträglichen Nachahmungsmustern kann dann gelingen, wenn wir die kindliche Liebe im Blick haben, durch die das Muster in der Tiefe genährt und – auch gegen die bewusste Absicht – aufrechterhalten wird. Häufig muss zunächst diese Liebe ans Licht gebracht werden. Dann erst können wir sie mit der besseren Einsicht verbinden, die zur Heilung führt und uns ermutigt, in Zukunft erfüllendere und konstruktivere Verhaltensweisen zu entwickeln.

Sollten Sie schädliche Nachahmungsmuster bei sich entdecken, so können Sie Kontakt zu dieser Kindesliebe in sich selbst aufnehmen.

Dazu schauen Sie der nachgeahmten Person, also etwa Ihrer Mutter, in die Augen und sagen ihr Sätze, in denen das Nachahmungsmuster zum Ausdruck kommt. Ein solcher Satz könnte zum Beispiel lauten:

Für Petra (zu ihrer Mutter):
»Liebe Mama, ich bleibe dir treu. Auch ich verliere meinen Mann.«

Für Annette (zu ihrer Mutter):
»Liebe Mutti, ich mache es wie du. Auch ich achte die Männer nicht.«

Vielleicht wehren Sie sich dagegen, solche Sätze auszusprechen. Das ist verständlich, denn gerade das angesprochene Muster wollen Sie ja schließlich hinter sich lassen. Solange Sie jedoch nicht mit ihrer eigenen kindlichen Liebe in Kontakt sind, durch die das alte Verhalten motiviert war, hilft ein trotziges »Ich mache es jetzt anders« nur wenig. Im Gegenteil: Die innere Liebe zur nachgeahmten Person wird dann umso mehr am bisherigen Verhalten festhalten. Erst wenn Sie einen solchen Satz *mit Liebe* sagen können, wird es möglich, die gleiche Liebe, die bisher an das destruktive Muster gebunden war, mit der besseren – nämlich erwachsenen – Einsicht zu verbinden. Dann können Sie zu anderen Sätzen übergehen, mit denen Sie Ihre Liebe auf eine Weise ausdrücken, die positive Folgen hat. Lösungssätze könnten dann zum Beispiel sein:

Für Petra (zu ihrer Mutter):
»Liebe Mama, ich achte dein Leben, und ich achte dein Schicksal mit deinem ersten Mann. Ich lasse das jetzt bei dir. Bitte schau mich freundlich an, wenn ich meinen Mann behalte.«

Für Annette (zu ihrer Mutter):
»Liebe Mutti, ich achte dich als meine Mutter, und ich achte den Vati als meinen Vater. Und ich mute dir zu, dass mir das, was von ihm kommt, genauso viel wert ist wie das, was von dir kommt.«

(Zu ihrem Vater): »Ich achte dich als meinen Vater. Ich bin gern dein Kind.«

(Zu ihrem Mann): »Es tut mir leid. Ich achte dich jetzt als meinen Mann.«

Ich lasse los ...

- *den Glauben, dass eine erwachsene Frau (ein erwachsener Mann) zu sein bedeutet, ... (zum Beispiel es immer nur schwer zu haben; immer nur überanstrengt und gestresst zu sein)*
- *das Gefühl, dass ich es so schwer haben muss wie meine Mutter (mein Vater)*
- *die Entscheidung, deshalb nie eine erwachsene Frau (ein erwachsener Mann) werden zu wollen*

2. Identifizierung und Stellvertretung

Identifizierung und Stellvertretung kann man in Systemen beobachten, in denen ein Mitglied ausgeschlossen, totgeschwiegen, vergessen, verachtet oder nicht gern erwähnt wird. Die Folge im System ist immer, dass diese »fehlende« Person von einem später geborenen Systemmitglied unbewusst repräsentiert wird. Dieser »Stellvertreter« übernimmt dann oft die Gefühle des Ausgeschlossenen und ahmt ihn, ohne es zu wissen, nach.

Stefan war Ende 30 und sehnte sich danach, zur Ruhe zu kommen und endlich eine Familie zu gründen. Er konnte sich jedoch nicht endgültig dazu durchringen, seine Partnerin zu heiraten, obwohl er sie sehr liebte und beide eigentlich Kinder haben wollten. Immer wieder fühlte er sich jedoch zu einem »lockeren Leben« und damit auch zu anderen Frauen hingezogen. Schon in zwei früheren Beziehungen hatte er kurz vor der Heirat gestanden. Jedes Mal hatte er jedoch genau zu diesem Zeitpunkt eine Affäre mit einer anderen Frau begonnen, worauf sich seine jeweilige Verlobte von ihm getrennt hatte.

In der Familienaufstellung wurde deutlich, dass offenbar eine wichtige Person im System fehlte. Bei näherem Nachfragen stellte sich heraus, dass über den Vater seiner Mutter, den er nie kennen gelernt hatte, nicht gesprochen werden durfte. Dieser hatte nämlich neben der Großmutter auch andere Frauen gehabt, worauf sie sich von ihm scheiden ließ. Von ihren Kindern verlangte die Großmutter, dass sie ihren Vater nie mehr erwähnten. Stefans Mutter hatte sich stets an dieses Gebot gehalten.

Als in der Familienaufstellung schließlich ein Stellvertreter für diesen

Großvater seinen Platz einnahm, leuchtete Stefans Gesicht auf, und es wurde deutlich, wie innig er sich diesem Großvater verbunden fühlte. Unbewusst hatte er ihn durch seinen Hang zum »lockeren Leben« immer nachgeahmt und auf diese Weise im Familiensystem vertreten.

Alexander und Heidrun, deren vierjährige Tochter unter chronischer Unruhe und Neurodermitis litt, stellten in einem Seminar ihr Gegenwartssystem auf. Dabei wurde deutlich, dass die Tochter mit einer früheren Frau von Alexander verstrickt war, von der er sich auf wenig achtungsvolle Weise getrennt hatte. Diese Frau wurde in der Aufstellung gewürdigt und konnte danach der neuen Verbindung und dem Kind ihres früheren Mannes ihren Segen geben. Im Anschluss an diese Aufstellung verschwand die Neurodermitis des Kindes und ist bis heute, einige Jahre später, nicht wieder aufgetaucht.

Diese unbewusste und daher umso machtvollere Art der Identifizierung ist nicht zu verwechseln mit der bewussten Identifizierung mit einem Vorbild. Wie das Wort schon sagt, hat man ein solches Vorbild *vor* sich. Bei der hier beschriebenen Art der stellvertretenden Identifizierung *ist* man jedoch gewissermaßen die andere Person. Ein auf diese Weise verstrickter Mensch läuft förmlich in fremden Schuhen, die noch dazu von einem Sippenmitglied stammen, das er möglicherweise niemals kennen gelernt hat. Solchermaßen verstrickte Menschen haben oft auch das Empfinden, eigentlich gar nicht zu wissen, wer sie sind. Sie fühlen sich häufig dazu getrieben, Dinge in ihrem Leben zu tun, von denen sie das Gefühl haben: »Eigentlich bin ich das gar nicht.«

Eine solche Dynamik, bei der ein ausgeschlossenes oder vergessenes Systemmitglied durch ein später dazugekommenes vertreten wird, wirkt wie ein Ausgleichsversuch des Familiensystems. Die ausgeschlossene Person soll wieder ins Familiensystem zurückgeholt bzw. am Leben erhalten werden, indem ein anderer sie durch sein Leben und durch seine Gefühle darstellt. Solche »Stellvertretungsprozesse« scheinen durch den Ausschluss oder die Missachtung eines Systemmitglieds zwangsläufig ausgelöst zu werden. Daran wird deutlich, dass alle Mitglieder derselben Familie in eine Art Familien- oder Sippengewissen eingebunden sind und davon sozusagen »mitgesteuert« werden. Im Gegensatz zu unserem persönlichen Gewissen wird das Sippengewissen jedoch nicht *gefühlt* und bleibt dem Einzelnen daher unbewusst. Erkennbar wird es normalerweise nur durch seine Auswirkungen auf einzelne Systemmitglieder. Zum Beispiel eben dadurch, dass es einem später dazugekommenen »auferlegt«, ein ausgeschlossenes früheres Mitglied stellvertretend darzustellen.

Das Sippengewissen wacht unter anderem über die Einhaltung eines Ordnungsprinzips, das Bert Hellinger als das »Gesetz der vollen Zahl« bezeichnet hat. Das bedeutet, dass alle Mitglieder auch wirklich dazugehören und ihren geachteten Platz haben müssen. Es ist zum Beispiel wichtig, dass Halbgeschwister oder auch tot geborene Kinder dazugezählt werden und ihren vollen Platz im Herzen der Familie bekommen. Andernfalls macht sich dies neben der Notwendigkeit zur Stellvertretung für einen Einzelnen auch als innere Unruhe bei anderen Mitgliedern des Systems bemerkbar: Uns ist, als fehle uns etwas, nach dem wir ständig auf der Suche sind.

So entpuppt sich der innere Drang mancher Menschen, in ferne Länder zu reisen, in seinem eigentlichen Kern häufig als Suche nach einem ausgeklammerten Familienmitglied. Auch wer ständig neue Partnerschaften eingeht, sucht oft – ohne es zu wissen – in der Tiefe seiner Seele nur nach einem Ausgeschlossenen. Sind aber alle, die dazugehören, im Blick (wenigstens innerlich) und geachtet, kommen wir endlich zur Ruhe und haben das Gefühl, vollständig zu sein.

Lösungsmöglichkeiten

Zeigt es sich, dass man unbewusst mit einem anderen Sippenmitglied identifiziert war, ist es wesentlich, dass man die bisher ausgeschlossene Person anschaut, um sie als *Gegenüber*, also als Nicht-Ich erkennen und würdigen zu können. Zusätzlich kann man die Auflösung der Identifizierung durch geeignete Sätze wie zum Beispiel die folgenden oder auch durch eine achtungsvolle Verneigung unterstützen.

Für Stefan (zum Großvater):
»Lieber Opa, du bist mein richtiger Großvater. In meinem Herzen hast du einen ehrenvollen Platz als mein Großvater.«

Für Alexander (zu seiner früheren Frau):
»Es tut mir leid; ich habe dir unrecht getan. Wenn du mir noch böse bist, nehme ich es für eine Weile. Ich achte dich als meine erste Frau, und ich achte, was ich mit dir geteilt habe.«

*Stellvertreterin der vierjährigen Tochter von Alexander
(zur früheren Frau ihres Vaters, mit der sie identifiziert war):*
»Bitte sei freundlich, wenn ich meinen Vater und meine Mutter nehme, wie sie mir geschenkt sind. Ich bin nur das Kind. Ich nehme es jetzt, dass du Platz gemacht hast. Ansonsten habe ich mit dir nichts zu tun.«

(Zu ihrem Vater): »Mit der Frau, die du vor Mama geliebt hast, habe ich nichts zu tun. Für mich ist die Mama die richtige.«

3. Nachfolge in den Tod

Eine weitere Verstrickung in Familien entspringt dem Wunsch, einem geliebten Menschen in den Tod zu folgen. Besonders Kinder, die schon früh ihre Mutter und/oder ihren Vater verlieren, sagen häufig im Inneren zu dem Verstorbenen: »Ich komme auch« oder »Ich komme zu dir«. Auch wenn ein Kind tot geboren wird oder früh stirbt, will eines der lebenden Geschwister ihm oft nachfolgen. Überlebende Partner zieht es ebenfalls häufig zu ihrer verstorbenen Frau bzw. zu ihrem Mann. Ein solcher innerer Wunsch zu sterben äußert sich oft in Krankheiten, in Selbstmordgedanken, bei manchen Menschen jedoch auch in einer vordergründig nicht erklärbaren Häufung von Unfällen.

Für Partnerschaften ist es ebenfalls eine Belastung, wenn einer der Partner einen Elternteil früh verloren hat und unbewusst noch immer den Wunsch in sich trägt, diesem Elternteil in den Tod zu folgen. Ein solcher Mann bzw. eine solche Frau ist für den anderen oft nicht wirklich als erwachsener Partner verfügbar, selbst wenn es rein äußerlich so wirkt. Nicht selten versucht der andere dann in außerehelichen Beziehungen die Erfüllung zu finden, die ihm in der eigentlichen Paarbeziehung versagt bleibt.

Der Wunsch zu sterben, um so die Grenze zu überwinden, die durch den Tod gesetzt wurde, ist oft auch ein Versuch, sich dem heftigen ohnmächtigen Schmerz zu entziehen, der mit jeder Trennung von einem geliebten Menschen verbunden ist. Vor allem für Kinder ist dieser Schmerz normalerweise zu groß, als dass sie sich ihm voll und ganz stellen könnten. Er wird jedoch auch von vielen Erwachsenen gescheut, die zu wenig inneren Halt oder nie gelernt haben, mit intensiven Gefühlen umzugehen.

Diesen tiefen ohnmächtigen Schmerz zuzulassen, der etwas völlig anderes ist als oberflächliches Selbstmitleid, wäre bzw. ist bei einem Verlust jedoch das Heilsamste. Damit schaut man gleichzeitig sowohl dem Menschen, den man verloren hat, als auch der Trennung von ihm mit Liebe ins Auge. So kann der Schmerz verbindend und lösend zugleich wirken. Dieser Schmerz ist in der Regel zwar äußerst heftig und intensiv. Er hilft jedoch auch, die Trennung zu *verschmerzen*. Im Gegensatz zu jener langwierigen Art von Trauer, die an Schuldgefühlen oder Selbstmitleid festhält und den Toten nicht loslassen kann, ist dieser primäre Schmerz von vergleichsweise kurzer Dauer. Vor allem aber wandelt er sich nach einiger Zeit in neue Kraft, die uns zurück ins Leben führt.

Lösungsmöglichkeiten

Die Lösung von der Nachfolge in den Tod beginnt also damit, in der Aufstellung oder im inneren Bild dem Verstorbenen in die Augen zu schauen. Oft genügt dies schon, um den heilsamen Schmerz an die Oberfläche kommen zu lassen – und mit ihm die Liebe zum Verstorbenen. Gelingt es jedoch nicht, bleibt die Liebe in den Tiefen der Seele an den Satz »Ich folge dir nach« gebunden. Ähnlich wie bei der Lösung von kindlicher Nachahmung ist es dann hilfreich, Sätze auszusprechen, durch die das Nachfolgemuster und die mit ihm verbundene Liebe ans Licht kommen. Wenn Sie sich von diesem Thema betroffen fühlen, können Sie dem Toten zum Beispiel sagen: »Ich komme auch« oder »Ich komme zu dir«.

Sätze wie diese auszusprechen bewirkt zweierlei. Zum einen können Sie – wie schon gesagt – auf diese Weise Ihre Liebe zu dem Toten erneut fühlen. So wird es Ihnen möglich, diese Liebe anschließend mit einer konstruktiven, lebensbejahenden Entscheidung zu verbinden. Zum anderen kann es so zu einer heilsamen »Ent-Täuschung« kommen: Die Vorstellung, der Verstorbene würde sich freuen, wenn Sie ihm vor Ihrer Zeit nachkommen, entpuppt sich als Illusion.

*Eine Frau, die es lange aus dem Leben gezogen hatte, erzählte, sie habe
einen Traum gehabt. Darin fand sie sich auf einer wunderschönen Blumen-
wiese wieder. Alles war friedlich hier, und so wunderschöne Farben hatte sie
noch nie gesehen. Da kam ihr von weitem eine leuchtende Gestalt entgegen.
Schließlich erkannte sie voller Freude ihren früh verstorbenen Vater. Als er
ihr ganz nah war und sie ansah, wich sein anfängliches Lächeln einem
tiefen Ernst. Er sagte nur: »Was willst du denn schon hier? Es ist noch nicht
deine Zeit.« Da wachte sie auf und begann zu leben.*

Die gleiche Reaktion, wie sie der Vater dieser Frau im Traum zeigte,
kann man bei den Stellvertretern der Toten in einer Familienaufstellung immer wieder beobachten. Sie zeigt sich auch in der Einzelarbeit, wenn ein Verstorbener in der inneren Visualisierung wirklich in
den Blick gekommen ist. Den Toten geht es also offenbar schlecht,
wenn ihr eigenes Schicksal schlimme Folgen für die Lebenden hat,
indem diese vor ihrer Zeit ebenfalls sterben wollen und ihnen durch
Unfälle, Krankheiten oder Selbstmord nachfolgen.

Wenn die Toten dagegen sehen, dass es bei den Lebenden *gut*
weitergeht, sind sie entlastet. Dann sind sie freundlich und geben mit
viel Liebe den Lebenden ihren Segen für ihr Leben *auf der Erde*. Und
erst wenn die Hinterbliebenen diesen Segen erkannt und genommen
haben, sind die Toten in *ihrer* Liebe zu den Lebenden wirklich
gesehen. So ist es also nicht nur befriedigend für die Dagebliebenen,
sondern auch für die Toten, wenn die Lebenden sich entscheiden, ihr
Leben auf Erden mit all seinen Möglichkeiten zu erfüllen. Beispiele
für Lösungssätze (die einzelnen Sätze werden langsam und mit Pausen gesprochen) wären hier:

*Melina wollte ihrem früh verstorbenen Vater nachfolgen. Sie sagt ihm:
»Lieber Papa, du hast mir sehr gefehlt. Auch wenn du schon gestorben bist,
du bleibst immer mein Vater, und du hast immer deinen guten Platz in
meinem Herzen. In mir lebst du noch. Ich bleibe jetzt hier und mache das
Beste aus dem, was du und Mutti mir geschenkt habt. Bitte sei mir eine gute
Kraft für mein Leben. Jetzt lasse ich dich in Frieden.«*

*Marcel zu seinem Bruder, dem Erstgeborenen, der im Alter von zwei
Jahren ertrank:
»Lieber Bruder, du bist schon tot, und ich lebe. Du bist der Erste, und ich bin*

der Zweite. Ich achte dein Schicksal und deinen Tod, und ich nehme mein Leben und mein Schicksal, wie es mir geschenkt ist. Bitte segne mich, wenn ich hier bleibe. Wenn du willst, lasse ich dich gern eine Zeit lang teilhaben an meinem Glück. Ich erfülle mein Leben ganz. Danach komme ich dahin, wo du jetzt bist.«

Regina wollte ihrem Mann hinterhergehen, der Selbstmord begangen hatte. Nun sagt sie ihm:
»Lieber Gerhard, dein Tod schmerzt mich, und auch die Art deines Todes schmerzt mich. Ich habe dich sehr geliebt. Ich achte deinen Tod, und ich achte deine Entscheidung. Ich bleibe hier, solange es mir geschenkt ist. Im Andenken an dich sorge ich gut für unsere Kinder. In ihnen bist du noch da. Und jetzt lasse ich dich ziehen.«

4. Sühne für Schuld

Eine der Empfindungen in menschlichen Beziehungen, die für uns oftmals am schwersten anzuschauen sind, ist eigene Schuld. Das Anerkennen der Tatsache »Ich schulde dir etwas« bzw. »Ich bin dir etwas schuldig geblieben« fällt umso schwerer, wenn wir das, was wir einem anderen genommen oder abverlangt haben, in der persönlichen Beziehung nicht mehr ausgleichen können. Am extremsten ist und bleibt ein solches Schuldgefälle immer da, wo unser Handeln einen Menschen das Leben gekostet hat, selbst wenn keine böse Absicht vorlag wie zum Beispiel bei einem Verkehrsunfall. Statt die eigene Schuld anzuerkennen, leugnen sie viele Menschen daher vor sich selbst und anderen.

Schuld, die wir verleugnen und ins Exil des Unterbewusstseins abschieben, wandelt sich jedoch in eine destruktive Kraft. In aller Regel führt sie dazu, dass wir unbewusst bestrebt sind, sie auf die eine oder andere Weise zu sühnen. Sühnen heißt jedoch, das, was wir einem anderen an Schlimmem oder Schwerem zugemutet haben, durch Schweres oder Schlimmes im eigenen Leben ausgleichen zu wollen, zum Beispiel indem wir krank werden, uns das Leben nehmen oder uns auf andere Weise selbst bestrafen.

Dorothee ließ sich von ihrem Mann, einem Araber, auf alle möglichen

Weisen ausnutzen. Sie hatte ihm durch ihre Heirat das Bleiberecht in Deutschland ermöglicht. Darüber hinaus kam sie allein für den Unterhalt von beiden auf und erledigte dazu noch den größten Teil des Haushalts selbst, während er im Wesentlichen mit Nichtstun »beschäftigt« war. Bei der Aufstellung ihres Gegenwartssystems zeigte sich zunächst, dass es Dorothee stark aus dem Leben zog, was sie auch bestätigte. Dabei wirkte sie, als habe sie ein Todesurteil gegenüber sich selbst gefällt.

Auf weiteres Nachfragen hin erzählte Dorothee dann, sie habe in Beziehungen mit früheren Partnern drei Abtreibungen gehabt. An der Art, wie sie das erzählte, wurde deutlich, dass es ihr völlig an Achtung vor den Vätern der abgetriebenen Kinder fehlte. Viel schwerer noch wog aber, dass sie es nicht fertig brachte, die drei abgetriebenen Kinder anzuschauen (in diesem Fall deren Stellvertreter in der Aufstellung). Statt diese Kinder und damit den Preis, den sie ihnen abverlangt hatte, anzuschauen und anzuerkennen, bezahlte sie lieber, indem sie in ihrer gegenwärtigen Lebenssituation litt und sich heimlich umbringen wollte.

Ähnliche Sühnemuster kann man auch beobachten, wenn jemand schicksalhafte bzw. bloß vorgestellte Schuld trägt:

Dirk verspielte immer wieder das Geld, das er verdiente, oder warf es auf verschiedene Arten förmlich zum Fenster heraus, zum Beispiel durch Geschäfte mit dubiosen Geldanlegern oder indem er Geld an Personen verlieh, die nur wenig vertrauenswürdig waren. So lebte er trotz einer gut bezahlten Anstellung meistens am Rande des Existenzminimums. Er erzählte dann, seine Mutter sei bei seiner Geburt gestorben. Beim Erzählen war es unübersehbar, dass Dirk sich schuldig fühlte zu leben, da seine Existenz seine Mutter das Leben gekostet hatte. Sein Ausgleichsversuch bestand nun darin, selbst »so gut wie gar nicht« zu leben, indem er die Fülle, die ihm (nicht nur auf der materiellen Ebene) möglich gewesen wäre, verwarf bzw. gar nicht erst annahm.

Betrachtet man diese Dynamiken genauer, kann man erkennen, wie beziehungsfeindlich das Bedürfnis zu sühnen ist. Sühnen ist uns nur so lange möglich, wie wir es vermeiden, den Menschen, dem Schweres oder Schlimmes abverlangt wurde, anzuschauen. Sühnen ist daher immer auch eine billige Lösung. Wenn jedoch zum Beispiel der Sohn seiner Mutter in die Augen schaut, kann er ihr nicht mehr sagen: »Auch ich versage mir mein Leben.« Ein solcher Satz ist schlimm für die Mutter, denn der Preis, den sie für das Leben des Sohnes bezahlt hat, war dann nicht nur umsonst, sondern zu ihrem Schweren kommt damit sogar noch weiteres Schweres hinzu.

Auch abgetriebenen Kindern kann die Mutter oder der Vater nicht wirklich ins Gesicht sagen: »Auch mein Leben werfe ich weg.« Denn dann kommt zu der Tatsache, dass die Kinder die Entscheidung der Eltern ja schon mit ihrer Lebenschance bezahlt haben, noch etwas Schlimmes hinzu. Ein solcher Satz ist also nur möglich, solange wir der Person, der wir etwas schulden oder abverlangt haben, ausweichen.

Lösungsmöglichkeiten

Eine gute Lösung für Schuld, egal, ob wir sie persönlich zu verantworten haben oder ob es um eine schicksalhafte oder nur vorgestellte Schuld geht, setzt also voraus, dass wir denjenigen, dem wir etwas abverlangt haben, wirklich als Gegenüber in den Blick bekommen. Das heißt, dass wir den anderen nicht nur mit unseren physischen Augen anschauen, sondern vor allem auch mit den »Augen des Herzens«. Dieses »In-den-Blick-Bekommen« beinhaltet aber auch, dass wir uns von dem anderen anschauen lassen. Ob dies tatsächlich gelingt, kann man zum Beispiel den Eltern eines abgetriebenen Kindes an dem tiefen Schmerz ansehen, der sich dann in ihrem Herzen löst. Dieser Schmerz kommt (immer!) hervor, wenn Kind und Eltern sich »wirklich« sehen, und berührt jeden, der ihn miterlebt. Er bewegt uns auf völlig andere Weise als zum Beispiel bloße Tränen des Selbstmitleids, die nur eine andere Form des Ausweichens vor dem Eigentlichen sind. Ein echter, tief gefühlter Schmerz beinhaltet immer schon das Anerkennen der eigenen Schuld und damit den zweiten Schritt zu einer guten Lösung.

Um Missverständnissen vorzubeugen: Es geht hier nicht um die Wiederbelebung der alten Traditionen öffentlicher Selbstbezichtigung im Sinne von »mea culpa«. Ebenso wenig handelt es sich um die Beurteilung von Schuld im moralischen Sinne. Vielmehr ist hier die Rede von *systemischer Schuld*.

Die Beobachtung menschlicher Systeme zeigt, dass es in der Seele ein tiefes Bedürfnis nach Ausgleich von Gewinn und Verlust gibt.

Das heißt: Wo immer wir von anderen etwas genommen haben, fühlen wir den inneren Drang, das entstandene Gefälle zwischen Geben und Nehmen auszugleichen. Systemische Schuld entsteht also dann, wenn wir mehr genommen als gegeben haben. Je größer das Gefälle zwischen Geben auf der einen und Nehmen oder manchmal auch Abverlangen auf der anderen Seite wird, desto stärker empfinden wir Schuld. Diese Art von Schuldempfinden ist gewissermaßen wie ein »Sinnesorgan«, das uns eine Orientierung im Hinblick auf unser Handeln in Beziehungen ermöglicht. Schuld anzuerkennen heißt dann so viel wie festzustellen: »Ja, es stimmt, ich habe viel von dir genommen« oder »Ja, ich habe dir viel abverlangt. Ich sehe, dass es dich viel gekostet hat. Und ich erkenne an, dass es an mir ist zu handeln.«

Der dritte Schritt für einem heilsamen Umgang mit Schuld liegt darin, zu den *Folgen* der Schuld zu stehen. Das bedeutet einmal, dass wir diese Folgen akzeptieren, sofern sie – auch in ihren unangenehmen Auswirkungen für uns selbst – unabänderlich sind. Sofern sie noch beeinflussbar oder wandelbar sind, beinhaltet das *gute* Stehen zur eigenen Schuld unser Bemühen, aus dieser Schuld und der aus ihr gewonnenen Einsicht eine gute Kraft entstehen zu lassen.

Für ein Paar, das ohne wirkliche Not ein Kind abgetrieben hat, könnte das beispielsweise bedeuten, dass es umso mehr Zuwendung und Liebe zu anderen Kindern, eigenen oder fremden, fließen lässt. Oder es kann sich im Bewusstsein des abgetriebenen Kindes anderen lebensfördernden Dingen zuwenden. Symbolisch ausgedrückt: Man pflanzt zum Beispiel einen Apfelbaum im Garten eines Kindergartens. Wenn so aus einer Schuld eine gute Kraft entsteht, wirkt dies versöhnlich auf alle. Diejenigen, denen etwas abverlangt wurde, sind dann gewürdigt, und der Preis, den sie bezahlt haben, ist nicht umsonst gewesen. Beispiele für unterstützende Sätze in einem solchen Lösungsprozess wären:

Für Dorothee (zu jedem einzelnen der abgetriebenen Kinder):
»Es tut mir leid … ich bleibe es dir schuldig. Ich gebe dir jetzt einen Platz in meinem Herzen als mein Kind. Ich stehe zu meiner Schuld, und ich trage die Folgen. Und so, wie es noch möglich ist, soll eine gute Kraft daraus kommen.«

Für Dirk (zu seiner Mutter, die bei seiner Geburt starb):
»Liebe Mama, ich achte dich als meine Mutter. Du bist tot, und ich lebe.
Der Preis, den du bezahlt hast, soll nicht umsonst gewesen sein. Ich nehme
mein Leben ganz, und ich nehme die Fülle, die mir geschenkt ist. Dir zur
Ehre mache ich etwas draus. Es soll gut weitergehen.«

Eigene Schuld anzuerkennen und die innere Verpflichtung einzugehen, unbewusste Sühne und Selbstbestrafung durch eine höhere
Form von Ausgleich zu ersetzen, die zu einem möglichst guten und
konstruktiven Tun führt, ist ein wichtiger Schritt in der Entwicklung
unserer Seele zu höherem Bewusstsein. Durch diesen Schritt wandeln wir uns von bloßen »Opfern« zu bewussten Gestaltern unseres
Karmas. »Karma« bedeutet im Grunde nur, dass eines Tages die
Energie all unserer Gedanken und Taten auf uns selbst zurückfällt
und einwirkt.

Für viele Menschen ist es ein erschreckender Gedanke, all das
»ausbaden« zu müssen, was sie anderen in der Vergangenheit und
möglicherweise bereits in früheren Leben angetan haben. Nach meinem Erleben und nach dem, was meine innere Führung mich gelehrt
hat, ist das Karmagesetz jedoch kein kaltes, unbarmherziges und
unbeeinflussbares Gesetz. Die Notwendigkeit, das gleiche Leid erleben zu müssen wie das, was wir bei anderen verursacht haben, ist nur
so lange gegeben, wie für uns keine andere Möglichkeit besteht,
selbst zu spüren, was wir anderen zugefügt haben. Denn dann können wir die Auswirkungen unseres Handelns nur so erkennen und
auch die möglicherweise veränderungsbedürftigen Einstellungen,
auf denen unser Verhalten beruhte. Wenn wir jedoch unmittelbare
Einsicht in die Folgen unseres Tuns gewinnen können und gewillt
sind, für einen guten Ausgleich zu sorgen, öffnen wir uns für die göttliche Gnade. Diese Gnade wirkt dann mildernd auf unser Karma –
wie Wasser auf eine bittere Medizin. Je mehr Wasser hinzufließt,
desto mehr schwächt sich der bittere Geschmack ab, bis wir ihn kaum
oder gar nicht mehr wahrnehmen können.

Wie viele Menschen bestätigen können, die einmal ein Nahtoderlebnis hatten, blicken wir am Ende eines Lebens beim Verlassen des
Körpers aus der höheren Perspektive unserer Seele auf unser Leben
zurück und ziehen Bilanz. Das einzige Kriterium unserer Selbstbeur-
teilung besteht in diesem Moment darin, wie sehr wir geliebt haben.

Und so gehört es für uns zu den schmerzhaftesten Momenten, die Situationen anzuschauen, in denen wir unserem wirklichen Selbst, der bedingungslosen Liebe, die wir alle *sind*, untreu geworden sind. Ich kann mich gut an das Gefühl meiner Seele aus solchen Momenten des Sterbens erinnern, in denen nur ein einziger brennender Wunsch da war: »Bitte, Gott, gib mir noch einmal die gleiche Herausforderung, das gleiche Problem, ich *weiß* ja, wie es besser geht.« Die Summe solcher Momente lässt in der Seele die Bereitschaft reifen, in zukünftigen Leben im Einklang mit der höheren Weisheit und Liebe unserer Seele zu handeln und unser Dasein dem bewussten Dienst am Leben zu widmen. Ich habe das einmal so erlebt:

In einem Traum oder – besser gesagt – auf einer anderen Ebene der Wirklichkeit saß ich mit dem Meister zusammen. Wir hatten eine ausgelassene, fröhliche Zeit. An irgendeinem Punkt unserer Unterhaltung sagte ich zu ihm: »Sag mal, ich habe bestimmt auch noch einige Schulden aus früheren Leben?« Lachend antwortete er: »Oh ja, soll ich sie dir mal zeigen?« Dabei schickte er sich an, mir einen Blick auf das zu gewähren, was er mit seiner Antwort gemeint hatte. Ich winkte jedoch schnell ab und sagte: »Nein, nein, schon gut, ist nicht nötig.« Während ich das sagte, musste ich lachen und fühlte zugleich tiefe Dankbarkeit in mir, dieses Leben zu haben, um dienen zu dürfen und obendrein von der liebenden Gegenwart des Meisters geführt zu werden. Es war auch die sichere Gewissheit dabei, nicht den blinden Folgen eigener negativer Handlungen von früher ausgeliefert zu sein, da er, der Eine, als dessen Instrument ich diente, sowohl meine Vergangenheit als auch meine Gegenwart und Zukunft in seinen Händen hielt.

Dass wir schuldig werden oder auch Schulden – oder eben Karma – haben, gehört zu den notwendigen Voraussetzungen dafür, dass wir als Seele lernen und wachsen können. Mit der Zeit und mit zunehmendem Verständnis beginnen wir so zu begreifen, was gutes Handeln ist und fangen an, uns bewusst in den Dienst am Leben zu stellen. Die Haltung des Dienens gleicht jedoch nicht nur alte Schuldenlasten aus. Als spirituelle Praxis führt sie uns zugleich zum bewussten Erleben der göttlichen Präsenz in allen Situationen. Auf dieses Thema komme ich jedoch ausführlicher im nächsten Kapitel zurück.

5. Anmaßung

Um deutlich zu machen, was in diesem Zusammenhang mit Anma-ßung gemeint ist, muss ich noch einmal auf den von Bert Hellinger geprägten Begriff »Sippengewissen« zurückkommen. Neben dem bereits erwähnten »Gesetz der vollen Zahl« dient diese Instanz auch dem »Prinzip der Ursprungsordnung«. Das bedeutet, dass diejeni-gen, die im System zuerst da waren, Vorrang vor denen haben, die später gekommen sind. So haben Eltern beispielsweise ihre eigene Sphäre und Vorrang vor ihren Kindern. Unter Geschwistern wie-derum haben ältere Geschwister einen gewissen Vorrang vor den jüngeren. Dies wird in einer Familienaufstellung zum Beispiel da-durch offensichtlich, dass sich Geschwister erst dann wirklich gut und in ihrer ganzen Kraft fühlen, wenn sie im Uhrzeigersinn aufge-reiht dastehen: das älteste Kind zuerst, danach das zweite, dann das dritte usw.

In eine »angemaßte« Position gerät ein Kind dann, wenn es auf dem Platz eines »Vorgeordneten« steht. Dies ist zum Beispiel dort der Fall, wo ein Sohn wie der bessere Mann für die Mutter oder eine Tochter wie die bessere Frau für den Vater sein muss oder sein will. Ebenso kommt das Kind in eine angemaßte Position, wenn es wie eine Mutter oder wie ein Vater für die Eltern sein muss. Auch wenn Eltern ein Kind im Hinblick auf ihre Beziehung zueinander ins Vertrauen ziehen, drängen sie es in eine Rolle, die ihm nicht ange-messen ist und es belastet. Das Kind mag sich dann in gewisser Weise sogar »wichtig« vorkommen, doch es verliert sein Gefühl für sich selbst und für den ihm gemäßen Platz und büßt seine Freiheit ein, bei seinen Eltern einfach Kind zu sein.

Eine systemische Anmaßung ist normalerweise nicht subjektiv inszeniert und beabsichtigt, sondern meistens wird das Kind durch die vorherrschenden Systemkräfte seiner Familie in eine angemaßte Position gebracht. Hat zum Beispiel ein Mann seinen Vater nicht wirklich als Vater genommen, so wird automatisch einer seiner Söhne für ihn den Vater vertreten. Dieser Sohn kommt also ohne eigenes Zutun in eine angemaßte Rolle.

Die Folgen einer solchen objektiv beobachtbaren Anmaßung sind für das Kind jedoch die gleichen wie die einer subjektiven Anmaßung. Das Kind steht nicht auf dem ihm gemäßen Platz und ist damit abgetrennt von seiner eigenen Kraft. Hinzu kommt häufig noch das unbewusste Bestreben, sich selbst für die Anmaßung zu bestrafen, zum Beispiel indem das Kind im Leben scheitert.

Lösungsmöglichkeiten

Die Lösung aus einer angemaßten Position gelingt dann, wenn das verstrickte Kind bewusst die Ursprungsordnung, das heißt seinen eigenen Platz und die Plätze der anderen anerkennt. Beispiele für Lösungssätze wären hier:

Frank hatte sich als der bessere Mann für seine Mutter gefühlt. Diese hatte ihn über Probleme und intime Begebenheiten aus ihrer Ehe mit seinem Vater ins Vertrauen gezogen. Frank zu seiner Mutter: »Mama, wie gut, dass du den Papa zum Mann genommen hast! Er steht neben dir als dein Mann, und ich achte ihn als meinen Vater. Ihr seid die Großen, ich bin der Kleine. Von dem, was du mir über Papa erzählt hast, ziehe ich mich zurück. Es geht mich nichts an, und ich vergesse es jetzt. Ihr seid die Eltern, ich bin euer Kind.«

Christa hatte sich zeitlebens als die Erstgeborene gefühlt. Die vor ihr geborene Schwester war nach wenigen Tagen gestorben und danach »vergessen« worden. Sie sagt zu ihrer Schwester: »Liebe Andrea, du bist die Erste, ich bin die Zweite.«

Bernhard, der für seinen Vater dessen früh verstorbenen Vater vertreten hatte: »Lieber Papa, der Opa ist dein richtiger Vater. Ich bin dein richtiger Sohn. Ich nehme dich als meinen Vater. Bitte nimm mich als deinen Sohn.«

6. Erlösung von Schicksal und Schuld

Eine besondere Form der Anmaßung kommt aus dem Wunsch, einer systemisch vorgeordneten Person oder oft auch einem gleichrangigen Sippenmitglied, zum Beispiel einem Partner, ein schweres Schicksal abnehmen und an seiner Stelle tragen zu wollen.

Michaela, Anfang 40, hatte einen Gehirntumor. Die Ärzte hatten ihr zwei Monate vor der Aufstellung noch ein halbes Jahr zu leben gegeben. In dieser Aufstellung zeigte sich, dass es ihre Mutter zu einem früh verstorbenen Bruder zog, dem sie nachfolgen wollte in den Tod. Michaela hatte jedoch als Kind unbewusst gespürt, dass es ihre Mutter hinauszog. Im Herzen hatte sie daher gesagt: »Mama, lieber gehe ich als du. Ich gehe für dich, bitte bleib du hier.«

Josefine, Mutter von drei Kindern, bekam in ihrer Wohnung im Elternhaus ihres Mannes immer wieder Angstzustände. Dabei hatte sie das Gefühl, den Boden unter den Füßen zu verlieren. Bei der Aufstellung ihres Gegenwartssystems wurde deutlich, dass es ihren Mann aus der Gegenwartsfamilie zu seinem früh verstorbenen · Vater zog. Innerlich sagte die Frau jedoch zu ihm: »Bleib du hier, ich gehe für dich.«

Auch wenn jemand im System eine gewichtige Schuld mit sich herumträgt, aber nicht dazu steht, sühnt oft ein Nachgeordneter an seiner Stelle.

Rolf erzählte, sein 18-jähriger Sohn sei psychotisch und bereits zum wiederholten Male im Krankenhaus. Er selbst habe gelegentlich die furchtbare Phantasie gehabt, er könne seinen Sohn umbringen. Auf mein Befragen hin erzählte Rolf, dass sein Vater SS-Mann gewesen war und unter anderem beim Abtransport von Juden ins KZ eine verantwortliche Rolle gespielt hatte. Zu dieser Schuld hatte er aber weder jemals gestanden, noch war er dafür je zur Rechenschaft gezogen worden. Interessanterweise bestand die größte Angst des Enkels in der Befürchtung, er könne jeden Moment von der Polizei »abgeholt« *werden. Die Frage war also: Wer war wirklich abgeholt worden? Und wer hätte nach dem Krieg abgeholt werden müssen?*

Rolf wurde klar, dass er für seinen Vater diese Schuld hatte tragen wollen, indem er sich schuldig machte wie dieser (wie es sich in seiner Mordphantasie gegenüber seinem Sohn ausdrückte). Sein Sohn war innerlich mit den jüdischen Opfern seines Großvaters verbunden – die ja »abgeholt« *worden waren. Gleichzeitig sagte er im Herzen zu seinem Vater:* »Papa, ich trage es für dich« *und sühnte stellvertretend für Vater und Großvater – für den es angemessen gewesen wäre, nach dem Krieg von der Polizei abgeholt zu werden – mit seiner Psychose.*

Hinter dem Bestreben, einem anderen Sippenmitglied sein Schicksal abnehmen zu wollen, steht immer Liebe. Diese Liebe ist jedoch blind. Ihr mangelt es, sofern es Kinder betrifft, an bewusster Achtung vor dem Rang des Vorgeordneten. Was Gleichrangige angeht, wie zum Beispiel Ehepartner, fehlt die bewusste Achtung vor dem Schicksalszusammenhang und der Verantwortung des Partners. Diese Achtung, die vielleicht so etwas wie eine noch höhere Form der Liebe darstellt, gründet auf der Einsicht, dass einem anderen sein Schicksal oder seine Schuld weder wirklich abgenommen werden *kann* noch abgenommen werden *darf*. Gerade in Bezug auf Schuld hat der Einzelne nicht nur die Pflicht, zu ihr und ihren Folgen zu stehen, sondern er hat auch ein *Recht* darauf. Das eigene Schicksal und die eigene Schuld zu tragen gehört zur Würde und zur persönlichen Kraft des einzelnen.

Dies bedeutet aber natürlich nicht, dass Sie einem Menschen mit schwerem Schicksal nicht helfen sollten. Ganz im Gegenteil. Sie sollten dabei jedoch immer Ihre Unterscheidungskraft gebrauchen und nur mit Achtung vor der Würde, der Verantwortung und der Kraft des anderen Ihre Hilfe anbieten. Ebenso wichtig ist der Respekt vor der – wenn auch vielleicht schwer ergründbaren – höheren Weisheit, die das Schicksal eines anderen lenkt, aber auch der Respekt vor den eigenen Grenzen.

Der Fisch und der Vogel

Ein Vogel flog über einen See, in dessen klarem Wasser sich viele Fische tummelten. Er ließ sich fallen, und als er wieder auftauchte, hielt er einen Fisch im Schnabel. Der Vogel sagte: »Wenigstens dich will ich vor dem Ertrinken bewahren.« Dann legte er den Fisch sanft in sein Nest hoch oben in einem Baum.

Hilfe, die aus verstrickter Liebe kommt, ist häufig ein »Bärendienst«, den wir uns selbst und anderen erweisen. Denn es lässt sich immer wieder beobachten, wie durch den Versuch, Schuld und Schicksal einer anderen Person zu übernehmen, beide Beteiligten schwach werden: sowohl der, der das Schwere auf sich nehmen möchte, als auch der, dem es abgenommen werden soll.

Lösungsmöglichkeiten

Falls Sie ein fremdes Schicksal oder fremde Schuld übernehmen wollten, brauchen Sie zur Lösung aus dieser Verstrickung die Kraft, dem anderen das, was nun einmal zu ihm – und eben nur zu ihm – gehört, wirklich zuzutrauen und zuzumuten. Indem Sie dies tun, dienen Sie dem anderen in besonderer Weise, denn Sie achten damit seine persönliche Kraft und Würde. So tragen Sie dazu bei, dass auch er leichter Zugang zu seiner Kraft und Würde findet. Das kann auch bedeuten, dass Sie die andere Person innerlich gehen lassen müssen. Für Michaela war es zum Beispiel wichtig zuzustimmen, dass es ihre Mutter zu ihrem toten Bruder zog:

Für Michaela (zu ihrer Mutter):
»Liebe Mama, auch wenn du gehst, ich bleibe hier.«

Für Josefine (zu ihrem Mann):
»Auch wenn es dich zu deinem Vater zieht, ich bleibe hier, bei unseren Kindern. Ich freue mich, wenn auch du bleibst.« Am nächsten Morgen berichtete Josefine im Seminar, sie habe am Abend zuvor zum ersten Mal beim Heimkommen keine Angst gehabt und bei sich bleiben können.

In Fällen von Schuld, die mit Mord zusammenhängt, gehört es manchmal zur Lösung, dass man die schuldige Person innerlich aus dem Familiensystem entlässt. Solange ein solches Sippenmitglied im System bleibt, ist das ganze System belastet. Besonders einer der Nachfolgenden, der dann höchstwahrscheinlich stellvertretend sühnen wird. Ein Bild, das in solch schwerwiegenden Fällen oft versöhnlich und befreiend auf die Nachfahren des Täters wirkt, ist es, den Täter bei seinen Opfern liegen zu sehen.

Rolf selbst wie auch sein psychotischer Sohn und alle weiteren Familienangehörigen fühlten sich wie erlöst, als in der Aufstellung zunächst die drei symbolisch aufgestellten SS-Opfer gewürdigt worden waren und dann sein Vater (der SS-Mann) zusammen mit diesen Opfern als Schicksalsgemeinschaft aus der Tür ging. Zuvor hatte Rolf zu seinem Vater gesagt: »Ich achte dich als meinen Vater. Deine Schuld lasse ich bei dir, und ich lasse dich die Folgen tragen. Ich lasse dich jetzt ziehen.«

Der sichere Platz für den psychotischen Sohn war neben seiner Mutter, heraus aus dem belasteten Bannkreis des Vaters. In den Monaten nach dieser Aufstellung besserte sich sein Zustand deutlich. Nach einiger Zeit war er dann in der Lage, eine Lehre zu beginnen.

7. Die doppelte Verschiebung

Bei der Arbeit mit Familiensystemen kann man häufig beobachten, dass wichtige Affekte, wenn sie an einer Stelle des Systems unterdrückt bleiben, unweigerlich an anderer Stelle, in der Regel bei Nachgeordneten, wieder auftauchen. Dieser später Geborene hat dann Gefühle, die eigentlich zu einer anderen Person im System gehören und von ihr getragen oder ausagiert werden müssten.

Ludwig erzählte, seine neun Jahre ältere Schwester habe, als er noch klein war, drei regelrechte Mordversuche gegen ihn unternommen. Bei einer dieser Attacken hätte sie ihn fast mit einem Kissen erstickt, wäre nicht im letzten Moment seine Mutter hereingekommen. Diese Vorgeschichte war jedoch außer mir niemandem in der Gruppe bekannt.

In der Aufstellung seiner Herkunftsfamilie äußerte die Stellvertreterin seiner Schwester, sie habe eine mörderische Wut auf ihren jüngeren Bruder. Dieser Affekt war so heftig, dass man ihn unmöglich mit bloßer geschwisterlicher Eifersucht erklären konnte. Auch sonst ließ sich in der Biographie beider Geschwister keine schlüssige Erklärung für diese Wut finden.

Als ich Ludwig dann über besondere Ereignisse in seiner Ursprungsfamilie befragte, erzählte er von einem seiner Großväter. Dieser habe während der Nazizeit seiner eigenen Frau in verschiedener Weise übel mitgespielt. Die Großmutter habe jedoch alle Demütigungen klaglos ertragen. Als diese Großmutter in der Aufstellung ihren Platz einnahm, verschwand die Wut der Schwester auf ihren Bruder schlagartig. Stattdessen kam auf einmal eine ganz innige Geschwisterliebe zum Vorschein. Es war offensichtlich, dass Ludwigs Schwester die Wut getragen hatte, die ihre Großmutter nicht hatte fühlen oder zeigen wollen.

Die Wut hatte sich also in zweifacher Weise verschoben: einmal von der Großmutter zur Enkelin, im Subjekt also. Außerdem verlagerte sich die Wut jedoch auch von dem ursprünglichen Objekt auf ein anderes, das heißt die Enkelin richtete diese Wut nicht gegen das ursprüngliche Objekt, nämlich den Großvater, sondern gegen ihren Bruder.

Ich erinnere mich an ein Ehepaar, dessen beide Söhne sich permanent stritten. Für die Eltern bestand der oberste Anspruch an ihre Beziehung darin, sich nicht zu streiten, sondern harmonisch miteinander umzugehen. Das in dieser Form etwas eindimensionale Bild einer harmonischen Beziehung führte dazu, dass alles, was eine Auseinandersetzung hätte auslösen können, unter den Teppich gekehrt wurde. Je mehr sie im Zuge der Therapie schließlich anfingen, ihre bis dahin verdeckten Konflikte miteinander auszutragen, desto besser kamen ihre Söhne miteinander zurecht. Diese Entwicklung hielt an, obgleich der Prozess schließlich zur Trennung ihrer Eltern führte. So wurde klar, dass die Söhne sich vorher anstelle ihrer Eltern gestritten hatten.

Die Vermutung, dass jemand fremde, also verschobene Affekte in sich trägt, liegt immer da nahe, wo Gefühle selbst nach der Schilderung ihrer »offiziellen« Gründe kaum nachvollziehbar sind. Sehr oft sind solche verschobenen Affekte auch die Ursache für Partnerschaftsprobleme. Manchmal muss dann einer von beiden Emotionen des anderen »ausbaden«, die mit ihm selbst und mit der Beziehung gar nichts zu tun haben. Solche Partnerschaftskonflikte sind nur sehr schwer zu lösen, solange nicht der wahre Ursprung dieser Emotionen deutlich geworden ist.

Adelheid lag in heftigem Clinch mit ihrem Partner. Sie legte ihm gegenüber ein ausgesprochen feindseliges und aggressives Verhalten an den Tag. Darüber hinaus erinnerte sie mich in ihrem ganzen Verhalten gegenüber Männern an einen Racheengel. Als ich ihr meinen Eindruck mitteilte, antwortete sie, ja, das hätten ihr auch schon andere gesagt. Wir fanden dann heraus, dass eine ihrer Großmütter vom Großvater verlassen worden war. Sie hatte sich geweigert, das zehnte Kind abzutreiben, wie er es mit der Begründung gefordert hatte, es seien schon zu viele Kinder da. Danach ging dieser Großvater jedoch eine Beziehung mit einer anderen Frau ein, mit der er noch weitere Kinder hatte. Es wurde deutlich, dass Adelheid auch stellvertretend für ihre Großmutter stritt – allerdings nicht mit dem Großvater, sondern mit ihren bisherigen Männern.

Lösungsmöglichkeiten

Den wichtigsten Schritt, sich von einem verschobenen Affekt zu lösen, haben Sie in aller Regel bereits getan, wenn Sie die Person, zu der der übernommene Affekt eigentlich gehört, als ein »Gegenüber« visualisieren. Allein durch diese Visualisierung ordnet sich das übernommene Gefühl oft wie von selbst demjenigen zu, dem es eigentlich gehört, und löst sich bei dem auf, der es bis dahin getragen hatte. Zusätzlich können Sie diesen Vorgang durch lösende Sätze unterstützen. Solche Sätze können zum Beispiel sein:

Für die Schwester von Ludwig (zu ihrer Großmutter):
»Liebe Oma, ich achte dich als meine Großmutter. So, wie du es mit Opa geregelt hast, achte ich es. Und so lasse ich es bei euch. Mich brauchst du dazu nicht. Ich ziehe mich jetzt von dem zurück, was zu deinem Leben und zu deiner Verantwortung gehört.«

Für Adelheid (zu ihrer Großmutter):
»Liebe Oma, ich achte dein Schicksal und deine Entscheidung. Ich halte mich jetzt raus aus dem, was nur dich und Opa angeht. Wie ihr es miteinander regelt, ist es mir recht. Du brauchst mich nicht dafür.«

(Zu ihrem Mann): »Ich habe dir unrecht getan. Es tut mir leid. Ich habe es nicht gewusst.«

Leitfragen zum Auffinden von familiären Verstrickungen

Um herauszufinden, ob und in welche familiensystemischen Verstrickungen Sie möglicherweise eingebunden sind, können Sie sich bei Ihrer Selbsterforschung an einigen Frage orientierten. Sie beziehen sich auf die eingangs genannten Personenkreise, die zum Herkunfts- und Gegenwartssystem gehören.

1. Wer ist früh gestorben? Wer hatte sonst noch ein schweres Schicksal? Wessen Schicksal oder Schuld muss geachtet werden – auch, um es bei ihm lassen zu können?
(siehe die Dynamiken 1, 3, 5, 6, 7)

2. Wer fehlt im System bzw. wer ist ausgeschlossen, nicht gewürdigt, vergessen und muss deshalb hereingenommen und gewürdigt werden? Wer hat Platz gemacht?
(Dynamiken 2 und 5)

3. Gibt es eine Schuld, die ich verdrängt habe, für die ich mich aber unbewusst vielleicht bestrafe?
(Dynamik 4)

Während die Antworten auf diese Fragen oft schon durch inneres und äußeres Nachforschen gefunden werden können, lassen sich die Antworten auf die vierte Frage häufig erst anhand einer Aufstellung beantworten.

4. Wer will gehen, und wen muss man ziehen lassen?
(Dynamiken 3 und 6)

Die Eltern nehmen

> *Mathru Devo Bhava; Pithru Devo Bhava.*
> *Ehre deine Mutter als Gott;*
> *ehre deinen Vater als Gott.*   Upanishaden

Die Beziehungen zur eigenen Herkunftsfamilie zu ordnen beinhaltet einen bedeutsamen seelischen Prozess, der weitreichende Folgen hat. Er besteht darin, die Eltern zu *ehren* und zu *nehmen*. Gemeint ist damit eine tiefe, inneren Frieden schaffende Zustimmung zu den Eltern, wie sie sind und waren. Bert Hellinger hat einmal dazu gesagt: »Vater und Mutter wird man ... nicht durch moralische Eigenschaften, sondern durch einen gewissen Vollzug, und der ist vorgegeben. Wer sich diesem Vollzug stellt, ist eingebunden in eine große Ordnung, der er dient, unabhängig von seinen moralischen Qualitäten ... Die Eltern verdienen die Anerkennung als Eltern durch den Vollzug und nur durch den Vollzug ... Das Wesentliche, das von den Eltern kommt, kommt durch die Zeugung und durch die Geburt. Alles, was dann folgt, ist Zugabe und kann von jemand anderem übernommen werden.«[6]

Was es heißt, die Eltern zu ehren und zu nehmen, können Sie erahnen oder nachfühlen, wenn Sie folgende Sätze aussprechen und innerlich dabei den jeweiligen Elternteil anschauen:

»Lieber Papa (Vati usw.), ich gebe dir die Ehre ... Ich nehme dich als meinen Vater, und du darfst mich haben als deinen Sohn (bzw. als deine Tochter).
Liebe Mama (Mutti usw.), ich gebe dir die Ehre ... Ich nehme dich als meine Mutter, und du darfst mich haben als deine Tochter (bzw. als deinen Sohn).«

Normalerweise ist das Nehmen des Vaters *als Vater* und das Nehmen der Mutter *als Mutter* erst dann möglich, wenn zuvor etwaige Verstrickungen erkannt und gelöst wurden. Eine Tochter kann zum Beispiel erst dann ihre Mutter wirklich *als Mutter* nehmen, wenn sie – falls dies so war – nicht mehr eine frühere Frau des Vaters, also eine Rivalin der Mutter repräsentiert. Und sie kann ihre Mutter erst dann *als Mutter* nehmen, wenn sie nicht mehr die Mutter für ihre eigene Mutter spielen muss. Ein Mann kann seinen Vater ebenfalls erst dann *als Vater* nehmen, wenn er ganz einfach nur Sohn für seinen Vater ist und nicht dessen früh verstorbenen Vater oder Bruder oder wen auch immer vertreten muss. Ähnlich kann ein Sohn erst dann seine Mutter *als Mutter* nehmen, wenn er nicht mehr ihren Traummann repräsentieren muss oder ihren im Krieg gefallenen Vater oder andere Personen. Und eine Tochter kann erst dann ihren Vater *als Vater* nehmen, wenn sie nicht mehr seine erste Ehefrau oder seine früh verstorbene Mutter oder Schwester usw. unbewusst darstellen muss.

Während einer Familienaufstellung wird das Ehren und Nehmen der Eltern manchmal symbolisch mit einer Verneigung vor den Darstellern der Eltern vollzogen. Entscheidend ist dabei jedoch nicht das äußerliche Ritual, wenngleich dieses oft eine sehr tiefe Wirkung zeigt. Auch geht es nicht darum, diesen Akt auf der äußeren Ebene vor den realen Eltern zu vollziehen, was sicherlich – zumindest in unserer Kultur – alle Beteiligten sehr sonderbar berühren würde. Entscheidend ist vielmehr die innere seelische Bewegung. Ob diese gelingt, lässt sich an den Wirkungen ablesen.

Wenn die Verneigung innerlich wirklich vollzogen wird, führt sie das Kind in der Seele ganz zu den Eltern hin. Das hat zur Folge, dass das Kind seine Eltern als gute Kraft in sich spürt. Das Kind *hat* seine Eltern dann. Ein Kind, das seine Eltern als gute Kraft in sich trägt, wird frei dafür, sich als erwachsener Mensch von ihnen zu lösen, sein eigenes Leben zu gestalten und seiner eigenen Bestimmung zu folgen. Es kann sich da, wo es nötig ist, auf der äußeren Ebene von ihrem Einfluss abgrenzen. Diese Abgrenzung geschieht dann jedoch mit innerer Achtung. Im Gegensatz zu den emotionalen Ausbruchsversuchen eines Kindes, das innerlich noch verstrickt ist und die Eltern *nicht* genommen hat, liegt darin eine ganz andere, ruhige Kraft.

Das Gegenteil vom Nehmen der Eltern ist es, wenn Kinder sich als Richtende über ihre Eltern erheben und sie bewerten: »Dieses habt ihr falsch gemacht, jenes ganz gut, und hier wiederum habt ihr völlig versagt.« Kinder verharren dann oft in Ansprüchen, als seien ihnen die Eltern noch etwas schuldig – sei es eine Entschuldigung, finanzielle Unterstützung oder was auch immer. In diesem Anspruch sind Kinder dann gefangen und es fehlt ihnen an der Kraft, ins eigene Leben zu gehen. Sie bleiben auf eine Weise an ihre Eltern gebunden, die bewirkt, dass sie sich gleichzeitig innerlich leer fühlen – so, als fehle ihnen noch etwas. Sie *haben* ihre Eltern dann nicht. Das Wichtigste haben Eltern ihren Kindern jedoch schon bei der Zeugung und der Geburt gegeben.

Von großer Bedeutung ist es zu erkennen, dass das Ehren und Nehmen der Eltern eine seelische Leistung des – unter Umständen schon erwachsenen – Kindes darstellt, die es allein vollbringen muss. Die Eltern zu nehmen bedeutet zugleich, der eigenen Herkunft, dem eigenen Schicksal in der Vergangenheit und dem eigenen Leben mit all seinen Möglichkeiten und Herausforderungen in tiefer und demütiger Weise zuzustimmen. Diese Zustimmung befreit seelische Kräfte und macht sie für die positive Gestaltung der Gegenwart und der Zukunft verfügbar.

Für Söhne spielt dabei das Nehmen des Vaters, für Töchter das Nehmen der Mutter noch eine besondere Rolle. In Familienaufstellungen kann man förmlich sehen, wie in einer Tochter eine ganz neue weibliche Kraft zum Vorschein kommt, wenn es ihr gelingt, ihre Mutter als Mutter zu nehmen. Sie gewinnt dadurch an Reife und Tiefe. So wird eine Tochter in gewissem Sinn erst durch das Nehmen der Mutter zur Frau und kommt so in ihre volle weibliche Kraft. Ein Sohn dagegen findet erst dann Zugang zu seiner vollen männlichen Kraft, wenn er seinen Vater genommen hat und ihn als gute Kraft hinter bzw. in sich fühlt.

Erschwert wird Kindern das Nehmen der Eltern, wenn ein Elternteil vermittelt: »Nur das, was von mir kommt, ist gut und wertvoll; das, was von Papas (Mamas) Seite kommt, taugt nicht viel.« Ein Kind wird durch solche Botschaften einem schlimmen Konflikt ausgesetzt. Zum einen ist dann seine Beziehung zu dem missachteten Elternteil blockiert. Da ein Kind aber nicht nur Eltern *hat*, sondern gleichzeitig auch seine Eltern *ist*, wird es so zugleich gezwungen, sich von einem Teil seiner selbst abzuspalten. Will es seelische Ganzheit gewinnen, muss es später aus eigener Kraft die innere Barriere überwinden und dem einen Elternteil »zumuten«, dass ihm der andere Elternteil ebenso viel wert und genauso wichtig ist. Folgende Sätze können hilfreich sein, wenn Eltern offen oder verdeckt entzweit waren (Sätze je nach Situation entsprechend umformulieren):

Ich lasse los ...

- *das Gefühl, meine Mutter zu enttäuschen oder zu verletzen, wenn ich ein erwachsener Mann werde*
- *die Angst davor, die Liebe meiner Mutter zu verlieren, wenn ich ein erwachsener Mann werde, so wie Papa*
- *das Gefühl, nicht so werden zu dürfen wie mein Vater*
- *die Entscheidung, niemals so zu werden wie mein Vater*

- *Lieber Papa, du bist mein Vater; du bist genau der (einzig) richtige Vater für mich. Du bist ein Teil von mir und ich liebe das in mir, was ich von dir bin und habe (oder: worin ich dir ähnlich bin). Das, was ich von dir bekommen habe, ist mir genauso viel wert wie das, was von Mama kommt.*

- *Liebe Mama, Papa ist mein richtiger Vater (so wie du meine richtige Mutter bist). Das, was von ihm kommt, ist mir genauso viel wert wie das, was von dir kommt. Bitte sei mir freundlich, wenn ich meinen Vater nehme (oder: wenn ich als Papas Sohn so bin wie er). Oder:*
  Ich mute dir zu, dass ich Papa als meinen Vater nehme und dass mir das, was von ihm kommt, genauso viel wert ist wie das, was von dir kommt.

- *Lieber Papa, ich bin gern dein Sohn.*
- *Liebe Mama, ich bin gern deine Tochter.*

Die Eltern zu nehmen ist noch aus einem weiteren Grund bedeutsam. Es führt nämlich auch dazu, die volle Verantwortung für das eigene Leben zu übernehmen. Statt mit den Grenzen zu hadern, die uns durch das, was und wie die Eltern waren, gesetzt wurden, sind wir dann innerlich frei. So können wir aus den Chancen, die wir bekommen haben, das Beste machen. Die Eltern zu nehmen beinhaltet also auch, dass wir unsere »Opfermentalität« aufgeben, in der wir unsere Eltern, unsere Kindheit oder andere Menschen für unsere persönliche Lebenssituation verantwortlich gemacht haben. Wir werden an diesem Punkt mit der Ebene unseres Lebens konfrontiert, auf der wir – und nur wir allein – unseres Glückes oder Unglückes Schmied sind. Damit sind wir zu eigenem Handeln und zu eigener Leistung aufgefordert. Vielen Menschen erscheint dieser Schritt allerdings zu unbequem, und so vermeiden sie ihn oft ein Leben lang.

In mehrfacher Hinsicht markieren die Themen des dritten Energiezentrums einen Übergang von der »reinen« Persönlichkeitsentwicklung hin zu einer weiter gehenden spirituellen Entwicklung. So wie wir auf der körperlich-energetischen Ebene erst mit dem vierten Chakra, dem Herzzentrum, zu den eigentlichen »spirituellen« Energiezentren kommen, kann spirituelle Entwicklung erst dann wirklich beginnen, wenn wir den Reifeschritt in unsere volle Selbstverantwortung getan haben.

Der Übergang zu echter spiritueller Entwicklung wird auch durch die Verneigung vor den Eltern vollzogen. Dadurch wenden wir uns nämlich zugleich jener größeren Kraft zu, die uns durch unsere leiblichen Eltern das Leben geschenkt hat. So öffnen wir uns durch das Nehmen der Mutter dafür, die universelle mütterliche Kraft in allem wahrzunehmen. Diese hat uns durch die Form der leiblichen Mutter Wesentliches geschenkt. Zugleich aber existiert sie auch unabhängig von der Form der physischen Mutter: Sie liebt, gebiert, tröstet, nährt und heilt. Durch das Nehmen des Vaters entwickeln wir ein Gefühl für die universelle väterliche Kraft, die sich beim Geben des Lebens durch den leiblichen Vater offenbart hat. Gleichzeitig geht diese Kraft jedoch weit über die Form des physischen Vaters hinaus und existiert auch unabhängig davon: Sie stärkt, schützt, inspiriert, lenkt und verleiht Kraft zum Handeln.

In der Erkenntnis dieses Zusammenhangs liegt auch der eingangs zitierte spirituelle Rat aus den Upanishaden begründet, man solle die Eltern als Gott verehren. Damit ist also nicht etwa gemeint, dass wir die menschlichen und durchaus fehlbaren *Persönlichkeiten* unserer Eltern vergöttern sollten. Vielmehr geht es darum, uns durch das Ehren der Eltern für die größere Vater-Mutter-Gott-Präsenz zu öffnen.

Unsere Familienbeziehungen zu ordnen kann uns also einen Anfang ermöglichen, unsere emotionale Bindungsenergie mehr und mehr von äußeren Personen nach innen zu verlagern. So können wir uns immer mehr in unserem Höheren Selbst verankern, in der uns allen innewohnenden allgegenwärtigen und alles durchdringenden Vater-Mutter-Gott-Gegenwart. Äußere Beziehungen wandeln sich so im Laufe der Zeit zu verschiedenen Erscheinungs- und Ausdrucksformen der *einen* einzig wirklichen und dauerhaften Beziehung: der Verbindung zu Gott, zum alles umfassenden göttlichen Selbst.

Das Herzzentrum:
Sich selbst und das Leben umarmen

Allgemeines

Wie der Name schon sagt, liegt das Herzzentrum auf der Höhe des physischen Herzes, jedoch nicht auf der linken Seite, sondern in der Mitte der Brust. Körperlich beeinflusst dieses Zentrum den ganzen Brustbereich einschließlich der Lungen, des Herzmuskels und der Thymusdrüse.

Das Herzchakra ist als zentrales Chakra zwischen den drei unteren und den drei oberen Energiezentren der Ort, an dem irdische und feinstofflichere spirituelle Energien zusammenfließen und an dem sich unsere männlichen und weiblichen Energien zu einer harmonischen Einheit »vermählen«. Aus diesem Grund gilt der sechsstrahlige Stern als Symbol für das Herzzentrum. Dieser entsteht, wenn ein mit der Spitze nach unten gerichtetes Dreieck – Symbol für die irdischen oder auch für die weiblichen Energien – und ein nach oben ausgerichtetes Dreieck – Sinnbild für die spirituellen oder männlichen Energien – ineinander gefügt werden.

Der Stern ist zugleich ein überliefertes religiöses Symbol für das Christusbewusstsein. Die alten Mystiker sprechen auch vom Zustand des »ICH-BIN-Bewusstseins.« In tiefer Meditation über das Herzzentrum wird dieser Bewusstseinszustand als reines Sein, Freude und innerer Frieden erfahren. Jesus sprach in Bezug auf diese Erfahrung von einem »Frieden, der alles Verstehen übersteigt«.

In unserem Herzen ist unsere Fähigkeit beheimatet, Mitgefühl zu empfinden und bedingungslose Liebe zu verkörpern. Da aber ohne die Entfaltung unserer Liebesfähigkeit letztlich alle spirituellen Bemühungen nutzlos sind, ist das Herzchakra in gewisser Weise das wichtigste der sieben Energiezentren. Es sollte uns also ein besonderes Anliegen sein, unser Herz zu öffnen, zu reinigen und zu heilen. Das gilt besonders für diejenigen, die in irgendeiner Weise therapeutisch tätig sind. Ein gereinigtes und aktiviertes Herzzentrum ist eine natürliche Quelle von heilender Kraft für jeden, der damit in Berührung kommt. Darüber hinaus können wir im Herzen göttliche Führung in Form von Handlungsimpulsen empfangen. Darauf werden wir im nächsten Kapitel zurückkommen.

Das Herzzentrum stellt auch ein Tor zu erhöhter Sinneswahrnehmung dar. Ist das Herz nämlich geöffnet und von alten negativen Gefühlen gereinigt, so können wir durch Konzentration auf das Herz Energiefelder und Schwingungen auf der sogenannten »astralen Ebene« wahrnehmen. Wir entwickeln dann das Unterscheidungsvermögen des Herzens, das sich nicht – wie manchmal der Verstand – durch rein intellektuelle Argumente beeindrucken und unter Umständen auch täuschen lässt. Diese Wachheit des Herzens ist ein wichtiger Schutz vor Manipulationen durch andere Menschen und vor falschen Propheten, selbst wenn diese noch so überzeugend zu reden vermögen. Auch wenn unser Verstand sich nicht sicher ist: Im Herzen können wir immer überprüfen, ob wir einem Einfluss von außen vertrauen können oder nicht. Die Frage, die uns hierbei hilft, lautet: Wie fühlt es sich an?

Die Fähigkeit zur intuitiven, gefühlsmäßigen Einschätzung von Energien reicht mit der Zeit in immer feinere Bereiche hinein, das heißt, wir werden immer »hellfühliger«. Die Vorstufe zur Hellfühligkeit ist aber das einfache Mitgefühl, also unsere Fähigkeit, die aktuelle Befindlichkeit eines anderen Menschen mitzuerleben. Mitfühlen zu können setzt wiederum voraus, dass uns unsere eigenen Gefühle vollständig zugänglich sind. Wie schon im letzten Kapitel angesprochen, sind daher die Wahrnehmung von und der konstruktive Umgang mit Gefühlen ein wichtiges Thema. Wir werden darauf später in diesem Kapitel noch ausführlicher zurückkommen.

Die Essenz unseres Herzens

Die wesentlichste Eigenschaft des Herzzentrums und zugleich eine der zentralen und dauerhaftesten Aufgaben unserer spirituellen Entwicklung ist die Verwirklichung von Liebe. Das bedeutet zunächst, dass wir die Liebe zu uns selbst und zu den Menschen, die uns nahe stehen, von Blockaden befreien. So können wir sie ungehindert erleben und fließen lassen. Mit der Zeit dehnen wir unsere Liebe dann über die persönliche Ebene hinaus auf alle Menschen aus und weiter auf die gesamte Schöpfung. Für »Verwirklichung von Liebe« können wir genauso gut das Wort »Selbstverwirklichung« einsetzen, denn unserem innersten Wesen nach *sind* wir Liebe.

Ich erinnere mich an ein Erlebnis, das ich ungefähr 1977, im Alter von 14 Jahren, hatte. Meine Grundstimmung war damals ziemlich düster, da mir im Schatten des atomaren Wettlaufs im Kalten Krieg und im Zuge drohender ökologischer Katastrophen mein Leben und das Leben allgemein recht sinnlos erschienen. Eines Abends dachte ich wieder einmal trüben Sinnes darüber nach, wer den Irrtum begangen hatte, eine solche Welt zu erschaffen und mich in ihr auszusetzen. Da überkam mich auf einmal eine sehr eigenartige, aber angenehme und erhebende Empfindung. Ich hatte plötzlich das Gefühl, nicht mehr allein im Raum, sondern von einer lichtvollen Präsenz umgeben zu sein, die mich liebevoll berührte. In mir hörte ich zugleich die Worte: »Christof, du bist hier, um Liebe zu lernen und zu leben. Du bist Liebe.« Nach einiger Zeit verschwand diese Präsenz wieder und ließ mich zutiefst berührt zurück.

Liebe ist die Essenz unserer Seele. Sie gehört zur Natur unseres göttlichen, unzerstörbaren Selbst. Einen schönen symbolischen Ausdruck hierfür finden wir in unserem Körper. Ist Ihnen schon einmal aufgefallen, dass alle Körperbereiche und alle Organe von Krebs befallen und zerfressen werden können, jedoch nicht das Herz? Zwar kann der Blutstrom in unserem Herz – so wie auch das Strömen unserer Liebe – blockiert sein. Als Folge davon bekommen wir dann einen Herzinfarkt oder ähnlich gelagerte Herzprobleme. Dem Krebs bietet das Herz jedoch offensichtlich keinen Nährboden.

Je tiefer wir mit der Liebe in uns in Berührung kommen, desto mehr beginnen wir zu erahnen, dass letztendlich das ganze Universum von Liebe durchdrungen, getragen und zusammengehalten wird. Dementsprechend reagieren auch alle Lebensformen, Menschen, Tiere und selbst Pflanzen, auf die Energie der Liebe.

Vor einigen Jahren führten Studenten der Chulalongkoren Universität in Bangkok unter strengsten wissenschaftlichen Kriterien Experimente mit verschiedenen Arten von Pflanzensetzlingen durch. Dabei wurden Setzlinge der gleichen Art jeweils in zwei Gruppen unterteilt und anschließend in unterschiedliche Beete gepflanzt. Beide Gruppen erhielten eine absolut identische Pflege: die gleiche Wassermenge, die gleichen Lichtverhältnisse usw. Der einzige Unterschied war jeweils, dass die Studenten drei Wochen lang einer der beiden Pflanzengruppen zusätzlich Liebe schickten. Sie meditierten täglich eine Zeit lang bei den Pflanzen und visualisierten, wie sie ihre Liebe zu den Pflanzen strömen ließen. Dabei stellten sie sich bildlich vor, wie diese Setzlinge sich zu prächtigen, blühenden Pflanzen entwickelten.

Die Ergebnisse waren in der Grundtendenz bei allen Pflanzensorten gleich. Eines der beeindruckendsten Resultate erbrachte ein Versuch mit Tagetes. Am Ende dieses Experiments blühten in dem »Liebesbeet« 23 Blumen, im Kontrollbeet jedoch keine einzige. Außerdem gab es bei der ersten Pflanzengruppe 30 Knospen, bei der anderen nur 6. Die durchschnittliche Höhe der Pflanzen betrug im ersten Beet 25 Zentimeter, im zweiten dagegen nur 16,5 Zentimeter. Die Pflanzen, die »geliebt« worden waren, waren also durchschnittlich eineinhalb Mal so groß geworden wie die anderen.

Daran, dass Liebe zu unserem ursprünglichen Wesen gehört, können wir uns vielleicht am besten erinnern, wenn wir einen Säugling anschauen. Sein Bewusstsein ist noch nicht durch die Sinneswahrnehmungen in der äußeren Welt verhaftet, und sein Sein noch kaum von Egobewusstsein überschattet. Oft können wir das Wesen eines Neugeborenen einfach nur mit den Worten Liebe oder Licht beschreiben.

Natürlich fühlen wir uns im Alltag oft alles andere als licht- und liebevoll. Zu viele negative Emotionen und Gedanken, zu viel Körper- und Egoidentifikation überdecken die Liebe, die wir unserem eigentlichen Wesen nach sind. Daher müssen wir uns aktiv darum bemühen, die Liebe in uns zu »ent-decken« und sie immer deutlicher zum Vorschein kommen zu lassen.

Wie können wir diese Liebe also mehr und mehr freilegen, und wie können wir sie kultivieren? Die erste Antwort auf diese Frage finden wir in dem schönen Bibelwort: »Liebe deinen Nächsten wie dich selbst.« Es ist merkwürdig: Obwohl wir mit diesem Satz aufgewachsen sind und ihn tausendfach gehört und gelesen haben, blenden wir den zweiten Teil dieses Gebotes meistens aus. Falls Sie ihn schon wieder vergessen haben, er lautet: »wie dich selbst«.

Wir können daher den Satz auch anders formulieren, ohne dass er seine Gültigkeit verliert, zum Beispiel so: »Nur in dem Maß, wie du dich selbst liebst, kannst du deinen Nächsten lieben.« Und mehr noch: »Nur so, wie du dich selbst liebst, kann dein Nächster *dich* lieben.«

Wenn wir uns selbst nicht für liebenswert halten und ablehnen, setzen wir unbewusst oder sogar absichtsvoll alles daran, mit unserem Urteil über uns selbst Recht zu behalten. Dann versuchen wir auch andere Menschen dazu zu bringen, dass sie unserem Urteil über uns selbst schließlich zustimmen müssen. Wir verhalten uns ihnen gegenüber so, dass sie schließlich gar nicht mehr anders können, als sich mit ihrer Liebe von uns zurückzuziehen. Daher sagen Menschen, die sich »eklig« gegenüber anderen benehmen, durch ihr Verhalten im Grunde vor allem: »Ich kann mich nicht ausstehen.« Um Liebe zu kultivieren, müssen wir also zunächst lernen, uns selbst für liebenswert zu halten und uns selbst zu lieben.

Sich selbst lieben

Über das, was Selbstliebe wirklich bedeutet, gibt es eine Menge Missverständnisse und falsche Vorstellungen. Wirkliche Selbstliebe meint eben gerade *nicht* Selbstsucht oder ausschließliche Zentrierung auf eigene Wünsche und Bedürfnisse. Solche Haltungen entstehen eher aus einer inneren Leere heraus, die aus Selbstablehnung und einem Mangel an Selbstliebe resultiert. Wirkliche Selbstliebe dagegen bedeutet, dass das eigene Herz so von Liebe erfüllt ist, dass es gewissermaßen »vor Liebe überfließt« – ganz natürlich, spontan und mühelos. Wie eine Tasse, die wir voll gießen, bis sie überläuft, lässt das Herz dann andere an seiner überfließenden Fülle teilhaben. Wir müssen also zunächst »die eigene Tasse füllen«. Wie aber können wir das bewerkstelligen?

Im Laufe meiner eigenen Entwicklung und meiner therapeutischen Arbeit sind mir einige Grundvoraussetzungen dafür klar geworden, dass wir uns selbst lieben können. Solange diese Bedingungen nicht erfüllt sind, wird es uns immer zumindest teilweise an Selbstliebe mangeln.

Die erste Voraussetzung für umfassende Selbstliebe haben wir bereits im letzten Kapitel erörtert. Sie besteht darin, dass wir mit unseren Eltern im Reinen sind. Ob das wirklich der Fall ist, können Sie daran ermessen, ob Sie Ihren Vater und Ihre Mutter als gute Kräfte in Ihrem Inneren erfahren. Kinder *haben* nicht nur Eltern, Kinder *sind* auch ihre Eltern. Sie sind also einerseits ein ganz eigenes Individuum, aber auf sehr wesentliche Weise sind Sie zugleich Ihre Eltern. Solange Sie Ihre Elternbeziehungen nicht geklärt haben, bleiben Sie somit uneins mit sich selbst, denn ein Kind, das seine Eltern ablehnt, lehnt damit automatisch auch sich selbst ab.

Eine Entscheidung treffen

Den zweiten Schritt zur Selbstliebe können Sie vollziehen, indem Sie eine bewusste Entscheidung treffen, sich selbst zu lieben. Viele Menschen können sich allerdings kaum vorstellen, eine solche Entscheidung »einfach so« treffen zu können. Denn wie soll man sich selbst auf einmal lieben, wenn man es sein Leben lang gewohnt war, sich selbst mit Ablehnung und Abwertung zu begegnen? Auch wenn Ihnen eine solche Entscheidung momentan noch zu schwierig vorkommt, *einen* Beschluss können Sie auf jeden Fall bereits jetzt fassen: nämlich zu *lernen*, sich selbst zu lieben. Vielleicht klingt das für Sie ja zu selbstverständlich, um hier erwähnt zu werden. Aber haben Sie diese Entscheidung schon einmal ganz bewusst getroffen und ausgesprochen? Wenn *Sie* es nicht tun, wer soll es dann für Sie tun?

Unglücklicherweise scheinen viele Menschen ein Leben lang darauf zu warten, dass irgendeine höhere Autorität – am besten sogar Gott selbst – erscheint und sagt: »Liebe dich selbst!« Doch selbst dann würden sie wahrscheinlich noch behaupten, Gott sei ja auch nicht mehr der Jüngste und müsse sich diesmal wohl geirrt und eigentlich jemand anderen gemeint haben. Die Entscheidung, sich selbst für liebenswert zu halten bzw. Selbstliebe zu lernen und zu praktizieren, kann Ihnen jedoch niemand abnehmen. Genau jetzt, in diesem Moment, haben Sie die Möglichkeit dazu, indem Sie *laut* sagen:

Ich treffe jetzt die Entscheidung ...

- *mich selbst lieben zu lernen*
- *mich selbst zu lieben*

- *Ich bin liebenswert.*
- *Ich liebe mich selbst.*

- *Gott, du hast mich geschaffen in Deiner Liebe. Also bin ich liebenswert. Ich bin Liebe.*
- *Was ich auch in der Vergangenheit getan habe, ich war immer Dein Kind, und ich werde es immer sein. So wie Du mich liebst, nehme ich es von Dir und liebe mich selbst.*

Übung: Sich selbst lieben

Sie können diese Übung allein oder auch zu zweit machen. Bei der zweiten Variante ist zunächst einer von beiden Partnern der Sprecher, der andere einfach Zeuge. Anschließend werden die Rollen getauscht.

Schließen Sie die Augen, und entspannen Sie sich mit ein paar tiefen Atemzügen. Nun haben Sie fünf Minuten Zeit, all die Seiten an sich zu betrachten, die Sie schätzen und für die Sie sich selbst lieben. Sprechen Sie während dieser fünf Minuten so viele Sätze wie möglich aus, die jeweils mit dem eigenen Namen beginnen und danach mit »Ich liebe an dir ...« oder »Ich schätze an dir ...« weitergehen. Vollenden Sie diese Sätze mit allem, was sie an Liebenswertem an sich selbst entdecken können, ganz egal, ob es Ihnen groß oder klein, wichtig oder unbedeutend erscheint.

Wenn Sie die Übung zu zweit gemacht haben, tauschen Sie sich anschließend über die Empfindungen aus, die Sie dabei hatten. Finden Sie gemeinsam Releasing-Sätze, falls es an einer Stelle »gehakt« hat, und schreiben Sie besonders wichtige Sätze auf, die mit »Ich liebe an dir ...« beginnen und die Sie noch mehr verinnerlichen möchten.

Negative Selbstkonzepte loslassen

Um uns selbst lieben zu lernen, müssen wir auch all die Glaubensmuster loslassen, die besagen, wir oder Teile von uns seien nicht liebenswert. Häufig gründen solche Überzeugungen in dem, was andere Menschen zu oder über uns geäußert haben. Vielleicht hat man Ihnen zum Beispiel gesagt: »Sei nicht so böse«, wenn Sie als Kind widersprochen haben. Dann mag es notwendig sein, dass Sie den Glauben loslassen: »Wenn ich mich selbst behaupte, bin ich böse und verdiene keine Liebe«. Oder Sie wurden als faul und unnütz beschimpft, wenn Ihre Schulnoten schlechter als eine Drei waren. Dann hilft Ihnen vielleicht der Satz: »Ich lasse los die Überzeugung, dass ich nur dann liebenswert bin, wenn ich ganz viel leiste.«

Ich lasse los ...

- *das Gefühl, nicht liebenswert zu sein*
- *allen Hass auf mich selbst*
- *das Gefühl, dass ich keine Fehler machen darf*
- *alle Selbstverurteilung und Selbstbestrafung*
- *meine Unversöhnlichkeit mir selbst gegenüber*
- *den Glauben, dass ich böse bin, wenn ich ... (zum Beispiel mich selbst behaupte und nein sage)*
- *das Gefühl und den Glauben, dass ich nur dann liebenswert bin, wenn ich ... (zum Beispiel immer viel leiste)*

Uns selbst und unsere verschiedenen persönlichen Anteile mit Liebe anzuschauen bedeutet keineswegs, dass all unsere Handlungen gut sind oder dass wir aufhören sollten, an uns zu arbeiten, wenn ein Verhalten uns oder anderen Menschen schadet. Natürlich gibt es die Persönlichkeitsebene, auf der wir manchmal gut und manchmal weniger gut handeln. Unsere innere Essenz aber bleibt jenseits dieser Welt der Ego-Illusion immer gleich, nämlich gut und liebenswert. Und je mehr wir auf unsere Essenz schauen und sie als das begreifen, was wir wirklich *sind*, desto häufiger wird unser Handeln aus dieser

Ebene kommen und somit gut sein, was auch immer »gutes« Handeln in einer konkreten Situation bedeuten mag.

Es ist also wichtig, dass wir uns unseres grundsätzlichen und unveränderlichen »Gutseins« als Kinder der göttlichen Kraft bewusst werden und lernen, uns mit der gleichen Liebe zu betrachten, mit der uns die göttliche Präsenz ansieht. Wenn uns das gelingt, wird es leichter, vorurteilsfrei auf unsere menschliche Persönlichkeit zu schauen und Fehler in unserem Verhalten zu korrigieren. Dann lässt sich etwas Erstaunliches beobachten: Die Eigenschaften, die wir als Defizite oder Macken betrachten, hören einfach auf, so furchtbar wichtig zu sein. Zugleich hören auch wir auf, uns selbst so furchtbar ernst und wichtig zu nehmen. Wenn wir uns mit Liebe anschauen, können wir uns selbst ganz einfach mit mehr innerer Distanz betrachten. Der amerikanische ehemalige Harvard-Professor und spirituelle Lehrer Ram Dass hat in einem Vortrag einmal so schön gesagt: »In all den Jahren, in denen ich Psychoanalyse gemacht habe, mit Drogen experimentiert habe, Meditation und Yoga studiert habe und vieles andere mehr, bin ich nicht eine einzige meiner Neurosen losgeworden. Nicht eine einzige! Der Unterschied ist nur, sie sind einfach nicht mehr so ein großes Ding. Und wenn sie sich heutzutage wieder melden, dann lade ich sie einfach zum Tee ein. Ich sage dann zum Beispiel: ›Hallo, sexuelle Perversion! Komm, lass uns zusammen einen Tee trinken!‹«

Für viele persönliche Neurosen ist es eine äußerst unangenehme Erfahrung, einfach nicht mehr so furchtbar ernst genommen, sondern stattdessen womöglich auch noch zum Tee eingeladen zu werden. Gewöhnlich fürchten sie eine solche Einladung wie der Teufel das Weihwasser. Nicht alle, aber sehr viele unserer Probleme ziehen es dann bald vor, nur noch in der Ferne vorbeizuziehen oder überhaupt nie wieder aufzutauchen.

Ein Schlüsselerlebnis dafür, mich selbst mit Liebe anzuschauen, hatte ich bei einem meiner Besuche bei Sai Baba in Indien, als ich auf seinen Darshan wartete. (*Darshan* bedeutet so viel wie »einen Heiligen sehen«. Für die Anhänger von Sai Baba ergibt sich dadurch zweimal täglich die Chance, ihn persönlich zu sehen und – einen Platz in den vorderen Reihen vorausgesetzt – vielleicht mit ihm sprechen zu können.) Damals sinnierte ich darüber nach, ob der Meister mir während meines Aufenthalts wohl auf der körperlichen

Ebene seine Aufmerksamkeit schenken würde. Würde er mich für würdig befinden? Mir kamen allerlei Geschehnisse der letzten Zeit in Erinnerung, in denen ich mich nicht gerade wie ein edler Jünger des Herrn verhalten hatte. Noch krasser wurde dieser Eindruck durch die zahlreichen Anhänger Sai Babas um mich herum, von denen viele irgendwie fromm und heiligmäßig zu sein schienen und somit dem Meister gewiss lieber waren als ich. So ging ich eine Zeit lang diesen und ähnlichen Selbstzweifeln nach und hatte am Ende das Gefühl, mir all meiner Verstöße und Sünden gleichzeitig bewusst zu sein.

Um meinen besorgten Geist ein wenig zu beruhigen, schloss ich schließlich die Augen und konzentrierte mich auf mein Herzzentrum. Zu meinem eigenen Erstaunen wich meine Unruhe recht schnell, und schon bald fühlte ich mich von einer tiefen Ruhe und innerem Frieden erfüllt. Und plötzlich wurde mir auf einer ganz tiefen Ebene klar: Durch alle Zeiten hindurch war ich Gottes Kind gewesen, ganz egal, welche Irrtümer ich begangen hatte. Da die göttliche Kraft die Wahrheit, Schönheit und Güte selbst ist, musste also auch ich als ihr Geschöpf in meinem Innersten so sein. Ich spürte ganz deutlich die Seinsebene in mir, auf der ich immer gut gewesen war als Gottes Kind. Und ich begann zu fühlen, dass all meine Urteile über mich selbst nur meinem eigenen urteilenden Denken entsprungen waren und dass Gott mich jenseits meiner Selbstverurteilungen immer weiter geliebt hatte. Diese Erkenntnis erfüllte mich mit großer Freude.

Als ich nach einiger Zeit die Augen wieder öffnete, sah ich, wie Sai Baba aus einiger Entfernung näher kam. Schließlich blieb er zwei bis drei Meter vor mir stehen. Seine Augen funkelten freudig und humorvoll. Dann jedoch wurde sein Gesichtsausdruck scheinbar streng und mit gespieltem Ernst sagte er: »Bad boy!« – schlechter Junge. Ich hätte mich fast ausgeschüttet vor Lachen, denn natürlich hatte er mich erwischt. Es bestand kein Zweifel für mich, dass ich damit eine Antwort auf meinen inneren Prozess bekommen hatte, die so viel bedeutete wie: »Na, ist der Groschen endlich gefallen? Ich, das göttliche Bewusstsein, habe dich immer so gesehen.«

Wo absolute Liebe (nicht) zu finden ist

Diese Geschichte lehrt uns noch etwas: Wir müssen aufhören, nach absoluter Liebe da zu suchen, wo wir sie nun einmal nicht finden können, nämlich außen. Stattdessen müssen wir sie zuerst dort suchen, wo wir sie tatsächlich finden können – nämlich innen, bei Gott, beim Höheren Selbst.

Gewöhnlich machen wir genau das Gegenteil. Wir gehen von einer Frau zur nächsten, von einem Mann zum nächsten. Immer in der Hoffnung, die absolute Liebe nun endlich gefunden zu haben. Was wir dabei unglücklicherweise meistens übersehen und erst bemerken, wenn es bereits zu spät ist, ist der Umstand, dass der andere genau dasselbe bei uns sucht. Denn auch er oder sie hat es nicht und glaubt, es bei uns gefunden zu haben. So dauert es meist nicht lange, bis wir uns enttäuscht voneinander abwenden, uns in heftigen gegenseitigen Vorwürfen verstricken (in dieser Phase erlebe ich viele Paare in meiner Praxis) und schließlich die Beziehung beenden. Und das nur um nach einiger Zeit in einer neuen Partnerschaft dasselbe Spiel von vorn zu beginnen.

Wenn wir schon außen nach absoluter Liebe suchen, dann sollten wir es bei denen tun, die völlig eins mit dem Höheren Selbst sind und daher reine Liebe verkörpern. Manche Menschen in der heutigen Zeit sehen zum Beispiel in Sai Baba oder in der indischen Meisterin Amritanandamayi, kurz Ammachi genannt, solche machtvollen Quellen der Liebe. Aber wie bewegend solche Begegnungen auch für uns sein mögen: Dauerhaft kann uns keine äußere Gestalt mit Liebe erfüllen, wenn wir sie nicht in der Tiefe unseres eigenen Seins erfahren.

Wenn wir jedoch aufhören, absolute Liebe in menschlichen Beziehungen zu suchen und uns stattdessen mit unserer Suche an erster Stelle an das Höhere Selbst wenden, können wir im Laufe der Zeit eine erstaunliche Erfahrung machen. Jedenfalls habe ich diese Erfahrung gemacht. Wir können nämlich feststellen, dass es immer häufiger Momente gibt, in denen wir uns auch in unseren menschlichen Beziehungen absolut geliebt fühlen. Wir erleben unsere persönlichen Beziehungen dann als Ausdrucksformen der absoluten Liebe, die immer da ist – egal, ob wir sie zur Kenntnis nehmen oder nicht.

Diese absolute Liebe des Höchsten Selbst kann sich nämlich auch in unseren persönlichen Begegnungen mit anderen Menschen offenbaren. Unsere Aufgabe bleibt es jedoch, zunächst die richtigen Prioritäten zu setzen und unserer Beziehung zu Gott den ersten Platz einzuräumen. Dazu, was dies praktisch heißen kann, kommen wir später in diesem Kapitel.

Ich lasse los ...

- *die Auswirkungen davon, als kleines Kind meine Eltern als Gott angesehen zu haben, und meine Enttäuschung über ihre Unzulänglichkeiten und daher auch über Gott*
- *die Enttäuschung darüber, dass meine Eltern mir nicht die absolute, reine Liebesenergie geben konnten, wie ich sie aus der geistigen Welt kannte*

- *Ich entlasse meine Eltern aus diesen Erwartungen.*
- *Ich entscheide mich dafür, absolute Liebe direkt bei Gott zu suchen.*

Im Einklang mit unserem Lebenszweck leben

Noch eine weitere Bedingung für umfassende Selbstliebe muss hier erwähnt werden. So richtig begeistert von uns selbst und vom Leben überhaupt werden wir nämlich erst dann sein, wenn wir im Einklang mit unserem Lebenszweck leben und handeln. Solange wir das nicht tun, sind wir uns selbst, das heißt unserem wirklichen Selbst, nicht treu. Genau genommen missachten wir uns dann selbst. Missachtung aber macht uns die Liebe zu uns selbst unmöglich. Emotional werden wir uns im wahrsten Sinn des Wortes »uneins« mit uns selbst fühlen, solange es einen Widerspruch zwischen den tieferen Anliegen unserer Seele und unserem tatsächlichen Leben gibt.

Worin besteht aber eigentlich Ihr Lebenszweck? Die Antwort auf diese Frage umfasst immer zwei Ebenen. Auf der ersten Ebene lautet sie für alle verkörperten Seelen gleich: Wir sind hier, um unsere wahre Identität, unsere Einheit mit Gott zu erkennen und zu erleben. Den meisten Menschen dürfte dieser Lebenszweck allerdings nicht bewusst sein. Dennoch ist auch ihr unbewusstes Wachstum – von der Seele aus betrachtet – auf das gleiche Ziel hin ausgerichtet, mögen sie auch noch viele Leben davon entfernt sein. Wie der Dichter Novalis einmal sagte: »Wohin gehen wir? Immer nach Hause.«[7]

Ihr jetziges Leben bietet Ihnen die Gelegenheit, sich dieses tiefere Anliegen Ihrer Seele bewusst zu machen. Und durch eine innere Verpflichtung Ihrem spirituellen Wachstum gegenüber können Sie diesen Entwicklungsprozess möglicherweise erheblich beschleunigen.

Die zweite Ebene der Antwort bezieht sich auf die ganz persönlichen, individuellen Aufgaben in Ihrem gegenwärtigen Leben. Es geht dabei um die einzigartige Weise, in der Sie das Potenzial Ihrer Seele zum Ausdruck bringen. Was das konkret für Sie bedeutet, können nur Sie allein herausfinden, und zwar in Ihrem Herzen. Denn unser individueller Lebenszweck ist immer nur in unserem Herzen zu finden.

Wenn Sie anfangen, über Ihren Lebenszweck nachzusinnen, sollten Sie zunächst einen Satz finden, der das Anliegen Ihrer Seele auf allgemeine Weise beschreibt. Ein solcher Satz könnte zum Beispiel lauten: »Ich bin hier, um zu heilen«, »Ich bin hier, um anderen zu helfen, die Gegenwart Gottes zu erfahren«, »Ich bin hier, um Kinder glücklich zu machen«, »Ich bin hier, um Freude durch Musik auszudrücken« oder »Ich bin hier, um die Natur und die Schönheit der Erde bewahren zu helfen«. Wenn wir einen derartigen Satz in uns tragen, der nicht nur aus dem Verstand, sondern aus der Tiefe des Herzens kommt, setzen wir eine gewaltige organisatorische Kraft in unserem Leben in Gang. Es ist wie mit dem Einstellen eines Schiffsruders. Wir haben dann eine »Aus-Richtung«, das heißt eine Richtung, in die unsere Lebensenergie zu fließen beginnt und nach der sich Schritt für Schritt unsere Lebensumstände ordnen können. Solange uns ein solcher innerer Satz fehlt, gleichen wir eher einem Boot, das ohne Ruder und ohne Steuermann übers offene Meer treibt. Wie groß ist die Wahrscheinlichkeit, dass es jemals einen Hafen erreicht?

Mit einem Satz dieser Art haben Sie also bereits so etwas wie ein Motto für Ihre persönlichen Lebensaufgaben gefunden. Konkreter drückt sich Ihr Lebenszweck dann in den Bildern von Ihrem Leben aus, bei denen Sie echte Freude und Begeisterung verspüren. Es geht hier um Ihre ganz persönliche Antwort auf die Frage: *Wenn ich in*

meinem Leben das verwirklichen könnte, was mir die größte Freude berei-
ten würde, was wäre das?

Das Wissen um unsere Lebensaufgabe wird uns nicht durch den strengen Richterspruch einer dröhnenden Stimme vermittelt, die vom Himmel herab zu uns spricht. Es geht auch nicht darum, einen geheimnisvollen Auftrag von Gott zu entschlüsseln, zu dem wir keinen Zugang finden. In Wahrheit hat Ihr Lebenszweck schon immer in Ihrem Herzen darauf gewartet, von Ihnen erkannt und in die Tat umgesetzt zu werden. Vielleicht kennen Sie ihn im Grunde auch schon längst, haben ihn – und damit sich selbst – jedoch nie wirklich ernst genommen. Bringen Sie den Mut auf, sich Freude und Glück im Leben zuzugestehen! Denn nur so können Sie die Antwort erkennen.

In der praktischen Umsetzung hat Ihre Lebensaufgabe immer mit Ihren einzigartigen Talenten zu tun. Vor allem geht es dabei um die Talente, bei deren Ausübung Sie wirkliche Freude empfinden. Denn Freude ist der Schlüssel und der innere Führer zu Ihrem Lebenszweck!

Es gibt im Grunde nur zwei Fragen, die Sie sich stellen müssen: *Was sind meine Talente oder Fähigkeiten, bei deren Ausübung ich wirkliche Herzensfreude, wirkliche Begeisterung empfinde? Und: Wie kann ich diese Fähigkeiten so einsetzen, dass ich gleichzeitig anderen damit in irgendeiner Weise diene?*

Die zweite Frage spielt eine große Rolle, weil wir niemals wirklich erfüllt sind, wenn wir ausschließlich aufs eigene Ego bezogen denken und leben. Es ist ein Grundbedürfnis unserer Seele, im Leben einen Beitrag zum Wohl anderer Menschen bzw. zum Wohl der Erde zu leisten. So macht es uns *und* anderen Freude, wenn wir dieses Bedürfnis befriedigen und unsere Talente so gebrauchen, dass auch andere in irgendeiner Weise davon profitieren. Sie werden also der Begeisterung über sich selbst und Ihr Leben – und damit Ihrer Selbstliebe – nicht lange davonlaufen können, wenn Sie die oben gestellten Fragen für sich beantworten und die Antworten in Ihrem Leben umsetzen.

Tatsächlich liegt der Schlüssel zu einem glücklichen Leben darin, die eigene Lebensaufgabe zu finden und zu erfüllen. Ich spreche hier nicht von ständiger Euphorie oder davon, dass Sie den Rest Ihres Lebens nur noch lächeln werden. Natürlich wird es auch weiterhin die Stimmungsschwankungen des Alltags geben. Im Einklang zu sein mit der eigenen Lebensaufgabe ist jedoch die sicherste und vielleicht sogar einzige tragfähige Grundlage für ein dauerhaftes positives Lebensgefühl.

Wenn Sie erst einmal angefangen haben, Ihren Lebenszweck zu verwirklichen, werden Sie höchstwahrscheinlich auch die Erfahrung machen, dass Ihnen einfach nicht mehr so viel Zeit für Negativität bleibt wie vorher. Ihr Geist beginnt sich mehr und mehr auf konstruktive Ebenen auszurichten. Möglicherweise werden Sie sich nach einiger Zeit sogar fragen, wie Sie es in der Vergangenheit eigentlich geschafft haben, so viele Probleme zu haben. Vor allem dann, wenn deren Ursache hauptsächlich in der übermäßigen gedanklichen Beschäftigung Ihres Verstandes mit sich selbst.

Die eigene Herzensvision zu verwirklichen setzt sehr oft den Mut voraus, sich nicht von eigenen Ängsten oder von den Ängsten und negativen Kommentaren anderer Menschen leiten zu lassen. Diesen Mut können jedoch nur Sie selbst aufbringen, das kann Ihnen niemand abnehmen. Denn diesen Mut zu entwickeln beruht auf einer *persönlichen Entscheidung*. Entscheiden Sie sich, diesen Mut aufzubringen! Entscheiden Sie sich, Ihre Entschlüsse nicht mehr aus Ängsten, sondern nur noch aus der Freude Ihres Herzens heraus zu treffen!

Es kann sein, dass Sie das Grundanliegen Ihrer Seele in verschiedenen Lebensphasen auf sehr unterschiedliche Weisen verwirklichen werden, weil jede Lebensphase Sie vor andere Herausforderungen stellt. Zudem kann Ihr Lebenszweck zur gleichen Zeit in unterschiedlichen Aufgaben zum Ausdruck kommen, etwa in einem bestimmten Beruf und zugleich in Ihrer Rolle als Vater oder Mutter oder auch in einem ehrenamtlichen Engagement.

Vielleicht tun Sie ja bereits das, was Sie schon immer tun wollten. Sind Sie zum Beispiel Mutter oder Vater, führen den kleinen Laden, von dem Sie immer geträumt hatten, oder arbeiten als Finanzberater, dem es an erster Stelle um das wirkliche Wohl seiner Kunden und nicht nur um kurzfristigen Profit geht. Vielleicht haben Sie Ihre ganz einzigartige Weise gefunden, Ihren Beruf auszufüllen, zum Beispiel als Architekt, der auf gesundes Bauen spezialisiert ist, als vegetarischer Koch oder als Hebamme, die auch spirituell-therapeutische Geburtsvorbereitung anbietet. Oder Sie arbeiten mit Kindern: als liebevolle und kreative Erzieherin oder als Lehrer, der sich schon immer zu dieser Tätigkeit berufen fühlte. Es gibt unzählige Möglichkeiten.

Falls Ihr Beruf Sie jedoch *nicht* begeistert, dann finden Sie neue Wege! Treffen Sie eine Entscheidung zur Veränderung! Denn wenn Sie sich erst einmal entschieden haben, das umzusetzen, bei dem Sie die größte Freude empfinden, und wenn Sie tatsächlich anfangen, es zu Ihrem eigenen Wohl und zum Wohl anderer zu praktizieren, setzen Sie eine Kraft frei, die Ihnen vorher nicht zur Verfügung stand. Sie bewirkt unter anderem, dass Sie vom Universum alle Unterstützung bekommen, die Sie benötigen.

Übung: Die Herzensvision finden

Setzen Sie sich aufrecht und bequem hin, schließen Sie die Augen, und entspannen Sie sich mit ein paar tiefen Atemzügen. Werden Sie innerlich still. Gehen Sie dann mit der Aufmerksamkeit ins Herzchakra, das heißt ins Zentrum Ihrer Brust. Fühlen Sie die Freude Ihres Herzens.

Lassen Sie in Ihrem Herzzentrum einzeln folgende Fragen schwingen, und schreiben Sie anschließend Ihre jeweiligen Antworten auf.

1. *In welchem Satz, der mit den Worten beginnt: »Ich bin hier, um …«, drückt sich auf allgemeine Weise mein Lebenszweck aus?*
2. *Wenn ich in meinem Leben das verwirklichen könnte, was mir die größte Freude bereiten würde, was wäre das?*
3. *Was sind meine Stärken, meine Talente und Fähigkeiten? Was mache ich besonders gern? Was kann ich besonders gut?*
4. *Wie kann ich diese Stärken zur Verwirklichung meiner Herzensvision (siehe 2.) einsetzen?*
5. *Was müsste ich dafür noch lernen?*

Kontemplieren Sie eine Weile über diese Fragen, und nehmen Sie dabei wahr, welche inneren Bilder wirklich von Freude erfüllt sind.

Im Anschluss daran oder zu einem späteren Zeitpunkt machen Sie ein Brainstorming darüber, wie Sie diese Erkenntnisse so umsetzen könnten, dass Sie damit gleichzeitig auch anderen Menschen dienen. Seien Sie kreativ. Schrecken Sie auch – und besonders – nicht vor Ideen zurück, die vor Ihnen noch niemand verwirklicht hat. Vielleicht sind Sie hier, um etwas zu tun, was es so noch gar nicht gibt.

Legen Sie anschließend schriftlich die konkreten Schritte fest, die zur Verwirklichung Ihrer Herzensvision notwendig sind. Notieren Sie, bis wann Sie Ihre Vision auf die Erde gebracht haben werden.

Unsere persönliche Beziehung zu Gott

Ähnlich wie bei der Suche nach Liebe für uns selbst ergeht es uns oft auch bei unseren Bemühungen, Liebe in unsere äußeren Beziehungen fließen zu lassen. Wir lassen die eigentliche Quelle der Liebe außer Acht, und so versiegt sie nach einiger Zeit.

Der Apfelbaum

Es war einmal ein Mann, in dessen Garten stand ein Apfelbaum. Als es schon lange nicht mehr geregnet hatte, sah der Mann eines heißen Sommerabends, wie klein die Blätter an seinem Baum waren und dass sie zu vertrocknen drohten. Da holte er Eimer voller Wasser und besprenkelte damit eigenhändig Blatt für Blatt. So machte er es von nun an jeden Abend. Nach einer Weile aber verdorrte der Baum, und die Blätter fielen ab.

Ein Nachbar dieses Mannes hatte ebenfalls einen Apfelbaum in seinem Garten, und auch er entdeckte, dass es seinem Baum an Wasser fehlte. Abend für Abend holte er von nun an Wasser aus seinem Brunnen und begoss damit die Wurzeln seines Baumes. Schon bald hatte der Baum sich erholt. Die Blätter wurden saftig und grün, und im Herbst trug er reiche Ernte.

Wie oft machen wir es doch wie der erste Mann in dieser Geschichte, der die Blätter seines Baumes gießt! Wir stecken viel Energie und Liebe in alle möglichen Arten von äußeren Bindungen und Aktivitäten und machen dennoch die Erfahrung, dass mit der Zeit unsere Liebe versiegt und unsere Beziehungen »verdorren«. Wenn wir jedoch all die Energie und Liebe, die wir sonst in äußere Verbindungen investieren, zusammenfassen und sie ausrichten auf Gott, die Wurzel von allem, sind wir unmittelbar mit der Quelle aller Liebe verbunden. So stärken wir nicht nur unsere wichtigste – und einzige dauerhafte – Beziehung, sondern Liebe aus dieser Quelle fließt dann automatisch und mühelos auch in die Beziehungen zu unserem Partner, zu unserer Familie und zu anderen Menschen und Lebewesen.

Wenn wir also wirklich Liebe in unser Leben bringen und lernen wollen, bedingungslos zu lieben, dann sollten wir an erster Stelle unsere Beziehung zu Gott pflegen, um Liebe zu Gott zu entwickeln und von Ihm zu empfangen. Im Gegensatz zu der Art von menschlicher Liebe, die sich nach einiger Zeit verbraucht und verliert, ist die Liebe zu Gott immer so neu und frisch, als erführen wir sie zum ersten Mal. Der indische Dichter und Mystiker Vidyapat schrieb in einem Lied:

Mein Freund, was antworten, wenn ich erklären soll,
was mir widerfahren ist.
Die Liebe verwandelt, erneuert sich
von Augenblick zu Augenblick.
Er hat in meinen Augen gewohnt
alle Tage meines Lebens,
und doch bin ich des Schauens nicht satt.
Meine Ohren haben seine liebliche Stimme gehört,
und doch ist sie immer neu für meine Ohren.
Wie viele Nächte, süß wie Honig, habe ich mit ihm
in Liebesseligkeit verbracht, und doch, mein Körper
erstaunt noch über seinen.
Durch alle Jahrhunderte
hat er sich an meine Brust gedrückt,
und doch lässt mein Verlangen nimmer nach.[8]

Gott zu lieben ist aber natürlich nicht Mittel zum Zweck, damit unsere menschlichen Beziehungen besser funktionieren. Vielmehr liegt für die Seele die höchste Freude überhaupt darin, in Berührung mit der göttlichen Liebe zu sein. Wer sie einmal erfahren hat, weiß, dass diese Liebe von überwältigender Süße und Belohnung in sich selbst ist. So wie es Vivekananda, einer der großen spirituellen Lehrer der indischen Geistesgeschichte, in Anlehnung an das Hohelied Salomos beschreibt: »Nur einen Kuss von Deinen Lippen, oh Geliebter! Wen Du geküsst hast, der wird ewig nach Dir dürsten. All seine Qual entschwindet, und nichts weiß er mehr als Dich allein.«[9]

Oder wie Paramahansa Yogananda einmal sagte: »Ich finde, Gott ist eine viel größere Versuchung als die Versuchung.«

Die Frage ist nun: Wie können wir diese Liebe, wie können wir liebende Hingabe entwickeln?

Es mag banal klingen, aber zunächst müssen wir überhaupt erst einmal den Wunsch haben, diese Art der Beziehung zu Gott zu entwickeln und zu erfahren. Es ist wie bei einem Forscher: Solange keine Neugier, kein tiefer Wunsch da ist, etwas über den Gegenstand seiner Forschung zu erfahren, werden seine Arbeit und sein Wissen oberflächlich bleiben.

Das innere Glück zu erfahren, das aus der Liebe zu Gott erwächst, erfordert Intensität und Beständigkeit in unserer Hinwendung zum Göttlichen. Beides setzt aber voraus, dass wir wirklich den Wunsch haben, die göttliche Präsenz zu fühlen. Für manche Menschen ist dieser Wunsch ein Geschenk, das aus persönlichem Leid geboren wird. Bei anderen entsteht er, wenn sie durch eine unwillkürliche innere Öffnung einen flüchtigen Vorgeschmack von der Seligkeit bekommen haben, die göttliche Liebe in uns bewirkt. Dies mag in einer Meditation, in der Natur, bei einer Begegnung mit dem Licht während einer Nahtoderfahrung, bei einem Konzert oder auf andere Weise geschehen sein. Sie können auch darum bitten, dass Sie eine solche Berührung des Höchsten Selbst erleben mögen. Wesentlich ist auf jeden Fall, dass unser Wunsch nach Gott zu Intensität und Beständigkeit in unserer inneren Ausrichtung führt und dass wir »Hingabe« nicht nur an Weihnachten, am Sonntag oder beim Besuch spiritueller Seminare leben.

Oft beklagen wir uns über Gott, weil er so weit entfernt oder gar nicht existent zu sein scheint. Würden wir uns jedoch ebenso intensiv um die Nähe zum göttlichen Selbst bemühen, wie wir uns für andere Angelegenheiten und Beziehungen engagieren, dann wären wir uns mit Sicherheit der Gnade, der Fülle und der Liebe bewusst, die ständig für uns da sind.

Loslassen von negativen Konzepten über Gott

Dass wir überhaupt eine direkte, unmittelbare Beziehung zu Gott haben können, ist für viele von uns wohl erst einmal ein völlig neuer Gedanke. In der Regel liegt das an Bildern und Vorstellungen, die wir uns im Laufe der Zeit über Gott und über uns selbst gemacht haben. Eines der häufigsten Probleme in meiner Arbeit mit anderen Menschen stellt immer wieder die unvorstellbar große Menge an einengenden und negativen Konzepten über Gott dar, die wir zum großen Teil schon seit vielen Leben in der Seele tragen. Weil wir uns im Lauf der Zeit so an sie gewöhnt haben, kommen wir meistens gar nicht auf die Idee, dass Gott vielleicht nur wenig oder gar nichts mit dem strengen, strafenden, humorlosen Gott zu tun hat, für den wir »Ihn« häufig halten.

Viele dieser Vorstellungen wurden einfach von Menschen in die Welt gesetzt – und beileibe nicht aus innerer Gotteserfahrung. Vielmehr dienten negative Gottesbilder oft einzig und allein dem Zweck, den Vorrang und die Machtposition religiöser Würdenträger zu sichern und dem Volk weiszumachen, es brauche die Vermittlung und Fürsprache von Priestern und Bischöfen, um in Kontakt zur Gottheit kommen zu können.

Gelegentlich sehe ich bei meiner Arbeit mit einem Menschen, wie auf den geistigen Ebenen ein helles strahlendes Licht auf die Seele zukommt oder manchmal auch ein Meister, der eins mit dem Göttlichen ist und bedingungslose Liebe ausstrahlt. Manche Seelen rennen dann auf der astralen Ebene jedoch förmlich davon und verschließen all ihre inneren Sinne, um nicht mit der göttlichen Energie in Berührung zu kommen. Die Ursache für ein solches Verhalten liegt normalerweise in der festen Überzeugung, dass wir es nicht verdienen, von Gott geliebt zu werden. Manchmal steht dahinter auch die Angst, Gott würde uns für irgendetwas bestrafen, wenn er uns erst einmal »erwischt« hätte. In ähnlicher Weise tragen wir noch viele andere negative Konzepte von Gott in uns, die uns dazu gebracht haben, innerlich vor ihm davonzulaufen. Selbst wenn unser bewusstes Gottesbild positiv ist, sind wir meistens unbewusst doch noch in einer Fülle von alten negativen Vorstellungen über Gott gefangen.

Eines der wichtigsten Themen beim Releasing überhaupt und

besonders im Zusammenhang mit dem Herzzentrum ist daher das Loslassen alter negativer Vorstellungen über Gott. Da diese Konzepte bei den meisten von uns ähnlich aussehen, schlage ich vor, dass Sie beim Lesen die folgenden Releasing-Sätze (die wiederum nur Beispiele sind) gleich laut aussprechen.

Ich lasse los ...

- *die alte Vorstellung, dass Gott eine Instanz außerhalb von mir ist. Gott ist in mir. Ich bin in Gott.*
- *das Muster auf den geistigen Ebenen davonzulaufen vor Gott*
- *das Gefühl, nicht würdig zu sein, und kein Recht zu haben, zu Gott zu gehen*
- *das Konzept, dass ich erst bestimmte Voraussetzungen erfüllen muss, um mich an Gott wenden zu dürfen*
- *den Glauben, dass ich keine Fehler machen darf (dass ich perfekt sein muss), um mich an Gott wenden zu dürfen*
- *die alte Vorstellung, dass Gott ein Mann ist und dass Gott die Männer bevorzugt*
- *das Gefühl, dass ich »Ihm« deshalb nicht trauen kann*

- *Ich anerkenne, dass Gott jenseits von Männlichem und Weiblichem ist, sich aber sowohl durch männliche als auch durch weibliche Qualitäten ausdrücken kann.*

Ich lasse los ...

- *die Vorstellung, dass ich zu einfach (zu ungebildet, zu unwichtig usw.) für Gott bin, als dass Er sich mir zeigt*
- *den Glauben, dass ich mich Gott nur in Buße und Zerknirschung nähern darf*
- *die Entscheidung, deshalb in Sack und Asche zu gehen*
- *die Vorstellung, dass ich mich klein machen muss vor Gott*
- *alle Widerstände gegen Gott, wenn Er kommt, um mir zu sagen, dass ich Sein Kind und als solches heil(ig) bin*
- *die Erwartung, angefeindet zu werden, wenn ich es für mich in Anspruch nehme, ein Kind Gottes zu sein*
- *es nicht glauben zu wollen, wenn Gott mir innerlich sagt, dass ich Licht bin. Ich bin Licht.*

- *das alte Gefühl, es nicht wert zu sein, von Gott mit Liebe angeschaut zu werden*
- *das Konzept meiner Seele, dass ich Leben für Leben versagt und daher kein Recht habe, zu Gott zu gehen*
- *die Vorstellung, dass ich erst alle alten Schulden aus all meinen Leben bezahlt haben muss, bevor ich mich selbst als göttliches Wesen anerkennen darf. Ich anerkenne, dass ich ein göttliches Wesen bin.*
- *die Vorstellung, dass das Licht zu stark für mich ist und mich verbrennt, wenn ich ins Licht schaue*
- *das Gefühl, von Gott übersehen zu werden*
- *den Glauben, dass die schweren Zeiten in meinem Leben Beweis dafür sind, dass Gott mich verlassen hat*
- *die Vorstellung, dass andere Seelen Gott lieber sind als ich*
- *das Muster, mich hinten anzustellen und nur aus der Ferne zu Gott zu schauen*
- *die Erwartung, dass Gott mich prüft und leiden lässt, bevor ich zu Ihm darf*
- *den Glauben, dass ich mich zwischen meiner Menschlichkeit und meiner Göttlichkeit entscheiden muss*

- *Ich anerkenne den Teil in mir, der immer vollkommen war und dies immer sein wird. Und ich umarme die Teile von mir, die menschlich und unvollkommen sind und stimme ihnen zu. Ich öffne mich dafür, meine Göttlichkeit durch meine Menschlichkeit auszudrücken.*

Weitere Affirmationen:

- *Gott, Du bist Liebe, also bin auch ich Liebe.*
- *Du hast mich in Deinem Licht erschaffen, also bin ich Licht.*
- *Ich höre auf, wie ein Bettler zu Gott zu gehen. Ich gehe jetzt zu Gott als Sein Kind.*
- *Gott, ich bin Dein Kind, und ich nehme Dich als mein wahres Selbst.*
- *Ich bin eins mit Gott.*

Eine Form wählen

Für viele von uns ist es schwer, eine Beziehung zu einem formlosen und unpersönlichen Gott herzustellen, denn unser Verstand ist es gewohnt, in Begriffen und Formen zu denken. Wie können wir dann aber etwas lieben bzw. Vertrauen zu einer Kraft entwickeln, die wir nicht sehen können, jedenfalls nicht mit unseren äußeren Sinnen?

Die Antwort hierauf ist sehr einfach. Sie gründet auf der Einsicht, dass das Göttliche zwar jenseits aller Namen und Formen existiert, dass ihm zugleich aber alle Namen und Formen zu Eigen sind, durch die wir uns ihm nähern möchten. Die alte indische Kultur hat schon immer um diese Wahrheit gewusst, sie gelehrt und uns dadurch ganz nebenbei ein wunderbares Vorbild für religiöse Toleranz gegeben. So kennen die Hindus neben ihren »Hauptgöttern«, zu denen unter anderem Brahma, Vishnu, Shiva, die göttlichen Inkarnationen Rama und Krishna und die göttliche Mutter als Kali oder Devi gehören, eine nahezu unübersehbare Vielfalt an weiteren Gottheiten. All diese Formen werden jedoch als Verkörperungen verschiedener Aspekte des *einen* Gottes betrachtet. Und durch jede dieser Formen kann der *eine* formlose Gott angebetet werden. So hat jeder Gläubige die Freiheit, die Form zu wählen, zu der er emotional den leichtesten Zugang findet und der er am besten seine Liebe schenken kann. Dies kann auch die Gestalt eines lebenden spirituellen Meisters sein, durch den sich das göttliche Bewusstsein offenbart.

Für uns westliche Menschen heißt das natürlich nicht, dass wir eine der hinduistischen Gottesformen oder einen indischen Meister sozusagen »adoptieren« müssen. Wenn wir es möchten, können wir jedoch auch das tun. Abgesehen davon gibt es hier kein »Muss«: Wir müssen selbstverständlich keiner bestimmten Verkörperung des Göttlichen den Vorzug geben. Für viele Menschen ist der Zugang über eine bestimmte Personifizierung des Göttlichen jedoch eine große Hilfe und ebnet ihnen den Weg. Das gilt umso mehr, wenn wir das Glück haben, einem wirklichen lebenden Meister oder einer Meisterin zu begegnen, zu dem oder der unsere spontane Liebe fließt und zu dem oder der wir auch eine Beziehung auf der äußeren Ebene entwickeln können. Der wirkliche Guru verkörpert aber immer nur das *eine* allgegenwärtige göttliche Bewusstsein, das sich sowohl im

Inneren der Seele als auch außen offenbart, und hier wiederum in ganz besonderer Weise durch die Seelen, die ihrer Einheit mit Gott voll gewahr sind.

Die Erfahrung aller Gottsucher zeigt: Welche Form wir auch immer für unsere Anbetung und innere Kommunikation mit Gott wählen, Gott wird sie akzeptieren und sie für uns mit Seinem lebendigen Geist, mit Seiner Süße und Liebe füllen. Für Jesus war es Gott in der Form des Vaters, für Mutter Teresa wiederum war es Jesus, für den indischen Heiligen Ramakrishna war es Gott als die göttliche Mutter Devi, für die bekannte mystische Dichterin des alten Indien, Mira Bai, war es der geliebte Krishna.

Das eigentlich Wichtige ist also nicht, welche dieser verschiedenen Gottesformen uns am meisten zusagt. Der Punkt, um den es geht, ist vielmehr: Wenn wir Intimität und Nähe zu Gott mit Hilfe einer Seiner vielen Formen entwickeln möchten, dann sollten wir mit ganzem Herzen die Beziehung zu dieser göttlichen Verkörperung pflegen. Wir können mit ihr sprechen, sie im Geist berühren, sie umarmen, zu ihr zu beten oder was immer uns gefällt, um Nähe und Intimität zu empfinden. Der große Geist wird diese Form für uns lebendig werden lassen. Er wird in dieser Form in Meditationen und Träumen und vielleicht auch noch auf andere Weisen zu uns kommen, um uns zu führen, zu heilen, zu belehren und zu lieben.

Es geht dabei nicht darum, dies sei noch einmal betont, den einzig »richtigen« oder einen »besseren« Gott als jemand anders zu haben. Es geht allein darum, dass wir uns leichter auf Gott beziehen können, indem wir Ihn/Sie/Es als Bild im Herzen tragen und vor dem geistigen Auge lebendig werden lassen. So können wir in der Hinwendung zu der geliebten Form unsere Liebe zu Gott immer weiter wachsen lassen und vertiefen. Indem der innere »Krug der Liebe« sich auf diese Weise mehr und mehr füllt, wird er schließlich überlaufen, und die Liebe zu unserer geliebten göttlichen Gestalt dehnt sich mit der Zeit automatisch auf alles Leben aus.

Zunächst geschieht dies, indem wir unsere erwählte Gottheit in allen anderen Wesen sehen. Mutter Teresa sagte zum Beispiel einmal, dass für sie jeder Mensch, den sie von den Straßen Kalkuttas aufsammelte, ihren geliebten Jesus verkörpert habe. Von den Gopis, den Kuhhirtinnen zur Zeit Krishnas, ist bekannt, dass sie Krishna in jedem Baum und in jedem Vogel sahen. Ähnliches beschreibt Mata

Amritanandamayi in ihrer lesenswerten Biographie[10]. Von Ramakrishna weiß man, dass einmal einige Prostituierte zu ihm geschickt wurden, um ihn von seinen religiösen »Verrücktheiten« abzubringen und in die Welt der »normalen« Menschen zurückzuholen. Ramakrishna jedoch sah in diesen Frauen nur die göttliche Mutter und warf sich ihnen voller religiöser Inbrunst zu Füßen.

Wir müssen jedoch nicht warten, bis uns eine solche Vision aus heiterem Himmel überkommt. Denn die innere Schau dieser göttlichen Form in allem können wir als bewusste Visualisierungsübung auch im täglichen Leben jederzeit praktizieren.

Als meine älteste Tochter noch klein war, erschien sie mir einmal im Traum. Mit Liebe schauten wir uns gegenseitig an. Da verwandelte sich ihr Gesicht plötzlich in das von Sai Baba. Bald darauf wandelte es sich wieder in ihr eigenes Gesicht, dann abermals in das von Sai Baba. So ging es einige Male hin und her, während ich staunend zuschaute. Als ich erwachte, war mir die Botschaft des Traumes sofort klar. Sie lautete: ICH, die göttliche Präsenz selbst, bin es, von der deine Kinder kommen und die du in deinen Kindern sehen und lieben sollst. Sieh mich in deinen Kindern, und sieh die Sorge für deine Kinder als Dienst an Mir.

Die Visualisierung dieser göttlichen Form in allen Wesen wird schließlich unser Herz so weit öffnen, dass Gott sich uns auch in Seiner unendlichen formlosen Präsenz als alles umfassendes kosmisches Bewusstsein offenbaren kann. Wenn wir am Ziel sind, brauchen wir die Form nicht mehr. Bis dahin war sie uns jedoch ein unschätzbar wertvolles Hilfsmittel.

Um noch einmal Missverständnissen vorzubeugen, die sich bei diesem Thema leicht einschleichen können: Sich auf eine spezielle Form Gottes zu beziehen *kann* durchaus eine sehr hilfreiche Praxis sein. Dies gilt vor allem dann, wenn wir die Form zwar als Gott ansehen, Gott jedoch nicht auf diese Form begrenzen. Es kann aber auch sein, dass Sie sich wohler damit fühlen, sich vor allem auf die formlose Gegenwart des Göttlichen zu beziehen. Vielleicht zum Beispiel deshalb, weil Sie lange daran gearbeitet haben, sich innerlich von den negativen und einengenden Bildern über einen persönlichen Gott zu befreien (Sie wissen schon, die Geschichte von dem alten Mann mit weißem Bart, der aus der Ferne streng herabschaut und Ihr Benehmen überwacht …).

Es gibt hier keine allgemeingültige Norm der einzig »richtigen« spirituellen Praxis. Wir sollten uns einfach klar machen, dass Gott weder ausschließlich persönlich noch ausschließlich unpersönlich ist, sondern sowohl das eine als auch das andere umfasst. Dann können wir damit experimentieren und den inneren Zugang wählen, der für uns persönlich am besten funktioniert.

Übung: Meditation über die göttliche Form

Setzen Sie sich aufrecht hin, schließen Sie die Augen und entspannen Sie sich mit ein paar tiefen Atemzügen. Werden Sie innerlich still.

Konzentrieren Sie sich auf Ihr Herzzentrum in der Mitte Ihrer Brust ... In Ihrem Herzen visualisieren Sie eine Blüte, die in hellem Licht erstrahlt und sich ganz weit öffnet ... Bitten Sie innerlich das Höchste Bewusstsein darum, Ihnen in einem inneren Bild als göttliche Mutter zu erscheinen ... Lassen Sie dann vor Ihrem inneren Auge das Bild einer göttlichen Muttergestalt auftauchen, die in Ihrer Herzensblüte für Sie da ist ... Begeben Sie sich innerlich in Ihre Herzensblüte zur göttlichen Mutter ... schauen und hören Sie zu, was sie Ihnen mitteilen möchte ... tun Sie, was Sie brauchen, um sich ihr nah zu fühlen. Sprechen Sie zum Beispiel mit ihr über das, was Sie von ihr brauchen oder möchten, umarmen Sie die göttliche Mutter, setzen Sie sich auf ihren Schoß, lehnen Sie sich bei ihr an ... Bleiben Sie so lange bei ihr, bis Sie sich ganz erfüllt fühlen von ihrer liebenden Präsenz.

Wiederholen Sie diese Übung eine Zeit lang täglich.

Variationen:

Statt um das Bild einer göttlichen Mutter können Sie auch um das Bild eines göttlichen Vaters oder Elternpaares bitten oder einfach um ein Bild irgendeiner Verkörperung des Höchsten Selbst. Wenn Sie sich zu einem Meister oder einer Meisterin hingezogen fühlen, visualisieren Sie ihn oder sie im Herzen. Dann lassen Sie im inneren Bild das geschehen, was Sie brauchen, um persönliche Nähe und Intimität mit der göttlichen Form zu erleben.

Nach innen gehen

Genau wie andere Freundschaften und Partnerschaften braucht auch unsere Beziehung zum Höheren Selbst regelmäßige Pflege. Wir sollten es uns daher zur Gewohnheit machen, uns wenigstens einmal am Tag Zeit für die innere Einkehr zu nehmen. Wir können uns in dieser Zeit zum Beispiel in irgendeiner Art der Meditation üben. Oder wir beten, singen spirituelle Lieder oder richten uns auf andere Weise auf die göttliche Gegenwart aus. Entscheidend ist allein die Regelmäßigkeit unserer Bemühungen, auch wenn wir dabei durch störende Gedanken immer wieder abgelenkt werden.

Nur so können wir die Gewohnheit entwickeln, unsere Energie nach innen zu richten und auf unser wahres Selbst zu konzentrieren, anstatt sie ständig auf äußere Sinneseindrücke und unwichtige Gedanken zu »verschwenden«. Anfangs reicht es, wenn wir uns dafür einmal am Tag 15 bis 20 Minuten Zeit nehmen, am besten gleich morgens nach dem Aufstehen oder abends vor dem Schlafengehen. Mit der Zeit wird uns diese innere Einkehr zu einem wirklichen Bedürfnis werden, und die Zeitspanne unserer Meditation wird sich automatisch ausdehnen.

Das Gute sehen – Dankbarkeit üben

Eine weitere ausgezeichnete Methode, um unsere Verbindung zu Gott zu pflegen, sie wirklich zu spüren und mit Liebe zu erfüllen besteht darin, das Gute in unserem Leben anzuerkennen und dafür zu danken. Wenn es mir morgens einmal schwer fällt, den Tag zu beginnen, schaue ich am Anfang meiner Meditation zunächst auf all das Gute in meinem Leben und auf die Kraft, der ich es verdanke. Dann danke ich für alles, was mir in diesem Moment einfällt. Für mich ist das immer wieder aufs Neue eine umgehend wirksame Hilfe, um mich mit der Kraft verbunden und in liebendem Einklang zu fühlen, von der all dieses Gute kommt. Mit diesen Empfindungen fällt es mir dann leicht, schwungvoll den Tag anzugehen.

Sehr oft sind wir ja regelrecht blind für all die guten Dinge, die uns gegeben sind. Mehr noch: Wir nehmen nicht nur das Gute nicht wahr, das unmittelbar vor unseren Augen liegt, sondern stürzen uns auch noch auf negative Ereignisse in weiter Ferne, zum Beispiel durch Zeitungen oder Fernsehsendungen, die ausschließlich nach dem Prinzip »Nur eine schlechte Nachricht ist eine gute Nachricht« arbeiten. So sind wir darauf spezialisiert, Haare in der »Suppe des Lebens« zu finden, und nehmen dadurch den eigentlichen – zum Teil sogar köstlichen – Geschmack dieser Suppe oft gar nicht wahr.

Aus eigener Erfahrung weiß ich, dass sich bei dem Thema Dankbarkeit bei vielen von uns zunächst ein innerer Widerstand regt. Vielleicht möchten wir es vermeiden, unsere vermeintlichen Ansprüche und unsere lieb gewordene Opferhaltung aufzugeben. Möglicherweise pflegen wir auch noch unseren kindlichen Trotz, weil wir uns als Kind so oft anhören mussten: »Sei gefälligst dankbar«, wenn wir eben gerade *keine* Dankbarkeit verspürt haben. Wir sollten aber heute – als Erwachsene – in der Lage sein zu erkennen, dass etwas nicht allein deshalb falsch ist, weil es irgendwann einmal in übertriebener Weise von uns gefordert wurde. Es geht hier auch überhaupt nicht darum, fremde Ansprüche entweder zu erfüllen oder ihnen zu trotzen. Nein, es geht schlicht und einfach um die Einsicht, dass Dankbarkeit eben funktioniert!

Eine dankbare Grundhaltung ermöglicht es uns, Zufriedenheit und inneren Reichtum zu erfahren. Und sie verhilft uns dazu, uns der göttlichen Kraft, die uns all das Gute geschenkt hat, nah zu fühlen. So können wir uns für die Erfahrung der stets existierenden Wirklichkeit öffnen, dass wir von dieser Kraft geliebt und reich beschenkt werden. In einem Satz: Dankbarkeit stärkt das Immunsystem, hilft gegen schlechte Laune, fördert die Liebe zu Gott und ist auch in höchster Dosierung garantiert frei von unerwünschten Risiken und Nebenwirkungen!

Übung: Dankbarkeit

Sagen Sie einmal täglich mindestens eine Minute lang danke für alles, was Ihnen in den Sinn kommt, für große wie für kleine Dinge.

Geben Sie dabei dem Gefühl der Dankbarkeit Raum in sich, und lassen Sie es zum Höchsten Selbst fließen.

Dienen als spirituelle Übung

*Alle Gnade wird uns zufließen, wenn wir eine
dienende Haltung einnehmen.*   Mata Amritanandamayi

Ein spiritueller Leitgedanke, den wir in ähnlicher Form in verschiedenen Religionen wiederfinden, betont die Notwendigkeit, eine innere Haltung des Dienens zu entwickeln und zu praktizieren. Im normalen Egobewusstsein ist unser Handeln vor allem durch unsere persönlichen Interessen und durch die Hoffnung motiviert, einmal die Früchte unseres Tuns ernten zu können. Wenn wir uns jedoch als Dienende bzw. als Instrumente der göttlichen Kraft verstehen, liegt die Motivation für unser Handeln hauptsächlich darin, Freude im Herzen Gottes – und damit in unserem eigenen Herzen – zu bewirken. Dann sehen wir die Belohnung für unser Handeln nicht mehr in erster Linie in den Ergebnissen, sondern das Tun selbst wird zur Belohnung. Es erfüllt uns mit Glück, da wir darin die liebende Gegenwart der Höheren Kraft erfahren. Für die Seele aber gibt es keine größere Freude, als diese Nähe zu empfinden.

So erweist sich die Übung des Dienens als eine der wirkungsvollsten Methoden, um unsere Beziehung zum Höchsten zu nähren und um die Empfindung der Liebe aus der Tiefe des Herzens aufsteigen zu lassen und zum Fließen zu bringen.

Die Haltung des Dienens können wir in jeder alltäglichen Handlung üben, sei es beim Geschirrspülen, Rasenmähen, Windeln wechseln, bei der Büroarbeit oder was auch immer. Besondere Erfüllung finden wir jedoch in jeder Art des unmittelbaren Dienstes an anderen Menschen, egal, ob wir beruflich im Sozialbereich tätig sind oder ob es sich zum Beispiel um eine ehrenamtliche soziale Aufgabe handelt.

Wenn Ihre Lebensumstände es zulassen und Sie selbst erfahren möchten, wovon hier die Rede ist, dann halten Sie Ausschau nach einer Möglichkeit, sich sozial zu engagieren. Gebrauchen Sie aber bei einer solchen Entscheidung Ihr Unterscheidungsvermögen. Es geht hier nicht darum, eine eigentlich lästige soziale Pflicht zu erfüllen, oder darum, sich mit einer zusätzlichen Aufgabe zu überfordern in der Hoffnung, auf diese Weise Punkte für den Himmel zu sammeln. Dienen ist auch nicht dasselbe wie das weit verbreitete zwanghafte Verhalten, sich nur und ausschließlich um die realen oder auch nur angenommenen Bedürfnisse anderer Menschen zu kümmern. Hinter einem solchen Verhalten steckt normalerweise vor allem die Verleugnung eigener Bedürfnisse, um sie nicht wahrnehmen und zu ihnen stehen zu müssen. Es gibt ja Menschen, die keine einzige Gelegenheit, sich eine Aufgabe »aufzuhalsen«, auslassen können. Ein solches Verhalten ist – milde gesagt – ungesund, mit Sicherheit jedoch keine sinnvolle spirituelle Disziplin.

Kommt Ihnen das irgendwie bekannt vor? Wenn Sie zu dieser Art der Vernachlässigung Ihrer wirklichen Bedürfnisse neigen, sollten Sie zunächst einmal herausfinden, wann und wo dieses Verhalten entstanden ist. Dann sollten Sie sich fragen, warum Sie es bis jetzt beibehalten haben (was es Ihnen für Vorteile verschafft hat) und wie Sie dieses alte Muster loslassen könnten. Danach können Sie sich immer noch Gedanken darüber machen, wie Sie sich sinnvoll sozial engagieren könnten.

Dienen wird dann zur spirituellen Übung, wenn es auf einer bewussten und reifen Entscheidung beruht und durch den Wunsch motiviert ist, die innere Verbindung zu Gott immer lebendiger und fühlbarer werden zu lassen. Dann können wir Dienen tatsächlich so erleben, wie Gandhi einmal gesagt hat: »Wenn du dich Gott als der einzigen Wahrheit, die zählt, aus ganzem Herzen hingibst, findest du dich wieder im Dienst an allem, was existiert. Es ist dir Freude und Erholung, und du wirst nie müde, für andere da zu sein.«[11]

Übung: Die Haltung des Dienens

Schließen Sie einen Moment lang die Augen, bevor Sie heute Ihr Tagewerk beginnen, was immer dies auch sein mag.

Bitten Sie das Höchste Bewusstsein, bei dieser Arbeit durch Sie zu wirken. Wenn Sie bei Ihrer Arbeit mit anderen Menschen zusammenkommen, visualisieren Sie auf irgendeine Weise Gott in diesen Personen. Sie können zum Beispiel Ihren Meister, eine strahlende Sonne oder was auch immer Ihre liebste göttliche Form ist in ihnen sehen. Erinnern Sie sich während Ihrer Arbeit immer wieder an diese Vision, und stellen Sie sich vor, dass Sie Ihre Arbeit hauptsächlich tun, um Gott in sich selbst und in der anderen Person eine Freude zu bereiten.

Erfüllen Sie dann Ihre Aufgaben so gut und mit so viel Hingabe und

Konzentration, wie Sie aufbringen können. Nehmen Sie wahr, wie sich die Qualität Ihrer Arbeit und Ihrer Begegnungen mit anderen durch diese Übung verändert.

Die Fähigkeit zu fühlen

Wie bereits erwähnt, nehmen wir sowohl über das Solarplexus- als auch über das Herzzentrum unsere Gefühle wahr. Gefühlsenergie kann zwar auch im Halszentrum oder in anderen Körperbereichen »feststecken«, ihren Ursprung haben Emotionen jedoch in der Regel im Herzchakra und im Solarplexusbereich.

Im Sonnengeflecht einschließlich der von ihm beeinflussten Körperzonen, also beispielsweise im Magen, erleben wir emotionale Energie in ihrer »negativen« Ausprägung zumeist als Ärger, Zorn und Angst. In ihrer positiven Form empfinden wir sie als persönliche Kraft und als ein Gefühl von Verbundensein mit dem Leben.

Spüren wir dagegen Blockaden im Bereich des Herzzentrums, wie zum Beispiel einen Druck auf der Brust, Enge, Herzschmerzen, Herzklopfen usw., liegt es in der Regel daran, dass wir Traurigkeit, emotionalen Schmerz oder auch Liebe zurückgehalten haben. Bei Blockaden im Herzzentrum geht es also vor allem um emotionalen Schmerz und Trauer, also gewissermaßen um die Rückseite der Medaille, auf deren Vorderseite die Liebe steht.

Unseren Gefühlen liegen meistens bestimmte Gedanken zugrunde. So kann Traurigkeit in unserer Brust Ausdruck der Überzeugung sein »Niemand liebt mich wirklich«. Gefühle haben jedoch immer Auswirkungen auf der körperlichen Ebene, sowohl in Form von hormonellen als auch von muskulären Reaktionen. Wir alle kennen das Gefühl, wenn sich das Sonnengeflecht vor Angst zusammenzieht oder uns heftiger Ärger regelrecht Magenschmerzen bereitet. Vielleicht ist Ihnen auch das Gefühl vertraut, Ihr Baby so sehr zu lieben, dass es fast weh tut in der Brust. Weil Gefühle sich immer in körperlichen Reaktionen bemerkbar machen, können wir umgekehrt durch unsere Körperwahrnehmungen auch wertvolle Hinweise auf Gefühle erhalten, die bisher keinen Raum hatten und die angeschaut werden wollen.

Wie mittels anderer Formen der Wahrnehmung, zum Beispiel des

Sehens, nehmen wir über unser Fühlen die Welt in uns auf. Wir berühren sie und lassen uns von ihr berühren. So sind wir in Kontakt mit dem Leben. Wer von seinen Gefühlen abgeschnitten ist, ist daher gleichzeitig sowohl vom Leben als auch von der eigenen Lebendigkeit abgeschnitten.

Wenn wir starke Gefühlsenergie dauerhaft unterdrücken und verdrängen, bleibt sie im Körper stecken und wird »giftig«. Das kann nicht nur zu chronischen Muskelverspannungen in einzelnen Körperbereichen führen, sondern im Laufe der Zeit auch zu ernsthaften Erkrankungen. Unterdrückte Gefühle stellen vermutlich eine der häufigsten Ursachen für Krankheiten überhaupt dar. Eines der wichtigsten Anliegen jeder inneren Arbeit sollte es daher sein, unsere ursprüngliche Fähigkeit zu fördern, die eigenen Gefühle in all ihren Färbungen und Schattierungen vollständig wahrzunehmen und sie auf konstruktive Weise zum Ausdruck zu bringen.

Gefühle aus psychologischer und spiritueller Sicht

Du musst den Zorn vom Spiegel reiben.   Neem Karoli Baba[12]

Was unsere Fähigkeit zu fühlen angeht, können wir es als Ziel jeder therapeutischen Arbeit betrachten, die Spontaneität und Reinheit der gefühlsmäßigen Reaktionen wiederzuerlangen, die wir als Kind besaßen. Dabei sollten wir jedoch nicht wie ein Kind von den emotionalen Wogen überschwemmt und davongetragen werden. Es geht also nicht etwa darum, uns zu einem etwas zu groß geratenen Kind zurückzuentwickeln und unserer kindlich-emotionalen Egozentrik in jeder Situation ungehemmt Ausdruck zu verleihen. Unserer Ganzheit als Erwachsene und dem Gedeihen unserer Beziehungen werden wir eher gerecht, wenn wir zwar die reine Empfindungsfähigkeit eines Kindes wiedergewinnen, sie jedoch gleichzeitig mit unserer erwachsenen Einsichtsfähigkeit und Selbstkontrolle verbinden.

Diese Zielsetzung, die in etwa dem Bild der »selbstaktualisierten Person« der humanistischen Psychologie entspricht, beinhaltet auch die Fähigkeit zu Mitgefühl. Mit *Mitgefühl* ist hier das Vermögen gemeint mitzuempfinden, was ein anderer fühlt, dabei aber gleichzeitig genug Distanz zu wahren, um erkennen zu können, was in der jeweiligen Situation getan werden muss. Solange unsere eigene Fähigkeit zu fühlen beeinträchtigt ist, das heißt, solange wir wesentliche Gefühle ausblenden, fehlt es uns auch an echtem Mitempfinden für die Leiden oder Freuden anderer Menschen. Wir verschließen uns dann vor dem Leid anderer oder verfallen ins andere Extrem und versinken in *Mitleid*, da unser eigener unerlöster Schmerz durch das Miterleben fremden Leids aktiviert wird. Mitleid führt jedoch nur dazu, dass statt vorher einem nun zwei »in der Grube sitzen«. Dann können wir keine wirkliche Hilfe mehr anbieten, denn uns fehlt die nötige Übersicht, die wir behalten hätten, wenn wir noch am oberen Rand der Grube säßen.

Um zu verstehen, was mit ursprünglicher Empfindungsfähigkeit gemeint ist, lassen Sie uns einen Blick auf die drei Emotionen Angst, Ärger und Traurigkeit werfen.

Angst als natürliche menschliche Reaktion ist in ihrer ursprünglichen Form einfach ein unmittelbares Empfinden und Gewahrsein dessen, was unser Wohlbefinden und unser körperliches Überleben bedroht. Es ist tatsächlich ratsam, *diese* Angst zu haben. Denn sie führt – wie zum Beispiel bei meiner damals zweijährigen Tochter – dazu, dass wir schnell die Straße verlassen, wenn sich das laute Motorengeräusch eines Lastwagens nähert. Diese ursprüngliche Angst als unmittelbare Reaktion auf Gefahr setzt Energie im Körper frei und führt zu hellwachem, angemessenem Handeln. Sie versetzt uns in die Lage, uns aus einer bedrohlichen Situation zu befreien oder eine Gefahr abzuwehren. Werden diese Angst und die »Handlungsenergie«, die sie hervorbringt, jedoch unterdrückt, bleiben sie sozusagen im Körper stecken. Das trifft beispielsweise auf jede Art von traumatischer Erfahrung zu. Traumatisch wird das Erleben einer bedrohlichen Situation ja gerade deswegen, weil uns lösendes oder befreiendes Handeln nicht möglich ist.

Als Folge davon setzt sich die Energie, die nicht in Handeln umgesetzt werden konnte, oft als unbestimmte Angst im Körper fest. Mit der Zeit löst sich diese Angst dann häufig von dem ursprünglichen Auslöser und dehnt sich auf alle möglichen anderen Situationen aus. Dann erleben wir sie zum Beispiel als Angst, allein in der Wohnung zu sein, einkaufen zu gehen oder andere Alltagssituationen zu bewältigen, die bei einem Erwachsenen normalerweise keine Angst auslösen.

Ärger ist in seiner ursprünglichen Form ein natürlicher Ausdruck von Selbstbehauptung. Er versetzt den Körper in Bereitschaft, unsere Grenzen zu verteidigen, und lässt uns zu einem notwendigen »Nein« voll und ganz stehen und es auch nach außen vertreten. In seiner extremen Form als Zorn oder Jähzorn kommt Ärger dagegen oft aus einem Gefühl der Ohnmacht. Das liegt häufig daran, dass die ursprüngliche natürliche Selbstbehauptungsreaktion niemals gezeigt werden durfte und die innerlich angestaute Energie somit enorme Ausmaße angenommen hat.

Die natürliche Selbstbehauptungsreaktion, mit der ein Kind zeigt, was es will und was nicht, hat in der Vergangenheit sicherlich zu den am meisten unterdrückten kindlichen Äußerungen hört. Möglicherweise erinnern Sie sich noch an Äußerungen wie: »Sei nicht so böse«, »Böser Junge« oder »So etwas gehört sich für ein Mädchen nicht«. Vielleicht sind Sie sogar geschlagen oder auf andere Weise bestraft worden, wenn Sie als Kind »Widerworte« gegeben haben oder laut geworden sind. Dann ist es gut möglich, dass Sie auch heute noch – zumindest im Unterbewusstsein – davon überzeugt sind, dass Sie allen Ärger herunterschlucken müssen. Oder Sie haben das Gefühl, dass Sie Ärger immer unterdrücken müssen, da sich sonst bestätigen würde, dass Sie »böse« sind und keine Liebe verdienen. In diesem Fall gehören Sie zu den vielen Erwachsenen, die erst noch lernen müssen, konstruktiv mit ihrem Ärger umzugehen.

Bei genauem Hinsehen stellen wir oft fest, dass das, was uns später vielleicht als mächtiger Ärger erscheint, als ganz feines Gefühl einer Unstimmigkeit begann. Wenn Sie gelernt haben, dieses feine Gefühl im Moment seiner Entstehung wahrzunehmen und zum Ausdruck zu bringen, muss es zu extremem Ärger in den meisten Fällen gar nicht erst kommen. Damit das gelingt, sollten wir uns darin üben, genau zu spüren, was wir wirklich wollen und was nicht, und es dann auch sagen.

Wenn Sie das Gefühl haben, Sie müssten Ihren Ärger mitteilen, sollten Sie auf den bewährten Rat der Kommunikationspsychologie zurückgreifen, Ihren Ärger in Ich-Botschaften auszudrücken, wie zum Beispiel: »Mich ärgert es, dass …« oder »Ich bin wütend, weil …«. Indem wir unseren Ärger auf diese Weise verbalisieren, verletzen wir niemanden damit und sorgen gleichzeitig dafür, dass die emotionale Energie sich entladen kann.

Zudem lassen Ich-Botschaften dem anderen die Freiheit, entweder unsere Gefühle als *unsere* Gefühle ganz bei uns zu lassen (»Ja, du ärgerst dich, das hat aber mit mir nichts zu tun«) oder andernfalls den eigenen Anteil an der Situation anzuerkennen und zu korrigieren. Äußern wir unseren Ärger dagegen mit Sätzen wie: »Du bist ...« und »Du hast schon wieder ...«, machen wir uneingeschränkt den anderen für unser Gefühl verantwortlich und lassen ihm kaum eine andere Wahl, als zum Gegenangriff überzugehen.

Trauer bzw. emotionaler Schmerz ist unsere natürliche Reaktion, wenn wir uns von Menschen, Orten, Dingen, Erwartungen oder Träumen lösen müssen, an die wir innerlich gebunden sind. Besonders schmerzlich wird es für uns, wenn wir Menschen loslassen müssen, die uns wichtig waren. Dieser Schmerz ist im Grunde nichts anderes als die Rückseite oder die »verzauberte Form« von »Bindungsliebe«. Wenn wir uns unserem Schmerz gegenüber verschließen, blockieren wir damit gleichzeitig unsere Liebe. Daher ist es so wichtig in der Therapiearbeit, dass all der alte Schmerz, den wir in unserer Brust festgehalten haben, an die Oberfläche kommen, sich lösen und schließlich losgelassen werden kann.

Gehen wir nun noch einen Schritt weiter und schauen wir nicht nur aus psychologischer Sicht, sondern aus der Perspektive unserer *Seele* auf unsere Emotionen.

Himmel und Hölle

Ein großer, harter Samurai ging einmal einen kleinen Mönch besuchen. »Mönch«, sagte er in einem Ton, der sofortigen Gehorsam gewohnt ist, »lehre mich etwas über Himmel und Hölle!«

Der Mönch sah zu dem mächtigen Krieger auf und entgegnete voller Verachtung: »Dich etwas über Himmel und Hölle lehren? Überhaupt nichts könnte ich dich lehren. Du bist schmutzig. Du stinkst. Deine Klinge ist rostig. Du bist eine Scham und Schande für die Klasse der Samurais. Geh mir aus den Augen. Ich kann dich nicht ertragen.«

Der Samurai war wütend. Er zitterte, wurde ganz rot im Gesicht, war sprachlos vor Wut. Er zog sein Schwert und hob es in die Höhe, um den Mönch damit zu erschlagen.

»Das ist die Hölle«, sagte der Mönch sanft.
Der Samurai war überwältigt. Das Mitgefühl und die Ergebenheit des
kleinen Mannes, der sein Leben hergab, um ihm diese Lehre zu geben
und ihm die Hölle zu zeigen! Langsam senkte er sein Schwert, erfüllt
von Dankbarkeit und plötzlichem Frieden.
»Und das ist der Himmel!«, sagte der Mönch sanft.[13]

Wenn wir uns einmal von unserem essenziellen, unzerstörbaren
Selbst aus betrachten, sehen wir, dass all unsere Angst, unser Ärger
und unser Schmerz auf der Identifikation mit unserem Körper und
mit unserem persönlichen Ego beruhen. Denn jedes Ego besteht
gewissermaßen aus einer speziellen Ansammlung von Bindungen in
Form von Wünschen, Werturteilen, Selbstkonzepten und derglei-
chen mehr. Wie beliebig und daher letztlich auch irreal unsere
Bindungen aber sind, können wir erkennen, wenn wir unseren Ärger
einmal genauer untersuchen.

Gewöhnlich haben wir – je nach unserer individuellen Art von
Anhaftungen – unsere eigens zusammengestellte Kollektion von
»Ärgerknöpfen«. Vielleicht drückt es einen Ihrer Knöpfe und Sie
sitzen laut schimpfend vor dem Fernseher, wenn der Stürmer Ihres
Lieblingsvereins gerade den entscheidenden Elfmeter verschossen
hat. Ihre Frau bleibt von der gleichen Szene aber völlig unberührt,
ebenso wie etwa eine Milliarde Chinesen, wenn man ihnen von
diesem Vorfall berichten würde.

Vielleicht ärgern Sie sich aber auch darüber, wenn es in Ihrer
Ferienpension keinen heißen Kaffee zum Frühstück gibt. Mich als
Teetrinker würde das völlig kalt lassen (aber kommen Sie mir bloß
nicht mit Beuteltee!). Vielleicht sind Sie traurig und am Boden
zerstört, weil Ihr Lieblingshamster letzte Nacht gestorben ist, Ihrem
Mann entlocken Sie jedoch als Reaktion auf diese Nachricht nicht
viel mehr als ein kurzes Grunzen hinter seiner Tageszeitung. Wenn
eine Ihrer Bindungen darin besteht, bei anderen Menschen stets im
»rechten« Licht erscheinen zu wollen, wird es Sie furchtbar aufre-
gen, wenn andere Sie fälschlicherweise verdächtigen oder schlecht
über Sie reden. Welches Beispiel Sie auch immer nehmen: Das
allermeiste von dem, worüber Sie sich ärgern, wovor Sie sich fürchten oder was Sie schmerzt, ist für eine gewaltige Anzahl von Menschen, die nicht Ihre speziellen Bindungen teilen, völlig bedeutungs-

los. Das zeigt uns, wie relativ die meisten unserer Bindungen letztendlich sind.

Wenn wir also danach streben, uns spirituell zu entwickeln und unser wahres Selbst zu erfahren, wird es uns zum Anliegen, all diese relativen Bindungen loszulassen. Dann wollen wir uns nicht mehr an unwirklichen, vorübergehenden Erscheinungen festhalten wie zum Beispiel einer Tasse Kaffee, dem Gewinnen eines Fußballspiels oder dem Bild, das andere Leute von uns haben. Und es wird uns zum Anliegen, die Emotionen loszulassen, die aus diesen Bindungen erwachsen. So werden wir also, wenn wir über Gefühle sprechen, früher oder später erkennen, dass *Gleichmut* eines der Ziele unseres Wachstums ist. Tatsächlich wird uns ja die Entwicklung von Gleichmut oder auch heiterer Gelassenheit von allen bekannten spirituellen Traditionen nahe gelegt.

Um Gleichmut zu entwickeln, ist es neben dem aktiven Loslassen unserer Bindungen hilfreich, durch regelmäßige Meditation die Ebene des »inneren Zeugen« zu kultivieren. Denn in der Meditation können wir lernen, die Gedanken- und Gefühlsbewegungen unseres Geistes mit innerem Abstand zu beobachten und währenddessen mit unserem Ich-Bewusstsein in reinem Gewahrsein zu ruhen. Auf diese Weise machen wir die Erfahrung, dass wir nicht unsere Gedanken und Gefühle *sind*. Wir lernen also, auf zwei Ebenen gleichzeitig zu leben. Auf der einen Ebene erleben, lieben, erleiden und genießen wir das Spiel des Lebens voll, während wir auf der Ebene des inneren Zeugen davon zugleich unberührt bleiben.

Aber Achtung! Gleichmut, der aus dem Ruhen im wahren Selbst kommt, ist etwas völlig anderes als die über allen menschlichen Belangen stehende, mit einem stetigen unnahbaren Lächeln zur Schau getragene Attitüde, die uns manchmal in esoterischen Kreisen begegnet. Ich meine damit jene Art von »weit entwickelten Seelen«, die scheinbar durch nichts zu erschüttern sind, in deren Gegenwart wir uns aber unfrei und mit all unserem menschlichen »Kram« irgendwie nicht so ganz »richtig« fühlen. Lassen Sie sich davon nicht blenden! Denn wenn Sie hinter die Fassade schauen, werden Sie eine Menge unerledigter emotionaler »Geschäfte« und große Hilflosigkeit im Umgang mit den eigenen Gefühlen entdecken. Manche spirituell Suchende, die nie gelernt haben, wie sie ihren alten unerlösten Schmerz heilen können, treffen für sich die Entscheidung:

»So, das war's jetzt; mit meinen niederen menschlichen Emotionen bin ich fertig.« Das führt jedoch bloß zu einem verschlossenen Herzen, zur Schau getragener (Schein-)Heiligkeit oder Überlegenheit und zu einem völligen Mangel an echtem Mitgefühl. Wirklicher Gleichmut erhebt sich nicht über andere, sondern schließt Mitgefühl für die Leiden anderer mit ein.

Ich persönlich sehe es so, dass der Weg zu Gott die Menschlichkeit nicht abschneidet, sondern mitten durch unsere Menschlichkeit hindurchführt und sie mit einbezieht. Da unsere Gefühle ein wesentlicher Teil unseres Menschseins sind, tun wir gut daran, sie uns zuzugestehen und sie wahrzunehmen. Das heißt aber nicht, dass wir jedes Gefühl, jede Emotion ungefiltert ausleben sollten. Ein solches Verhalten wäre nur der andere, ebenso unangebrachte extreme Gegenpol zur Verleugnung und Verdrängung der eigenen Gefühle. Entscheidend ist unsere Fähigkeit, all unsere Gefühle *wahrzunehmen*. Erst dann sind wir in der Lage, bewusst zu entscheiden, ob wir einem Gefühl folgen und entsprechend handeln wollen oder ob es vielleicht eher angebracht ist, das Gefühl und die Bindung, der es entstammt, loszulassen.

Indem wir meditieren und uns nach innen wenden, finden wir mehr und mehr unser Zentrum in dem Bereich unseres Selbst, in dem wir einfach Zeuge sind. Von dort aus spielen wir im Spiel des Lebens mit, sind aber nicht so verhaftet, dass wir alles – einschließlich uns selbst – so furchtbar ernst und wichtig nehmen.

Der Umgang mit Gefühlen in der inneren Arbeit

Viele Probleme und Blockaden können wir nicht wirklich lösen, solange wir sie nur intellektuell erfassen und analysieren. Zumindest was unsere »größeren« Themen betrifft, ist es für eine wirkliche, dauerhafte Lösung in den meisten Fällen notwendig, die ursächlichen, in der Tiefe liegenden *Gefühls*erinnerungen ins Bewusstsein zu heben. Oft können erst dann die Gefühle wirklich losgelassen werden, die als energetische Ladung an der Aufrechterhaltung des Problems maßgeblich beteiligt waren. Damit es Ihnen leichter fällt, in der inneren Arbeit Kontakt zu Ihren Gefühlen aufzunehmen, können Sie die folgenden Anleitungen befolgen bzw. bei Bedarf auf sie zurückgreifen.

Ich lasse los ...

- *die Angst, dass ich die Kontrolle über meine Gefühle verlieren könnte*
- *die Notwendigkeit, die Zähne zusammenzubeißen*
- *die Angst davor, meine wahren Gefühle zu zeigen*
- *alle Entscheidungen, mich von meinen Gefühlen abzuschneiden und nichts mehr fühlen zu wollen*
- *die Angst davor, meine Tränen zu zeigen*
- *die Angst, dass der Schmerz zu groß für mich wird, wenn ich ihn noch einmal erlebe (wenn sich alte schmerzhafte Erinnerungen in der Sitzung anbahnen)*
- *die Angst davor, mit dem Schmerz (wieder) allein zu sein, wenn er hochkommt*
- *den Glauben, dass ich nicht weinen (nicht wütend sein) darf*
- *den Glauben, dass Jungen (Männer) keine Tränen zeigen dürfen*
- *das Gefühl, immer stark sein zu müssen*
- *die Entscheidung, immer stark zu sein*
- *die Angst (die Erwartung), bestraft zu werden, wenn ich meine wahren Gefühle (meine Wut usw.) zeige*
- *das Gefühl, schlecht und böse zu sein, wenn ich wütend bin*
- *meine Schamgefühle über meine Tränen, über meine Wut usw.*

- *Ich entscheide mich dafür, meine Gefühle zuzulassen.*

Fragen Sie sich: Was fühle ich?

Wenn Sie sich diese Frage stellen, legen Sie die Betonung auf das Wort »fühle«. Wiederholen Sie die Frage ein paar Mal mit der richtigen Betonung. Halten Sie die Augen dabei geschlossen, und spüren Sie in sich hinein.

Die Wahrnehmung auf den Körper bzw. auf bestimmte Körperteile lenken

Fragen Sie sich:

- *Wie atme ich?*
  Wenn wir Gefühle vermeiden oder zurückhalten, wird unser Atem flach, oder wir halten den Atem an.

- *Wie fühlt sich meine Kinn-/Mundpartie an?*
  Oft halten wir Gefühle unter Kontrolle, indem wir die Zähne zusammenbeißen.

- *Was für Empfindungen habe ich in der Brust?*
  Herzschmerz, Druck oder Enge im Brustbereich weisen meistens auf festgehaltene Trauer bzw. Schmerz hin; Herzklopfen wird oft von Liebe ausgelöst, die zu jemandem fließen will.

- *Was spüre ich im Sonnengeflecht?*
  Verkrampfungen hier haben meistens mit Angst zu tun, manchmal auch mit Ärger.

- *Wie fühlt sich mein Bauch an?*
  Verkrampfungen, ein »Kloß« oder Druck in diesem Bereich können mit unterdrückter Wut, Trauer, sexuellen Gefühlen, Hass auf die eigenen Gebärorgane, unterdrückter Lebendigkeit usw. zu tun haben.

- *Was empfinde ich in den Beinen?*
  Verspannungen hier sind oft Ausdruck von Widerstand gegen bzw. Festhalten von sexueller Energie.

Gezieltes Atmen

Öffnen Sie den Mund, und atmen Sie durch den Mund in die Körperteile, die sich verspannt, eng usw. anfühlen oder in denen Sie gar keine Empfindungen haben.

Atem ist Energie. Sie können daher Blockaden, die nichts anderes als stagnierende Energie sind, über den Atem in Schwingung und damit in Bewegung versetzen. Die mit den jeweiligen Blockaden verbundenen Erinnerungen, Gedanken, Gefühle usw. werden so leichter wahrnehmbar.

Wichtig ist dabei, dass Sie tatsächlich *durch den Mund* atmen. Die Lippen zu öffnen bedeutet an sich schon einen Schritt in Richtung Aufgabe von Kontrolle. Der durch den Mund gelenkte Atem fließt darüber hinaus direkt in die Gefühle.

Visualisierung des inneren Kindes

Gelegentlich scheint es uns vom Kopf her relativ klar zu sein, mit welchen konkreten Kindheitssituationen unsere Blockaden zu tun haben. Häufig erweisen sich solche Zuordnungen von Ursachen bei näherer Untersuchung allerdings als falsch. Doch selbst wenn sie zutreffen, fehlt oft der *gefühlsmäßige* Kontakt zu den angesprochenen Kindheitserinnerungen. Das gilt besonders, wenn die bisherige Aufarbeitung ausschließlich auf der Verstandsebene stattgefunden hat. Die emotional-energetische Ladung dieser Erinnerungen bleibt dann voll bestehen, und so behalten wir das problematische Gefühls- oder Verhaltensmuster trotz besserer Einsicht weiterhin bei.

In diesem Fall ist es hilfreich, wenn wir innerlich das Kind visualisieren, das wir waren, als die entsprechenden Gefühle und Muster entstanden sind. Da das innere Kind dem innerseelischen Aspekt entspricht, in dem die ursprünglich erlebten Gefühlsreaktionen oft gewissermaßen »eingefroren« sind, dringen an dieser Stelle der Arbeit häufig sehr intensive Gefühle an die Oberfläche. Sind sie jedoch erst einmal ans Licht gekommen, können wir sie anschließend auch tatsächlich loslassen.

Lassen Sie also ein Bild von sich aus der damaligen Zeit vor Ihrem inneren Auge aufsteigen und fragen Sie als erwachsenes Ich Ihr inneres Kind, was es fühlt und was es braucht.

Dann lassen Sie dem Kind in der Imagination das zukommen, was es jetzt am meisten benötigt. Zum Beispiel können Sie als Erwachsener das innere Kind im Arm halten, mit ihm spielen oder Eis essen gehen oder was immer es sich gerade wünscht und braucht.

Der heilsame Ausdruck negativer Gefühle

Wie gesagt, machen chronisch unterdrückte Gefühle, vor allem Ärger und Zorn, krank. Viele Menschen möchten aber solche »schlechten« Gefühle nicht haben und verleugnen sie daher. Sie fürchten sich davor, sich diese Empfindungen eingestehen zu müssen, wenn sie ihre kontrollierende Haltung aufgeben. Wenn wir jedoch nur »gute« und »schöne« Gefühle haben wollen und aus diesem Grund sämtliche negativen Emotionen unterdrücken und verleugnen, können wir auch positive Gefühle nicht wirklich tief empfinden. Anstatt echter Herzensfreude kennen wir dann nur ein oberflächliches, nicht wirklich frohes Lachen oder lärmende Stammtischheiterkeit. Statt mit anderen tatsächlich mitzufühlen, werden wir sentimental.

Die amerikanischen Therapeuten Gay und Kathlyn Hendricks vergleichen den Zugang zu den eigenen Gefühlen mit dem einzigen Wasserhahn in einer Berghütte. Es gibt also nicht je einen Wasserhahn für »schöne« und für »schlechte« Gefühle. Wenn wir am Anfang unserer inneren Klärungsarbeit stehen und gerade erst beginnen, unsere alten ungelösten Gefühle anzuschauen, ergeht es uns wie den ersten Besuchern, die nach langer Zeit in diese Hütte kommen. Wenn wir dann den Wasserhahn aufdrehen, prustet und spuckt er zuerst einmal kräftig, und zunächst läuft wahrscheinlich eine ziemlich unappetitliche braune Brühe heraus. Im Laufe der Zeit wird das Wasser jedoch klarer, bis schließlich das reine, kristallklare Wasser der Berge aus dem Hahn fließt.

Ganz ähnlich ergeht es uns mit unseren Gefühlen. So kommt am Anfang oft viel Schmerz, Wut, Ärger usw. zum Vorschein. Mit der Zeit gewinnen wir jedoch auch einen immer besseren Zugang zu unseren positiven emotionalen Ressourcen wie Liebe, Freude, Begeisterungsfähigkeit und Mitgefühl.

Manchmal haben alte negative Gefühle im Körper eine so starke, zum Teil schon chronische Spannung erzeugt, dass wir diese Spannung zunächst einmal auf der physischen Ebene abreagieren müssen, bevor wir den alten Hass, Ärger usw. wirklich loslassen können. Wenn Sie in Ihrer inneren Arbeit an einem solchen Punkt angelangt sind, können Sie ein paar einfache Hinweise befolgen, um den Lösungsprozess zu unterstützen.

Geben Sie den Gefühlen verbalen Ausdruck

Stellen Sie sich dabei diejenige Person vor, auf die Sie wütend, zornig usw. sind, und sprechen Sie ihr gegenüber alles laut aus, was Sie ihr jetzt sagen »müssen«.

Formulieren Sie dabei Sätze in »Ich«- und »Du«-Form, als sei Ihr Gegenüber wirklich anwesend. Seien Sie mutig, und werden Sie ruhig richtig laut dabei. Wenn Ihnen danach ist und der Ort es zulässt, schreien Sie. Flüstern hilft an dieser Stelle nicht weiter.

Quetschen Sie einen Decken- oder Kissenzipfel

Dieses Mittel eignet sich vor allem dann, wenn Sie durch festgehaltene Emotionen in der inneren Arbeit körperlich sehr angespannt sind und nicht wissen, wie Sie weiterkommen sollen.

Nehmen Sie den Zipfel einer Wolldecke oder eines Kissens, quetschen und drehen Sie ihn mit beiden Händen. (Wenn Sie im Liegen arbeiten, nehmen Sie am besten einen Zipfel der Decke, mit der Sie sich zugedeckt haben.)

Diese einfache Maßnahme löst oft erstaunlich wirkungsvoll den körperlich-emotionalen Stau. Anschließend können Sie zur ersten Übung (verbaler Ausdruck) oder, falls nötig, zur dritten Übung übergehen.

Schlagen Sie in ein Kissen

Diese Methode ist vor allem dann sinnvoll, wenn Sie bisher grundsätzlich dazu geneigt haben, sämtliche Wut zu unterdrücken. Falls es Ihnen jedoch schon immer leicht fiel und Sie es gewohnt sind, Ihren Ärger selbst bei kleinsten Anlässen an anderen Menschen abzureagieren, sollten Sie auf ein abermaliges Ausagieren verzichten und stattdessen sogleich mit dem Releasen zu beginnen.

Knien Sie sich hin, und legen Sie ein oder mehrere Kissen vor sich. Ballen Sie dann die Hände, und beginnen Sie mit beiden Fäusten in das Kissen zu schlagen. Am Anfang wird es Sie vermutlich einige Überwindung und ein wenig bewusste Anstrengung kosten. Machen Sie sich jedoch bewusst, dass Sie niemandem schaden und niemanden verletzen, wenn Sie auf diese Weise Ihre Wut abreagieren. Für Sie selbst ist es aber heilsam, wenn Sie zurückgehaltene Wut aus Ihrem Körper entlassen.

Haben Sie einmal die erste Hemmschwelle überwunden, geht es oft wie von allein weiter. Nach einiger Zeit merken Sie vielleicht sogar, wie sich die gleiche Energie, die Sie zunächst als Wut wahrgenommen haben, beim Ausagieren in eine Art lustvolle Empfindung von Kraft wandelt. Sie können sich bei der Übung auch vorstellen, bei dem Kissen handle es sich um den »Übeltäter«, auf den Sie wütend sind (besonders wenn er Ihnen körperliche Gewalt angetan hat). Gleichzeitig können Sie, wie in der ersten Übung beschrieben, (Schimpf-)Wörter kommen lassen und laut ausdrücken. Danach entspannen Sie sich wieder.

Richtlinien für den Ausdruck negativer Gefühle

Über den Sinn des Ausagierens von negativen Emotionen gibt es viele Missverständnisse. Ich möchte daher ein paar allgemeine Richtlinien erwähnen, die wesentlich dafür sind, dass es dabei zu konstruktiven Ergebnissen kommt.

Der Ausdruck negativer Gefühle ...

a) ... ist kein Selbstzweck, wie manche Art »therapeutischer Arbeit« nahe zu legen scheint. Möglichst viel »Theater« während einer Sitzung ist kein Kriterium für einen guten therapeutischen – sprich heilsamen – Prozess.

b) ... ist nur wirksam, wenn er eher selten eingesetzt und zur rechten Zeit beendet wird!

Wenn Schimpfen, Schlagen, Schreien zur Gewohnheit werden, kommt es zu keiner wirklichen Entladung mehr, sondern zu einer steten Neuaufladung mit schwächender, krank machender Energie. Das Gleiche gilt, wenn in der Sitzung der rechte Zeitpunkt zum Aufhören (nachdem die Verspannung gelöst ist) und Weitergehen (sprich Loslassen) verpasst wird. Wie gesagt: Es ist gut, sich feststeckende Wut bewusst zu machen, sie zu spüren und dann zu entladen. Falls es allerdings schon jahrelang der Hauptzweck Ihrer Therapie zu sein scheint, immer wieder neu »Ihre Wut zu spüren« (lachen Sie nicht, so etwas höre ich immer wieder), wechseln Sie besser den Therapeuten. Gehen Sie weiter! Es gibt auch noch ein Leben nach der Wut.

c) ... ist nur dann konstruktiv, wenn dahinter die klare Absicht steht, über die negativen Emotionen hinauszuwachsen.

Nur so kann der Ausdruck negativer Gefühle zu Liebe, Verständnis und Vergebung führen oder zumindest zum inneren »Lassen« der Situation oder Person, um die es geht. Im »Jemandem-böse-Sein« stecken zu bleiben und an Selbstmitleid oder der Rechtfertigung des Grolls festzuhalten macht krank.

d) ... sollte immer durch anschließendes Loslassen, eine Lichtvisualisierung und/oder die »Laserstrahltechnik« (siehe unten) abgeschlossen werden.

Am Abschluss einer solchen Sitzung, in der starke negative Gefühle entladen wurden, sollte eine Lichtvisualisierung stehen, um die gelöste negative Energie im Körper durch neue positive und reinigende Energie zu ersetzen (siehe dazu die Übung »Lichtvisualisierung« zum Abschluss einer Releasing-Sitzung S. 54)

Übung: Der »Laserstrahl«

Visualisieren Sie einen Lichtstrahl, der wie ein Laserstrahl aus der Mitte Ihrer Stirn (aus dem »dritten Auge«) kommt. Stellen Sie sich vor, dass dieser Laserstrahl Ihre geistige Kraft verkörpert, mit der Sie dunkle Energien in lichtvolle umwandeln können. Richten Sie den Strahl auf das ganze dunkle Bild von sich selbst und den anderen an der Situation beteiligten Personen. Ziehen Sie dabei in Ihrer Vorstellung allen Ärger, allen Zorn, alle Gefühle von Ohnmacht usw. mit dem Atem aus Ihrem Körper hinauf, und benutzen Sie Ihre Emotionen als Brennstoff für den Laserstrahl. Verbrennen Sie so alle dunklen Energien in sich und den anderen.

Lassen Sie sich dabei Zeit, bis das Bild hell wird, entschwindet oder sich auflöst. Gehen Sie so gründlich vor wie jemand, der mit einem starken Wasserstrahl ein verschmutztes Badezimmer reinigen und das verborgene Glänzen der Fliesen wieder zum Vorschein bringen will.

Das Halszentrum:
In Klarheit leben und auf
die innere Weisheit hören

Allgemeines

Zwischen Kehlkopf und Halsgrube liegt das Hals- oder auch Kehlchakra. Ein gereinigtes und aktiviertes Halszentrum erscheint in der inneren Wahrnehmung in himmelblauer Ausstrahlung. So kann die Visualisierung von himmelblauem Licht im Hals dazu beitragen, das Halszentrum zu reinigen und Blockaden im Hals aufzulösen.

Der Sanskritbegriff für das Halszentrum lautet »Vishudda-Chakra«. Das Wort *Vishudda* bedeutet etwa so viel wie »rein«. Es weist uns auf die zentralen Eigenschaften und Lernthemen dieses Chakras hin. In einem Satz zusammengefasst geht es darum, Unausgedrücktes auszudrücken und Unerledigtes zu erledigen. So können wir unsere persönliche Vergangenheit abschließen und die Bereitschaft entwickeln, ein reines Instrument, ein reiner Kanal für den göttlichen Willen zu werden.

Bevor wir jedoch näher darauf eingehen, was hiermit konkret gemeint ist, lassen Sie uns einen Blick auf die verschiedenen Funktionen des Halszentrums werfen.

Die Aufgaben des Halszentrums

Die Aufgaben des Halszentrums umfassen zu einem Teil Funktionen, die wir natürlicherweise bereits nutzen. Andere potenzielle Fähigkeiten liegen bei den meisten Menschen jedoch zunächst noch brach und sind daher eher als Lern- oder Entwicklungsaufgaben anzusehen. Die Funktionen, um die es hier geht, lassen sich zum großen Teil sehr gut anhand der Organe und Körperpartien erläutern, die dem Halszentrum zugeordnet sind. Im einzelnen geht es dabei um die Ohren, den Mund-, Kiefer- und Kehlbereich und als wichtige Drüse um die Schilddrüse.

Die Ohren

Analog zu unserer Hörfähigkeit hängt der Zustand unseres Halszentrums mit unserer Fähigkeit und Bereitschaft zusammen, nach innen zu hören und die eigene innere Wahrheit wahrzunehmen. Dabei bezieht sich der Begriff »innere Wahrheit« zunächst vor allem auf die Wahrnehmung unserer eigenen Gefühle und Bedürfnisse.

Auf den feineren energetischen Ebenen des Halszentrums bedeutet innere Wahrheit, dass wir unsere innere Stimme, die Stimme des Höchsten Selbst, wahrnehmen und uns von ihr führen lassen. Auf dieses Thema werden wir später in diesem Kapitel noch ausführlich eingehen.

Der Sprechapparat der Mund-, Kiefer- und Kehlbereich

Das Halszentrum ist nicht nur für das *Hören*, sondern auch für den *Ausdruck* unserer Wahrheit von besonderer Bedeutung. Das betrifft zunächst einmal den sprachlichen Ausdruck unserer Gefühle und Bedürfnisse. So haben Menschen, denen es nicht gelingt, ihre Gefühle und Bedürfnisse mitzuteilen, im Hals zumeist ein Gefühl der Enge. Darüber hinaus bedeutet »Ausdruck unserer Wahrheit« aber auch, dass wir unsere »tiefere Herzenswahrheit« in Handeln umsetzen. Das heißt, hier stellt sich uns die Frage, inwieweit unsere gesamte Lebensgestaltung im Einklang mit unseren grundlegenden Werten oder auch mit dem Wissen um unsere Lebensaufgabe steht.

Wir sehen uns hier also mit unserer Verantwortung konfrontiert, nicht nur auf unsere körperlichen und emotionalen Bedürfnisse zu schauen, sondern- und vor allem – auch die »höheren« oder »tieferen« Bedürfnisse unserer Seele zu achten und in wichtigen Lebensentscheidungen zu berücksichtigen. Das höchste Bedürfnis – wir könnten auch sagen, die tiefste Sehnsucht – der Seele ist es aber immer, dem eigenen Lebenszweck gerecht zu werden. Über dieses Thema haben wir ja bereits im letzten Kapitel ausführlich gesprochen. Solange wir wichtige Weichen für unser Leben noch nicht gestellt haben, werden uns die hierfür notwendigen Entscheidungen förmlich »im Hals stecken« und ihn blockieren.

Die Schilddrüse

Die Schilddrüse steuert über die Hormonproduktion unsere Fähigkeit, Nahrung zu verarbeiten und in körpereigene Energie umzusetzen. Analog hierzu besteht eine Verbindung zwischen dem Halszentrum und unserer Fähigkeit, alle möglichen Arten von »Nahrung« aufzunehmen. Vor allem geht es dabei um seelische Nahrung wie zum Beispiel Liebe und Anerkennung, die andere uns gegenüber ausdrücken.

Ich weiß nicht, ob Sie zu den Menschen gehören, die »nichts zu danken« oder »dafür nicht« sagen, wenn andere sich bei ihnen bedanken. Oder ob es für Sie »nicht der Rede wert« ist, wenn man anerkennt, was Sie geleistet haben. In diesem Fall verderben Sie nicht nur Ihren Mitmenschen die Chance, Sie zu würdigen, sondern berauben außerdem sich selbst der seelischen Nahrung, die Sie von anderen erhalten. Probieren Sie stattdessen doch einmal die Antwort »Ich habe es gern getan« oder »Es kam von Herzen«, und nehmen Sie den Unterschied wahr.

In ähnlicher Weise können wir uns und anderen Gutes tun, wenn wir die Liebe, die andere uns zeigen, oder auch Hilfsangebote annehmen, anstatt sie durch Floskeln wie »Es geht auch so« oder »nicht nötig« ständig auszuschlagen. Nehmen Sie die Hilfe an, die Ihnen von anderen angeboten wird!

Insgesamt können wir das Halschakra auch als das Kommunikationszentrum unseres Körpers bezeichnen: seine Aufgaben lassen sich gut mit denen einer Telefonzentrale in einem großen Unternehmen vergleichen. Darin werden Impulse (Telefongespräche) innerhalb des Betriebes entgegengenommen und an die richtige Außenstelle weitergeleitet. Ebenso laufen Impulse von außen ein und müssen zur Weiterverarbeitung an die richtige Abteilung innerhalb des Unternehmens weitervermittelt werden. Hat ein Unternehmen durch eine Vielzahl an ein- und ausgehenden Aufträgen einen hohen Umsatz an positiver Telefonkommunikation, wächst und gedeiht es normalerweise. Ebenso wachsen auch wir und fühlen uns in unseren Beziehungen wohl, wenn ein hohes Maß an positivem Austausch gewährleistet ist. Positive Kommunikation beinhaltet zum Beispiel, dass wir persönliche Anerkennung ausdrücken und annehmen oder auch, dass wir wichtige Bedürfnisse und Gefühle miteinander teilen.

Noch eine wichtige Funktion bzw. Lernaufgabe auf der Ebene des Kehlzentrums muss an dieser Stelle erwähnt werden. Sie betrifft unsere Kraft, mit Hilfe von Klang, insbesondere durch das gesprochene Wort, etwas zu bewirken. Vielleicht sind Sie sich dieser Kraft inzwischen bereits bewusster als zuvor, denn auf ihr beruht ja zu einem wesentlichen Teil die Wirksamkeit der in diesem Buch vorgestellten Methoden. Aber ob wir dessen gewahr werden oder nicht: Wir sind ständig dabei, durch Sprechen unsere eigenen Lebenserfahrungen zu gestalten. Ich selbst staune immer wieder, welche Auswirkungen Wünsche, Befürchtungen oder andere »Prophezeiungen« auf mein Leben haben, wenn ich sie erst einmal *ausgesprochen* habe. Dies geschieht selbst dann, wenn ich inzwischen meine Meinung geändert habe und längst nicht mehr auf den Gedanken käme, einen solchen Wunsch in der Gegenwart auszusprechen. Ich erinnere mich dann gelegentlich: »Ach ja, das hast du irgendwann einmal gesagt.«

Ein ganz banales Beispiel dafür sind längere Autofahrten, vor denen ich angekündigt hatte, zu welcher Uhrzeit ich wohl am Ziel sein würde. Des öfteren habe ich dann erlebt, dass sich eine neue Strecke als kürzer erwies als angenommen. Ich hätte also viel früher als ursprünglich erwartet ankommen können. Manchmal wäre mir das auch sehr entgegengekommen, zum Beispiel um mich vor einem Vortrag noch ein wenig auszuruhen. Ich konnte dann aber fast sicher sein, dass vor oder während der Fahrt irgendwelche Dinge geschahen, die meine Ankunft so lange hinauszögerten, dass ich schließlich genau zu der von mir anfangs vorhergesagten Zeit das Ziel erreichte. Vielleicht kennen Sie solche Beispiele ja auch aus Ihrem Leben.

Ganz ähnlich ist es mit der häufigen Schilderung von Problemen. Viele persönliche Probleme oder auch Eigenschaften, die wir uns zuschreiben, bestehen einzig und allein aufgrund der Tatsache, dass wir ständig darüber sprechen. Wie Richard Bach, der Autor der *Möwe Jonathan*, in seinem Buch *Illusionen* im »Leitfaden für Erlöser« sagt: »Führe deine Unzulänglichkeiten ins Feld, und ehe du dich versiehst, verbleiben sie dir.«[14] Erzählen Sie sich selbst und anderen nur häufig genug, dass Sie nicht singen können. Sie werden recht behalten und mit der Zeit selbst an »Alle meine Entchen« scheitern.

Wir gestalten durch unsere Worte aber nicht nur unsere eigenen Lebenserfahrungen, sondern beeinflussen durch den Klang auch ständig unser soziales Umfeld und die Atmosphäre, die uns umgibt. In Indien wird daher von alters her das Singen von religiösen Liedern und Mantren nicht nur als persönliches Vergnügen, sondern zugleich als ein wertvoller Dienst an der Gemeinschaft angesehen.

Wir kommen auf dem Weg zur Meisterschaft also früher oder später nicht umhin, uns der großen Kraft, die dem gesprochenen Wort innewohnt, bewusst zu werden. Seien wir achtsam, unsere Worte auf konstruktive Weise zu gebrauchen und im Zweifelsfall lieber zu schweigen, als durch unnötiges Sprechen Probleme für uns und andere Menschen zu erschaffen.

Symptome für Blockaden

Im Laufe der Zeit habe ich eine Reihe von körperlichen Symptomen beobachtet, die auf Blockierungen der eben beschriebenen Halschakra-Funktionen hinweisen. Da sie recht häufig vorkommen, möchte ich sie hier kurz schildern.

Leise Stimme

Menschen, die mit sehr leiser Stimme reden, fühlen sich oft unsicher und haben starke negative Erwartungen, dass andere Menschen feindselig auf sie reagieren. Diese Erwartungen wirken sehr oft wie sich selbst erfüllende Prophezeiungen. Denn der Zuhörer sieht sich genötigt, sich übermäßig stark auf die leise sprechende Person zu konzentrieren, um sie verstehen zu können. Das ist jedoch nicht nur anstrengend, sondern erzeugt auch einen einseitigen Energiefluss vom Zuhörer zu seinem leisen Gegenüber statt eines gegenseitigen Austausches von Energie. Um nicht überfordert zu werden, wenden andere Menschen daher ihre Aufmerksamkeit oft abrupt und genervt ab, was natürlich von der leise sprechenden Person als Bestätigung dafür gesehen wird, dass sie abgelehnt wird. So geraten die Betroffenen häufig in eine Art Teufelskreis, der sich nur dann durchbrechen lässt, wenn sie ihre negativen Erwartungen loslassen und darauf achten, mit klarer, gut hörbarer Stimme zu sprechen.

Wenn das Symptom der leisen Stimme ein Thema für Sie ist, dann können Sie in der inneren Arbeit der Frage nachgehen: *In welchen Situationen der Vergangenheit bin ich für meinen Selbstausdruck (den*

Ausdruck von Gefühlen, Bedürfnissen, Ideen, unbequemen Wahrheiten usw.) zurückgewiesen, bestraft oder lächerlich gemacht worden?

Dauerndes Schlucken

Manchmal beginnen Klienten während einer Releasing-Sitzung, in kurzen, regelmäßigen Abständen zu schlucken. Interessanterweise ist sich der Betroffene selbst dieses Vorgangs meistens überhaupt nicht bewusst, obwohl er für einen äußeren Beobachter nicht zu übersehen ist. Sollten Sie es dennoch selbst bemerken oder vielleicht von einem Begleiter während der inneren Arbeit darauf aufmerksam gemacht werden, dass Sie häufig schlucken, so fragen Sie sich: *Was sind das für Gefühle oder Gedanken, die ich da herunterschlucke?* Traurigkeit vielleicht?

Ich habe oft gesehen, wie das Schlucken schlagartig aufhörte, wenn die Gefühle, Gedanken, Erinnerungen usw. zur Sprache gekommen waren, die der Klient vorher nicht anzuschauen bzw. auszudrücken gewagt hatte.

Ich lasse los ...

- *den alten Glauben, dass für meine Gefühle kein Platz da ist*
- *die Auswirkungen davon, dass in meiner Familie kein Platz für meine Gefühle da war*
- *das Muster, meine Gefühle (Trauer, Wut, Ärger, Bedürfnisse) herunterzuschlucken*
- *alle Schamgefühle, zu zeigen, was ich wirklich fühle*

Engegefühl im Hals; das Gefühl, nicht schlucken zu können
Diese körperlichen Empfindungen drücken oft unmittelbar das Gefühl aus, etwas nicht oder nicht mehr schlucken zu wollen. Die Frage ist in diesem Fall: *Was will ich nicht mehr schlucken?*

In der inneren Arbeit bezieht sich diese Frage oft auf Erinnerungen, die an die Oberfläche steigen. Dann kann die Antwort zum Beispiel lauten: »Ich will die Beschimpfungen meines Lehrers nicht mehr schlucken«, »Ich weigere mich, so mit Essen vollgestopft zu werden«, »Ich will die dauernde Kontrolle der Erwachsenen nicht mehr schlucken« oder »Es ekelt mich so, die Annäherungen meines Stiefvaters schlucken zu müssen«.

Im Zusammenhang mit Ekelgefühlen sind es oft auch Schimpf-wörter, die uns förmlich im Hals stecken geblieben sind. Dann hilft es, wenn wir genauer hinschauen, auf wen wir am liebsten geschimpft hätten bzw. auf wen wir jetzt – in diesem Moment, in dem zum Beispiel eine Missbrauchserinnerung ans Licht kommt – eigentlich schimpfen wollen. Gestatten Sie es sich dann, in der inneren Arbeit diesen Schimpfwörtern Ausdruck zu geben, bis sich das Enge- und Ekelgefühl im Hals gelöst hat.

Manchmal lautet die hilfreiche Frage bei Nicht-schlucken-Kön-nen auch: *Was nehme ich nicht an?*

Vielleicht entdecken Sie, wenn Sie dieser Frage nachgehen, dass Sie Gutes zurückweisen wie zum Beispiel Anerkennung, Dank oder Zärtlichkeit, die andere Ihnen entgegenbringen. Dann sollten Sie möglicherweise von dem Gefühl loslassen, Anerkennung, Dank und anderes Gutes nicht zu verdienen.

Ein Engegefühl im Hals findet man oft auch bei Menschen, die sich unsicher in ihrem kreativen Ausdruck fühlen, sei es beim Singen, beim Malen oder in anderen Bereichen. Loszulassen sind hier zu-meist Auswirkungen davon, dass das kindliche Malen, Musizieren usw. schon früh in starre, leistungsbezogene Formen gepresst wurde. Ein Beispiel hierfür wäre es, wenn im Musikunterricht immer nur die Vorbereitung auf irgendwelche Prüfungen im Vordergrund stand oder wenn es beim Malen starre Normen von richtig und falsch gab. Als Folge hiervon schnürt die Angst davor, »Fehler« zu machen, manchen Menschen regelrecht den Hals zu.

Ich lasse los ...

* *die Angst, bewertet zu werden (lächerlich gemacht zu werden), wenn ich spreche (singe, dichte, male)*
* *den Glauben, dass ich es »richtig« machen muss*
* *das Gefühl, dass ich etwas leisten muss, wenn ich mich kreativ ausdrücke*
* *die Angst davor, dass ich versagen könnte*

Husten; Hüsteln
Einer meiner Gruppenteilnehmer, der bereits eine Psychoanalyse hinter sich hatte, zitierte gern scherzhaft die Frage: »Wen hustest du

an?«, sobald jemand in der Gruppe sich räusperte. Ich weiß nicht, ob es sich dabei bloß um eine ironische Übertreibung psychoanalytischer Deutungswut handelte. Einen wahren Kern hat diese Frage nach meiner Erfahrung in jedem Fall. Zumindest dann, wenn der Husten bzw. wiederholtes Räuspern seine Ursache nicht in einer starken Infektion hat, handelt es sich fast immer um eine Ersatzhandlung dafür, eine persönliche »Wahrheit« zum Ausdruck zu bringen.

Die Frage für die innere Arbeit wäre hier also: *Welche Bedürfnisse und Gefühle, welchen Ärger oder welche anderen Dinge traue ich mich nicht auszusprechen, und warum traue ich mich nicht?*

Wenn diese unterdrückten Inhalte an eine konkrete Situation gebunden sind und eigentlich einer bestimmten Person gegenüber gesagt werden müssten, sollten Sie wiederum diese Person visualisieren und direkt zu ihr sprechen.

Ich lasse los ...

* *die Angst davor, meine Wahrheit zu sagen*
* *die Angst, bestraft/verletzt zu werden, wenn ich meine Wahrheit sage*
* *die Angst, dass meine Wahrheit zu verletzend sein könnte, wenn ich sie sage*

Ohrprobleme; Hörschwierigkeiten
Es ist modern geworden, die Ursachen für körperliche Symptome in analogen psychischen Mechanismen zu suchen. Diese Sicht kann einerseits oft hilfreich sein. Sie kann aber auch – vorschnell und schematisch angewandt – völlig ins Leere greifen. Bei aller Vorsicht, mit der solche Analogschlüsse also zu betrachten sind, zeigt die Erfahrung aber doch, dass die Ursache von Ohr- und Hörproblemen oft in dem Widerstand liegt, auf bestimmte innere Impulse zu »hören« und sie in der eigenen Lebensgestaltung zu berücksichtigen. So schenkt vielleicht jemand, der übermäßig viel arbeitet, der inneren Stimme, die zu mehr Erholungszeiten mahnt, kein *Gehör*. Oder die Hörschwierigkeiten liegen darin begründet, dass jemand sich weigert, die innere Stimme zur Kenntnis zu nehmen, die auf die längst fällige Lösung aus einer destruktiven Beziehung drängt.

Die Leitfragen sind hier also: *Was in mir will ich nicht hören?*

*Welchem Aspekt in mir oder welchem Aspekt in meinem Leben schenke ich
zu wenig Aufmerksamkeit?*
*Was habe ich bisher nicht gewagt, mir einzugestehen, vielleicht weil ich
diesen inneren Impuls für nicht umsetzbar gehalten habe?*

Verspannte Kinn- und Mundpartie; zusammengepresste Lippen
In mancher Hinsicht ist die Sprache der Seele tatsächlich in kaum
einem anderen Körperbereich so deutlich und leicht zu verstehen
wie bei den körperlichen Symptomen im Bereich des Halszentrums.
So hat ein verbissen wirkender Mundbereich praktisch ausnahmslos
eine sprichwörtliche »Verbissenheit« zur Ursache. Oft stecken ganz
wörtlich Entscheidungen in der Vergangenheit dahinter, unter allen
Umständen die Zähne zusammenzubeißen. Dieses Thema erinnert
mich jedes Mal an eine der lustigsten Begebenheiten während meiner Arbeit als spiritueller Therapeut.

Zu einem Wochenendseminar erschien Herbert, ein ungefähr
sechzig Jahre alter Herr, der vom Moment seines Eintretens an sehr
ernst und verkniffen wirkte. Mit diesem Gesichtsausdruck machte er
überdies den Eindruck, dass er seine Mitmenschen mit extrem kriti-
schen Augen anschaute. Ich fragte mich also insgeheim am Ende des
Einführungsabends, ob er wohl in der Lage sein würde, sich innerlich wenigstens ein kleines bisschen für unsere Arbeit und für die
Gruppe zu öffnen.

Herbert erschien jedoch auch am nächsten Morgen wieder in der
Gruppe. Nachmittags war es schließlich an der Zeit für ihn, im
Zustand der Tiefenentspannung seine ersten Releasing-Erfahrun-
gen zu machen. Als ich während der Gruppenarbeit zu ihm gerufen
wurde, lag er dort mit angespanntem, zusammengekniffenem Gesicht, das Kinn verspannt, die Zähne aufeinandergepresst. Nachdem
ich ein paar Worte mit Herbert gesprochen und mich kurz eingestimmt hatte, hörte ich innerlich sehr schnell einige Releasing-Sätze,
die ich ihm sogleich vorschlug. Der zweite oder dritte Satz lautete:
»Ich lasse los alle Entscheidungen, immer die Zähne zusammenzubeißen.«

Es dauerte einen kleinen Moment, bevor er diesen Satz nachspre-
chen konnte, so als sei etwas in ihm getroffen worden und als müsse
er sich erst sammeln, um diese Worte sagen zu können. Dann aber,
noch während Herbert sprach, stieg aus seinem Bauch auf einmal ein

Glucksen auf, das sich langsam steigerte und zu einem lauten Lachen wurde. Und dann lachte Herbert lauthals und lachte und lachte und fand gar kein Halten mehr. Bald konnten auch Herberts Begleiterin und ich uns seinem Lachen nicht mehr entziehen und begannen mitzulachen. Schließlich wurde ein Gruppenteilnehmer nach dem anderen angesteckt, und nach kurzer Zeit hallte der ganze Saal von dem Gelächter sämtlicher Anwesenden wider. Es dauerte einige Minuten, bis das Lachen schließlich nachließ und nach einer Weile unter heftigen Lachschluchzern verebbte.

Offensichtlich hatte sich bei Herbert durch den Releasing-Satz eine jahrzehntelang angestaute Energie gelöst, die durch die innere Haltung, unter allen Umständen die Zähne zusammenbeißen zu müssen, im Körper festgehalten worden war. Für ihn war dieser unkontrollierbare Lachanfall eine völlig neue Erfahrung und ein Wendepunkt zu einem entspannteren und humorvolleren Leben. Noch Jahre später, wenn er wieder einmal ein Seminar von uns besuchte, stellte er sich der Gruppe vor, indem er verschmitzt lächelnd von seinem erstmaligen Releasing-Erlebnis erzählte, bei dem er nicht mehr aufhören konnte zu lachen.

Nicht immer ist es natürlich so einfach wie in diesem Fall. So muss man häufig zunächst schauen, in welchen (Kindheits-)Erfahrungen und Glaubenssätzen derartige innere Haltungen ihren Ursprung haben. Konzepte zum Loslassen sind hier zum Beispiel der Glauben, stets alles allein machen zu müssen oder zu wollen, nicht weinen zu dürfen, das Gefühl oder die Entscheidung, immer stark sein zu müssen, sich immer zusammenreißen zu müssen usw.

Verspannungen im Schulter- und Nackenbereich

Verspannungen im Schulter- und Nackenbereich können, abgesehen von rein körperlichen Gründen wie einer dauerhaften schlechten Haltung am Arbeitsplatz, verschiedene Ursachen haben. Wenn die Verspannung eher im Schulterbereich liegt, handelt es sich sehr oft um unausgedrückte Liebe, um Liebe also, die zurückgehalten wird und daher nicht an ihrem eigentlichen Ziel ankommt.

Dieses Verhaltensmuster kann ursprünglich aus einer vergangenen Situation stammen (wir sprachen bereits über die unterbrochene Hinbewegung). Es kann aber auch sein, dass jemand in einer gegenwärtigen Beziehung seine Liebe zurückhält. Sie könnten in er inneren Arbeit also zunächst schauen, zu wem – und in welcher Zeit – die festgehaltene Liebe eigentlich fließen will. Es ist gut möglich, dass Sie sich selbst diese Liebe lange nicht eingestanden haben, sei es aus Trotz (zum Beispiel gegen den Vater oder gegen die Mutter) oder aus Angst vor zu viel Verletzlichkeit.

Vielleicht kommt es Ihnen auch vor, als ob eher Wut als Liebe in den Schultern feststecken würde. Nach meiner Erfahrung ist diese Wut jedoch eher selten eine wirklich primäre Wut, die aus einer stark verletzenden Erfahrung der Vergangenheit stammt. Weit öfter handelt es sich um ein vordergründiges »Ersatzgefühl«, das dazu dient, die eigene Liebe nicht fühlen zu müssen. Bleiben Sie dann nicht bei dieser Wut hängen, sondern lassen Sie sie gehen und dringen Sie zu der Liebe vor, die sich dahinter verbirgt. Sollten Sie dann beispielsweise spüren, dass es die Liebe des damals vierjährigen Kindes zum Vater ist, die Sie zurückhielten, können Sie diese Liebe durch eine einfache Visualisierungsübung wieder zum Fließen bringen.

Übung: Zurückgehaltene Liebe ins Fließen bringen

Stellen Sie sich vor, Sie seien vier Jahre alt. Vor sich sehen Sie Ihren Vater, wie er damals aussah. Stellen Sie ihn sich zum Beispiel vor, wie er nach Hause kommt. Sie breiten Ihre Arme aus (tun Sie dies auch jetzt, während Sie sich die Szene vorstellen) und laufen auf ihn zu. Sie umarmen ihn und lassen sich von ihm umarmen oder auf den Arm nehmen. In die Umarmung lassen Sie Ihre ganze Liebe zu Ihrem Vater fließen, durch die Augen, Arme und Hände.

Analog wäre der Ablauf für eine gegenwärtige Beziehung. Stellen Sie sich zum Beispiel vor, wie Sie mit ausgebreiteten Armen auf Ihre Frau zugehen und wie Sie beide sich dann innig umarmen und Ihre Liebe durch die Augen, Arme und Hände zueinander fließen lassen. Noch besser setzen Sie diese Phantasie aber schnellstmöglich in die Tat um.

In einer Gruppe lässt sich diese Übung auch gut mit Hilfe anderer Gruppenmitglieder durchführen, die während der Übung für den Klienten die Person darstellen, der die eigene Liebe gilt. Aber egal, ob im inneren Bild oder auch im Rollenspiel körperlich vollzogen: Es ist immer wieder eine verblüffende Erfahrung festzustellen, dass sich die Schulterverspannungen anschließend ganz oder zumindest weitgehend aufgelöst haben.

Wenn die körperlichen Verspannungen stärker im Nacken zu spüren sind, liegt die Ursache meistens in einer Angst, die uns buchstäblich »im Nacken sitzt«. Loszulassen sind dann oft Versagensängste und ein Mangel an Selbstvertrauen, der nicht selten durch frühere Programmierungen von Eltern oder Lehrern bedingt ist. Releasing-Sätze wären hier also zum Beispiel:

Ich lasse los ...

- *den Satz meines Lehrers, dass ich es ja doch niemals schaffen werde*
- *die Programmierung meines Vaters, dass ich es niemals zu etwas bringen werde*
- *das Gefühl, mir keine Fehler erlauben zu dürfen*
- *die Angst, dass ich versagen könnte*

Schulter- und Nackenverspannungen finden sich regelmäßig auch bei Menschen mit der Grundüberzeugung, sie müssten alles allein machen, da sie entweder sowieso niemand unterstützen würde oder da niemand sonst die Aufgaben genauso gut erfüllen würde wie sie. Da Menschen mit solchen Glaubenssätzen meistens unter chronischen Überlastungsgefühlen leiden, ziehen sie unbewusst die Schultern hoch, um sich davor zu schützen, noch mehr aufgebürdet zu bekommen.

Ich lasse los ...

- *den Glauben, dass ich immer alles allein machen muss*
- *alle Entscheidungen, keine Hilfe anzunehmen*
- *die Überzeugung, dass sowieso keine Unterstützung für mich da ist*
- *den Glauben, dass niemand die Dinge so gut erledigt wie ich*
- *die Vorstellung, dass nur meine Art die richtige ist (zum Beispiel mit den Kindern umzugehen, an Aufgaben heranzugehen)*
- *die Überzeugung, dass ich mich auf niemanden verlassen kann außer auf mich selbst*

Wenn wir dazu neigen, alles allein machen zu wollen, stellt auch diese Haltung eine Art von blockiertem Ausdruck (Halszentrum!) dar. Wir vermeiden es dann nämlich, andere Menschen (und meistens selbst Gott) um Hilfe und Unterstützung zu bitten.

Blockaden im Halszentrum lösen

Bitten aussprechen

Bitten auszusprechen, nicht nur um Hilfe und Unterstützung, sondern auch ganz allgemein, gehört zu den Elementen guter Kommunikation, die viele von uns erst lernen müssen. Statt um das zu bitten, was wir eigentlich wollen, klagen und jammern wir meist lieber über das, was wir nicht wollen. »Bittet, und es wird Euch gegeben«, heißt es schon in der Bibel. In diesem Satz kommt ein einfaches geistiges Gesetz zur Sprache: Indem wir bitten, öffnen wir uns innerlich dafür, das, worum es uns geht, auch zu empfangen.

Über das zu klagen, was wir *nicht* oder vielleicht *nicht mehr* wollen, bringt uns dagegen in aller Regel nur noch mehr davon und/oder Kampf und Frustration in unseren Beziehungen. Ich möchte Ihnen nun eine Übung vorschlagen, die Sie leicht in Ihrem Alltag anwenden können, wenn Sie sie einmal innerlich nachvollzogen haben. Diese Übung kann dann einen bedeutenden Unterschied in Ihrem Leben ausmachen.

Übung: Klagen durch Bitten ersetzen

Lassen Sie sich für jede der folgenden Fragen ein wenig Zeit, um sie vollständig schriftlich zu beantworten:

1. *Worüber klage ich besonders oft in meinen Beziehungen und im Leben allgemein? Was sind meine häufigsten Klagen?*
2. *Wenn Sie diese Klagen einzeln betrachten: Welches Bedürfnis oder welcher Wunsch steckt hinter jeder dieser Klagen? Formulieren Sie Ihre Bedürfnisse und Wünsche positiv, schreiben Sie also zum Beispiel statt »weniger Arbeit« »mehr Zeit für mich«.*

3. *Betrachten Sie jedes dieser Bedürfnisse, jeden dieser Wünsche einzeln:*
   Wer kann mir dieses Bedürfnis oder diesen Wunsch erfüllen? Eine
   andere Person, nur ich selbst, nur Gott?
4. *Schreiben Sie jedes Bedürfnis und jeden Wunsch, für deren Erfüllung es*
   eines anderen bedarf, als Bitte auf. Beginnen Sie mit den Worten: »Bitte
   ...« *oder* »Ich möchte dich bitten ...« *oder* »Ich brauche ...« *Denken Sie*
   daran, die Bitte positiv zu formulieren, also ohne Verneinungen.
5. *Machen Sie jede Bitte, die Sie notieren, so konkret wie möglich.*
6. *Sprechen Sie Ihre Bitten an der richtigen Adresse aus.*

Eine Bitte konkret zu machen bietet zwei Vorteile auf einmal: Andere
wissen, was sie tun können, um unsere Bitten zu erfüllen, und wir
selbst bekommen es auch mit, wenn das geschieht. Wenn Sie zum
Beispiel zu Ihrem Mann sagen: »Liebe mich mehr«, weiß er wahrscheinlich nicht, wie er das machen kann. Wenn Sie aber sagen:
»Bitte halte dir einen Abend in der Woche frei, so dass wir zusammen
ausgehen können«, ist klar, wie er Ihrer Bitte nachkommen kann.
Und Sie wissen, wann Ihr Wunsch erfüllt wurde.

Auch bei Bitten an Gott oder an das Universum überlegen Sie sich
am besten genau, was Sie wirklich wollen. Denn das Universum
nimmt uns beim Wort. Ein Freund fragte mich einmal in einem
Brief, ob ich ihm »ein kleines Foto« meiner Familie schicken könne.
So suchte ich eine Weile in den entsprechenden Schubladen, in der
Hoffnung, ein Foto zu finden, auf dem unsere ganze Familie deutlich
zu sehen war. Das einzige aktuelle Familienfoto, das ich nach längerer Suche schließlich fand, war jedoch ein winzig kleiner, ca. zwei mal
zweieinhalb Zentimeter großer Kontaktabzug. Wir besaßen allerdings kein Negativ dazu, mit dem wir das Bild hätten vergrößern
lassen können. Ich steckte also dieses Minifoto in einen Umschlag
und schrieb meinem Freund dazu: »Das beiliegende Foto ist das
einzige vollständige Familienfoto, das ich finden konnte. Dass es so
klein ist, liegt wahrscheinlich daran, dass das Universum dich erhört
hat. Du hast mich nämlich um ein ›kleines Foto‹ gebeten.«

Wenn wir zu ungenau mit unseren Wünschen sind, liebt es das
Universum, mit uns zu spielen. Als Katrin und ich noch im Studium
waren, fuhren wir einmal eine größere Strecke per Anhalter. Da wir
gern zum Kaffeetrinken am Nachmittag bei unseren Gastgebern sein

wollten und die Zeit schon knapp wurde, sagten wir mittags an einer Autobahnraststätte: »Gott, es sind noch 200 Kilometer, jetzt schicke uns bitte einen Mercedes.« Wenige Augenblicke später hielt ein Lieferwagen, und der Fahrer fragte uns, ob wir mitfahren wollten. Es war zwar nicht gerade eine Luxuslimousine, wie wir uns eben vorgestellt hatten, aber auch ein Lieferwagen schien immer noch besser als überhaupt keine Mitfahrgelegenheit. Auf der Autobahn mussten wir dann bestürzt feststellen, dass die Höchstgeschwindigkeit dieses Kleinlasters 80 Kilometer pro Stunde betrug. Ade, schönes Kaffeetrinken! Während ich sehnsüchtig in die Ferne schaute und dabei über den Obstkuchen mit Schlagsahne in einer gemütlichen Kafferunde sinnierte, der mir soeben entgangen war, fiel mein Blick plötzlich auf das Lenkrad des Wagens. Dort prangte – unverwechselbar – der Mercedesstern. Wir hatten also tatsächlich einen Mercedes geschickt bekommen!

Was lernen wir daraus? Vergessen Sie niemals, »S-Klasse« mit anzugeben, wenn Sie Gott beim Trampen um einen Mercedes bitten!

Ich lasse los ...

- *den Glauben (das alte Gefühl), dass für meine Bedürfnisse sowieso kein Platz da ist*
- *die Überzeugung, dass sowieso niemand auf mich hört, wenn ich meine Bedürfnisse ausdrücke*
- *das Gefühl, mich zu demütigen, wenn ich um etwas bitte*
- *die Erwartung, zurückgewiesen zu werden, wenn ich um etwas bitte*
- *die Entscheidung, auf meine Bedürfnisse zu verzichten und nichts mehr mit ihnen zu tun haben zu wollen*
- *den Glauben, dass ich alles allein machen muss*
- *die Erwartungshaltung, dass andere meine Bedürfnisse sehen, ohne dass ich sie aussprechen muss, und die Enttäuschung, wenn sie das nicht tun*
- *das Muster, mich zu beklagen, anstatt um etwas zu bitten*

- *Ich entscheide mich dafür, konkrete Bitten zu äußern, statt zu jammern und zu klagen.*

Unausgedrückte Liebe

Wie wir gesehen haben, geht es bei den Themen des Halszentrums oft darum, unausgedrückt Gebliebenes auszudrücken, zum Beispiel Bedürfnisse, Gefühle, manchmal Schimpfwörter, manchmal aber auch eine liebende Hinbewegung. In diesem Zusammenhang sollte ein bestimmter Punkt noch besonders erwähnt werden. In vielen Therapiesitzungen zeigt sich nämlich, dass von all dem, was wir an Gefühlen nicht geäußert haben, unausgedrückte Liebe die größten Schmerzen verursacht. Das gilt vor allem dann, wenn es zu spät ist, einem bestimmten Menschen noch zu sagen, dass wir ihn lieben, etwa weil er – möglicherweise ganz plötzlich und unerwartet – gestorben ist.

Die tiefsten Wunden der Seele, die sich in Therapiesitzungen zeigen, hängen immer wieder mit diesem Thema zusammen. Wir sind untröstlich darüber, der eigenen Mutter, dem eigenen Vater, dem eigenen Kind oder anderen uns sehr nahe stehenden Menschen nicht gesagt zu haben: »Ich liebe dich«, solange sie noch lebten. Auch im Moment unseres eigenen Todes besteht der größte Schmerz für uns vielleicht darin, auf die Beziehungen in unserem Leben zurückzuschauen und sehen zu müssen, dass wir unsere Familie und Freunde als selbstverständlich betrachtet haben. Wir haben es nicht für so wichtig gehalten oder sind zu »beschäftigt« gewesen, um unsere Liebe gegenüber denen auszudrücken, mit denen wir eng verbunden waren.

Versetzen Sie sich einmal in die Gefühle der Eltern hinein, die vielleicht gerade heute in Ihrer Tageszeitung den Tod ihres Kindes bekannt gegeben haben, das kürzlich bei einem Verkehrsunfall ums Leben kam. Eine Mutter, die selbst einen solchen Verlust erlitten hat, übermittelte den folgenden Brief an die Palo Alto Times, eine kalifornische Tageszeitung:

Heute haben wir unseren zwanzigjährigen Sohn begraben. Er hatte am Freitagabend einen Motorradunfall und war sofort tot. Ich wünsche mir so sehr, ich hätte bei unserem Gespräch bevor er wegfuhr gewusst, dass es das letzte war. Hätte ich es geahnt, so hätte ich gesagt: »Jim, ich habe dich lieb, und ich bin so stolz auf dich!«

*Ich hätte mir die Zeit genommen, die viele Male aufzuzählen, in denen
er denjenigen, die ihn liebten, eine Freude gemacht hat. Ich hätte mir die
Zeit genommen, sein strahlendes Lächeln, die Art wie er lachte und seine
Menschenfreundlichkeit zu loben.*
*Wenn man all die guten Eigenschaften in die Waagschale legt und die
negativen Züge dagegenhält – wie zum Beispiel das immer zu laut
gestellte Radio, der Haarschnitt, der uns nicht gefiel, die schmutzigen
Socken unter dem Bett etc. –, dann waren letztere vergleichsweise
geringfügig.*
*Ich habe keine Gelegenheit mehr, meinem Sohn das zu sagen, was ich
ihm gerne hätte sagen wollen, aber andere Eltern – Sie – haben diese
Möglichkeit noch. Teilen Sie Ihren Kindern das mit, was Sie ihnen gerne
klarmachen würden, wenn Sie wüssten, es ist Ihre letzte Unterhaltung.
Mein letztes Gespräch mit Jim war am Tag seines Todes. Er kam zu mir
und sagte: »Hi, Mom – ich wollte dir nur sagen, dass ich dich lieb habe.
Ich muss jetzt zur Arbeit. Bye.« Er gab mir damit etwas fürs Leben mit.
Wenn Jims Tod irgendeinen Sinn haben sollte, dann vielleicht den, zu
bewirken, dass andere Menschen das Leben höher einschätzen und dass
sie – vor allem, wenn es sich um Familien handelt – sich die Zeit
nehmen, einander wissen zu lassen, wie viel ihnen am anderen liegt.
Vielleicht wird die Gelegenheit nie wiederkommen. Tun Sie es noch
heute!*[15]

Was würden Sie Ihr Kind unbedingt wissen lassen wollen, wenn Sie
vor seinem Tod noch die Gelegenheit hätten, es ihm zu sagen? Was
hätten Sie Ihrer Frau oder Ihrem Mann, Ihrer Mutter, Ihrem Vater
noch sagen müssen, wenn Sie gleich einen Anruf bekämen mit der
Nachricht von ihrem oder seinem plötzlichen Tod? Weichen Sie
diesen Fragen nicht aus, denn es ist eine Illusion zu glauben, der Tod
existiere nur in der Zukunft. Tatsächlich ist der Tod jeden Moment
gegenwärtig. *Erwarten* Sie nicht, jeden Moment sterben zu müssen,
aber schließen Sie es auch nicht aus. Leben und gestalten Sie Ihre
Beziehungen so, dass Sie nicht diese tiefe, schmerzliche Reue über
unwiederbringlich verlorene Gelegenheiten empfinden müssen,
wenn es für Sie oder Ihre Lieben an der Zeit ist zu gehen.

Viele von uns haben eine seltsame Scheu oder vielleicht auch Angst
davor, sich so »nackt« zu zeigen und zu sagen: »Ich liebe dich.« Überwinden Sie diese Scheu! Sie werden reich dafür belohnt werden.

Ich lasse los ...

* *meine Schamgefühle zu sagen: »Ich liebe dich«*
* *meine Angst davor, mich so verletzlich zu zeigen*
* *das Gefühl, zu verletzlich zu sein, wenn ich sage: »Ich liebe dich«*
* *das Konzept, dass ich danach nur noch »lieb« sein darf, um meine Liebe auch zu beweisen*
* *die Befürchtung, dass ich bei einem anderen Menschen nur Befremden auslöse, wenn ich sage: »Ich liebe Dich.« (Die Erfahrung zeigt, dass diese Befürchtung eigentlich nie eintrifft, sondern dass andere Menschen einfach hocherfreut sind zu hören, dass sie geliebt werden.)*

Wagen Sie es und gewinnen Sie, indem Sie Ihrer Liebe Ausdruck geben, auch und besonders mit dem Aussprechen der drei magischen Worte: »Ich liebe dich.« Sie werden dann nicht nur feststellen, dass Sie leichter gehen und gehen lassen können, wenn es einmal an der Zeit ist, sondern auch Ihre gegenwärtigen Beziehungen werden eine ganz neue Qualität bekommen.

Übung: Der Tod als Ratgeber

Legen Sie Schreibzeug bereit. Schließen Sie dann die Augen und entspannen Sie sich mit ein paar tiefen Atemzügen. Kontemplieren Sie über folgende Frage:

Wenn ich jetzt nur noch so kurze Zeit zu leben hätte, dass es für drei Anrufe oder Besuche reichen würde, wen würde ich anrufen oder aufsuchen? Und was würde ich diesen Menschen sagen oder sonst noch tun?

Lassen Sie einige Minuten lang Ihre Antworten auf diese Fragen aus dem Herzen aufsteigen. Danach schreiben Sie die Ergebnisse auf.

Setzen Sie Ihre Antworten in die Tat um. Am besten noch heute! Falls es heute wirklich nicht geht, dann holen Sie es so bald wie möglich nach.

Das innere Haus in Ordnung bringen

Wenn Sie sich der letzten Übung wirklich gestellt haben, dann haben Sie begonnen, sich von dem größten und weisesten Lehrer des Lebens unterweisen zu lassen – dem Tod. Tatsächlich lehrt uns niemand so gründlich, wie wir erfüllt und glücklich leben können, wie der Tod. Den Tod zum Lehrer zu haben bedeutet, sich jederzeit der eigenen Sterblichkeit bewusst zu sein. Sich also bewusst zu sein, dass die Zeit, die uns zur Verfügung steht, begrenzt ist, dass sie schon heute oder morgen abgelaufen sein kann. Tatsächlich gehört es wohl zu den weisesten Regeln für ein gutes Leben, jeden Tag so zu leben, als sei es der letzte, und keine Zeit zu verschwenden. Schieben Sie das nicht auf, was Sie immer schon tun wollten. Eines Tages wird es zu spät sein.

Der Tod *nimmt* uns das Leben vor allem dann, wenn wir uns von ihm – dem Tod – abwenden. Aber eigentlich sind es dann ja wir selbst, die uns des Lebens berauben. Vor dem Tod davonzulaufen heißt nämlich letztlich dasselbe wie vor uns selbst zu fliehen. Das wiederum ist gleichbedeutend damit, vor wirklichem Leben wegzulaufen. Wenn wir den Tod aber anschauen und uns von ihm führen lassen, dann *schenkt* er wirkliches und reiches Leben – jederzeit, hier, jetzt und heute.

Wenn Sie die letzte Übung nicht nur gelesen, sondern sich wirklich darauf eingelassen haben, dann haben Sie vielleicht bemerkt, dass es für Sie persönlich nicht nur zurückgehaltene Liebe auszudrücken gilt. Zumeist stehen noch weitere Dinge an, die wir zu erledigen und abzuschließen haben. An alle unerledigten Angelegenheiten ist jedoch persönliche Energie gebunden. Befreien Sie diese Energie, indem Sie Ihren eigenen Tod anschauen und im Angesicht des Todes entscheiden, welche Angelegenheiten in Ihrem Leben auf welche Weise zu einem Ende gebracht werden müssen. Schließen Sie Ihre Vergangenheit ab! Erleben Sie, über wie viel mehr Kraft, wie viel mehr Freude am Leben und wie viel mehr Freiheit, Ihr Leben zu gestalten, Sie verfügen, nachdem Sie Ihre »unerledigten Geschäfte« abgeschlossen haben. Die Vergangenheit abzuschließen wird Ihnen tatsächlich die Erfahrung bescheren, ein neues Leben geschenkt zu bekommen.

Übung: Freisetzen von neuer Energie
durch Abschließen der Vergangenheit

Lassen Sie jede der folgenden Fragen ein paar Momente lang auf sich wirken. Seien Sie dabei völlig aufrichtig sich selbst gegenüber. Schreiben Sie dann stichpunktartig Ihre Antworten zu jeder Frage auf.

1. *Welche Beziehungen habe ich nicht abgeschlossen?*
2. *Welche Art von Gefühlen will ich lernen auszusprechen?*
3. *Für welche meiner Bedürfnisse möchte ich besser sorgen als bisher?*
4. *Welche Vereinbarungen oder Versprechen habe ich nicht eingehalten, ohne das in Ordnung zu bringen?*
5. *Wem von denen, die mir nah und lieb sind, sollte ich einmal (oder wieder einmal) sagen »Ich liebe dich«?*
6. *Wem muss ich sagen »Es tut mir leid«?*
7. *Wem schulde ich Dank bzw. den Ausdruck meiner Anerkennung und Wertschätzung?*
8. *Wem schulde ich Geld?*
9. *Wem möchte mein Herz vergeben (vergeben im Sinne von aufhören, einem anderen Vorhaltungen zu machen, und sei es auch nur in Gedanken)?*
10. *Wem gegenüber muss ich klarere Grenzen definieren?*
11. *Welche Entscheidungen habe ich bis jetzt vor mir hergeschoben?*
12. *Wenn ich heute sterben würde: Was würde mich zutiefst schmerzen, weil ich es niemals verwirklicht habe, obwohl es ein Traum von mir war?*

Nachdem Sie alle Fragen für sich beantwortet haben, schreiben Sie konkrete(!) Handlungen auf, durch die Sie das Thema abschließen können. Konkret ist eine Handlung, wenn ein Außenstehender objektiv sagen kann, ob sie stattgefunden hat.

Schreiben Sie nun zu jeder dieser Handlungen ein Datum auf, bis zu dem Sie sie spätestens ausgeführt haben werden. Räumen Sie dabei den wichtigsten Angelegenheiten sowie denen, mit denen Sie sofort beginnen können, erhöhte Priorität ein.

Handeln Sie jeweils spätestens bis zu dem aufgeschriebenen Datum! Wenn Sie das Buch zu zweit lesen, vereinbaren Sie konkrete regelmäßige Termine (zum Beispiel einmal wöchentlich), an denen Sie Ihre Erfahrun-

gen mit den einzelnen Vorhaben austauschen. *So können Sie sich gegenseitig*
ermutigen und unterstützen, mit der Liste weiterzumachen, bis alle Punkte
erledigt sind.

Hinweise zu dieser Übung:
Viele unserer unerledigten Geschäfte betreffen persönliche Beziehungen, die wirklich ganz und gar der Vergangenheit angehören
sollten, an die wir bisher aber innerlich noch gebunden waren. Abgesehen von den individuellen Einzelheiten jeder persönlichen Beziehung und abgesehen davon, was für uns in Bezug auf eine bestimmte
Beziehung zum Releasen ansteht, gibt es drei wichtige Elemente, die
einen guten Abschluss einer Beziehung ermöglichen. Diese Elemente kann jeder für sich selbst umsetzen, ohne dass sich der andere
erst ändern müsste.

Den ersten Schritt zu einer Lösung tun wir, wenn wir das Gute
anerkennen und würdigen, das wir in dieser Beziehung erfahren und
bekommen haben. Das gilt auch dann, wenn die Beziehung schlimm
oder schmerzhaft für uns war. Vielleicht konnten wir nur so bestimmte Lektionen lernen, die wertvoll für unser weiteres Leben
sind. Der womöglich beste Weg, Gutes anzuerkennen, ist es, wenn
wir sagen: *Danke für … und danke dafür, dass … und danke für … Es*
bleibt mir wertvoll, und ich nehme es mit in meine Zukunft. Das Gute, das
du durch mich bekommen hast, darfst du behalten. Ich habe es gern gegeben.

Zweitens können wir uns erst dann wirklich von einer Beziehung
lösen, wenn wir unseren Teil an Verantwortung und vielleicht auch
an Schuld in dieser Beziehung anerkannt haben. Das heißt also, wenn
wir ausgedrückt haben: *Ich stehe zu meiner Verantwortung* und – wenn
es angebracht ist – *Es tut mir leid.*

Was immer die Verantwortung und möglicherweise auch die
Schuld des anderen sein mag, können und müssen wir dann ganz bei
ihm oder ihr lassen: *Deine Verantwortung und deine Schuld lasse ich bei*
dir.

Sind diese beiden Schritte vollzogen, können wir als Drittes bewusst und mit Kraft sagen: *Ich lasse dich jetzt in Frieden.*

In manchen Fällen wird es das Beste sein, einfach anzurufen und
dem anderen entsprechend diesen drei Schritten das zu sagen, was in
unserer persönlichen Situation gesagt werden muss. In anderen Fäl-

len kann es hilfreicher sein, einen Brief zu schreiben. Falls beides nicht möglich oder nicht angebracht ist, sollten wir die betreffende Person visualisieren und die entsprechenden Sätze ihr gegenüber laut aussprechen. Fühlt sich die Beziehung nach einiger Zeit noch immer nicht gelöst an, kann zusätzlich ein inneres Ablöseritual vollzogen werden, so wie es Phyllis Krystal in ihrem Buch *Die inneren Fesseln* sprengen beschreibt.

Wertschätzung ausdrücken

Das Gute anzuerkennen, indem wir Sätze des Dankes sagen, ist nicht nur hilfreich, wenn wir eine Beziehung abschließen wollen. Unseren Dank auszudrücken ist auch ein hervorragendes Mittel, um unsere bestehenden Beziehungen mit Liebe zu erfüllen, uns selbst gut zu fühlen und gleichzeitig zum Beispiel unserem Partner ein gutes Gefühl zu vermitteln. Wenn Ihre Partnerschaft in einer Krise steckt, aber natürlich auch, wenn Sie einfach immer mehr Zufriedenheit in all Ihre Beziehungen bringen möchten, dann lesen Sie aufmerksam die folgende Geschichte.

Eine Geschichte zum Valentinstag

Larry und Jo Ann waren ein gewöhnliches Paar. Sie lebten in einem gewöhnlichen Haus in einer gewöhnlichen Straße. Wie jedes andere gewöhnliche Paar bemühten sie sich, durchzukommen und das Richtige für ihre Kinder zu tun.

Sie waren noch auf eine andere Art gewöhnlich – sie hatten ihre Zänkereien. Viele ihrer Gespräche drehten sich darum, was in ihrer Ehe falsch und wer daran schuld war.

Bis zu dem Tag, an dem ein höchst ungewöhnliches Ereignis stattfand.

»Weißt du, Jo Ann, ich habe eine Zauberkommode. Immer, wenn ich sie öffne, ist sie voller Socken und Unterwäsche«, sagte Larry. »Ich möchte dir danken, dass du sie all diese Jahre gefüllt hast.«

Jo Ann starrte ihren Mann über die Brille hinweg an. »Was willst du, Larry?«

»Nichts. Ich möchte dich nur wissen lassen, dass ich diese Zauberkommode zu schätzen weiß.«

Dies war nicht das erste Mal, dass Larry etwas Sonderbares getan hatte, also vertrieb Jo Ann diesen Vorfall aus ihren Gedanken – bis zu einem Moment ein paar Tage darauf.

»Jo Ann, danke, dass du diesen Monat so viele richtige Schecknummern in das Hauptbuch eingetragen hast. Du hast 15 von 16 Nummern richtig eingetragen. Das ist ein Rekord.«

Ungläubig, dass sie richtig gehört hatte, sah Jo Ann von ihrer Flickarbeit auf. »Larry, du beklagst dich immer, dass ich die falschen Schecknummern aufschreibe. Warum hörst du jetzt damit auf?«

»Kein besonderer Grund. Ich wollte dich nur wissen lassen, dass ich deine Mühe zu schätzen weiß.«

Jo Ann schüttelte den Kopf und wandte sich wieder ihrer Flickarbeit zu. »Was ist in ihn gefahren?«, murmelte sie leise.

Trotzdem, als sie am nächsten Tag im Supermarkt einen Scheck ausschrieb, warf sie einen Blick in ihr Scheckbuch, um sich zu vergewissern, dass sie die richtige Schecknummer eingetragen hatte. »Warum kümmere ich mich auf einmal um diese dummen Schecknummern?« fragte sie bei sich.

Sie versuchte, den Vorfall nicht zu beachten, aber Larrys seltsames Verhalten steigerte sich.

»Jo Ann, das war ein großartiges Abendessen«, sagte er eines Abends. »Ich weiß deine ganze Mühe zu schätzen. Na, ich wette, in den letzten 15 Jahren hast du über 14 000 Mahlzeiten für mich und die Kinder zubereitet.«

Dann: »Mensch, Jo Ann, das Haus sieht toll aus. Du hast wirklich schwer gearbeitet, dass es so toll aussieht.« Und sogar: »Danke, Jo Ann, dass du einfach da bist. Ich genieße deine Gegenwart wirklich.«

Jo Ann begann sich Sorgen zu machen. »Wo ist der Sarkasmus, die Kritik?«, fragte sie sich.

Ihre Sorge, dass etwas Eigenartiges mit ihrem Mann geschah, wurde durch die 16jährige Shelly bestätigt, die klagte: »Dad ist übergeschnappt, Mom. Er hat mir gerade gesagt, dass ich hübsch aussehe. Bei all diesem Make-up und den schlampigen Kleidern hat er es trotzdem gesagt. Das ist nicht Dad, Mom. Was stimmt mit ihm nicht?«

Was auch immer nicht stimmte, Larry hörte nicht damit auf. Tagein, tagaus fuhr er fort, sich auf das Positive zu konzentrieren. Als die Wochen vergingen, begann Jo Ann sich an das ungewöhnliche Verhalten ihres Mannes zu gewöhnen und sagte ihm sogar gelegentlich ein wider-

williges »Danke«. Sie rühmte sich, spielend mit allem fertig zu werden, bis eines Tages etwas so Eigenartiges passierte, dass sie völlig aus der Fassung geriet.

»Ich möchte, dass du eine Pause machst«, sagte Larry. »Ich werde das Geschirr abwaschen. Also nimm bitte deine Hände von dieser Bratpfanne und verlass die Küche.«

(Sehr lange Pause) »Danke, Larry. Ich danke dir sehr!«

Jo Anns Schritte waren jetzt ein bisschen leichter, ihr Selbstvertrauen größer, und ab und zu summte sie. Sie schien nicht mehr so oft traurig gestimmt zu sein. »Ich mag Larrys Verhalten recht gern«, dachte sie.

Das wäre das Ende der Geschichte, wenn nicht eines Tages ein weiteres höchst außergewöhnliches Ereignis stattgefunden hätte. Dieses Mal war es Jo Ann, die sprach.

»Larry«, sagte sie, »ich möchte dir danken, dass du seit all diesen Jahren zur Arbeit gehst und für uns sorgst. Ich glaube nicht, dass ich dir jemals gesagt habe, wie sehr ich es zu schätzen weiß.«

Larry hatte nie einen Grund für seinen grundlegenden Wandel verraten, so sehr Jo Ann auch auf einen Antwort drängte, und so wird es wahrscheinlich eines der Geheimnisse des Lebens bleiben. Aber es ist eines, mit dem zu leben ich dankbar bin.[16]

Die innere Stimme wahrnehmen

> *Warum nennt man es beten, wenn wir mit Gott sprechen,*
> *und wenn Gott mit uns spricht, warum sagt man dann,*
> *wir seien schizophren?*   Lily Tomlin[17]

Wie bereits gesagt, gehört zu dem Potenzial, das wir in der Regel erst noch zu aktivieren und zu entwickeln haben, auch die Wahrnehmung der »inneren Stimme«. Auf der Ebene des Halszentrums macht sich die innere Stimme in Form von Klang bzw. von Worten bemerkbar. Da es sich hierbei um das Hören von innerem Klang handelt, der nicht mit den physischen Sinnen wahrgenommen wird, sprechen wir auch von »Hellhören«. Das innere Hören von Worten ist einer der wichtigsten Wege, auf denen das Höhere Selbst mit unserem normalen Wachbewusstsein kommuniziert.

Innere Führung durch das göttliche Selbst äußert sich jedoch nicht ausschließlich durch die Wahrnehmung von Klang im Halszentrum, sondern bezieht auch die Kommunikationskanäle des Herz-, Stirn- und Kronenchakras mit ein. Dabei ist das Kronenzentrum das Eingangstor für reine Lichtwellen, die als Impulse aus dem Höheren Selbst kommen. Diese Lichtwellen werden anschließend in den drei darunter liegenden Chakren in fassbare innere Sinnesqualitäten übersetzt. Im Herzen nehmen wir diese Impulse dann als ein feines Gespür wahr, als ein gefühlsmäßiges Wissen, welcher Schritt der richtige für uns ist. Im Stirnzentrum oder »dritten Auge«, wie es auch genannt wird, teilen sich uns Hinweise aus dem Höheren Bewusstsein durch innere Bilder mit. Diese Bilder können sowohl symbolisch als auch visionär auf die Zukunft bezogen sein. Oder sie enthalten Informationen über vergangene Geschehnisse, die aus irgendeinem Grund momentan für uns bedeutsam sind. Es ist auch möglich, dass wir Orte oder Wesenheiten in den geistigen Welten gezeigt bekommen, die uns etwas mitzuteilen haben.

Sowohl über das *intuitive Herzensgefühl* als auch über *inneres Sehen* und *Hören* kann also unsere innere Führung mit uns Kontakt aufnehmen. Häufig spielen zwei oder alle drei Qualitäten bei der Übermittlung eines Impulses aus dem Höheren Selbst gleichzeitig eine Rolle. So erhielt ich den inneren Impuls, das Buch zu schreiben, das Sie gerade in den Händen halten, zunächst in einer Meditation als deutliche und mehrmals wiederkehrende Vision. Darin *sah* ich mich in der Natur sitzen, mit einem kleinen tragbaren Computer vor mir, auf dem ich schrieb. Da ich zu jener Zeit weder ein solches Gerät besaß noch beabsichtigte, mir eines zu kaufen, und auch keinerlei Überlegungen anstellte, ein Buch zu schreiben, fragte ich innerlich die göttliche Führung nach der Bedeutung dieses Bildes. Mehrmals *hörte* ich (damals war Januar) als Antwort: »Beginne im Juni damit, ein Buch über deine Arbeit zu schreiben.« Schließlich *fühlte* sich das ganze Projekt dann auch gut und stimmig an.

Wenn wir davon ausgehen, dass göttliche Führung aus einer nichtphysischen Quelle jenseits des rationalen Verstandes kommt und sich der erhöhten Sinneswahrnehmung der oberen vier Chakren bedient, so ist an dieser Stelle ein Wort der Klärung angebracht. Bereit zu werden für innere Führung ist vergleichbar dem Einstellen einer Satellitenschüssel. Sie müssen die Schüssel zunächst einmal so installieren und auf einen Satelliten ausrichten, dass überhaupt ein klarer

Empfang möglich ist. Wie die feinen Schwingungen, durch die wir innerlich inspiriert werden, sind auch die Schall- und Lichtwellen, die Sie für den Fernsehempfang einfangen wollen, mit unseren fünf Sinnen nicht wahrzunehmen. Erst an ihren Auswirkungen können wir sie erkennen, nämlich dann, wenn das graue Rauschen auf Ihrem Bildschirm einem Bild mit Ton weicht.

Unter Umständen kann dieses Einstellen eine Menge Arbeit erfordern. Falls Sie schon einmal – so wie ich – das Vergnügen hatten, sich im dritten Stock bis zur Hüfte aus einem morschen Dachfensterrahmen zu lehnen und unter waghalsigen Verrenkungen zu versuchen, der widerspenstigen Schüssel rechtzeitig vor dem Beginn der Fußballweltmeisterschaft ein Bild mit Ton zu entlocken, dann wissen Sie, was ich meine ... Ich kann Sie jedoch beruhigen, Lebensgefahr ist beim Einstellen der *inneren* »Satellitenschüssel« nicht zu erwarten.

Wenn es Ihnen dann gelungen ist, die Schüssel anzubringen und richtig auszurichten, können Sie damit ganz verschiedene Kanäle empfangen, zum Beispiel einen Spielfilmkanal, einen reinen Nachrichtensender oder einen Kulturkanal. Möglicherweise haben Sie beim Herumspielen auf der Fernbedienung auf einmal aber auch einen Porno- oder Horrorfilm oder einen reinen Werbesender auf dem Bildschirm.

Ganz ähnlich verhält es sich mit den Wahrnehmungen unseres inneren Empfangsgerätes. Nicht alles, was aus Quellen jenseits der physischen Sinne und jenseits des bewussten Verstandes stammt, ist gleich göttliche Führung. Führung vom göttlichen Selbst zu empfangen setzt die bewusste und aktive Wahl der richtigen Sendequelle voraus. Fehlt diese Voraussetzung, dann haben Sie vielleicht auf einmal irgendeine »umherirrende Seele« auf dem Sender.

Vielleicht kennen Sie den Witz von dem Spielsüchtigen, der alle Systeme beim Roulette schon vergeblich ausprobiert hatte, als ihm ein Mitspieler – zufällig war es ein Esoteriker – riet, er solle doch auf seine innere Stimme hören. Zwar konnte der Spielsüchtige sich nur wenig darunter vorstellen, doch der Gedanke ließ ihn irgendwie nicht mehr los. Bis er eines Tages tatsächlich eine Stimme hörte, die ihm riet: »Spiel die 32!« Da er ohnehin nur wenig zu verlieren hatte, setzte er einfach auf die genannte Zahl. Und die 32 gewann. Sogleich hörte er die Stimme wieder: »Jetzt alles auf die 3!« Und tatsächlich, die Kugel rollte auf die 3. Die Stimme fuhr fort: »Jetzt alles auf die 32!« Der Mann zweifelte, denn diese Zahl war doch eben schon da gewesen. Doch schließlich hatte die Stimme schon zweimal Recht gehabt, also folgte er ihr auch diesmal. Und siehe da, wieder kam die 32. Allmählich versammelten sich mit vor Staunen offenen Mündern die Profispieler um den Tisch. Da kam wieder die Stimme: »Jetzt alles auf die 17!« Der Mann schob den ganzen Stapel auf die 17, und die Kugel rollte. Und tatsächlich, sie schien auf der 17 zu bleiben ... Aber dann – mit einem letzten Dreh – rollte sie ins Feld daneben. Da hörte der Mann, wie die Stimme sagte: »Oh Mist!«

Seelen sind nicht plötzlich viel weiser, nur weil sie nach ihrem Tod auf einmal keinen Körper mehr haben. Manche Seelen sind vielleicht auf der Erde nur sehr mühsam zurechtgekommen, und wenn sie nach ihrem Tod im Astralen herumschwirren, entscheiden sie sich möglicherweise, irgendwelche Botschaften zu senden wie zum Beispiel: »Bald kommt die Sintflut, tragt nur noch Badehosen«, »Morgen kommen wir Außerirdischen und retten die Auserwählten unter euch vor dem Weltuntergang. Verkauft alles, was ihr besitzt, und seid um Mitternacht an der Bushaltestelle« oder eben »Setze alles auf die Siebzehn«.

Innere Führung zu empfangen hat also wenig zu tun mit passivem »Channeling«, bei dem jemand seinen Körper und Geist wahllos einer fremden Wesenheit überlässt – sozusagen nach dem Motto »Komme, wer da wolle«. Derartige Spielereien sind in der Regel nicht nur wenig hilfreich, sondern können durchaus gefährlich für die psychische Gesundheit desjenigen werden, der sich darauf einlässt.

Innere Führung zu empfangen erfordert die aktive innere Ausrichtung auf Gott in irgendeiner Form oder auf eine Quelle wie zum Beispiel einen spirituellen Meister, der völlig eins mit dem göttlichen Bewusstsein ist und im Geist bedingungsloser Liebe dem Leben dient. Ob es eine gute Quelle war, aus der Sie eine Mitteilung erhalten haben, können Sie leicht daran erkennen, wie Sie sich hinterher fühlen. Hat die Mitteilung Sie aufgebaut, und fühlen Sie sich leichter als vorher? Wenn Sie Angst bekommen haben durch das, was Ihnen mitgeteilt wurde, dann haben Sie den falschen Sender erwischt. Vergessen Sie diese »Botschaft«, und machen Sie in Zukunft einen großen Bogen um das »Medium«, falls Sie die Mitteilung über eine andere Person erhalten haben. Selbst wenn Sie vom Höheren Bewusstsein mit einer unangenehmen Wahrheit konfrontiert werden, wird dies mit Liebe geschehen. Statt vor Angst gelähmt zu sein, wird Ihnen dann gleichzeitig mit der Botschaft die Kraft und die Einsicht übermittelt, die notwendigen Schritte zu unternehmen.

Das göttliche Bewusstsein spricht uns auch nicht herablassend mit Worten wie etwa »Ihr Erdlinge« oder Ähnlichem an. Zudem wird das Höchste Selbst niemals die Abhängigkeit von einer äußeren Quelle unterstützen, etwa von einem äußeren Medium. Wenn Ihnen in einem »Channeling« also mitgeteilt wird, Sie sollten von nun an jede Woche einmal wiederkommen, damit Sie weitere nektargleiche Worte zur Lösung all Ihrer Probleme empfangen können, dann tun Sie gut daran, in Zukunft einen großen Bogen um diese Adresse zu machen. Das Gleiche gilt, wenn Ihnen eine angeblich hellsichtige Lebensberaterin von feinstofflichen Blockaden erzählt, die sich völlig Ihrer eigenen Wahrnehmung und Überprüfbarkeit entziehen und zu deren Auflösung Ihnen eben nur diese Beraterin verhelfen kann. Wirkliche innere Führung wird immer Ihre Selbstständigkeit fördern, Ihre Verantwortung, eigene Entscheidungen zu treffen, und Ihre Unabhängigkeit von äußeren Quellen.

Was der Wahrnehmung von innerer Führung im Weg steht

Im Laufe der Zeit habe ich während meiner therapeutischen Arbeit viele negative Muster entdeckt, durch die die Wahrnehmung innerer Führung blockiert wird. Wenn wir uns spirituell entwickeln wollen und ganz besonders, wenn wir eine Arbeit tun, die wie spirituelle Therapiearbeit auf innerer Führung basiert, ist es wichtig, unser Bewusstsein nach und nach von diesen blockierenden Mustern zu befreien.

Das negative Grundkonzept, auf dem alle anderen Blockaden aufbauen, stellt unsere bewusste oder auch unbewusste Überzeugung dar, wir seien von Gott getrennt. Folglich halten wir auch unseren Willen für grundsätzlich getrennt vom göttlichen Willen. Daher kommen wir oftmals gar nicht erst auf die Idee, den göttlichen Willen oder Rat vom Höheren Selbst überhaupt erfahren zu wollen.

Denn wenn Gott irgendwo da draußen – außerhalb von uns selbst – ist, wie sollen wir Seinen Willen da in Erfahrung bringen können?

Aber selbst wenn wir das Konzept verinnerlicht haben, *dass* wir göttliche Führung erfahren können, wollen wir häufig den göttlichen Willen gar nicht erst kennen lernen. Denn unbewusst sind wir häufig davon überzeugt, dass Gottes Wille in jedem Fall im Kontrast zu unserem eigenen Willen steht. Wir fürchten uns also davor, etwas tun zu müssen, was wir gar nicht wollen, wenn wir auf die göttliche Quelle in uns hören. Oder wir haben Angst, bestraft zu werden, wenn wir den göttlichen Rat nicht befolgen. Und natürlich ist die Überzeugung, dass Gott ohnehin etwas anderes will als wir, eine bequeme Ausrede dafür, selbst nichts an unserer Situation ändern zu müssen. Denn schließlich ist es ja Gott, der uns nicht geben will, was wir uns wünschen. Das Bild, das wir vom göttlichen Willen in uns tragen, ist somit geprägt von dem Vorurteil, dass göttlicher Wille zu Langeweile führt, uns unsere Lebensfreude missgönnt und immer irgendwie mit Zwang und Mühsal zusammenhängt. Richard Bach beschreibt diese Grundhaltung treffend in der einleitenden Parabel zu seinem Buch *Illusionen*:

> *… Und er (der Meister) sprach zu ihnen: »Wenn ein Mann Gott versichert, er täte nichts lieber, als der leidenden Menschheit zu helfen, einerlei, was es koste, und Gott ihm antwortete und sagte, was er tun müsste, sollte dieser Mann dann nicht tun wie ihm geheißen?« »Gewiss doch, Meister«, rief die Menge, »es sollte ihm eine Lust sein, selbst Höllenqualen zu erleiden, wenn Gott es so wollte.« »Gleichgültig, was diese Qualen sind und wie schwer die Aufgabe ist?« »Ehrenvoll ist es, aufgehängt, ruhmvoll, an einen Baum genagelt und verbrannt zu werden, wenn dies es ist, was Gott verlangt hat!«, riefen sie. »Und was würdet Ihr tun«, fragte der Meister die Menge, »wenn Gott Euch ins Angesicht sagte: ›Ich gebiete Euch, Zeit Eures Lebens auf dieser Welt glücklich zu sein.‹? Was würdet Ihr dann tun?« Und die Menge schwieg darob, nicht eine einzige Stimme erklang über den Hügeln und Tälern, wo sie alle standen.*[18]

Wenn wir dieses Bild vom göttlichen Willen einmal genauer untersuchen, können wir feststellen, dass es sich hier vor allem um ein negatives Eltern- und Autoritätenbild handelt, das wir unbewusst auf

Gott projizieren. Psychoanalytiker würden es als innere Instanz vielleicht »Über-Ich« nennen. Diese starre Instanz ist jedoch etwas völlig anderes als die immer wieder neue Führung aus dem lebendigen Geist. Zwar mag es manchmal vorkommen, dass unsere innere Führung uns anweist, genau das zu tun, was in diesem Moment auch unser »Über-Ich« verlangen würde. In vielen anderen Fällen wird uns das Höhere Bewusstsein jedoch gerade vor die Aufgabe stellen, starre verinnerlichte Normen zu überwinden und damit gegen unser Über-Ich zu handeln, wenn es der Liebe und dem Leben dient.

Eine weitere Blockade gegen die Wahrnehmung innerer Führung gründet auf der Abwehr gegen alles, was irgendwie mit göttlichem Willen und der Möglichkeit zusammenhängt, dass unser Handeln vom göttlichen Willen inspiriert sein könnte. Ursache hierfür sind häufig Erfahrungen der Seele in früheren Leben, in denen schlimmes Unheil im Namen des göttlichen Willens uns zugefügt oder von uns selbst angerichtet wurde. Es ist ja auch schwerlich zu übersehen, dass viele der großen Gräueltaten der Weltgeschichte im Namen des göttlichen Willens begangen wurden und weiterhin noch begangen werden. Wir brauchen nur an Geschehnisse wie Hexenverbrennungen, Kreuzzüge, »Heilige Kriege« oder an Selbstmordattentate von fundamentalistischen Fanatikern zu denken. Wenn wir persönlich eine innere Abwehr gegen den Begriff »göttlicher Wille« verspüren, ist es unter Umständen nötig, innerlich noch einmal zu den entsprechenden Erlebnissen in vergangenen Leben zurückzugehen. So können wir auch die Assoziation von göttlichem Willen mit Gewalt und Unterdrückung loslassen.

Schließlich ist es oft noch notwendig, zunächst alle Vorstellungen von »Auserwählt-Sein« loszulassen, bevor wir wirklich offen für die Wahrnehmung unserer inneren Stimme werden. Damit meine ich all jene religiösen Programmierungen, die besagen, dass nur wenige auserwählt seien, den göttlichen Willen überhaupt erfahren zu können. Das sind dann zum Beispiel nur wenige Propheten, »unfehlbare« kirchliche Würdenträger oder auch ganz bestimmte spirituelle Lehrer, die uns allein schon durch den bedeutungsschweren Tonfall ihrer Offenbarungen zu beeindrucken vermögen. Diese Glaubensvorstellungen sind, da sie Jahrhunderte lang vermittelt wurden, sehr stark im kollektiven Unterbewusstsein verankert und daher nicht immer leicht auszuräumen. Wir sollten aber erkennen, dass solche

Konzepte vor allem den Zweck erfüllt haben, den Machtanspruch einer kleinen religiösen Oberschicht über die breite Masse über Jahrhunderte hinweg aufrechtzuerhalten.

Dulden Sie keine »Mittelsmänner« zwischen Gott und sich selbst! Göttliche Führung *kann* Ihnen zwar manchmal *auch* durch andere Menschen zuteil werden, jedoch niemals ausschließlich und immer nur durch ein und dieselbe Quelle. Gott ist in Ihnen selbst nicht weniger gegenwärtig als im Rest des Universums. Wenn Sie sich mit dem aufrichtigen Wunsch nach Führung an das göttliche Selbst wenden, wird Ihre Bitte erfüllt werden. Gott selbst ist Ihr Guru. Lassen Sie alle Konzepte los, die besagen, nur wenige seien auserwählt und Sie eben nicht, und deshalb seien Sie auch gar nicht in der Lage oder es nicht wert, göttliche Führung zu empfangen. Vertrauen Sie auf die absolute Liebe und Güte Gottes, der in Ihrem Herzen wohnt. Und vertrauen Sie darauf, dass diese liebende Instanz Ihnen alle Antworten zukommen lässt, wenn Sie nur bereit sind, wirklich zuzuhören, und wach für die Zeichen, die Sie erhalten.

Ich lasse los ...

- *die Überzeugung, dass ich göttliche Führung durch die innere Stimme nicht wahrnehmen kann*
- *alle starren und einengenden Konzepte über die Weise, auf die Gott sich mitteilt*
- *meine Zweifel daran, dass ich wirklich mit Gott sprechen kann und dass Gott mit mir spricht*
- *den Glauben, von Gott getrennt (entfernt) zu sein und deshalb keinen Zugang zur göttlichen Führung finden zu können*
- *alle alten Konzepte, dass Gott nur durch Männer (Auserwählte, Propheten, konfessionelle Funktionsträger usw.) spricht und nur diese die göttliche Führung wahrnehmen können ... und ich nicht*
- *das Gefühl, dass ich es nicht wert bin, von Gott geführt zu werden*
- *den Glauben, dass ich mich erniedrigen muss, damit Gott zu mir kommt und mich führt*
- *das Konzept, dass meine Angelegenheiten zu nichtig sind, um dafür um innere Führung zu bitten*
- *meine Selbstzweifel; das Gefühl, nicht zwischen den Impulsen meines Egos und dem göttlichen Willen unterscheiden zu können*

- *meine Widerstände dagegen, auf die innere Stimme zu hören*
- *die Angst, dass Gott irgendetwas von mir wollen könnte, was mich überfordert bzw. was ich nicht tun kann oder will*
- *das Konzept, dass der göttliche Wille im Widerspruch zu meinem eigenen Willen und zu meinen wahren Bedürfnissen steht*
- *die Vorstellung, dass der göttliche Wille streng, ernst und freudlos ist*
- *meine Ungeduld, wenn ich nicht sofort eine Antwort erhalte (»keine« Antwort heißt oft: »Warte!«)*
- *meine Tendenz, alles mit dem Verstand kontrollieren zu wollen*

Drei Voraussetzungen für die Wahrnehmung von innerer Führung

Wenngleich innere Führung nicht prinzipiell einem exklusiven Kreis von Auserwählten vorbehalten bleibt, so ist es doch an uns, die Grundvoraussetzungen dafür zu schaffen. Das heißt vor allem, dass wir offen sind, diese Führung auch wahrzunehmen. Es mag banal klingen, aber wir müssen zuerst einmal überhaupt den Wunsch nach innerer Führung verspüren – je intensiver dieser Wunsch ist, desto besser. In vielen Fällen beklagen wir uns zwar, dass wir nicht wissen, was wir tun sollen und wie es weitergehen soll. Dennoch stellen wir der göttlichen Quelle in uns jedoch niemals die Frage, um die es wirklich geht. Nicht selten erlebe ich auch Menschen, die sich schon lange verzweifelt mit einem Problem herumquälen. Die in diesem Fall offensichtlich einzig richtige Lösung, die ihnen ständig und immer wieder von allen Seiten gezeigt wird, wollen sie jedoch einfach nicht wahrhaben (und dann meinen sie, das könne doch wohl nicht alles gewesen sein, wenn auch ich ihnen das Gleiche noch einmal sage). In vielen Situationen bleibt uns also sowieso keine andere Wahl, und es liegt einzig und allein an uns, ob wir die Lösung wissen *wollen* oder nicht.

Der zweite Punkt ist: Wenn wir wirklich eine Antwort haben wollen, muss die Frage uns auch wichtig genug sein, dass wir uns voll auf sie konzentrieren, während wir eine Antwort suchen. Das heißt, wir müssen uns sowohl auf die Frage als auch auf die göttliche Quelle konzentrieren, von der wir eine Antwort erwarten.

Drittens werden wir in dem Maße offen und aufnahmebereit für innere Führung sein, indem wir unserer Verbindung zur göttlichen Quelle in unserem Leben den ersten Platz einräumen. Dazu gehört zum Beispiel, dass wir die wichtigen Entscheidungen und Ziele unseres Lebens nach unseren höchsten Werten ausrichten. Wir könnten auch sagen: nach unserer tiefsten spirituellen Wahrheit im Herzen. Das setzt unter anderem auch voraus, dass wir der spirituellen Seite unseres Lebens einen festen Platz einräumen – und zwar nicht nur im gelegentlichen »Konsum« von Wochenendseminaren. Die tiefere Wahrheit unserer Seele ernst zu nehmen verlangt von uns ganz praktische Entscheidungen für den Alltag. Sei es, dass wir jeden Tag eine bestimmte Zeit zum Meditieren festlegen oder uns auf andere Weise jeden Tag neu auf die göttliche Quelle in uns und in allem besinnen (siehe auch das Kapitel über das Herzzentrum).

Unser Geist muss also »eingestimmt« sein, um göttliche Führung überhaupt aufnehmen zu können. Sonst ergeht es Ihnen so, als hätten Sie ein altes wertvolles Klavier im Keller stehen, auf dem lange Zeit nicht gespielt wurde. Vielleicht sind die Tasten schon eingerostet. Mit Sicherheit aber wird es nach so langer Zeit völlig verstimmt sein. Auch wenn es Ihnen entgegen aller Wahrscheinlichkeit gelingen sollte, den größten Klaviervirtuosen aller Zeiten an dieses Klavier zu locken und zum Spielen zu bewegen, Sie würden niemals schöne Musik zu hören bekommen. In diesem Sinne liegt es also in unserer Verantwortung, dass unser inneres Instrument nicht im feucht-kalten Keller, sondern im wohl temperierten »Wohnzimmer« unseres Bewusstseins steht. Außerdem müssen wir dafür sorgen, dass es durch täglichen Gebrauch und Pflege – sprich Einstimmung – in gut gestimmten Zustand ist, wenn der göttliche Virtuose kommt, um darauf zu spielen.

Wie innere Führung funktioniert

Ich möchte Ihnen hier gern einige Grundsätze vermitteln, nach denen innere Führung funktioniert.

Die Absicht, mit der wir innere Führung suchen, entscheidet über die Ergebnisse

Wenn wir Antworten beim Höheren Selbst suchen, ist es wichtig, dass wir uns über unsere wirkliche Absicht im Klaren sind. Wir müssen uns also fragen, warum wir innere Führung suchen. Geht es uns darum, unsere Lebensaufgabe zu erfüllen und uns in Übereinstimmung mit dem göttlichen Willen zu bringen? Oder geht es uns vor allem darum, andere Menschen zu beeindrucken? Vielleicht auch darum, es möglichst bequem im Leben zu haben und ohne Anstrengung möglichst schnell reich zu werden (»Gott, jetzt sag mir aber bitte auch die Lottozahlen vom kommenden Wochenende ...«) oder um ähnliche Dinge?

Oft habe ich auch schon beobachtet, dass Menschen unter Berufung auf eine angebliche innere Führung unverantwortlich mit Beziehungen umgingen. Göttliche Führung entlässt uns jedoch nicht aus unserer eigenen Verantwortung. Der inneren Führung zu folgen kann in Beziehungen zwar unter Umständen auch bedeuten, dass wir anderen etwas zumuten müssen, eine unangenehme Wahrheit zum Beispiel. Gerade in einer therapeutischen Beziehung kann es dazu kommen. Man kann jedoch deutlich den Unterschied spüren, ob ein solches Vorgehen innerer Klarheit und einer dienenden Haltung oder eben anderen Beweggründen entspringt. Und man kann den Unterschied an den Folgen erkennen. So habe ich die Erfahrung gemacht, dass die Impulse meiner inneren Führung längerfristig eigentlich immer positive Auswirkungen hatten. Auch wenn damit jemandem im Moment etwas zugemutet wurde, was zunächst eine ärgerliche Reaktion auslöste.

Es ist also ratsam, sich möglichst von allen anderen inneren Beweggründen als dem zu befreien, den wirklich besten Weg aus der Sicht des Höheren Selbst für den jeweiligen Moment wissen zu wollen. Was die »großen« Fragen Ihres Lebens betrifft, werden Sie übrigens höchstwahrscheinlich feststellen, dass die innere Führung Sie in der Erfüllung Ihrer Lebensaufgabe immer bestärken wird. Je stärker Sie sich mit der Höheren Weisheit verbinden und je häufiger Sie ihr folgen, umso mehr werden Sie sich Ihrer Lebensaufgabe(n) bewusst werden.

Die Qualität der Inspiration, die wir empfangen,
hängt von der geistigen Frequenz ab, die wir aussenden.

Wie bereits angedeutet, ist der Prozess der inneren Führung nicht rein passiv, sondern verlangt von uns eine aktive innere Ausrichtung auf das Höhere Selbst. Um es etwas überspitzt zu formulieren: Sie können nicht erwarten, mit völlig benebeltem Kopf nach einer durchzechten Nacht besonders bedeutsame innere Antworten zu erhalten. Bestenfalls geistert dann noch eine verlorene Alkoholikerseele aus der Kneipe in Ihrem Energiefeld herum, die Ihnen sagt, welche Bar so früh am Morgen noch aufhat, damit Sie Ihren Kater »wegtrinken« können.

Mit anderen Worten: Wir ziehen magnetisch die Energien an, auf die wir innerlich eingestellt sind. Sind wir innerlich auf das göttliche Bewusstsein ausgerichtet, so werden wir Antworten von dort bekommen. Sind wir aber unklar und unkonzentriert in unserer Ausrichtung, können wir unbewusst Energien anziehen, die uns nur noch in unseren Vorurteilen, Ängsten und Wünschen bestätigen. Konkret bedeutet das, dass wir uns ganz bewusst in einen guten inneren Zustand versetzen sollten, wenn wir innere Führung suchen. Wir können dazu unsere Lieblingsmeditation machen, ein Herzensgebet sprechen, ein Mantra singen oder alles tun, was uns sonst noch helfen mag, um still zu werden und unseren Geist auf die feineren Schwingungen des Höheren Bewusstseins einzustimmen.

Wenn wir der inneren Führung folgen, wächst das
Vertrauen; Vertrauen wiederum macht es uns leichter,
die innere Führung wahrzunehmen und ihr zu folgen

Besonders am Anfang neigen wir dazu, die Antworten, die wir innerlich erhalten, entweder zu ignorieren oder als unbedeutend abzutun und zu vergessen. Tatsächlich wird Ihnen Ihre innere Führung oft nichts anderes ans Herz legen als das, was Ihnen Ihr gesunder Menschenverstand ohnehin schon sagt. Setzen Sie also zunächst Ihre ganz normalen Wahrnehmungs-, Verarbeitungs- und Beurteilungsfähigkeiten ein, fragen Sie sich: Was sagt der gesunde Menschenverstand? Auch diese Anlagen sind eine Gabe der göttlichen Kraft, die uns eine Orientierung ermöglicht. Bedeutsam ist keineswegs nur das Außergewöhnliche und Unerwartete; meistens sind es gerade die ganz einfachen und nahe liegenden Wahrheiten, die wir ernst zu nehmen haben. Und wahrscheinlich schafft die Entwicklung eines gesunden allgemeinen Urteilsvermögens erst eine der Voraussetzungen dafür, auch weniger alltägliche Formen innerer Führung erfahren und damit umgehen zu können.

Im Laufe der Zeit aber mag es durchaus auch Situationen geben, in denen Sie einfach nur vertrauen können, da Ihnen keinerlei rationale Argumente für das zur Verfügung stehen, was Ihnen die innere Führung nahe legt.

Ich erinnere mich zum Beispiel an den ersten Abend eines Seminars, an dem ich einen Einführungsvortrag über die Releasing-Arbeit gehalten hatte. Als ich nach Ende des offiziellen Seminarteils den Veranstaltungsraum verließ, um vor der Heimfahrt noch einmal kurz die Toilette aufzusuchen, blickte ich flüchtig in die Augen eines Seminarteilnehmers ungefähr Anfang 30, der auf einer Holzbank im Flur vor den Waschräumen saß. Nachdem ich die Toilettentür hinter mir verschlossen hatte, spürte ich den Impuls, die Augen zu schließen, und sogleich vernahm ich die innere Stimme: »Sag diesem jungen Mann da draußen, er solle glücklich sein mit seiner Freundin.« Ein wenig entsetzt antwortete ich: »Ich kenne diesen Mann noch gar nicht. Ich weiß weder, wie er heißt, noch ob er überhaupt eine Freundin hat. Vielleicht ist er ja verheiratet und hat drei Kinder, oder er lebt völlig allein.« Offensichtlich machten meine Argumente aber keinen Eindruck auf meine innere Führung, denn wieder hörte ich: »Sag ihm, er soll glücklich sein mit seiner Freundin.«

Nach einigem Hin und Her ergab ich mich schließlich und dachte: »Okay, wenn ich Pech habe, wird er mich halt für verrückt halten. Es gibt Schlimmeres im Leben (wenn er es nur nicht weitererzählt ...). Vielleicht sitzt er ja auch gar nicht mehr da, wenn ich herauskomme.« Doch er saß! Ich sprach ihn also an und erzählte ihm kurz, welche Botschaft ich für ihn empfangen hatte. Er blieb dabei – zumindest äußerlich – ziemlich unbewegt und sagte einfach nur: »Ah ja, danke.« »Na ja«, dachte ich, während ich heimfuhr, »man kann nicht immer gewinnen, wahrscheinlich hast du ihn jetzt in die Flucht geschlagen«.

Auch am folgenden Morgen erschien der junge Mann jedoch wieder zum Seminar, und irgendwie wirkte er verändert. Schließlich erzählte er in der Morgenrunde, das, was ich ihm abends zuvor gesagt hätte, habe ihn tief bewegt. Er hatte nämlich schon mehrere Beziehungen zu Frauen gehabt, sich aber nie ganz einlassen können. Auch jetzt hatte er wieder eine Freundin, und in diesem Seminar wollte er für sich klären, ob er sich von ihr trennen sollte. Die Worte vom Abend zuvor waren dann aber wie eine Erlaubnis für ihn gewesen, glücklich sein zu dürfen mit einer Frau. Seine Eltern hatte er nie glücklich zusammen erlebt, und es war ihm wie ein Gottesurteil vorgekommen, dass auch seine Beziehungen früher oder später auf jeden Fall scheitern müssten. Nachdem er also am Abend zuvor nach Hause gekommen war, hatte er zuerst ziemlich lange geweint. Danach suchte er noch mitten in der Nacht seine Freundin auf, und sie verbrachten eine innige Zeit zusammen, in der sie sich so nah waren wie noch niemals zuvor.

In vielen Situationen habe ich die Erfahrung gemacht, dass sich Türen öffneten, von deren Existenz ich vorher gar nichts gewusst hatte, wenn ich den Mut aufbrachte, meiner inneren Stimme auch dann zu folgen, wenn ich keine rationalen Argumente für mein Vorgehen in der Hand hatte. In dem Maß, wie wir die Erfahrung machen, dass es Gutes in unserem Leben und möglicherweise auch im Leben anderer Menschen bewirkt, wenn wir der inneren Führung folgen, wird unser Vertrauen wachsen. Dann wird es uns mit der Zeit ganz leicht fallen und selbstverständlich werden, nach innen zu hören und entsprechend zu handeln.

So entwickelt sich also ein »Segenskreis« (das Gegenteil von einem »Teufelskreis«): Wir folgen der inneren Führung, dadurch wächst unser Vertrauen, was wiederum beim nächsten Mal das Folgen leichter macht usw.

Es gibt übrigens einen guten Trick, einen solchen Segenskreis entstehen zu lassen: Sie müssen einfach damit beginnen!

Die innere Führung hilft uns zu erwachen

Je öfter wir unserer inneren Führung folgen, desto häufiger bringen wir das göttliche Selbst zum Ausdruck, das wir in unserer Essenz ja *sind*. Das heißt: Jedes Mal, wenn wir aus der inneren Führung heraus handeln, manifestieren wir unsere Einheit mit Gott und verlagern so mit der Zeit unser Ich-Bewusstsein mehr und mehr in unser göttliches Selbst. In diesem Sinne ist das Hören und Befolgen des Rats der inneren Stimme also zugleich eine spirituelle Disziplin, die zu einem schrittweisen spirituellen Erwachen beiträgt.

Der göttliche Wille wirkt im Einklang mit unseren wirklichen Bedürfnissen

Wie bereits angesprochen, erwarten wir unbewusst oft, dass der göttliche Wille gegen unseren eigenen Willen steht. Daher sollten wir uns zunächst für den Gedanken öffnen und ihn dann in unserem Herzen verankern, dass wir einen guten, verantwortlichen und bedingungslos liebenden Gott in uns tragen. Wenn dieses Bild oder einfach dieses Gefühl von Gott Einzug in unser Herz hält, können wir auch davon ausgehen, dass der göttliche Wille uns so führt, dass unsere wirklichen Bedürfnisse erfüllt werden.

Meine eigene Erfahrung ist es, dass der göttliche Wille meine eigentlichen Bedürfnisse oft weitaus besser erfasst, als ich es von meinem Verstandesbewusstsein her kann. Bin ich zum Beispiel dabei, meiner Arbeit ein allzu großes Gewicht in meinem Leben zu geben und die Bedürfnisse meines Körpers und meines Nervensystems nach Ausgleich und Erholung zu übergehen, werde ich oft innerlich dazu angehalten, eine Pause einzulegen. Dann schiebe ich für ein, zwei Tage jeglichen Gedanken an das, was noch erledigt werden muss, beiseite. Das ist meistens eine überaus große Hilfe, für die ich im Anschluss sehr dankbar bin. Denn danach lassen sich mit neuer Energie die gleichen Aufgaben leicht und schnell erledigen, die mir vorher in meinem überarbeiteten Zustand noch so schwer oder kaum lösbar erschienen. Und so ergeht es mir auch in anderen Bereichen meines Lebens. Durch unverhoffte Fügungen werden meine wirklichen Bedürfnisse oft erfüllt, wenn ich nur bereit bin, den jeweils nächsten Schritt im Einklang mit meiner inneren Führung zu gehen und alles Weitere der größeren Weisheit zu überlassen.

Dies bedeutet jedoch keineswegs, dass die innere Stimme – oder was wir anfänglich für die innere Stimme halten mögen – uns immer das raten wird, was wir uns im gleichen Moment sowieso gerade wünschen. Denn natürlich kann es zu Spannungen kommen zwischen dem, was wir gerade gern tun würden, und dem, was die innere

Stimme uns sagt. Meiner Erfahrung nach gibt es für solche Spannungen im Wesentlichen drei mögliche Hintergründe.

Als Erstes kann es natürlich sein, dass wir bei unserem Versuch, innere Führung zu erhalten, zunächst einmal auf bloße Vorstellungen über den göttlichen Willen stoßen. Dann nehmen wir statt der Stimme unseres Höheren Selbst nur die Gebote unserer negativen Autoritätsinstanz oder unseres »Über-Ich« wahr. In diesem Fall brauchen wir vielleicht etwas Ausdauer und müssen weiterhin geduldig zuhören, um die wirklichen Impulse unserer inneren Führung wahrnehmen zu können.

Steht jedoch unsere wirkliche innere Stimme im Gegensatz zu unseren momentanen Neigungen, kann es daran liegen, dass diese Neigungen Ausdruck von »verzerrten« Bedürfnissen sind. Solche verzerrten Bedürfnisse sind häufig einfach nur Gewohnheiten. Das Verlangen nach einer Tageszeitung oder nach einem Glas Wein am Abend ist zum Beispiel kein echtes Bedürfnis, sondern oft eher eine eingefleischte Gewohnheit. Manchmal stehen hinter verzerrten Bedürfnissen jedoch auch unerfüllte Grundbedürfnisse. Zum Beispiel mag es sein, dass unsere innere Stimme uns sagt, es sei an der Zeit, das Rauchen einzustellen, obwohl wir doch gerade so ein »Bedürfnis« nach einer Zigarette haben. Betrachten wir dieses Verlangen jedoch genauer, so stellen wir vielleicht fest, dass es lediglich ein Ersatz oder eine verzerrte Form des ursprünglich einmal wirklichen Bedürfnisses unserer Kindheit ist, an der Brust unserer Mutter zu liegen und gestillt zu werden. Und eine echte Erfüllung dieses ursprünglichen Bedürfnisses finden wir niemals in dem zwanghaften Inhalieren von Qualm. Wenn wir es nicht einfach loslassen können, sollten wir noch einmal innerlich zurückgehen und unseren inneren Säugling an die Brust der Mutter legen.

Drittens kommt es auch vor, dass wir Wünsche haben, die im Gegensatz zu dem stehen, was unsere innere Stimme unter den gegebenen Umständen für das Beste hält. Wünsche sind jedoch bei weitem nicht dasselbe wie Bedürfnisse. Wünsche treten häufig einfach als Folge davon auf, dass wir unsere Sinne oder Gedanken so lange auf ein bestimmtes Objekt gerichtet haben, bis der Impuls entstand, dieses Objekt zu besitzen. Im Gegensatz zu wirklichen Bedürfnissen sind Wünsche oft nur oberflächlich. Auch wenn wir sie als stark erleben, haben sie keine tiefen Wurzeln in unserer Seele.

Wohlgemerkt, ich spreche hier nicht von *Herzenswünschen*, die mit unserer Seele verbunden sind und die uns den Weg zu unserer Lebensaufgabe weisen. Wirkliche Herzenswünsche stehen normalerweise durchaus in Einklang mit dem göttlichen Willen in uns. Mehr noch, sie sind sogar ein Ausdruck des göttlichen Willens in uns.

Oft übergehen wir aber unsere Herzenswünsche zugunsten von eher oberflächlichen Wünschen. Zum Beispiel bei der Entscheidung, eine ungeplante Schwangerschaft auszutragen oder sie durch eine Abtreibung vorzeitig zu beenden, haben oft unsere eher oberflächlichen Wünsche die Oberhand. Etwa der Wunsch, dass erst der »richtige« Zeitpunkt für eine Schwangerschaft kommen soll (über den haben wir bereits im Kapitel über das Wurzelzentrum gesprochen) oder der Wunsch nach »Freiheit«, Bequemlichkeit und größerem materiellem Wohlstand. Das soll nicht heißen, dass es nicht durchaus ernsthafte und schwerwiegende Gründe für einen Schwangerschaftsabbruch geben kann. Würden wir uns jedoch mit den tieferen Wünschen unserer Seele in unserem Herzen verbinden, könnten wir in vielen Fällen fühlen, wie sehr wir uns nach dem Zusammensein mit dieser Seele sehnen, die sich da auf den Weg zu uns gemacht hat. Und wir würden vielleicht den Herzenswunsch verspüren, durch die Herausforderungen und Geschenke der Elternschaft zu wachsen. Auf jeden Fall habe ich noch niemanden bittere Tränen darüber vergießen sehen, ein ungeplantes Kind bekommen zu haben. Sehr oft aber habe ich den Seelenschmerz miterlebt, wenn jemand im Nachhinein feststellen musste, nicht dem eigenen Herzen gefolgt zu sein und stattdessen eine Schwangerschaft abgebrochen zu haben.

Aber auch in viel weniger schwerwiegenden Situationen als der Frage eines Schwangerschaftsabbruchs, sind es oft Wünsche, die uns vom Hören und Befolgen des Rats unserer inneren Weisheit abhalten. Ich erinnere mich, dass ich vor Jahren den Wunsch hatte, einmal wieder einen schönen Videofilm anzuschauen. Die günstige Gelegenheit schien gekommen, als Freunde mich baten, abends bei ihnen zu Hause ihre Kinder zu hüten. So fragte ich mittags meine innere Führung, ob es mit ihr in Einklang sei, wenn ich noch schnell einen Videofilm für den Abend ausleihen würde, um mir beim Babysitten die Zeit zu vertreiben. Die Antwort war ein deutlich hörbares, klares

Nein. Im Lauf des Nachmittags meldete sich jedoch mein Wunsch wieder, und vom Verstand her schien es keine passendere Gelegenheit zu geben als den heutigen Abend. Also fuhr ich schließlich doch noch zur Videothek, um mir einen Film auszuleihen.

Als ich dann abends an der Tür unserer Freunde stand, wurde ich mit einem etwas entgeisterten Blick empfangen, als sie die Videokassette sahen. Leider sei ihr Videorecorder kaputt. Ob ich vielleicht schnell noch unseren Rekorder holen wolle? Natürlich schwante mir, dass ich irgendwie auf dem Holzweg war, aber ich dachte: »Jetzt hast du den Film schon einmal geholt und bezahlt, nun schaust du ihn dir auch an.« Also fuhr ich noch einmal drei Kilometer nach Hause und wieder drei Kilometer zurück. Die Freunde verabschiedeten sich, und schnell hatte ich die Kinder ins Bett gebracht. Auch der Videorecorder ließ sich problemlos anschließen. Doch selbst jetzt war dem Bildschirm nur ein graues Flimmern zu entlocken. Nicht an dem Videorecorder unserer Freunde hatte es gelegen, sondern der Videokanal des Fernsehers war defekt! Es funktionierte also selbst nicht mit unserem Videorecorder. Kaum war diese Sache geklärt, fing auch schon ein Kind an zu weinen und »unterhielt« mich den Rest des Abends, so dass an Fernsehen ohnehin nicht zu denken gewesen wäre. Einige Zeit später stellte sich übrigens heraus, dass der Film, den ich mir ausgeliehen hatte, miserabel war.

Dieses Beispiel mag banal erscheinen. Es steht aber stellvertretend für viele Situationen, in denen wir unsere tieferen Seelenregungen übergehen und unser Herz an bedeutungslose Wünsche hängen. Da fängt es einem doch irgendwann an zu dämmern, dass etwas dran sein könnte an heiligen Schriften wie der Bhagavad Gita, die seit jeher das Loslassen aller Wünsche und Verhaftungen als den Schlüssel zu innerem Frieden und erleuchtetem Geist predigen!

Was den immer wieder einmal aufkommenden Zwiespalt zwischen unseren Wünschen und der inneren Stimme angeht, so ist es hilfreich, wenn wir den Grundsatz verinnerlichen: *Der göttliche Wille dient meinem Allerbesten!*

Wir selbst sehen mit unserem bloßen Verstandesbewusstsein ja nur einen winzigen Ausschnitt. Der göttliche Wille steht jedoch immer in Einklang mit der *ganzen* Situation (wozu eben zum Beispiel gehört, dass der Videokanal kaputt ist, der ausgewählte Film ohnehin eine Beleidigung für jeden halbwegs intelligenten Zuschauer darstellt und eines der uns anvertrauten Kinder sich vorgenommen hat, den ganzen Abend von uns unterhalten zu werden anstatt zu schlafen usw.). Die Impulse der inneren Stimme sind daher von weit größerer Weisheit geprägt, als es unsere Wünsche jemals sein werden. Je besser wir diese Wahrheit begreifen, desto leichter wird es uns mit der Zeit fallen, im Zweifelsfall der inneren Stimme den Vorrang vor unseren persönlichen Wünschen zu geben, falls beide im Widerspruch zueinander stehen.

Das Höhere Selbst erteilt keine Befehle

Wenn wir innere Führung suchen, bedeutet das nicht, dass wir dadurch zu bloßen Befehlsempfängern werden. Vielmehr achtet Gott unseren freien Willen, und wir haben jederzeit die Freiheit, anders zu handeln, als es uns unsere innere Stimme nahe legt.

Sich einzustimmen auf den göttlichen Willen heißt, sich zu öffnen für die bestmögliche Wirklichkeit, also für den Weg oder für die Wirklichkeit, die in Einklang mit dem Ganzen steht und das Beste in der jeweiligen Situation bewirkt. Das heißt jedoch nicht, dass wir nicht auch andere Wirklichkeiten erschaffen können (siehe oben), und schon gar nicht, dass Gott uns bestraft, wenn wir einen anderen Weg wählen. Manchmal läuft es so ab, wie wenn Eltern ihrem zweijährigen Kind zugestehen, seine Gummistiefel am jeweils falschen Fuß anzuziehen, wenn es unbedingt darauf besteht. Irgendwann wird es schon zu der Einsicht kommen, dass es sich doch besser läuft, wenn es tut, was die Eltern vorgeschlagen haben – nämlich den rechten Stiefel rechts und den linken Stiefel links anzuziehen.

Andererseits werden uns allerdings auch dann keinesfalls immer alle Steine aus dem Weg geräumt oder alle notwendige Lernerfahrungen erspart, wenn wir dem folgen, was unsere innere Führung uns sagt. Wie sollten wir sonst auch wachsen und seelische Kraft entwickeln? Wenn Schwierigkeiten auftauchen, bedeutet das also nicht zwangsläufig, dass wir uns in der Wahrnehmung unserer inneren Stimme geirrt haben.

In jedem Fall bleibt uns in jeder Situation die Verantwortung, uns für die eine oder andere Handlungsweise zu entscheiden. Wenn wir innerlich Fragen stellen, bei denen es um bereits bekannte Handlungsmöglichkeiten geht, empfiehlt es sich daher also, nicht mit den

Worten »Soll ich ...?« zu beginnen. Auf eine so gestellte Frage werden wir oft keine Antwort erhalten, denn was wir *sollen*, müssen wir ganz allein entscheiden. Wie gesagt, das Höhere Selbst erteilt keine Befehle. Leichter werden wir eine klare Antwort wahrnehmen, wenn wir fragen: »Ist es ratsam ...?« oder »Ist es im Einklang mit dem Besten für mich und alle anderen, wenn ich ...?«

Womit wir bereits bei dem Thema angelangt sind, auf welche praktische Weisen wir innere Führung wahrnehmen können.

Wege zur inneren Führung

Grundsätzlich kann man zwei Arten unterscheiden, wie uns innere Führung zuteil werden kann. Über die erste dieser zwei Möglichkeiten haben wir bereits gesprochen, nämlich über das Empfangen von Führung durch unsere *inneren* Sinne. Hierzu gehört, um es noch einmal zu wiederholen, das Sehen von inneren Bildern, das innerliche Hören von Worten und die Wahrnehmung von Empfindungen, die uns eine gefühlsmäßige Gewissheit um das richtige Handeln vermitteln.

Im Gegensatz oder – besser gesagt – ergänzend zu der *inneren* Wahrnehmung von Führung können wir Antworten auf Fragen oder andere Hinweise des Höheren Selbst gelegentlich auch im Spiegel der *äußeren* Umstände wahrnehmen, also durch »Zeichen«, die wir bekommen. C. G. Jung sprach in diesem Zusammenhang von »Synchronizität«. Jung meinte damit das parallele Auftreten von psychischen und/oder physischen Ereignissen, die zwar nicht erkennbar kausal miteinander verbunden sind, deren sinnhafter Zusammenhang jedoch unübersehbar ist. Ein klassisches Beispiel für solche von Jung untersuchten Fälle wäre das Stehenbleiben einer Uhr im selben Moment, in dem ihr Besitzer an einem entfernten Ort stirbt. Eine besondere Form der Synchronizität trat bei einer früheren Freundin von mir auf: Mehrfach erlebte sie, dass Geschehnisse, von denen sie nachts geträumt hatte, am nächsten Tag exakt eintraten. Ein Bruder von ihr hatte zum Beispiel einen Autounfall, nachdem sie in der Nacht davor davon geträumt hatte.

Wenn uns hier ein innerer Vorgang auf ein äußeres Ereignis hinweist, so können uns umgekehrt auch äußere Vorgänge als »Zeichen« Hinweise für unsere inneren Prozesse geben. Bei dieser zweiten Art von Führung durch das Höhere Bewusstsein sind der Anzahl der Möglichkeiten keine Grenzen gesetzt. Vielleicht kommt Ihnen das ja bekannt vor: Sie schalten das Radio an, und der Refrain des soeben gesendeten Liedes gibt Ihnen exakt die Antwort oder den Hinweis, die Sie gerade benötigen. Oder Sie fahren durch die Stadt, und eine besondere Leuchtreklame sticht Ihnen ins Auge, die genau die Lösung für das Problem bietet, an das Sie gerade gedacht haben. Ein Freund ruft an, und ohne es zu wissen, gibt er Ihnen eine Information, die genau in diesem Moment höchst bedeutsam für Sie ist.

Ich selbst fragte mich vor einiger Zeit auf der Heimfahrt von einem Seminar, ob ich trotz großer Müdigkeit noch einen Umweg von knapp zwei Stunden auf mich nehmen sollte, um hoch betagte Verwandte zu besuchen, die ich schon Jahre nicht mehr gesehen hatte. Als ich schließlich ganz in der Nähe der Autobahnabfahrt kam, die ich hätte nehmen müssen, wurde meine Unentschiedenheit durch ein Lied aus dem Radio beendet: »Take the long way home«, sang die Gruppe Supertramp – nimm den langen Weg nach Hause. Im Nachhinein stellte sich der Besuch als gut, richtig und wichtig heraus.

Wie gesagt, die Wege, auf denen wir Antworten erhalten können, sind so zahlreich wie die Facetten des Lebens selbst. Der große Geist, der gleichermaßen uns selbst wie die gesamte Existenz durchdringt, mag sich der verschiedensten Werkzeuge bedienen, um uns eine Antwort zukommen zu lassen.

Bei näherer Betrachtung zeigt sich allerdings, dass die äußere Welt uns nur die Antworten spiegelt, die wir bereits – wenn auch vielleicht bislang noch unbewusst – in uns tragen. Die Antwort liegt also im Grunde niemals wirklich außen, sondern die äußere Welt wirkt wie ein Vergrößerungsglas, das uns manchmal hilft, die Antworten unseres inneren Selbst deutlicher wahrzunehmen. Wenn wir die Antwort nicht bereits in uns trügen, würden wir sie mit Sicherheit auch nicht im Außen finden können, selbst wenn sie uns in einem Briefumschlag mit goldenem Siegel und dem Zusatz »Diesen Brief schickt Dir Gott persönlich« überreicht würde.

Unserem Wachstum und der Entwicklung innerer Unabhängigkeit dient es daher am besten, wenn wir zunächst immer den Versuch unternehmen, Antworten von *innen* zu erhalten. Sonst besteht die Gefahr, dass wir von einzelnen äußeren Quellen abhängig werden, seien es »Channels«, Wahrsager, Tarotkarten oder was auch immer. Wir verlieren dann unsere eigene Kraft bzw. entwickeln sie erst gar nicht selbst. Statt einen Zugang zu unserer eigenen inneren Autorität zu finden, projizieren wir diese auf andere Personen und bleiben unselbständig in unseren Entscheidungen.

Führung von innen

Die allgemeine Vorgehensweise, um Führung wirklich von *innen* zu erhalten, leitet sich ab von den bereits besprochenen Voraussetzungen und Prinzipien innerer Führung.

So ist es zunächst unerlässlich, dass wir Körper und Geist entspannen und zur Ruhe kommen lassen, denn nur in der Stille kann die innere Stimme, die Stimme des göttlichen Selbst, gehört werden. Es empfiehlt sich also, mit ein paar tiefen Atemzügen nach und nach die einzelnen Körperbereiche zu entspannen und dabei die Gedanken gehen zu lassen, bis Körper und Geist ganz ruhig und gesammelt sind. Als Übergang zur nächsten Phase ist es überaus hilfreich, ein wenig zu singen. Ein paar spirituelle Lieder etwa oder ein Mantra wie zum Beispiel das *Om* (den göttlichen Urlaut), das einundzwanzigmal wiederholt und mit einem dreifachen *Shanti* (Sanskrit: »Frieden«) abgeschlossen wird. Durch das Singen wird unser Halszentrum gereinigt und aktiviert, und es fällt uns leichter, die innere Stimme zu hören.

Der nächste Schritt besteht dann darin, unser Instrument noch feiner zu stimmen, das heißt unseren Geist in einer möglichst hohen Frequenz schwingen zu lassen. Dazu kann uns zum Beispiel unsere Lieblingsmeditation verhelfen. Eine gute Methode ist es auch, eine Flamme im Herzen zu visualisieren, deren Licht sich langsam immer weiter ausdehnt, bis es unseren ganzen Körper, die Erde und schließlich das gesamte Universum einhüllt. Ebenso gut können wir jedoch auch eine Weile das Bild eines Meisters (am besten immer wieder dasselbe) visualisieren oder uns vorstellen, wie wir im Geist eine Reise in einen Lichttempel mit heiliger und zugleich heiterer und liebevoller Atmosphäre unternehmen, so dass unsere Gefühle von der Atmosphäre dieses Ortes erfüllt sind. Oder wir konzentrieren uns eine Weile auf eine strahlend weiß-goldene Sonne (als Symbol des Höchsten Bewusstseins) über unserem Kopf und lassen das Licht dieser Sonne durch eine Lichtsäule in unser ganzes Sein fließen.

Wenn wir uns so innerlich in einen erhöhten Schwingungszustand versetzt haben, ist es an der Zeit, unsere Frage zu stellen. Wir sollten sie jedoch bereits zuvor klar formuliert haben, so dass sie auch wirklich beantwortet werden kann. Für den Anfang ist es ratsam, sich diese Frage vorher aufzuschreiben. So können Sie am besten überprüfen, ob Ihre Frage tatsächlich eine klare Antwort ermöglicht.

Nachdem Sie die Frage gestellt haben, bleiben Sie mit Ihrem Selbstgewahrsein im Bereich der oberen vier Chakren. Konzentrieren Sie sich dabei weiterhin auf Ihre Frage und gleichzeitig auf das Höhere Bewusstsein. Nehmen Sie eine offene, aufnahmebereite Haltung ein. Seien Sie ganz wach für jeden Gedanken, jedes Wort, jedes Bild und jedes Gefühl, das in Ihnen aufsteigt oder auf Sie »herabkommt«. Bleiben Sie dabei ganz vorurteilslos, und vermeiden Sie jede Bewertung dessen, was Ihnen innerlich gesagt oder gezeigt wird (dazu haben Sie später immer noch reichlich Gelegenheit; im Moment würde es jedoch Ihre Wahrnehmung blockieren).

Lassen Sie sich ausreichend Zeit, um die inneren Eindrücke aufzunehmen. Danach schreiben Sie Ihre Antwort(en) auf. Denken Sie darüber nach, und schauen Sie Ihre Notizen einen Tag später noch einmal an.

Der Prozess, den ich hier in seinen einzelnen Schritten beschrieben habe, umfasst die grundlegenden Elemente zum Empfangen von innerer Führung. Für den Anfang ist es ratsam, jeden dieser Schritte genau einzuhalten. Je mehr und je häufiger Sie sich auf diesen Prozess einlassen, desto selbstverständlicher und leichter wird der Ablauf werden. Wie beim Erlernen eines Musikinstruments werden Sie später »aus dem Stand spielen können«, also viel weniger Zeit zur Einstimmung benötigen als am Anfang.

Auf die in diesem Abschnitt beschriebene Weise wurden mir vom Höheren Bewusstsein sechs Regeln zum Empfangen innerer Führung vermittelt, als ich das Thema zum ersten Mal in einer Ausbildungsgruppe behandelte. Darin sind noch einmal die wichtigsten Stichpunkte in knapper Form zusammengefasst.

Sechs Regeln zum Empfangen innerer Führung

1. *An erster Stelle sollte die Beziehung zu Gott stehen; der Wille, Ihm zu dienen und ein Instrument für das Licht zu sein.*

2. *Der Geist muss zur Ruhe gebracht werden. Meditiere vorher, schweige und vermeide unnötiges Geschwätz.*

3. *Der Geist muss rein und klar sein. Jede negative Absicht und jeder Wunsch nach einem besonderen Resultat sollten ausgeschaltet werden.*

4. *Meditiere über das Licht, über deine Geistführer oder besinne dich auf das Bild eines Meisters, der das reine Licht verkörpert. Fühle seine Gegenwart, seine Nähe und spüre, wie sein Licht dich berührt und durchdringt.*

5. *Wenn du ganz still geworden bist und dich vom Licht durchdrungen fühlst, stelle deine Frage. Warte dann ab, bis du eine Antwort hörst, ein Bild siehst oder ein Gefühl aufsteigt, das dir die Richtung weist.*

6. *Vertraue auf das Licht Gottes in dir, dass es dich führt, wo auch immer du bist. Gehe mutig voran.*

Innere Führung im Spiegel der äußeren Welt

Wahrscheinlich werden Sie nicht in jedem Fall und nicht sofort auf jede Frage eine klare Antwort wahrnehmen. Vielleicht meinen Sie auch, Sie hätten gar keine Antwort bekommen, oder zweifeln an dem, was Sie gehört und gesehen haben. Das macht nichts. Möglicherweise ist es einfach noch nicht an der Zeit für eine Antwort, jedenfalls nicht für eine Antwort auf *diese* Frage. Dann können Sie »keine Antwort« auch im Sinne von »Warte!« verstehen. Das kommt übrigens recht häufig vor, denn in sehr vielen Fällen hat das Höhere

Selbst ein ganz anderes Zeitverständnis als unser ungeduldiger Verstand. Oder es sieht voraus, dass sich unsere Frage durch bestimmte Ereignisse in absehbarer Zeit von selbst beantworten wird. Wenn Ihnen die Frage aber wirklich viel bedeutet – oft ist dies beim zweiten Hinsehen nicht mehr so eindeutig der Fall, wie es uns anfangs erschien –, wenn Sie es also tatsächlich ernst meinen, dann gibt es zwei Möglichkeiten, die Sie unter Umständen auch beide zugleich nutzen können.

Als erste Möglichkeit können Sie in der nächsten Zeit einfach auf die Frage konzentriert bleiben, die Frage also gewissermaßen im Herzen bewahren. *Erwarten* Sie währenddessen, dass die Antwort auf irgendeine Weise zu Ihnen kommen wird. Sie gehen einfach davon aus, dass es geschehen wird. So wie Sie einfach davon ausgehen, dass es nach einer Regenperiode irgendwann bestimmt wieder Sonnenschein geben wird, auch wenn Sie nicht genau wissen und nichts dazu tun können, wann das sein wird.

In der Zwischenzeit gibt es nichts weiter für Sie zu tun als offen zu bleiben für die Zeichen am Wegesrand. Vielleicht wird das Höhere Bewusstsein durch das Radio zu Ihnen sprechen oder durch die Tageszeitung, durch Ihren Nachbarn, durch Ihre Frau oder durch die Gebrauchsanleitung Ihrer neuen Waschmaschine. Die Möglichkeiten sind unbegrenzt.

Mir selbst kam in der ersten Zeit, nachdem ich mich mit der Releasing-Arbeit selbstständig gemacht hatte, manchmal der Gedanke: »Ach, es wäre doch schön, wenn Gott persönlich mir noch einmal bestätigen würde, dass meine Entscheidung richtig war, die Arbeit mit Releasing zu meinem Beruf zu machen. Am besten in Form einer schriftlichen Mitteilung: ›Christof, alles ist in Ordnung. Du machst das toll mit dem Releasing. Ich segne dich, und nichts kann schief gehen. Unterschrift: Dein Gott.‹« Mit diesen Gedanken im Kopf und mit der inneren Bitte: »Ach, gib mir doch noch ein klares Zeichen«, ging ich die Hauptstraße vor Sai Babas Ashram im südindischen Whitefield entlang. Plötzlich fiel etwas aus meinem Tagebuch, das ich in der Hand hielt, auf die Straße. Es war ein Aufkleber, den ich kurz zuvor als Mitbringsel für meine Kinder an einem der zahllosen Souvenirstände erstanden hatte. Auf der Vorderseite trug dieser Aufkleber ein Bild Sai Babas und den Spruch: »Why fear when I am here.« Während ich mich danach bückte, fiel mein Blick nun jedoch zum ersten Mal auf die Rückseite. Dort war in blassen Umrissen der Kopf eines Indianerhäuptlings zu erkennen, und darunter standen nur die zwei Worte: »Releaso chief!« – also etwa so viel wie »Releasing-Chef«! Ich gebe zu, es stand nicht »Christof, für dich« dabei. Für mich war es trotzdem ein deutliches Zeichen. Erst recht, nachdem ich noch einmal zum Souvenirstand zurückgegangen war und festgestellt hatte, dass dies der einzige Aufkleber mit einem solchen Aufdruck auf der Rückseite war.

Nun ist es jedoch keineswegs so, dass wir Däumchen drehend darauf warten müssen, dass uns – vielleicht am Sankt Nimmerleinstag, wer weiß das schon so genau – als Antwort auf unsere Frage der Meister selbst erscheint oder ein Stück Papier vom Himmel oder aus dem Tagebuch fällt. Die zweite Option, die wir haben, besteht darin, uns bewusst und absichtsvoll um ein Zeichen zu bemühen. Zu diesem Zweck hat die Menschheit, vielleicht auch die Gottheit selbst, von alters her die verschiedensten »Zeichen-Übermittlungssysteme« erfunden, besser bekannt unter der Bezeichnung Orakel. Wenn wir ein Orakel sprechen lassen möchten, ist es im Grunde zweitrangig, welches wir wählen. Denn wie bereits gesagt: Die Antwort liegt niemals wirklich außen, sondern immer in uns selbst.

Um unser Gesicht in einem Spiegel sehen zu können, macht es wenig Unterschied, ob der Spiegel rund oder eckig ist, ob es sich um unseren Autorückspiegel oder den Spiegel im Badezimmer handelt. Ebenso können wir das Orakel wählen, das unserem persönlichen Geschmack am meisten entspricht, seien es Tarotkarten, Engelkarten, das I-Ging oder was es heutzutage sonst noch alles an netten Utensilien für diesen Zweck gibt. Mit dem nötigen Maß an innerer Überzeugung können Sie dazu auch Dinge verwenden, die ursprünglich gar nicht zum Orakeln gedacht waren, wie beispielsweise Bücher oder Zeitschriften. Nach einer Phase der Sammlung, der Ausrichtung auf das Höhere Selbst und der Konzentration auf Ihre Frage schlagen Sie einfach irgendeine Stelle darin auf. Der Text oder das Bild, das Ihnen dann ins Auge springt, wird in irgendeiner Weise die Antwort für Sie bereithalten.

Ich selbst stand vor vielen Jahren vor der Frage, ob ich die therapeutische Begleitung einer Klientin fortsetzen sollte oder nicht. Diese Klientin war in jeder nur erdenklichen Hinsicht maßlos, auch in ihrem Verhalten mir gegenüber. Es zeigte sich, dass sie letztlich nicht wirklich bereit war, ihr Verhalten wenigstens so weit zu ändern, dass eine sinnvolle Arbeit überhaupt möglich war. Auf die näheren Einzelheiten will ich hier nicht eingehen. Tatsache war auf jeden Fall, dass ich mich im Laufe der Zeit nach jedem Kontakt mit dieser Frau schlechter und energieloser fühlte. So schien es einerseits zwingend und unvermeidlich zu sein, die Therapie zu beenden – etwas, was ich vorher noch nie getan hatte und seither nie wieder tun musste. Andererseits war ich davon überzeugt, dass die Menschen zu mir geführt wurden, um durch mich eine heilsame Wirkung zu erfahren. Dass diese heilsame Wirkung auch dadurch entstehen könnte, jemanden als Konsequenz bestimmter extremer Verhaltensweisen sozusagen »wegzuschicken«, ahnte ich seinerzeit zwar, war mir dessen jedoch nicht ganz sicher.

Als die Situation sich schließlich zuspitzte, fragte ich innerlich, ob es richtig sei, die Behandlung zu beenden. Die Antwort war: »Ja, du musst es sogar.« Da diese Antwort jedoch im Widerspruch zu meiner sonstigen Haltung zu stehen schien und außerdem ja auch von meinen momentanen Emotionen beeinflusst sein konnte, zweifelte ich zuerst noch daran. Andererseits drängte es mich, eine Entscheidung zu fällen. So fuhr ich einem inneren Impuls folgend in die nächstgelegene Buchhandlung. Im Stillen sagte ich dort: »Bitte gib mir eine ganz klare Antwort« und stellte mich vor ein Bücherregal. Im nächsten Moment hatte ich ein Buch in der Hand, das mir bis dahin völlig unbekannt war. Irgendwo mittendrin schlug ich es auf und legte meinen Zeigefinger auf die aufgeschlagene Seite. Mir stockte fast der Atem, als ich dort las: »Lehne die Beratung bestimmt, aber höflich ab. Du musst nicht jeden Menschen zu jeder Zeit beraten können.«

Wenn Sie irgendeine Art von Orakel zu Hilfe nehmen, kann es sein, dass Ihnen die Antwort augenblicklich ebenso klar ist wie mir damals. Vielleicht müssen Sie aber auch eine Weile darüber nachdenken, welche Bedeutung das Gelesene für Sie haben könnte. Hilfreich ist es auch, das Ergebnis mit einem vertrauten Menschen zu besprechen, der unter Umständen mit vorurteilsloserem Blick die Bedeutung schnell erkennt. Sie kann ganz offensichtlich sein, auch wenn wir das aufgrund unserer Erwartungen und Wünsche selbst nicht gleich sehen konnten oder wollten. Ich erinnere mich an einen Gruppenteilnehmer, der bei einer Übung zum Thema innere Führung als Antwort auf eine bestimmte Frage immer wieder auf das

Foto einer nackten Frau stieß. Für die übrigen Gruppenmitglieder war sofort offensichtlich, dass es an der Zeit für ihn war, seine jahrelange sexuelle Askese aufzugeben und die Sexualität in die Beziehung zu seiner Partnerin zu integrieren. Bei ihm fiel der Groschen allerdings erst nach einigen schmunzelnden Hinweisen aus der Gruppe, dann aber laut und deutlich.

Was auch immer das Medium sein mag, das wir gewählt haben, entscheidend für das Empfangen von Führung ist – abgesehen vom richtigen Zeitpunkt – unsere Entschlossenheit, wirklich *die* Antwort wissen zu wollen, die in Einklang mit dem Besten für uns und alle anderen steht.

Die Bedeutung von innerer Führung

Die Arbeit mit oder – besser gesagt – aus innerer Führung heraus ist gewiss einer der grundlegendsten Aspekte spirituell orientierter Therapie. Dieser Punkt macht auch den wesentlichen Unterschied zu anderen Formen innerer bzw. psychotherapeutischer Prozesse aus. Für professionelle therapeutische Begleiter gilt dabei: Die einzige Basis, auf der eine solche Arbeit ihre volle Kraft entfalten kann, ist der innere Wunsch des Therapeuten, Gott im eigenen Herzen und in der Seele jedes Menschen, der zu ihm geschickt wird, zu dienen. Allein aus dieser Motivation erwächst die Bereitschaft, sich immer wieder neu auf die Stimme des Höchsten Bewusstseins auszurichten und sich von ihr – statt von eigenen Konzepten und Meinungen – führen zu lassen. Zusammen mit dieser Bereitschaft wächst auch das Vertrauen, dass uns der jeweils nächste Schritt im richtigen Moment gezeigt werden wird.

Der spirituelle Therapeut ist also nicht an erster Stelle einer bestimmten therapeutischen Theorie oder Methode verpflichtet und auch nicht dem, was einer einzigen Lehrmeinung nach als »therapeutisch« oder »untherapeutisch« gilt. Ist es in vielen Fällen richtig, der analytischen »Distanzregel« treu zu bleiben, so kommt in anderen Fällen die heilsame Wirkung gerade aus dem Umstand, dass der Therapeut sich auf sehr persönliche Weise einbringt, etwa mit einer Umarmung. Selbst wenn in der Gesprächstherapie (zu Recht!) vom Therapeuten die Fähigkeit des empathischen Zuhörens gefordert wird, wird es in Beratungssituationen *auch* vorkommen, dass die heilsame Maßnahme im Ignorieren von irreführenden Fährten liegt, die der Klient auslegt. Oder es erweist sich als notwendig, die problemorientierten und destruktiven Selbstbeschreibungen des Klienten ganz entschieden zu unterbrechen. Und selbst wenn der Ausgangspunkt unserer Arbeit das Loslassen im Sinne der Releasing-Methode ist, wird es Sitzungen geben, in denen wir auch das »Loslassen« loslassen müssen. Wie schon C. G. Jung sagte: »Der Arzt muss sich davor hüten, sich auf einen bestimmten routinemäßigen Weg festzulegen. Theoretische Voraussetzungen sind nur mit Vorsicht anzuwenden. Heute sind sie vielleicht gültig, morgen können es andere sein ... Eine Lösung, die für mich nicht in Frage käme, kann für jemand anderen gerade die richtige sein.«[19]

Genau die Erfahrung habe ich in der spirituell-therapeutischen Arbeit gemacht. So wie im ganzen Leben ist auch hier das einzig Konstante die Veränderung. Dementsprechend lässt sich über innere Führung sagen: Sie ist von Moment zu Moment neu. Tatsächlich können wir uns auf nichts anderes verlassen als darauf, dass wir den richtigen Schritt schon gezeigt bekommen werden, wenn er ansteht. So fordert spirituell orientierte Bewusstseinsarbeit von uns als Therapeuten den Mut, all die vermeintlichen Sicherheiten, die wir durch lieb gewordene Wahrheiten gewonnen haben, immer wieder loszulassen und uns immer wieder neu auf den therapeutischen Prozess einzulassen, als wäre es das erste Mal.

Um einem möglichen Missverständnis vorzubeugen: All dies bedeutet *nicht*, dass therapeutische Ausbildungen, therapeutische Erfahrungen und anderes Wissen, das wir erlangt haben, wertlos wären. Ganz im Gegenteil unser Wissen und unsere Erfahrungen ermöglichen es dem Höheren Bewusstsein, uns auf vielfältigere und oft auch wirkungsvollere Weise einzusetzen. Der springende Punkt ist jedoch: Wenn ich an erster Stelle auf die Sicherheit einer Theorie oder von In-der-Vergangenheit-Bewährtem vertraue, geht mir leicht die Wahrnehmung für den Augenblick verloren. Statt wirklich in Kontakt zu sein, bin ich dann immer genau ein Konzept oder einen Gedanken von der Wirklichkeit entfernt und kann nicht mehr das finden, was hier und jetzt am besten weiterhilft und wirkt.

Das Stirnzentrum:
Was unsere Gedanken bewirken

Allgemeines

Das sechste Zentrum, das sogenannte »dritte Auge«, befindet sich in der Mitte der Stirn, ungefähr auf Höhe der Augenbrauen. Wenn wir unsere Fähigkeit zu erhöhter Sinneswahrnehmung entsprechend ausgebildet haben, können wir über das Stirnzentrum Eindrücke aus feineren Daseinsebenen aufnehmen. Ebenso können wir im dritten Auge kosmisches Bewusstsein erfahren, in dem wir das Licht als Essenz allen Lebens erkennen. Dann erscheint der gesamte Kosmos uns als ein Ozean vibrierenden Lichts. Darüber hinaus bildet dieses Zentrum eine Art »Pforte«, durch die wir unseren physischen Körper verlassen können, um durch feinstoffliche Dimensionen zu reisen.

Unbewusst machen wir von dieser Fähigkeit häufig während des Tiefschlafs Gebrauch. Daher kann die eine oder andere morgendliche Erinnerung an nächtliche Träume eine durchaus reale Erinnerung an eine Reise in feinstoffliche Welten während der Nacht darstellen. Mit der Zeit lässt sich ein feines Gespür dafür entwickeln, auf welche unserer Traumerinnerungen dies zutrifft.

Ich selbst habe gelegentlich erlebt, dass ich nachts von Orten »träumte«, an denen ich nie zuvor gewesen war. Als ich einige Zeit später diese Orte zum ersten Mal in der äußeren Welt sah, erkannte ich sie zu meiner Überraschung als diejenigen wieder, die ich zuvor bereits im Traum aufgesucht hatte. Bei Träumen, in denen andere Menschen vorkommen, kann ich oft sehr genau unterscheiden, ob ich von diesen Personen nur geträumt habe, weil sie in diesem Moment symbolisch bestimmte seelische Aspekte von mir verkörpert haben, oder ob es sich um reale Seelenbegegnungen auf anderen

Ebenen handelte. War Letzteres der Fall, haben mir die betreffenden Personen gelegentlich anderntags oder auch erst Tage später berichtet: »Du, ich hatte da einen ganz intensiven Traum mit dir ...«

Auf der körperlichen Ebene steuert das Stirnzentrum vor allem die Augen, die Stirn, Nase und Nebenhöhlen, das Kleinhirn, das Zentrale Nervensystem und die Hirnanhangdrüse (Hypophyse). Diese Drüse ist von großer Bedeutung für unsere Gesundheit und besonders für unser körperlich-seelisches Energieniveau. Sie hat einen steuernden Einfluss auf alle anderen Drüsen, wie zum Beispiel die Schilddrüse oder die Sexualdrüsen. Da – wie wir noch sehen werden – diese Vorgänge maßgeblich durch die Art unseres Denkens beeinflusst werden, ist das Stirnzentrum die vielleicht wichtigste Schaltstelle zwischen Bewusstseinsprozessen und ihren körperlichen Auswirkungen.

Interessant ist in diesem Zusammenhang, dass das sechste Zentrum von spirituellen Meistern wie Paramahansa Yogananda als das Chakra beschrieben wird, durch das wir mittels geeigneter Meditationstechniken unmittelbar Energie aus dem universellen Energiefeld aufnehmen können – ohne »Umweg« über den Atem oder physische Nahrung. Berichte über Begegnungen mit Yogis, die entsprechende Fähigkeiten entwickelt und jahrelang ohne zu essen oder zu trinken gelebt haben, finden sich unter anderem in Yoganandas *Autobiographie eines Yogi*[20].

Ich persönlich halte den Erwerb solcher Fähigkeiten zwar nicht für ein Ziel der spirituellen Entwicklung, das um seiner selbst willen erstrebenswert wäre. Dennoch liegt für mich der Wert dieser Berichte in dem deutlichen Hinweis auf das uns innewohnende geistige Potenzial mitsamt seiner Macht über alle körperlichen Prozesse. Die Fähigkeiten solcher Yogis mögen nicht viel mit unserem persönlichen Alltagsleben zu tun haben. Dennoch bleibt auch für uns die Aufgabe, unserer geistigen Kraft voll und ganz *gewahr* zu werden. Vor allem der Kraft, die wir mittels unseres Denkens ohnehin bereits jeden Tag ausüben – und dies nicht unbedingt immer zu unserem Besten.

Das Denken

Mit Denken sind hier nicht nur logische und rationale Denkprozesse gemeint, sondern ebenso unser intuitives, kreatives und vor allem auch unser bildhaftes Denken.

Aktiv bzw. folgenreich ist das Denken in vielerlei Hinsicht. Es bestimmt unsere Gefühle, unser Handeln, und es beeinflusst ganz unmittelbar unseren Körper. Es gibt inzwischen eine Reihe von wissenschaftlichen Forschungsprojekten, bei denen diese Verbindung zwischen Geist und Körper ganz konkret nachgewiesen wurde. Dabei wurden die sogenannten »Neuropeptide« entdeckt, eine Art von chemischen Stoffen im Körper. Die Wissenschaftler fanden heraus, dass diese Stoffe vom Gehirn gebildet werden, und zwar jeweils als Reaktion auf Gedanken und Gefühle. Rezeptoren, also gewissermaßen »Aufnahmestationen« für diese Neuropeptide, wurden sowohl im Gehirn und im Nervensystem gefunden als auch im Verdauungstrakt, im Herzen, in den Lungen, den Nieren und im Immunsystem. Das Interessante dabei ist, dass die *Art* von Neuropeptiden, die erzeugt wird, in einem Zusammenhang zu der jeweiligen *Qualität* des Gedankens bzw. Gefühls steht. So führen verschiedene Arten von Gedanken und Gefühlen also zu unterschiedlichen Auswirkungen im Körper.

Auch unser *Selbstbewusstsein*, also die Art und Weise, wie wir uns selbst als Person erfahren und fühlen, ist ein Ergebnis unseres Denkens. Genauer gesagt: Was wir über uns denken, wird sich in den Erfahrungen, die wir mit uns selbst machen, niederschlagen. Diese Erlebnisse werden wiederum unser Denken über uns selbst bekräftigen.

Um diesen Zusammenhang zu untersuchen, wurden beispielsweise psychologische Experimente mit Schulkindern durchgeführt, die zunächst einen Intelligenz-Test absolvieren mussten. Anschließend wurden sie nach dem Zufallsprinzip in zwei gleich große Gruppen unterteilt. Der einen Gruppe wurde gesagt, sie seien die »Schlaueren«. Den anderen Kindern teilte man mit, sie seien die »weniger Hellen«. Danach wurden beiden Gruppen identische Aufgaben gestellt. Nach einiger Zeit zeigten die »schlauen« Kinder deutlich bessere Leistungen als die Kinder der zweiten Gruppe. Um dieses Phänomen noch weiter zu untersuchen, wurde den Kindern später mitgeteilt, dass ein Fehler passiert sei. In Wahrheit seien die Kinder der zweiten Gruppe die »Helleren«, die anderen dagegen weniger begabt. Von da an begann sich das Leistungsverhältnis der beiden Gruppen umzukehren. Dieser Effekt hielt auch dann noch an, als die Kinder in die nächste Klasse kamen und von Lehrern unterrichtet wurden, die mit dem ursprünglichen Experiment nichts zu tun hatten.

Von Sai Baba gibt es den einprägsamen Ausspruch: »Think dust, dust you are. Think God, God you are« – zu Deutsch etwa: »Denke Staub, und du bist Staub. Denke Gott, und du bist Gott.« Wenn wir denken, wir seien klein und minderwertig, werden wir uns als klein und minderwertig erleben. Wenn wir aber in unserem Denken verankern, dass wir eins sind mit der wunderbaren göttlichen Kraft, die uns erschaffen hat, werden sich die Qualitäten dieser Kraft nach und nach in uns entfalten, und wir werden Liebe, Freude und Zufriedenheit erleben. Jede Entwicklung von Selbstbewusstsein muss also ihren Anfang in unserem Denken nehmen. Das Schöne daran ist: Wir können sofort, genau in diesem Moment, damit beginnen.

Noch in einem weiteren, sehr bedeutsamen Sinne ist das Denken folgenreich: Es hat einen schöpferischen Einfluss auf die Lebenserfahrungen, die wir machen, und auf die Umstände, in denen wir uns wiederfinden. Interessanterweise lautet die altüberlieferte Sanskritbezeichnung für das Stirnzentrum »Ajnachakra«, wobei *Ajna* so viel bedeutet wie »Befehl«. Damit ist nicht etwa gemeint, dass wir im Stirnzentrum Befehle einer unpersönlichen göttlichen Macht erhalten. Die eigentliche Bedeutung dürfte vielmehr in dem Hinweis darauf liegen, dass Gedankenbilder, die wir im dritten Auge »festhalten«, sich wie Befehle an das Leben selbst auswirken. Sie haben gleichsam die Wirkung von Aufträgen an das Universum, eben diese Gedanken auf der materiellen Ebene Wirklichkeit werden zu lassen. Tatsächlich erschaffen wir durch unsere bewussten und unbewussten Gedanken ständig unsere eigene Wirklichkeit, und zwar nicht nur unser ganz persönliches psychisches Universum, sondern auch unsere ganz konkreten materiellen Lebensumstände.

Bei Meistern, die völlig eins mit der Gotteskraft sind, können wir beobachten, wie Denken noch fast im selben Moment zu sichtbarer materieller Realität wird. Yogananda beispielsweise berichtet in seiner bereits erwähnten Autobiographie, wie sich einmal sein spiritueller Meister in seinem Zimmer materialisierte (und anschließend auf die gleiche Weise wieder verschwand), während er »eigentlich« gleichzeitig in einer weit entfernten Stadt weilte. Aber auch bei Sai Babas Darshan kann jeder Zeuge dessen werden, wie er täglich heilige Asche oder andere Dinge wie Gebetsketten, Schmuckstücke usw. aus dem Nichts hervorbringt und sie als Ausdruck seiner Liebe und seines Segens an die Anwesenden verschenkt. Ich selbst bin im Besitz eines Rings, den Sai Baba während eines Interviews direkt vor meinen Augen Gestalt annehmen ließ. Sai Baba selbst sagt, diese Dinge erschienen im selben Moment, in dem er sie *denke*.

Was unser eigenes Denken betrifft, ist die Funktionsweise im Prinzip genau die gleiche. Ein Unterschied besteht jedoch darin, dass nicht *jeder* unserer Gedanken die Kraft hat, sich bis in die dichte Materie hinein zu manifestieren (obwohl jeder Gedanke einen Eindruck im feinstofflichen Bereich hinterlässt). Ein weiterer Unterschied betrifft den zeitlichen Ablauf: Bei uns liegt gewöhnlich eine weit größere Zeitspanne (manchmal Jahre) zwischen dem Annehmen und Festhalten eines Gedankens und seiner konkreten Manifestation im materiellen Bereich. So bleibt uns Zeit, unsere Gedanken zu überprüfen, sie gegebenenfalls durch weisere zu ersetzen und dadurch zu anderen Ergebnissen zu kommen. Welch ein Segen! Man stelle sich nur einmal vor, jeder unserer momentanen Gedanken würde sich sofort verwirklichen!

Andererseits kann diese Zeitspanne auch dazu führen, dass wir unsere besseren Absichten durch negative Denkmuster wieder zunichte machen. Außerdem sind wir uns nach einiger Zeit meistens gar nicht mehr bewusst, dass wir mit unserem Denken selbst zum Urheber unserer Erfahrungen werden. Daher neigen wir leicht dazu, uns als Opfer zu sehen anstatt zu erkennen, dass wir Meister unseres Lebens sind (oder zumindest so etwas wie Zauberlehrlinge …). Wenn wir diesen Zusammenhang wirklich begreifen, wird uns auch klar, wie sinnlos es ist, uns Sorgen zu machen und an Befürchtungen über unsere Zukunft festzuhalten.

Zu den Folgen unseres Denkens gehört jedoch nicht nur die Manifestation von Gedanken in der äußeren Welt, wenn wir also zum Beispiel den Erfolg bei einer Aufgabe »herbeigedacht« oder auch Misserfolg »herbeigefürchtet« haben. Dazu gehört auch die

Resonanz, die wir mit der *Qualität* unserer Gedanken (und der Handlungen, die daraus resultieren) in Bezug auf andere Lebewesen schaffen. Die Rede ist hier von »Karma«, wie es im Osten genannt wird. Dieses Wort beschreibt nichts anderes als die Tatsache, dass jede Energie oder Schwingung, die wir durch unsere Gedanken und durch unser Tun aussenden, eines Tages in irgendeiner Form zu uns zurückkehren wird, sei es noch in unserem jetzigen oder auch erst in einem zukünftigen Leben.

Kürzlich hörte ich von Ronnie, einem jungen Familienvater, der sich nach heftigem innerem Ringen und nach einem wegweisenden nächtlichen Traum entschloss, seinem ebenfalls noch jungen Vetter Larry eine Niere zu spenden. Überraschenderweise stellte sich nach der Entnahme der Niere jedoch heraus, dass sie nicht transplantiert werden konnte. Sie enthielt einen kleinen Krebsherd, der selbst in der Ultraschalluntersuchung nicht zu erkennen gewesen war. Da es sich um eine absolut unheilbare Form von Krebs handelte, wäre Ronnie ohne medizinische Behandlung innerhalb eines Jahres gestorben. So rettete also sein Beschluss, seinem Cousin eine Niere zu spenden, sein eigenes Leben. Karma?! Auf jeden Fall können wir davon ausgehen, dass das, was als Schicksal auf uns zukommt, Resultat unseres Denkens und vor allem unseres Tuns in Bezug auf andere Menschen in der Vergangenheit ist – im Guten wie im »Schlechten«.

Der Wunscherfüllungsbaum

Es war einmal ein Mann, der auf der Suche nach seinem innigsten Verlangen durch die Welt zog. Er wanderte von Stadt zu Stadt, von einem Reich zum anderen und suchte nach Erfüllung und nach Glücklichsein, aber all sein Umherziehen führte zu nichts. Eines Tages schließlich setzte er sich erschöpft von seiner Suche unter einen großen Baum am Fuße eines Berges. Er wusste nicht, dass es der Große Wunscherfüllende Baum war. Was immer man sich wünscht, wenn man darunter sitzt, geht sofort in Erfüllung.

Wie er in seiner Müdigkeit dort ausruhte, dachte er bei sich: »Was für ein wunderschöner Platz das ist. Ich wünschte, ich hätte hier ein Zuhause.« Und augenblicklich erschien vor seinen Augen ein wunderschönes Haus. Überrascht und hocherfreut dachte er weiter: »Ach, wenn ich nur eine Gesellin mir zur Seite hätte, dann wäre mein Glück vollkom-

men«, *und im Nu erschien eine schöne Frau, die ihn* »Ehemann« *nannte und ihm winkte.*

»*Also erst einmal bin ich hungrig*«, *dachte er.* »Ich wünschte, es gäbe etwas zu essen.« *Sofort erschien eine Festtafel mit allen erdenklichen Speisen und Getränken, Hauptgänge, Gebäck, Süßigkeiten aller Art. Der Mann setzte sich und machte sich daran, seinen Hunger zu stillen, aber noch während des Mahles kam ihm, da er immer noch müde war, der Gedanke:* »Ich wünschte, ich hätte einen Diener, der mich mit den restlichen Speisen bedient«, *und tatsächlich erschien ein Diener.*

Nach Beendigung des Mahles lehnte der Mann sich mit dem Rücken an diesen wundervollen Baum und begann nachzusinnen: »Wie erstaunlich, dass alles, was ich wünsche, wahr geworden ist. Dieser Baum hat mysteriöse Kraft. Ich frage mich, ob ein Dämon in seinem Innern lebt.« *Und tatsächlich, kaum dass er zu Ende gedacht hatte, tauchte ein riesiger Dämon auf.*

»O weh«, *dachte er,* »der Dämon will mich wahrscheinlich auffressen« ...[21]

Klares und bewusstes Denken als Lernaufgabe

Auf der Ebene des sechsten Zentrums stellt sich uns also die Aufgabe, Kontrolle über unser Denken zu erlangen und auszuüben. Die eigenen Gedanken zu kontrollieren bedeutet, sich ihrer bewusst zu sein und bewusst zu *wählen*, welche wir nähren und pflegen und welche wir gehen lassen wollen. Entscheiden können wir dies ganz leicht, indem wir uns fragen: Bewirkt dieser Gedanke Gutes oder nicht? Wie wird es sein, diesen Gedanken mit ins Grab bzw. mit auf die andere Seite zu nehmen? Denn genau das wird geschehen, wenn wir an ihm festhalten.

Das Loslassen von negativen Gedanken, Vorstellungen, Erwartungen usw. praktizieren wir ja auf intensive Weise während unserer Releasing-Sitzungen. Wir sollten darüber hinaus jedoch lernen, in jedem Moment des täglichen Lebens achtsam zu sein. Wenn negative Gedanken kommen, können wir dann einfach innerlich sagen: »Der Nächste, bitte«, oder wir sprechen den Satz aus: »Ich lasse los den Gedanken, die Vorstellung, das Konzept, die Erwartung, dass ...«

Zum guten Gebrauch unserer geistigen Kräfte gehört außerdem, dass wir unser Denken mit dem Herzen verbinden. Wir könnten auch sagen, das Denken sollte im Dienst unserer Seele bzw. unserer Herzensliebe stehen, was letztendlich dasselbe ausdrückt. Das Denken sollte immer *Diener* unserer Seele sein. Wie Yogananda einmal sagte: »Der Verstand ist ein wunderbarer Diener, jedoch ein fürchterlicher Herrscher«.

Eine Vorherrschaft rein rationaler Fähigkeiten – wie sie häufig bereits Kindern antrainiert wird – bekommt leicht etwas Diabolisches. So manipulieren zum Beispiel Eltern manchmal ihre Kinder, indem sie ihnen für alles, was sie tun oder nicht tun, eine rationale Begründung abverlangen. Bis zu einem gewissen Alter können Kinder aber natürlich kaum überzeugende Argumente liefern, da sie in der Regel einfach ihren spontanen Impulsen folgen. Wenn sie alles begründen müssen, scheuen sie sich daher mit der Zeit, ihre Lebendigkeit zuzulassen und einfach spontan zu handeln. Die Folgen im späteren Leben sind Zaghaftigkeit und mangelndes Vertrauen in die eigenen inneren Impulse.

Noch fataler wird es, wenn Kinder dann tatsächlich anfangen, Begründungen für ihr Verhalten vorzubringen, jedoch regelmäßig durch rationale Argumente von der »Falschheit« ihrer Gründe und ihres Tuns überzeugt werden. Für Erwachsene ist es ja ein Leichtes, ihre intellektuelle Überlegenheit auszuspielen und für jedes kindliche Argument ein Gegenargument zu finden. Kinder, deren Eltern ein solches Verhalten an den Tag legten, leiden oft ihr Leben lang unter einem Gefühl der Hilflosigkeit. Sie bleiben häufig entscheidungs- und somit handlungsunfähig, da sie gelernt haben, dass es gegen jede ihrer möglichen Handlungsweisen (Ein-)Wände gibt, gegen die sie bei jeder fälligen Entscheidung erneut laufen.

Sollten Sie aus den eben beschriebenen Gründen in Gefühlen wie mangelndem Selbstvertrauen, Unsicherheit, Entscheidungsangst usw. gefangen sein, dann machen Sie sich eines klar: Selbst für die besten rationalen Begründungen unseres Handelns gibt es Gegenargumente. Auch gegen das beste Handeln lassen sich Einwände finden, wenn jemand es unbedingt darauf anlegt. Eigentlich gibt es gar nichts, gegen das nicht auch etwas einzuwenden wäre – nicht einmal diesen Satz, den Sie gerade lesen. Der Verstand allein ist also kein ausreichender Ratgeber für unser Handeln, denn wer ausschließlich aus dem Verstand heraus handeln will, dreht sich oft einfach nur im Kreis. In vielen Situationen können wir jedoch letztendlich allein im Herzen *fühlen*, welche Entscheidung für uns in diesem Moment gut und richtig ist. Wir brauchen daher einen Zugang zu unserer spontanen gefühlsmäßigen Herzensweisheit, um wirklich stimmige Entscheidungen treffen zu können und – wenn es sein muss – auch einmal den Schritt ins Unbekannte zu wagen.

Sie sollten anderen Menschen nicht die Macht geben, Sie von dem abzuhalten, was Sie im Herzen als richtig erkannt haben, nur weil Sie deren Einwänden keine gleichwertigen rationalen Argumente entgegenzusetzen haben. Um Missverständnissen vorzubeugen: Ich spreche hier nicht von impulsivem und völlig irrationalem Handeln aus unseren Emotionen heraus, sondern von einem stillen, tieferen Gefühl. Wir können es in der Herzgegend spüren, wenn wir uns fragen: »Ist es richtig, das zu tun?« Das Herz bzw. die Seele hat oft Gründe, die der Verstand weder kennt noch kennen kann. Wenn eine Entscheidung ansteht und Sie spüren, was für Sie richtig wäre, dann nehmen Sie sich die Freiheit zu sagen: »Ich kann es nicht begründen. Es fühlt sich aber einfach richtig an für mich.«

Ich lasse los …

- *die Auswirkungen davon, dass ich alles begründen musste als Kind*
- *alle Gefühle der Ohnmacht gegenüber meinem Vater (meiner Mutter, meinem Lehrer usw.) von damals*
- *die Angst davor, Fehler zu machen, wenn ich handle*
- *die ganze alte Anstrengung bei meinem Bemühen, immer gute rationale Gründe zu finden*
- *das Gefühl, alles begründen zu müssen, was ich tue*
- *meine ganze alte Angst davor, nicht begründen zu können, was ich vorhabe*
- *alle Gefühle der Ohnmacht, der Hilflosigkeit und der Unsicherheit*
- *das Gefühl, keine eigenen Entscheidungen treffen zu können*
- *meine Angst davor, Entscheidungen zu treffen*
- *alle Entscheidungen aus meiner Kindheit, keine eigene Entscheidungen mehr zu treffen, keine Verantwortung mehr übernehmen zu wollen und lieber nichts zu tun, als Vorwürfe zu riskieren*
- *den Wunsch, mich immer erst gegen alle möglichen Risiken abzusichern*

- *Ich erlaube mir, das zu tun, was sich für mich richtig anfühlt, auch wenn ich es nicht genau oder gar nicht begründen kann.*
- *Ich räume meinen Herzensimpulsen den Vorrang ein vor rein rationalen Argumenten.*
- *Ich anerkenne meine Kraft, Entscheidungen zu treffen.*
- *Ich entscheide mich.*

Um der »Rationalitätsfalle« zu entkommen und einen gefühlsmäßigen Zugang zu den »Gründen unseres Herzens« zu finden, gibt es eine hilfreiche Übung, die aus der Arbeit von Phyllis Krystal[22] stammt. Sie ist besonders dann sinnvoll, wenn Sie die Wahl zwischen zwei Alternativen haben und nicht wissen, welche für Sie die »bessere« ist.

Übung: Die Waage

Schließen Sie die Augen, und entspannen Sie sich mit ein, zwei tiefen Atemzügen. Visualisieren Sie innerlich eine Waage mit zwei Waagschalen. Legen Sie in die eine Schale ein Symbol oder einen Gegenstand für die eine Alternative. Geht es zum Beispiel um die Frage, welches von zwei Stellenangeboten Sie annehmen sollen, stellen Sie sich verkleinert das Firmengebäude, den Schriftzug des Firmennamens oder den Schreibtisch vor, hinter dem Sie an der einen Arbeitsstelle sitzen würden. In die andere Waagschale legen Sie ein Symbol für die zweite Alternative. Wenden Sie sich dann innerlich von der Waage ab. Nach einem kurzen Moment schauen Sie wieder hin. Die Alternative, deren Waagschale nun tiefer liegt, hat für Ihre Seele mehr Gewicht. Das heißt, sie ist in der Regel ratsamer als die andere.

Erinnern Sie sich? Wir sprachen bereits über die Notwendigkeit von Gedankenkontrolle. Wenn wir spirituell wachsen wollen, ist Gedankenkontrolle in noch einem weiteren Sinn bedeutsam. Dann geht es nicht nur um den Inhalt unserer Gedanken, also das Bemühen, »gut« und mit dem Herzen verbunden zu denken. Es geht auch darum, durch regelmäßige Meditation immer häufigere und länger andauernde Intervalle von *Gedankenlosigkeit* zu schaffen. Zeiträume oder – besser gesagt – »Nichtzeit-Räume«, in denen das Denken aufhört, in denen wir jenseits aller Gedanken einfach *sind*. In diesen Momenten kann unser strahlendes göttliches Selbst durchscheinen. Wir spüren dann nicht nur unser wahres Wesen jenseits unserer Gedanken, sondern auch unser Denken wird auf natürliche Weise immer mehr von den Qualitäten unseres göttlichen Selbst durchdrungen. So wird es schließlich zu »göttlichem Denken«, steht also im Einklang mit dem Besten für uns und für das große Ganze.

Das Sehen

Die Menschen Athens

Von Sokrates wird erzählt, er habe gelegentlich am Stadtrand von Athen gesessen, um Fremde zu begrüßen, die dort vorbeikamen. Eines Tages kam ein Fremder zu ihm und sagte: »Ich würde gern in eurer Stadt leben. Wie sind die Leute hier?« Sokrates antwortete: »Wie sind die Menschen in der Stadt, aus der du kommst?« Darauf erwiderte der Mann: »Oh, sie sind nicht besonders nett. Sie lügen, betrügen und stehlen. Deshalb will ich auch weg von dort.« Der weise Sokrates sagte: »Hier ist es genauso. Wenn ich du wäre, würde ich weitersuchen.« Kurze Zeit später kam ein anderer Mann und erkundigte sich nach den Menschen in Athen. Wieder befragte Sokrates den Mann nach den Bewohnern seiner Heimatstadt. Der zweite Mann erwiderte: »Sie sind wunderbar. Sie helfen einander immer. Sie sind wahrhaftig und fleißig. Ich dachte bloß, ich würde gern auch einmal andere Teile der Welt sehen.« Dieses Mal antwortete Sokrates: »Genauso sind die Leute hier. Warum gehst du nicht einfach in die Stadt? Du wirst alles gerade so vorfinden, wie es deiner Vorstellung nach sein sollte.«

Wie unsere Gefühle, unser Handeln, unser Selbstbewusstsein und unsere Lebensumstände wird auch das Sehen vom Denken bestimmt. Beides, sowohl das innere als auch das äußere Sehen, wird durch »Vor-Stellungen«, also durch Gedanken, die wir *vor* die Wirklichkeit stellen, beeinflusst. Auf diesen Zusammenhang weisen uns viele Beispiele aus unserem täglichen Leben hin.

Ich weiß nicht, ob Sie das kennen: Sie suchen etwas, finden es aber lange nicht, obwohl es unmittelbar vor Ihrer Nase liegt. Später wird Ihnen klar, dass Sie einfach eine ganz andere Vorstellung davon hatten, wo das Ding zu finden sein könnte (wie bei der sprichwörtlichen Brille auf der Nase) oder wie es aussieht. Vielleicht haben Sie den Tee gesucht, den Ihre Frau vom Einkaufen mitgebracht hatte. Da er diesmal nicht wie sonst in einer Dose, sondern in einer Tüte war, haben Sie auf Ihrer Suche eben diese Tüte dreimal hin und her geräumt, ohne jedoch den Tee zu finden. Oder es ging Ihnen anfangs vielleicht so wie mir, als die Telefonzellen auf einmal nicht mehr gelb, sondern grau waren? Da half auch das rote Dach nicht viel, wenn ich mitten in der Stadt ein Telefon suchte. Mein Sehen war immer noch auf die Entdeckung von gelben Häuschen programmiert. Ein anderes Beispiel: Weil Sie verschlafen haben, hatten Sie keine Zeit mehr zum Frühstücken. Als Sie an diesem Morgen zur Arbeit fahren und Ihren Magen knurren hören, kommen Ihnen unterwegs auf einmal all die Bäckereien in den Blick, die Sie zuvor noch nie registriert hatten.

Ich möchte Ihnen eine einfache Aufgabe stellen: Decken Sie jetzt – ohne hinzusehen – mit der Hand den Text unterhalb der folgenden Abbildung zu. Nehmen Sie sich dann, bevor Sie weiterlesen, fünf Sekunden Zeit, um die Abbildung innerhalb des Rahmens zu beschreiben. Was sehen Sie dort?

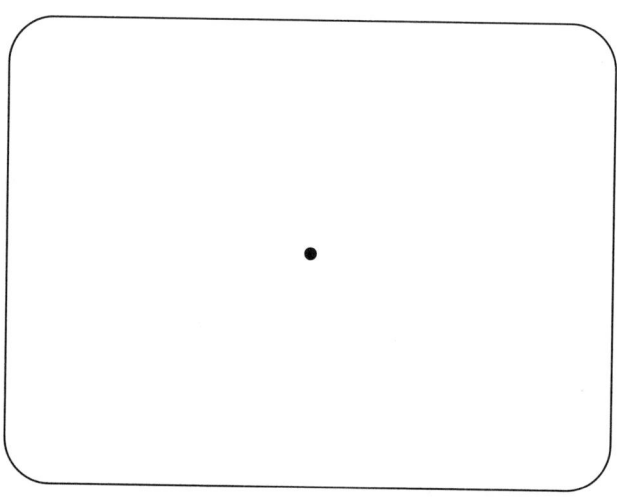

Wie lautet Ihre Antwort? Vielleicht sind Sie durch die voran-
gegangene Einführung bereits auf die »richtige« Antwort gekommen: dass es sich hier um eine weiße Fläche handelt, auf der sich ein –
im Vergleich zur Gesamtfläche recht kleiner – schwarzer Punkt
befindet. Vielleicht haben Sie aber auch die gleiche Antwort gegeben
wie die meisten Menschen, wenn man ihnen diese Abbildung einfach
so vorlegt, nämlich: »Ein schwarzer Punkt.« Hier haben wir ein
gutes Beispiel für die Art und Weise, wie wir oft schauen, auch dafür,
wie wir andere Menschen anschauen. Unser Blick ist auf die Fehler
und Unzulänglichkeiten, auf den kleinen schwarzen Punkt gerichtet,
und all die guten Qualitäten – die viel größere weiße Fläche –
entgehen unserer Wahrnehmung und Wertschätzung.

Das *innere* Sehen in seinen verschiedenen Formen wird ebenfalls
von unseren gedanklichen Einstellungen geleitet. Das gilt auch für
den Umgang mit Problemen. Gehen Sie beispielsweise ausschließlich mit der Frage an ein Problem heran: »Was ist das Problem?«, so
werden Sie eventuell viel Zeit damit verbringen, alle möglichen
Facetten dieses Problems zu beschreiben. Doch zu einer Lösung
kommen Sie auf diese Weise nicht. Es geht Ihnen dann wie jemandem, der stundenlang über die Dunkelheit in seinem Zimmer philo-
sophiert, bis er sie in all ihren Schattierungen beschreiben kann.
Fragen Sie sich hingegen: »Was hilft?« oder »Was ist die Lösung?«,
so gehen Sie von einem anderen Blickwinkel aus. Dann können Sie
sich schnell zum Lichtschalter vortasten und einfach das Licht anschalten. Dazu müssen Sie nicht erst die Dunkelheit in allen Einzelheiten schildern können. Der Unterschied zwischen diesen beiden
Sicht- oder Herangehensweisen entscheidet übrigens oft auch über
den Erfolg und die Dauer von Therapien.

Ähnlich verhält es sich, wenn es darum geht, ein Ziel – gleich
welcher Art – zu erreichen. Wenn Sie von vornherein überzeugt sind:
»Das kann ja gar nicht gehen«, dann werden Ihnen alle möglichen
Einwände gegen jeden Versuch einfallen, Ihre derzeitige Lage zu
ändern. Misserfolge und das Steckenbleiben im Problem sind so
garantiert. Im Gegensatz dazu können Sie sich als Ausgangsposition
für jedes Problem aber auch die Grundüberzeugung zu Eigen machen: »Es gibt einen Weg, und ich werde ihn bestimmt finden. Also
wie – und erscheint es auch erst einmal noch so unrealistisch –
könnte ich vorgehen?« Wenn wir von dieser Grundposition ausge-

hen, wird unsere Kreativität angeregt, und vor unserem inneren Auge tauchen auf einmal alle möglichen Ideen und Lösungswege auf, die wir vorher einfach nicht zugelassen hatten. Sie können übrigens immer *selbst entscheiden*, welche dieser Grundhaltungen Sie einnehmen wollen.

Selektiv und von unseren Überzeugungen gelenkt ist übrigens auch unser Erinnerungsvermögen. So stehen Erinnerungen, die in einer Therapie oder Beratung geschildert werden, recht häufig vor allem im Dienst des jeweiligen Problems. Entgegen dem äußeren Schein haben diese Schilderungen dann in erster Linie die Aufgabe, das Problem aufrechtzuerhalten und auch den Therapeuten davon zu überzeugen, dass die eigene missliche Lage *die* (absolute) Wirklichkeit ist. Sind wir zum Beispiel davon überzeugt, Opfer einer schlimmen Kindheit, einer schlechten Ehe oder des Lebens überhaupt zu sein, werden unsere bewussten Erinnerungen vor allem um erlittenes Unrecht, frühere Verletzungen usw. kreisen. Glauben wir dagegen daran, dass all unsere Erfahrungen – sogar unsere schlimmsten Erlebnisse – ein Geschenk für uns bereithalten, können wir das *ganze* Bild wahrnehmen. Dann sind wir uns *auch* der Liebe und Unterstützung bewusst, die immer in irgendeiner Weise da waren. Und wir erkennen, dass wir wertvolle Lektionen vielleicht nur so begreifen und wie viel Kraft wir durch diese Erfahrungen entwickeln konnten.

In Bezug auf unsere spirituelle Entwicklung bleibt es unser übergeordnetes Ziel, die göttliche Schau zu entwickeln, die Wahrnehmung der Lichtessenz in allem Seienden. Auch darauf können wir uns mit Hilfe unseres Denkens innerlich vorbereiten. Als praktische Übung können wir es uns zum Beispiel zur Gewohnheit machen, uns tagsüber immer wieder an Gott in allem, was uns begegnet, zu erinnern und zu sagen: »Ich bin Gott. Die Sonne ist Gott. Diese Regentropfen sind Gott. Dieser Baum ist Gott. Die Dachrinne ist Gott. Dieser Vogel ist Gott. Meine Frau ist Gott. Dieser Computer ist Gott« usw. Anfangs mag uns das wie eine rein mentale Trockenübung erscheinen. Je häufiger wir sie jedoch wiederholen – als Übung für das ganze Leben –, desto mehr wird sie auf subtile Weise unsere Wahrnehmung verändern und erweitern.

Körpersymptome im Bereich des Stirnzentrums

Nach der Lektüre der vorangehenden Kapitel dürfte bereits klar sein, dass beide Hauptfunktionen des Stirnzentrums, das Denken wie auch das Sehen, in ihren fehlgeleiteten Formen alle möglichen körperlichen, emotionalen und zwischenmenschlichen Störungen verursachen können. Ihre Auswirkungen sind also keineswegs auf den körperlichen Bereich beschränkt, der unmittelbar dem Stirnzentrum zugeordnet ist. Letztlich beruht ja jede innere Disharmonie, ganz gleich in welchem Bereich sie sich als Symptom manifestiert, in gewisser Weise auf einer krank machenden Art des Denkens und Sehens. Und so zielt auch jede Arbeit am Bewusstsein, egal ob psychotherapeutische Behandlung oder spirituelle Übung, auf eine Veränderung unseres Denkens und Sehens ab. In diesem Sinn ist das dritte Auge also eine wichtige Schaltzentrale in jedem therapeutischen Prozess, egal, ob unsere Themen inhaltlich ansonsten eher mit dem Wurzelchakra, dem Solarplexuszentrum oder womit auch immer zusammenhängen.

Was die Symptome angeht, die sich im Bereich des dritten Auges selbst manifestieren, so sind hier vor allem Störungen des Sehvermögens und Kopfschmerzen zu erwähnen.

Probleme mit den Augen

Störungen des physischen Sehvermögens sind häufig Ausdruck davon, dass wichtige Lebensaspekte ausgeblendet werden. Dabei kann es sich um eigene Persönlichkeitsanteile handeln, die aus irgendeinem Grund als bedrohlich oder nicht liebenswert betrachtet werden. Genauso gut kann es jedoch auch um Aspekte der äußeren Lebenssituation gehen, die wir nicht anschauen wollen, vielleicht um mögliche unangenehme oder unbequeme Konsequenzen zu vermeiden. Die Frage, die hier also in den meisten Fällen weiterführt, ist also: »Was will ich nicht anschauen?«

Bei manchen Kurzsichtigen konnten wir zum Beispiel zurückverfolgen, dass die Sehschwäche in der Pubertät begann und offensichtlich im Zusammenhang mit der eben erwachenden und als unangenehm und bedrohlich empfundenen Sexualität stand. Die innere Haltung in Bezug auf die Sexualität war also: »Da schaue ich lieber weg.«

Gerade weil im Fall der Augen der Zusammenhang zwischen geschwächtem Sehen und Nicht-hinsehen-Wollen so augenscheinlich und sehr häufig eben auch zutreffend ist, sei an dieser Stelle aber zugleich noch einmal vor voreiligen Schlussfolgerungen gewarnt. Denn das Wissen um seelische Hintergründe für körperliche Symptome ist einerseits zwar nützlich für unsere Fährtensuche, darf andererseits jedoch nur mit größter Vorsicht in die innere Arbeit einbezogen werden. Sonst machen unsere Vorstellungen ein wirkliches Hinschauen und Hinhören unmöglich, und wir sind nicht mehr im lebendigen Kontakt mit dem, was im Einzelfall wirklich geschieht.

Ich lasse los ...

- *alle Entscheidungen, ein bestimmtes Thema (meine Sexualität, die Wahrheit in meiner Beziehung, meine berufliche Situation usw.) nicht anschauen zu wollen*
- *meine Weigerung, dieses Thema anzuschauen*
- *die Angst vor diesem Thema*
- *die Angst, nicht damit umgehen zu können, wenn ich es anschaue*

- *Ich entscheide mich dafür, mir dieses Thema anzuschauen.*
- *Ich anerkenne, dass ich jetzt sicher bin und es in Sicherheit anschauen kann.*

Kopfschmerzen
Kopfschmerzen sind ein gutes Beispiel dafür, dass körperliche Symptome die verschiedensten Ursachen haben können. Sie können durch rein materielle Auslöser hervorgerufen werden wie etwa bestimmte Nahrungsmittel oder Stoffe aus der Umwelt, zum Beispiel Schimmelpilze oder Lösungsmittel. Bei Frauen hängen Kopfschmerzen teilweise auch mit einer Störung des hormonellen Gleichgewichts während bestimmter Phasen des weiblichen Zyklus zusammen. Themen für die seelische Arbeit können dann vor allem die im Kapitel über das Beckenzentrum geschilderten Aspekte sein. Häufig liegt die Ursache auch in Bitterkeitsgefühlen, die sich körperlich auf die Funktion der Galle auswirken. Die Frage im Einzelfall ist

dann: »Worauf bezieht sich diese Bitterkeit und wie kann sie umfassend losgelassen werden?« Wieder eine andere Art von Kopfschmerzen entsteht – ähnlich wie zum Teil auch Schulter- und Nackenverspannungen – dann, wenn unsere Liebe zu jemandem fließen möchte, wir sie jedoch zurückhalten. Die Lösung für diesen Stau von Liebesenergie habe ich bereits in Kapitel *Das Halszentrum* unter dem Punkt »Verspannungen im Schulter- und Nackenbereich« beschrieben.

Ursachen für Kopfschmerzen, die eher spezifisch für die Themen des Stirnzentrums sind, hängen mit unserer Art zu denken zusammen. Besonders betroffen sind hier ausgesprochene »Kopfmenschen«, die unter einem verspannten Stirnbereich leiden. Sie haben häufig sehr starre Denkstrukturen und versuchen, mit dem Verstand ihre Gefühle und oft auch andere Menschen zu kontrollieren. Ihnen dient ihre einseitige Rationalität vor allem als psychischer Abwehrmechanismus. Menschen mit solchen Strukturen neigen dazu, ihre eigenen Überzeugungen für absolut und unumstößlich und ihre Art des Vorgehens für die einzig wahre zu halten. Immer nach dem Motto: »Nur so, wie ich es meine, ist es richtig.« Für die innere Arbeit ist es hier neben dem Loslassen von starren Überzeugungen wichtig, Kontakt zum Körper und zu den eigenen Gefühlen aufzunehmen, wie im Kapitel über das Herzzentrum beschrieben.

Manchmal werden Kopfschmerzen durch ein Übermaß an geistigintellektueller Arbeit hervorgerufen, man kann also auch zu viel denken. Das kann zu einer regelrechten »Verstopfung« des dritten Auges und zu einer Blockierung der Sehfähigkeit führen – nach innen wie auch nach außen. Sollte es hier bei Ihnen »klingeln«, so lautet mein schlichter Rat: Lassen Sie hin und wieder das Denken ganz los, gönnen Sie sich Pausen von Ihrer mentalen Arbeit. Nehmen Sie sich zum Beispiel Zeit für körperliche Aktivitäten (Tanz, Gartenarbeit, Wandern, Tennis usw.). Halten Sie sich an regelmäßige Meditationszeiten, in denen Sie Momente der »Gedankenlosigkeit« erleben können. Schlafen Sie aus. Oder vielleicht müssen Sie einfach mal wieder Urlaub machen.

Ich lasse los ...

- *alle Gefühle der Bitterkeit (gegenüber dem Leben, gegenüber Gott, über ...)*
- *meine Neigung zu starren Überzeugungen*
- *das Konzept, dass es nur so richtig ist, wie ich es meine*
- *das Bedürfnis, meine Gefühle (das Leben) zu kontrollieren*
- *meine Tendenz, zu viel zu denken*

- *Ich erlaube mir, das Denken loszulassen und Pausen vom Denken zu machen.*
- *Ich entspanne mich.*

Visualisierungsmethoden

Wie bereits gesagt, ist im Stirnzentrum unsere Fähigkeit zum Visualisieren verankert. Visualisierungen können in der inneren Arbeit und im therapeutischen Prozess auf viele verschiedene Weisen sinnvoll eingesetzt werden. Des einfacheren Verständnisses wegen habe ich diese Vorgehensweisen in vier verschiedene Techniken eingeteilt. Sie alle nutzen unser kreatives Potential zum inneren Sehen.

Die Arbeit mit bereits bekannten Bildern und Symbolen

In diese Kategorie fallen Symbole, Bilder und innere Rituale, die sich bereits als hilfreich für die innere Arbeit erwiesen haben und die wir uns bei Bedarf zunutze machen können. Sehr anregend ist hier vor allem das Buch *Die inneren Fesseln sprengen* von Phyllis Krystal (siehe Bibliographie). Darin beschreibt die Autorin ausführlich eine Fülle von inneren Ritualen und kraftvollen Symbolen, die ihr im Laufe vieler Jahre therapeutischer Arbeit vom Höheren Bewusstsein übermittelt wurden. Symbole haben die Kraft, im Unterbewusstsein die psychische Energie einzelner Themenbereiche zu bündeln und zu kanalisieren. Wir können sie daher nutzen, um die von ihnen verkörperten psychischen Kräfte durch gezielte Visualisierungen in eine konstruktive Bahn zu lenken. So könnte etwa eine Schlange unsere sexuelle Kraft symbolisieren, ein Löwe unseren Mut, eine Eisenkette unsere Verstrickung mit einer anderen Person usw.

Kernpunkt der von Phyllis Krystal beschriebenen Methoden ist ein sogenanntes »Ablöseritual«. Es dient dazu, die innere Ablösung des erwachsenen Kindes von seinen Eltern zu vollziehen, um volle Selbstständigkeit und Unabhängigkeit zu erreichen. In vereinfachter und leicht veränderter Form lässt sich dieses innere Ritual jedoch auch einsetzen, um sich von schädlichen Angewohnheiten oder von negativen Bindungen an Dinge oder andere Menschen zu lösen. Darüber hinaus beschreibt Phyllis Krystal eine Vielzahl weiterer Symbole, durch deren Visualisierung psychische Prozesse unterstützt werden: das Yin-Yang-Zeichen zur Integration von männlichen und weiblichen Anteilen, einen Lichtzylinder zur Erschaffung eines inneren Schutzraumes und anderes mehr. Da die Techniken im Einzelnen sehr genau im Buch von Phyllis Krystal beschrieben werden und darüber hinaus weitere Literatur der Autorin inklusive eines Übungsbuches[23] existiert, will ich an dieser Stelle nicht näher auf die einzelnen Verfahrensweisen eingehen.

Weitere Anregungen für die Arbeit mit inneren Bildern lassen sich in den Werken C. G. Jungscher Tiefenpsychologen finden, im NLP oder auch in der Psychosynthese, die ebenfalls auf unserer Fähigkeit zur Imagination aufbaut.

Die freie Arbeit mit Bildern und Symbolen

Bei der freien Arbeit mit inneren symbolhaften Bildern greifen wir nicht auf bereits bekannte Bilder und Symbole zurück. Wir arbeiten stattdessen mit inneren Bildern, die uns im Verlauf des inneren Prozesses spontan vom Höheren Bewusstsein, vielleicht auch vom Unterbewusstsein gezeigt werden. Der besondere Wert dieser Art von Imagination liegt darin, dass sie unmittelbar auf der schöpferischen Kraft unserer Seele beruht und sozusagen speziell auf unsere eigenen Themen zugeschnitten ist. Daher sind uns diese Bilder oft näher als jene, die wir von anderen übernommen haben. Besonders Menschen, die mit dem Visualisieren noch nicht vertraut sind, mag es allerdings leichter fallen, auf ein bereits bekanntes Symbol zurückzugreifen. Das hat den Vorteil, dass ein solches Symbol schon häufig verwendet wurde und somit im kollektiven Unbewussten oft eine besondere Kraft angesammelt hat, in die man sich gewissermaßen »einklinken« kann.

Mit einem inneren symbolhaften Bild zu arbeiten kann besonders dann sehr produktiv sein, wenn es um die Veränderung von emotionalen Reaktionsmustern, Verhaltensweisen oder »negativen« Eigenschaften geht, die sich in gewisser Weise verselbstständigt haben. Ich selbst sah mich beispielsweise vor ein paar Jahren mit dem Verhaltensmuster konfrontiert, mich hin und wieder aus Ärger zu Reaktionen verleiten zu lassen, für die es nach Auffassung des Höheren Bewusstseins an der Zeit war, losgelassen zu werden. So bat ich also in der inneren Arbeit um ein Bild für diesen Ärger. Sofort erschien mir ein zischender, feuerspeiender Drache. Auf meine Frage hin, was ich nun mit diesem Drachen anfangen solle, erhielt ich vom Höheren Selbst die Anweisung, einen laserartig gebündelten Lichtstrahl aus meinem dritten Auge kommen zu lassen und ihn auf das Ungeheuer zu richten.

Dies gestaltete sich zunächst jedoch schwierig. Kaum hatte ich Teile des Drachens mit meinem Lichtstrahl aufgelöst, erschienen sie erneut – als hätte dieses Wesen mehrere Leben. Nach einiger Zeit gelang es mir schließlich doch, den Drachen nach und nach zu »dematerialisieren«. In dem Moment, als sich das letzte Stück des Ungeheuers auflöste, spürte ich förmlich, wie die Energie, die in diesem Drachen gebunden gewesen war, sich sammelte und verwandelte. Plötzlich saß ich auf dem Rücken eines großen Elefanten und empfand eine unglaublich große Ruhe und Kraft. So fühlte ich mich in diesem Bild verbunden mit der tiefen Gelassenheit des Höheren Selbst. Und als wollte das Universum mir diese innere Wandlung bestätigen, bekam ich zwei Tage später von einem völlig Fremden ein Bild von Sai Baba (als Verkörperung des Höheren Bewusstseins) mit seinem Elefanten Sai Gita geschenkt.

Wie in der folgenden Übung dargestellt, ist die Arbeit mit symbolhaften Bildern im Grunde sehr einfach. Sie besteht aus vier leicht zu merkenden Schritten.

Übung: Freie Arbeit mit inneren Bildern und Symbolen

1. *Welchem Aspekt von sich möchten Sie keine Macht mehr über Ihr Selbstgefühl oder über Ihr Handeln einräumen? Welches Reaktionsmuster bzw. welchen Persönlichkeitsanteil möchten Sie umwandeln? Benennen Sie den Aspekt (zum Beispiel meinen Ärger, meine Ungeduld, meinen Stolz usw.)*
   (Wird diese Übung im Verlauf einer Releasing-Sitzung gemacht, so ergibt es sich normalerweise bereits aus dem inneren Prozess, um welchen Aspekt es geht.)

2. *Bitten Sie das Höhere Bewusstsein darum, Ihnen irgendein Bild für diesen Aspekt zu zeigen. Lassen Sie dann ein Bild vor Ihrem inneren Auge entstehen.*

3. *Fragen Sie das Höhere Bewusstsein, was Sie tun können (im inneren Bild), damit dieser Aspekt seine Macht über Sie verliert oder sich in eine gute Kraft verwandelt. Seien Sie offen und empfänglich für alle Ideen, die Ihnen dann in den Sinn kommen.*

4. *Führen Sie diese Handlungen innerlich aus (zum Beispiel die Fesseln zerschneiden und verbrennen, den Vogel aus dem Käfig ins Freie bringen und fliegen lassen, mit einem Lichtschwert die Krake töten). Gehen Sie dabei gründlich vor, und nehmen Sie sich die Zeit, die Sie dafür benötigen.*

Das Entscheidende bei dieser Übung ist, immer wieder bewussten Kontakt zum Höheren Bewusstsein herzustellen. Fragen Sie so lange weiter: »Was kann ich jetzt damit tun?« und führen Sie diese »Anweisungen« aus, bis es sich wirklich »stimmig« anfühlt.

Positive Imaginationen realer Situationen

Ein weiser Mensch hat einmal gesagt: »Es ist nie zu spät für eine glückliche Kindheit.« Für das Unterbewusstsein macht es keinen Unterschied, ob eine Erinnerung »echt« ist und »wirklich« erlebt wurde oder ob es sich um ein selbst erzeugtes inneres Bild handelt.

Allein die gefühlsmäßige Intensität entscheidet über die Wirkung, die ein Bild auf uns hat. Gemäß dieser Erkenntnis leite ich manchmal Klienten an, eine schmerzhaft oder traumatisch verlaufene Situation der Vergangenheit gleichsam neu zu »erschaffen«, nachdem sie alle damit zusammenhängenden negativen Emotionen, Entscheidungen, Glaubenssätze usw. losgelassen. Es geht also gewissermaßen darum, eine neue, diesmal jedoch positive »Erinnerung« zu erschaffen, an der das Unterbewusstsein sich künftig orientieren kann. Eine innere Schwachstelle wird so in eine innere Kraftquelle verwandelt.

Wir können diese Wandlung vollziehen, indem wir innerlich noch einmal zum Beginn der entsprechenden Situation zurückgehen und ihren weiteren Verlauf nun auf neue, positive Weise visualisieren. Für die Erinnerung an einen Missbrauch kann dies bedeuten, sich zum Beispiel vorzustellen, man habe die Gefahr damals rechtzeitig erkannt, laut und deutlich nein gesagt und sich mit Hilfe anderer Erwachsener oder mit Hilfe einer göttlichen Vater- oder Muttergestalt in Sicherheit gebracht. Der eigenen Phantasie sind dabei keine Grenzen gesetzt. Ein ähnliches Vorgehen haben wir bereits beim Vollenden der unterbrochenen Hinbewegung im Kapitel über das Beckenzentrum kennen gelernt.

Ein altes – negatives – Erinnerungsbild durch ein neues – positives – zu ersetzen erleben viele Menschen am Ende einer Releasing-Sitzung als sehr heilsam. Voraussetzung hierfür ist allerdings, dass vorher die alte emotionale Negativladung der ursprünglichen Erinnerung wirklich gelöst und losgelassen wurde.

Ebenso nützlich kann es sein, eine Sitzung mit der ausführlichen Visualisierung einer *zukünftigen* Situation abzuschließen. Dabei sollten Sie sich die positiven Ergebnisse Ihrer Lösungsarbeit auf der inneren Leinwand in den buntesten Farben ausmalen. Für eine Studentin ging es beispielsweise um das Loslassen von Lernblockaden. So ließ ich sie am Ende der Releasing-Sitzung den positiven Verlauf der bevorstehenden Prüfungen in allen Einzelheiten visualisieren – bis hin zu der freudig erwarteten feierlichen Übergabe des Diploms. Zwei Jahre danach fand diese Zeremonie dann tatsächlich statt.

Wenn Ihr Thema das Loslassen übergroßer Schüchternheit war, könnten Sie die Sitzung mit der lebhaften Vorstellung einer Party abschließen. Sie könnten sich zum Beispiel ausmalen, wie Sie auf andere Partygäste zugehen, sie ansprechen und sich mit ihnen amüsieren. Es ist gut, wenn Sie dabei in diesen Bildern regelrecht »schwelgen«. Eine solche Abschlussvisualisierung setzt oft noch einmal neue Kräfte frei und macht noch dazu meistens richtig Spaß.

Den Fokus der Aufmerksamkeit umleiten

Wie wir bereits erwähnt haben, dienen viele Erinnerungen nur dazu, Probleme zu rechtfertigen und aufrechtzuerhalten. Das Erinnerungsvermögen arbeitet also selektiv. Besonders augenscheinlich wird dieser Sachverhalt bei unseren ganz persönlichen »Opfer-Geschichten«. Sie tragen zumeist Überschriften zum Beispiel: »Ich war immer allein«, »Mich hat nie jemand wirklich geliebt« oder »Meine Eltern waren nie für mich da«. Wenn wir uns mit solchen Geschichten über uns selbst identifizieren, neigen wir dazu, ausschließlich solche Erinnerungen ins eigene Bewusstsein zu lassen, die unsere Geschichte bestätigen oder gar »beweisen«. Dadurch wird jedoch das Gefühl eines Mangels nur noch weiter verstärkt. Gleichzeitig steigt damit die Wahrscheinlichkeit, dass wir auch weiterhin unbewusst nur Erfahrungen »erschaffen«, in denen wir uns einsam, enttäuscht oder ohnmächtig fühlen. Erfahrungen eben, die in unsere persönliche Geschichte passen und sie fortsetzen. Wie es im Englischen so schön heißt: »Energy flows, where attention goes.« Zu Deutsch etwa: »Energie folgt unserer Aufmerksamkeit.«

Mit anderen Worten: Indem wir unsere Aufmerksamkeit auf etwas richten, verstärken wir es. Liegt der Brennpunkt unserer Aufmerksamkeit auf dem Mangel an Liebe und auf bereits erlebten Enttäuschungen, Verletzungen usw., so wird dieser Mangel zunehmen und immer größer werden. Schenken wir unsere Aufmerksamkeit dagegen den Ressourcen an Liebe, die bereits vorhanden sind, so bringen wir diese Quellen zum Fließen. Das Maß an Liebe, das wir in unserem Leben erfahren und teilen, wird automatisch zunehmen. Ebenso verhält es sich mit dem Geld und mit allen anderen Dingen, die wir uns wünschen. Wir haben immer die Wahl, entweder auf das zu schauen, was wir noch *nicht* haben und so den Mangel zu verstärken, oder den Wohlstand (oder worum es auch immer geht) anzuerkennen, der bereits da ist. So begeben wir uns innerlich in eine Position der Fülle und regen damit das Gute, das wir vermehren wollen, zum Wachsen an.

Durch die Art, wie wir unser Leben betrachten, und durch die
Art der Erinnerungen, die wir pflegen, haben wir also die Entscheidung selbst in der Hand. Wir allein bestimmen, ob unsere
ganz persönliche Geschichte einen Teufelskreis oder im Gegensatz
dazu eher eine Art »Segenskreis« in Gang setzt. In hartnäckigen
Fällen von Opfer-Geschichten, die besonders häufig den Bereich
Beziehungen – zu den eigenen Eltern, Geschwistern oder auch
zum Lebenspartner – betreffen, lässt sich dieser Teufelskreis
manchmal am besten durch eine Veränderung des Blickwinkels
durchbrechen: Der Fokus der Aufmerksamkeit wird bewusst auf
positive Erinnerungen bzw. auf *positive* Aspekte der Beziehung in
der Gegenwart gelenkt. Diese Technik ist eines der machtvollsten
Mittel zur Heilung von Beziehungen überhaupt. Sie erinnern sich
doch sicher an die »Geschichte zum Valentinstag« aus dem Kapitel
über das Halszentrum ...

Übung: Den Fokus auf das Positive richten

*In welcher Ihrer Beziehungen fehlt es an Liebe, welche Beziehung bräuchte
Heilung? Wählen Sie die Beziehung aus, die zur Zeit am schwierigsten für
Sie ist.*

*Erinnern Sie sich jetzt fünf Minuten lang an möglichst viele Situatio-
nen, in denen Sie die Liebe dieser Person (zum Beispiel Ihres Vaters) gespürt
haben. Zählen Sie alle Situationen auf, in denen Sie auf irgendeine Weise
Zuneigung oder Liebe von dieser Person erfahren haben. Denken Sie auch
an Begebenheiten, die Ihnen vielleicht klein und unbedeutend erscheinen.
Beschreiben Sie diese Situationen laut, als wenn Sie sie einem anderen
erzählen würden.*

Diese Übung erfordert oft große Kraft und Beharrungsvermögen,
denn in aller Regel werden dadurch zunächst alle möglichen Widerstände und Abwehrmechanismen auf den Plan gerufen. Für unser
Ego sind unsere ganz persönlichen (Opfer-)Geschichten ja schließlich die Wahrheit. Wer wagt es da, diese Wahrheit anzuzweifeln oder
zu relativieren? Wir können und müssen uns also an dieser Stelle
einmal mehr entscheiden, ob es uns wichtiger ist, Recht zu haben
oder Heilung zuzulassen. Da uns zumeist mehr am Rechthaben liegt,

lautet die erste Antwort oft: »Da war nichts« oder »Ich kann mich an nichts Liebevolles erinnern«.

Nach meiner Erfahrung lohnt es sich jedoch, an dieser Stelle nicht nachzugeben, sondern sich einfach erneut auf die Aufgabe zu konzentrieren. Schließlich wird in den meisten Fällen – zuerst vielleicht noch zaghaft und zögerlich – die Seite der Wirklichkeit ans Licht kommen, die bisher abgespalten war. Dann wird zum Beispiel auch die Liebe der Eltern sichtbar und ihr Bemühen, das Bestmögliche für ihr Kind zu tun. Wenn diese Seite schließlich ins eigene Blickfeld kommt, ist das oft ein enormer Schritt zur Versöhnung mit den Eltern, mit der eigenen Vergangenheit und letztendlich mit sich selbst.

Der Mönchsorden

Ein Kloster hatte harte Zeiten zu bestehen. Es war einmal das Zentrum eines großen Ordens gewesen. Durch die Ausbreitung weltlicher Gesinnung und religiöser Verfolgung im 17. und 18. Jahrhundert mussten jedoch alle Zweigniederlassungen aufgegeben werden. Nun war es so weit dezimiert, dass nur noch fünf Mönche dort wohnten, der Abt und vier andere Mönche, alle bereits über 70 Jahre alt. Es war offensichtlich, dass der Orden bald aussterben würde.

In den tiefen Wäldern rund um das Kloster gab es eine kleine Hütte, die der Rabbi einer nahe gelegenen Stadt manchmal zur inneren Einkehr nutzte. Da die Mönche durch ihre jahrelange Gebets- und Kontemplationspraxis ein wenig hellsichtig geworden waren, konnten sie immer fühlen, wenn der Rabbi sich in seiner Einsiedelei aufhielt. »Der Rabbi ist wieder im Wald«, flüsterten sie einander dann zu.

Als ihn wieder einmal der Gedanke an das bevorstehende Aussterben seines Ordens quälte, kam dem Abt die Idee, den Rabbi zu besuchen und ihn zu fragen, ob er vielleicht einen Rat anzubieten hätte, wie der Orden gerettet werden könnte.

Der Rabbi hieß den Abt in seiner Hütte willkommen. Als der Abt ihm jedoch erklärte, warum er gekommen war, konnte der Rabbi ihm nur sein Mitgefühl ausdrücken. »Ich weiß, wie das ist!«, rief er aus. »Die Menschen haben ihre Verbindung zum Geistigen verloren. In meiner Stadt ist es dasselbe. Es kommt fast niemand mehr in die Synagoge.« So weinten der alte Abt und der alte Rabbi zusammen. Danach lasen sie gemeinsam in der Thora und sprachen über tiefe Dinge. Dann wurde es Zeit für den Abt, wieder zu gehen. Sie umarmten einander. »Es ist wundervoll, dass wir uns nach all den Jahren einmal begegnet sind«, sagte der Abt, »aber ich habe immer noch keinen Erfolg mit dem Anliegen gehabt, das mich hierher führte. Gibt es nichts, was Sie mir sagen können, keinen Ratschlag, der mir helfen würde, meinen Orden zu retten?« »Nein, es tut mir leid«, erwiderte der Rabbi. »Ich kann Ihnen keinen Rat geben. Das Einzige, was ich Ihnen sagen kann, ist, dass unter euch Mönchen der Messias lebt.«

Als der Abt zu seinem Kloster zurückkehrte, versammelten sich seine Mönche um ihn und fragten: »Nun, was hat der Rabbi gesagt?« »Er konnte nicht helfen«, antwortete der Abt. »Wir haben einfach zusammen geweint und aus der Thora gelesen. Das Einzige, was er gesagt hat, als ich gerade gehen wollte, war etwas Verschlüsseltes. Er meinte, einer von uns sei der Messias. Ich weiß nicht, was er damit sagen wollte.«

In den nun folgenden Tagen und Wochen dachten die Mönche darüber nach und fragten sich, ob die Worte des Rabbis möglicherweise irgendeine Bedeutung haben könnten. »Der Messias ist einer von uns? Ist es denn möglich, dass er irgendeinen von uns Mönchen hier im Kloster meinte? Wenn das der Fall wäre, wen könnte er dann gemeint haben? Glaubst du, er sprach vom Abt? Er ist seit mehr als einer Generation unser Führer gewesen. Andererseits könnte er auch Bruder Thomas gemeint haben. Bestimmt ist Bruder Thomas ein heiliger Mann. Jeder weiß, dass Bruder Thomas ein Mann des Lichts ist. Mit Sicherheit hat der Rabbi nicht Bruder Elred gemeint. Bruder Elred ist manchmal schlecht gelaunt. Aber wenn man genauer darüber nachdenkt, auch wenn er manchmal etwas unbequem für andere ist, hat Elred eigentlich immer Recht. Oft sogar sehr Recht. Vielleicht meinte der Rabbi doch Bruder Elred. Aber bestimmt nicht Bruder Philip. Philip ist so passiv, ein echter Niemand. Aber dann wiederum hat er auf fast mysteriöse Weise die Gabe, da zu sein, wenn du ihn brauchst. Auf magische Weise taucht er auf einmal auf. Möglicherweise ist Philip der Messias. Natürlich meinte der Rabbi nicht mich. Unmöglich kann er mich gemeint haben. Ich bin nur ein gewöhnlicher Mensch. Aber mal angenommen, er hätte doch mich gemeint? Angenommen, ich wäre der Messias? Oh Gott, nicht ich. Ich könnte unmöglich eine solche Bedeutung für euch haben, oder?«

Während sie darüber nachsannen, begannen die alten Mönche, sich gegenseitig mit außergewöhnlichem Respekt zu behandeln aufgrund der entfernten Möglichkeit, dass einer unter ihnen der Messias sein könnte. Und aufgrund der sehr geringen Wahrscheinlichkeit, dass er selbst der Messias sein könnte, begann jeder Mönch auch sich selbst mit außergewöhnlichem Respekt zu begegnen.

Weil der Wald, in dem das Kloster lag, sehr schön war, kamen gelegentlich Menschen vorbei, um auf der winzigen Wiese zu picknicken und auf den Waldwegen spazieren zu gehen. Dann und wann setzte sich sogar einmal jemand in die baufällige Kapelle, um zu meditieren. Während sie dies taten, gewahrten sie, ohne sich dessen bewusst zu sein, die Aura außergewöhnlicher Achtung, die die fünf alten Mönche umgab und die Atmosphäre des ganzen Ortes zu durchdringen schien. Es war etwas eigenartig Anziehendes, sogar Unwiderstehliches an diesem Ort. Und obwohl sie kaum wussten warum, begannen sie öfter zu dem Kloster zu kommen, um ein Picknick zu machen, zu spielen und zu beten. Sie begannen auch ihre Freunde mitzubringen, um ihnen diesen besonderen Ort zu zeigen. Und ihre Freunde brachten wiederum ihre Freunde her.

Dann geschah es, dass einige der jüngeren Besucher mehr und mehr mit den alten Mönchen ins Gespräch kamen. Nach einer Weile fragte einer, ob er sich den Mönchen anschließen dürfe. Dann ein weiterer. Und noch einer. Und so war aus dem Kloster innerhalb weniger Jahre wieder ein blühender Orden geworden, und dank der Gabe, die sie von dem Rabbi erhalten hatten, entstand ein pulsierendes Zentrum von Licht und Spiritualität.[24]

Ziele erreichen und Träume verwirklichen

Wir sprachen bereits davon, dass wir durch unsere Gedanken, unsere Worte und die Bilder, die wir in uns tragen, unsere Lebensumstände ständig neu erschaffen. Den meisten Menschen ist dieser Zusammenhang jedoch gar nicht oder bestenfalls rein theoretisch klar. Es gehört daher zu den wichtigsten Lernaufgaben auf dem spirituellen Weg, von *unbewussten* zu *bewussten* Mitschöpfern unseres Lebens und unseres Schicksals zu werden.

Zwar ist es richtig, dass uns vieles geschenkt wird und dass wir alles bekommen, was wir wirklich benötigen, wenn wir in Übereinstimmung mit dem Göttlichen in uns leben und handeln nach dem Grundsatz: Dein Wille geschehe. Warum sollten wir uns noch Gedanken darüber machen, wie wir unser Leben gestalten? Der Grund liegt darin, dass auch die Lebensaufgabe bei den meisten Menschen zunächst nur als Vision im Herzen existiert. Wir müssen sie durch bewusstes Wollen und Wirken also noch »auf die Erde bringen«.

Außerdem lässt uns das Höchste Bewusstsein in mancher Hinsicht durchaus absichtsvoll die gebratenen Tauben gerade *nicht* ins Maul fliegen. Denn ebenso wie die eher »weibliche« Haltung der Hingabe und des Geschehenlassens gehört zur Entwicklung wirklicher Meisterschaft und seelischer Ganzheit auch die eher »männliche« Qualität der bewussten Zielsetzung und des absichtsvollen Handelns. Wir brauchen beides, um unsere Visionen Wirklichkeit werden zu lassen. Wie beim Erlernen jeder anderen Fertigkeit gilt natürlich auch hier, dass wir uns zuerst ein gewisses Handwerkszeug und ein paar Regeln aneignen müssen, nach denen das Ganze funktioniert. Sonst könnte es uns ergehen wie dem berühmten Zauberlehrling, der die Geister nicht mehr loswurde, die er gerufen hatte.

Ganz allgemein kann man den Ablauf des »bewussten Manifestierens« in fünf Schritte unterteilen. Diese Schritte und die damit verbundenen Übungen können uns dazu verhelfen, sowohl *äußere* Ziele – wie zum Beispiel eine größere Wohnung oder eine befriedigende Arbeitsstelle – als auch *innere* Ziele zu verwirklichen. Dazu gehören zum Beispiel die Liebe zu uns selbst, der Mut zur eigenen Wahrheit, die Freude am Erleben der eigenen Sexualität usw. Im Einzelnen lauten diese Schritte:

1. Ziele definieren
2. Ziele schriftlich festhalten
3. Affirmationen formulieren
4. Ziele visualisieren
5. Handeln und Nicht-Handeln

Vor allem was äußere Ziele betrifft, sollten wir jedoch erst dann beginnen, diese Schritte in die Tat umzusetzen, wenn wir uns zuvor eingehend mit der Frage beschäftigt haben, wozu wir eigentlich hier sind. Was ist unser Lebenszweck? Über dieses Thema haben wir ja bereits im Kapitel über das Herzchakra ausführlich gesprochen. Noch einmal in Kurzfassung: Jeder Mensch weiß *im Herzen* um seinen eigenen Lebenszweck. Der Schlüssel zu diesem Wissen liegt in den Fragen: »Bei welchen Tätigkeiten verspüre ich echte Freude bzw. würde ich echte Freude empfinden?« »Wie kann ich diese Dinge tun und damit gleichzeitig einen Beitrag für andere leisten?«

Wenn wir unseren Lebenszweck gefunden haben, lassen sich hieraus auf natürliche Weise unsere allgemeinen bzw. *größeren* Lebensziele ableiten, wie zum Beispiel das Erlernen eines geeigneten Berufes oder bestimmter Fertigkeiten oder die Gründung einer Familie. Aus diesen gehen wiederum die konkreten *kleineren* Ziele hervor, mit denen Sie das bewusste Manifestieren sozusagen »üben« können.

Ziele definieren

Einen noch spezifischeren Brennpunkt für unsere Energie als mit der Definition unseres Lebenszwecks schaffen wir, indem wir konkrete Ziele definieren. Das setzt voraus, dass wir uns Gedanken darüber machen, was wir *wirklich* wollen, sei es allgemein in unserem Leben oder in Bezug auf ein ganz spezielles Thema. Viele Menschen vermeiden diese innere Klärung. Sie machen es eher so, wie es die Comicfigur Alfred E. Neumann einmal trefflich auf den Punkt gebracht hat: »Die meisten Menschen wissen nicht, was sie eigentlich wollen. Sie sind sich aber sicher, dass sie es nicht bekommen haben!«[25]

Wenn Sie damit begonnen haben, sich Ziele zu setzen, ist es sinnvoll, sich folgende Fragen zu stellen:

Ist das Ziel im Einklang mit meinem Lebenszweck?
Unsere persönlichen Ziele sollten immer im Einklang mit dem größeren Plan für unser Leben sein, im Einklang mit unserem Lebenszweck. Manchmal hängt ein konkretes Ziel vielleicht auch nicht unmittelbar mit unserem Lebenszweck zusammen. Zum Beispiel ist es für unsere Berufung als Musiker unerheblich, ob wir nur drei Wochen oder, wie es vielleicht unser Ziel sein mag, sechs Wochen Urlaub im Jahr haben. Wir sollten jedoch sichergehen, dass ein Ziel keinesfalls *im Widerspruch* zu unserer Lebensaufgabe steht. Denn Ziele, die im Widerspruch zu den tieferen Absichten unserer Seele stehen und nur aus dem Kopf, aber nicht aus der Tiefe des Herzens kommen, entfalten keine wirkliche Kraft. Außerdem haben sie den

entscheidenden Nachteil, uns nicht wirklich glücklich zu machen, wenn wir sie – entgegen unserer eigentlichen Bestimmung – doch erreichen. Stehen unsere Ziele jedoch in Einklang mit unserer Seele, segeln wir mit dem Wind und werden von der Strömung vorangetragen.

Ist das Ziel mit anderen Lebensbereichen vereinbar?
Leben ist unter anderem die Kunst, ein Gleichgewicht zu schaffen. Das heißt, wir müssen innerlich im Fluss bleiben, immer wieder von einem Lebensbereich in den nächsten wechseln und unsere Energie jeweils neu ausrichten. Partnerschaft und Familie, Beruf und Finanzen, soziale Kontakte, gesundheitliche Aspekte, emotionale und spirituelle Wachstumsbestrebungen, all diese verschiedenen Bereiche müssen berücksichtigt werden. Deshalb sollten wir bei der Wahl unserer Ziele darauf achten, dass wir nicht einseitig einzelne Bereiche überbetonen und andere längere Zeit vernachlässigen. Sonst gerät unser Leben ins Ungleichgewicht. Dann gefährden wir eventuell unsere Gesundheit und unsere Ehe, weil wir zu viel arbeiten, oder wir können vor lauter Meditieren unsere Rechnungen nicht mehr bezahlen. Vielleicht sitzen wir dann auch in unserem Traumhaus auf Mallorca, fühlen uns jedoch einsam und deprimiert, weil all unsere Freunde hier nicht erreichbar sind, und wir den Beruf, den wir lieben, nicht ausüben können.

Steht dieses Ziel in Einklang mit dem Besten für mich und alle anderen?
Diese Frage kann zwar manchmal, aber keineswegs immer im Vorfeld beantwortet werden. Wir wissen zum Beispiel nicht, ob es wirklich gut für uns wäre, zehn Millionen im Lotto zu gewinnen. Vielleicht würde uns dieser vermeintliche »Glückstreffer« der wertvollsten Erfahrungsmöglichkeiten unseres Lebens berauben. Etwa der Erfahrung, unsere eigene Kraft zu entwickeln und bewusst wahrzunehmen, indem wir eine selbstständige Existenz aufbauen. Kinder reicher Eltern bleiben ja zum Beispiel oft untätig und finden nicht zu ihrer eigenen Kraft, weil sie nicht gezwungen sind, selbst etwas aufzubauen. Vielleicht könnten wir nach unserem Lottogewinn auch nicht mehr ruhig schlafen vor lauter Angst, dass wir das ganze schöne Geld wieder verlieren könnten.

Wir wissen also oft nicht, ob ein konkreter Wunsch wirklich dem Besten für uns entspräche, wenn er verwirklicht würde. Daher sollten wir unsere Wünsche immer weise formulieren und hinzufügen: »Ich bitte darum, dass es so geschieht, wenn es im Einklang mit dem Besten für mich und alle anderen ist.«

Bin ich innerlich offen und bereit, dieses Ziel zu erreichen?
Eines der Haupthindernisse dafür, Gutes in unserem Leben zuzulassen, ist das Gefühl, Liebe, Erfolg und die Erfüllung unserer Träume nicht wirklich zu verdienen. So nehmen wir Gott, der Quelle alles Guten gegenüber, oft eher die Haltung eines Bettlers ein. Dementsprechend empfangen wir in mancher Hinsicht auch nur den Anteil, der Bettlern gegeben wird. Kommen wir jedoch zu Gott als Sein Kind, ist die Gotteskraft mit uns und gibt uns das, was Eltern ihrem Kind geben. Das meiste davon sogar, ohne dass das Kind erst danach fragen muss.

Eine andere Blockade, das Gute und die mögliche Fülle wirklich zuzulassen, besteht in dem zumeist unbewussten Gefühl von Schuld, wenn wir die Grenzen überschreiten, die in unserer Familie galten. Wie schon an anderer Stelle gesagt: Unsere Kinderseele weiß sich »gut« und unschuldig, wenn das Maß an Erfüllung, Liebe, Zufriedenheit, beruflichem Erfolg, Wohlstand usw. in unserem Leben in etwa dem Maß entspricht, das unsere Eltern oder andere nahe Angehörige uns vorgelebt haben. Um mehr Glück und Erfüllung in unserem Leben zuzulassen, als es etwa unsere Eltern erfahren haben, müssen wir uns häufig erst diese Grenze bewusst machen, bevor wir darüber hinauswachsen können.

Ich lasse los ...

- *das Gefühl, dass es mir nicht besser gehen darf als meinen Eltern*
- *meine Schuldgefühle, wenn es mir besser geht*
- *die Angst, nicht mehr dazuzugehören, wenn ich mehr Glück und Erfolg habe als meine Eltern*
- *die Vorstellung, dass es meine Eltern (oder auch nur einen von beiden) verletzt, wenn ich mehr Erfüllung und Glück erlebe als sie*
- *das Gefühl, es nicht wert zu sein, dass mein Wunsch sich erfüllt (dass ich mein Ziel erreiche)*

• *wie ein Bettler zu Gott zu geben, wenn ich um etwas bitte*

• *Ich ehre meine Eltern von nun an, indem ich das Beste aus dem Leben mache, das ich von ihnen bekommen habe.*
• *Gott, ich komme zu Dir als Dein Kind.*
• *Alles Gute, das für mich da ist, nehme ich von Dir als ein Geschenk.*

Bin ich bereit für das, was auf mich zukommt,
wenn ich dieses Ziel wirklich erreicht habe?

Eine meiner Gruppenteilnehmerinnen träumte seit ihrer Kindheit davon, einmal ein eigenes Pferd zu besitzen. Eines Tages wurde ihr eins angeboten – als Geschenk! Da erst wurde ihr klar, dass die Pflege eines Pferdes ihr viel mehr Zeit abverlangen würde, als sie aufbringen konnte und wollte. Also schlug sie das Angebot aus.

So ergeht es uns manchmal mit Zielen, die sich einfach nicht verwirklichen wollen. Unbewusst sind wir uns darüber im Klaren, dass mit dem Erreichen dieses Ziels Aufgaben auf uns zukämen, für die wir nicht bereit sind. In diesem Fall sind wir mit einem Teil unserer Seele eifrig bemüht, die scheinbar herbeigesehnten Veränderungen zu verhindern, und heimlich sogar froh darüber, wenn der Erfolg ausbleibt. Bei manchen Menschen bleibt auf diese Weise zum Beispiel die Suche nach dem »richtigen« Partner erfolglos. Es ist leicht, sehnsuchtsvoll nach einem Liebsten zu schmachten. Aber sind Sie auch bereit zu dem Loslassen, das eine Partnerschaft erfordert? Zum Loslassen von Kontrolle, von Besserwisserei und Ihren romantischen Vorstellungen von Partnerschaft, zum Loslassen Ihrer Ungebundenheit? Sind Sie dazu bereit, selbst auf diese Weise ein guter und ein so »richtiger« Partner zu sein, wie Sie es von einem anderen erwarten?

Was auch immer Ihr persönliches Ziel sein mag, wenn Sie es auf Dauer nicht erreichen, sollten Sie sich fragen: »Bin ich wirklich bereit für das, was auf mich zukommt, wenn dieses Ziel erreicht ist?« Gegebenenfalls sollten Sie daran arbeiten, bereit dafür zu werden. Sie können aber auch flexibel sein, sich von Ihrem Ziel verabschieden oder es verändern.

Bin ich klar wie ein Kristall im Hinblick auf meine Ziele?
Wie konkret ist mein Ziel?
Alice im Wunderland kommt an eine Weggabelung und weiß nicht, welchen Weg sie wählen soll. Eine Katze, die dort sitzt, fragt Alice: »Wohin willst du denn?« Alice antwortet, sie wisse es nicht. Darauf erwidert die Katze: »In diesem Fall führen dich beide Wege dorthin.«

Um Erfüllung unserer Bedürfnisse und Träume zu erfahren, ist es vorteilhaft, unsere Ziele so konkret wie möglich zu formulieren. Solange unsere Ziele verschwommen sind, werden auch die Resultate in unserem Leben nebulös sein. Fragen Sie sich also: »Was brauche ich konkret, um glücklich und erfüllt zu sein? Was will ich *konkret* erreichen?«

Ziele schriftlich festhalten

Nachdem uns ein Ziel klar geworden ist, sollten wir es in unserem Tagebuch oder an anderer geeigneter Stelle aufschreiben. Ziele, die schriftlich festgehalten sind, verfliegen nicht mehr so leicht wie flüchtige Gedanken oder Worte. Wenn wir sie erst einmal aufgeschrieben haben, haben wir sie bereits dauerhaft mit der materiellen Wirklichkeit in Verbindung gebracht. Dieser Schritt schafft zugleich eine innere Verpflichtung und vermittelt unserem Unterbewusstsein die Botschaft, dass wir es wirklich ernst meinen. Unser Unterbewusstsein weiß dann: »Aha, darum soll ich mich also kümmern« und wird konstant Energie in dieses Ziel fließen lassen. Die Erfahrung zeigt, dass es für die Verwirklichung von Wünschen tatsächlich einen riesigen Unterschied ausmacht, ob wir uns bloß gedanklich mit einem Ziel beschäftigen oder es schriftlich festhalten. Sobald wir ein Ziel aufgeschrieben haben, scheint es fast so, als seien nicht mehr wir es, die auf dieser Ziel zustreben. Eher scheint das Ziel durch diesen Akt zu einem Magneten zu werden, der uns regelrecht anzieht.

Affirmationen formulieren

> *Am Anfang war das Wort, und das Wort war bei Gott, und Gott war*
> *das Wort. Dasselbe war im Anfang bei Gott. Alle Dinge sind durch*
> *dasselbe gemacht, und ohne dasselbe ist nichts gemacht, was gemacht ist ...*
> *Und das Wort ward Fleisch ...*   Johannes-Evangelium[26]

Nachdem uns unsere Ziele klar geworden sind, machen wir uns
daran, sie verbal zu bekräftigen. Wir haben uns ja bereits mit der
großen Wirksamkeit des gesprochenen Wortes befasst, auf der nicht
zuletzt die Erfolge des Releasing aufbauen. Auch wenn der oben
zitierte Bibelspruch mehrere Bedeutungsebenen in sich vereint, so
ist auf einer Ebene doch ganz konkret die manifestierende Kraft
unserer Worte gemeint. Das, was wir aussprechen, hat also die Tendenz, konkrete materielle Wirklichkeit zu werden. Um die ge-
wünschten Ergebnisse in unserem Selbsterleben und in der äußeren
Welt zu erreichen, machen wir uns daher die Kraft des gesprochenen
Wortes zunutze, indem wir mit »Sätzen der Kraft«, das heißt mit
positiven Affirmationen arbeiten. Eine Affirmation dient dazu, den
Zielzustand in seiner bereits verwirklichten Form zu bekräftigen und
ihn dadurch Wirklichkeit werden zu lassen.

Damit Affirmationen wirkliche Kraft entwickeln und zu den ge-
wünschten Ergebnissen führen, sollten Sie die folgenden Gesichts-
punkte berücksichtigen. Formulieren Sie Ihre Affirmationen immer
positiv, absolut, in Gegenwartsform und zudem kurz und prägnant.

Positive Formulierung

Verzichten Sie auf Verneinungen wie »nicht«, »keine« usw. Wenn
Sie einen Satz mit »keine Schulden mehr« formulieren, schauen
Sie innerlich noch auf die Schulden und nähren und vermehren sie
auf diese Weise. Drücken Sie sich dagegen positiv aus, würde statt
»keine Schulden mehr« beispielsweise »Wohlstand« in Ihrer Affirmation vorkommen. Statt »meinen Körper nicht mehr hassen«
sagen Sie »meinen Körper lieben«. Statt »keine Angst mehr»
schreiben Sie »Mut«, »Vertrauen« oder »mich sicher fühlen«.
Überlegen Sie also immer genau: Wie nennt man den positiven
Zustand, der den negativen ersetzen soll? Dann richtet Ihr innerer

Blick sich auf ein positives Ziel, und auch Ihre Energie wird in diese Richtung fließen.

Absolute Formulierung

Vermeiden Sie Relativierungen wie »mehr«, »weniger«, »besser« usw. Sätze, die Relativierungen enthalten, bleiben vage. Entsprechend vage sehen dann auch die Resultate aus.

Formulierung in der Gegenwartsform

Das Unterbewusstsein kennt nur die Gegenwart. Drücken wir unsere Ziele in der Zukunftsform aus, bleiben sie auch leicht in der Zukunft – und wir warten vergeblich. Formulieren Sie Affirmationen daher immer so, als seien sie bereits Wirklichkeit. Vermeiden Sie Formulierungen wie »Ich will« oder »Ich werde«.

Kurze und prägnante Formulierung

Je länger ein Satz wird, desto mehr verliert er an Kraft. Lassen Sie daher maximal ein »und« und höchstens einen Nebensatz in Ihrer Affirmation vorkommen. Wenn sie zu lang wird, machen Sie lieber zwei oder drei kurze Sätze daraus.

Probieren Sie es doch selbst einmal aus, indem Sie den folgenden Satz laut aussprechen:

»Ich will meinen Körper nicht mehr so ablehnen, damit ich mich nicht mehr so unwohl fühle und damit ich nicht mehr so viele Blockaden in meiner Sexualität erlebe und in Zukunft besser mit Frauen klarkomme.«

Sie werden es gespürt haben: So sieht eine total kraftlose, vollkommen misslungene Affirmation aus. Um Ihr Gefühl für die Kraft, auch für die fehlende, von Sätzen zu trainieren, probieren Sie jetzt auch folgende Sätze aus. Lassen Sie sich nach jedem Satz einen Moment Zeit, um die Resonanz zu spüren, die er in Ihnen hervorruft:

»Ich werde weniger Angst haben, meine Gefühle zu zeigen.«
»Meine Beziehungen sollen nicht mehr so disharmonisch sein, und es soll mir besser gehen, auch wenn meine Beziehungen nicht mehr von so kurzer Dauer sind wie die Ehe meiner Eltern.«

»Ich möchte mehr verdienen und mich nicht mehr so arm fühlen.«
»Meine Beziehung zu Gott soll besser werden, und ich will mich nicht mehr so getrennt fühlen, auch dann nicht, wenn ich mich kaum bemüht habe, zu beten und zu meditieren.«

Haben diese Sätze Kraft?

Und jetzt sprechen Sie folgende Sätze aus:

- *Ich lebe und genieße meine Sexualität.*
- *Ich stehe zu meinen wahren Gefühlen.*
- *Ich erlebe Leichtigkeit und Freude in meinen Beziehungen.*
- *Ich lebe in Wohlstand und Fülle.*
- *Ich bin Gottes Kind.*

Haben Sie den Unterschied zwischen den Sätzen der ersten und der zweiten Gruppe gespürt?

Je häufiger Sie mit Affirmationen arbeiten, desto feiner wird Ihr Gespür dafür, ob eine Affirmation wirkliche Kraft hat oder nicht. Mit der Zeit werden Ihnen dann die vier geschilderten Prinzipien in Fleisch und Blut übergehen.

Ähnlich wie bei der Meditation über ein Mantra ist es gut, sich eine momentan wichtige Affirmation eine Zeit lang immer wieder ins Gedächtnis zu rufen und sie oft zu wiederholen. Wie gesagt: »Energy flows, where attention goes« – Energie folgt unserer Aufmerksamkeit. Indem wir dieser Affirmation unsere Aufmerksamkeit schenken, laden wir sie also automatisch mit Energie auf und sorgen so für konkrete, fühlbare und sichtbare Ergebnisse. Sprechen Sie Ihre Affirmation täglich morgens und abends aus, und legen Sie viel Kraft hinein. Auch tagsüber können Sie den entsprechenden Satz wiederholen, wenn er Ihnen gerade in den Sinn kommt.

Besonders wirksam sind Affirmationen, wenn sie in entspanntem Zustand ausgesprochen werden, zum Beispiel im Rahmen Ihrer Meditationszeit oder auch morgens im Bett vor dem Aufstehen. Eine weitere gute Methode ist es, sich aufrecht hinzustellen, eine Hand auf die Brust zu legen und dann die Affirmation laut zu wiederholen. Stehen hat den Vorteil, dass unsere Energie dabei einen höheren Pegel erreicht als im Sitzen oder im Liegen. Zudem vermitteln wir damit unserem Unterbewusstsein über unsere Körpersprache, dass wir zu unserer Aussage stehen.

Ziele visualisieren

Der nächste Schritt zur Verwirklichung von Zielen besteht darin, ein klares Bild des Zielzustandes vor dem inneren Auge zu erschaffen und sich in dieses Bild hineinzuversetzen. Das gelingt Ihnen am besten, wenn Sie sich zuvor entspannen. Des weiteren bedeutet Visualisieren, ganz einfach das zu tun, was wir schon als Kinder gern getan haben: uns mit Hilfe unserer bildlichen Vorstellungskraft das, was wir erreichen möchten, so lebhaft und bunt wie möglich auszumalen. Wir gehen innerlich ganz in diesem neuen Bild auf, als sei es bereits Wirklichkeit geworden. In diesem Moment *ist* es Wirklichkeit für uns, wenn auch noch nicht auf der materiellen Ebene.

Das Wichtigste beim Visualisieren ist es, das innere Bild so lebendig wie möglich werden zu lassen und es so intensiv zu *erleben*, wie wir nur können. Beziehen Sie möglichst alle Sinne mit ein. Was *sehen* Sie, wenn Sie in der visualisierten Situation sind? Betrachten Sie jedes Detail dieser Situation genau! Welche *Gerüche* können Sie wahrnehmen? Was können Sie mit Ihren Händen *berühren*, und wie fühlt es sich an? Welche Geräusche können Sie *hören*? Und schließlich: Wie *fühlen* Sie sich? Genießen Sie das Glücksgefühl, das Sie beim Erreichen Ihres Ziels erleben schon jetzt, lassen Sie Begeisterung in sich aufsteigen. Beenden Sie eine Visualisierung immer erst dann, wenn Sie Zugang zu Ihrer Begeisterung gefunden haben. Denn diese positive emotionale Kraft liefert Ihnen sozusagen den »Treibstoff« für die Verwirklichung Ihres Zielzustandes.

Wenn es Ihnen schwer fällt, sich den erwünschten Zustand in allen Einzelheiten auszumalen, greifen Sie auf verwandte Erfahrungen aus der Vergangenheit zurück. Angenommen, Ihr Ziel ist ein eigener Mercedes. Da Sie noch niemals einen besaßen, wissen Sie jedoch nicht, wie das wohl sein mag. Ganz sicher aber kennen Sie das Fahrgefühl, den eigentümlichen Geruch usw. von damals, als Sie einmal in einem Mercedes-Taxi gesessen haben oder als Anhalter von einem Mercedes-Fahrer mitgenommen wurden. Bauen Sie diese Erinnerungen einfach in Ihre Visualisierung ein. Oder Ihr Thema ist

Ihre Beziehung zum eigenen Körper, und Sie wissen noch nicht, wie es ist, den eigenen Körper zu lieben. Erinnern Sie sich dann an irgendeine beliebige Situation, in der Sie geliebt haben, sei es Ihr Kind, Ihre Schwester, eine schöne Blume in Ihrem Vorgarten, Ihr Bett, Ihr Kuscheltier in der Kindheit oder was auch immer. Fühlen Sie diese Liebe wieder. Dann übertragen Sie die Liebe, die Sie zuvor für einen Menschen oder für einen persönlichen Gegenstand empfunden haben, auf Ihren eigenen Körper.

Nachdem Sie die neue Situation in allen Einzelheiten durchlebt haben, können Sie den Visualisierungsprozess noch mit einer anderen Form der Imagination ergänzen, die man »dissoziiertes Visualisieren« nennt. Dabei betrachten Sie dieselbe Situation noch einmal, diesmal jedoch aus der Position eines Beobachters heraus, der von außen zuschaut. Sehen Sie sich selbst von außen, wie ein Theaterbesucher, der gemütlich in den Zuschauerrängen sitzt und seinem »zweiten Ich« zuschaut, wie es auf der Bühne ein Stück spielt. Sollte Ihnen diese Art der Visualisierung leichter fallen, können Sie auch damit beginnen und erst danach das visualisierte Bild von innen erleben.

Anschließend sollten Sie mit Buntstiften ein Bild von Ihrem Zielzustand malen. Oder Sie schneiden Bilder aus Zeitschriften aus, die Ihr Ziel abbilden, und gestalten dann damit eine Collage. Hängen Sie dieses Bild – am besten zusammen mit einer passenden Affirmation – irgendwo in Ihrer Wohnung auf, und zwar so lange, bis das Ziel erreicht ist. So werden Sie durch dieses Bild – und sei es nur für einen Moment – automatisch immer wieder an die Richtung erinnert, in die Sie Ihre Energie fließen lassen möchten. Sie wissen schon, energy flows, where attention goes!

Ebenso wie bei der Arbeit mit Affirmationen ist es hilfreich, die Visualisierung des erwünschten Ziels eine Zeit lang regelmäßig zu wiederholen, bei besonders »großen« Zielen vielleicht sogar über einige Jahre hinweg. Eine Frau aus Südamerika erzählte mir kürzlich, sie habe drei Jahre lang visualisiert, wie sie eine Einreisegenehmigung für Deutschland und einen Studienplatz erhält, bis sie trotz großer familiärer, finanzieller und juristischer Hindernisse schließlich beides bekam. Inzwischen hat sie ihr Studium längst abgeschlossen und ist deutsche Staatsbürgerin geworden.

Handeln und Nicht-Handeln

Die Milchfarm

Ein Priester aus der Stadt machte einen Ausflug aufs Land. Er erreichte eine Milchfarm und war sofort von der absoluten Schönheit dieser Farm in den Bann gezogen. Die Weide war voll von saftigem grünem Gras und auf allen Seiten von einem frisch gestrichenen weißen Holzzaun umgeben. Die Kühe sahen aus, als wären sie von Kopf bis Fuß geschrubbt worden. Überall Blumen! Es war ein wahrhaft prächtiger Anblick.

Als er auf der Landstraße weiterfuhr, entdeckte der Priester den Farmer, der gerade dabei war, den Holzzaun zu reparieren. Und so ergriff er die Gelegenheit zu einem kleinen Schwätzchen. Um ein Gespräch in Gang zu bringen, sagte der Priester: »Mein Sohn, mit Gott haben Sie hier eine wundervolle Farm geschaffen.« Der Farmer antwortete: »Ja, Sir, ich bin auch sehr dankbar dafür. Aber Sie hätten diesen Platz hier einmal sehen müssen, als Gott ihn noch ganz für sich hatte.«

Der abschließende Schritt zur Manifestation von Zielen vereint zwei Tugenden in sich, nämlich Handeln und Nicht-Handeln. Auf den ersten Blick mag das wie ein Widerspruch klingen. Bei genauerer Betrachtung erkennen wir jedoch, dass es sich dabei um zwei Wahrheiten handelt, die einander ergänzen. Es gibt Situationen, in denen die beste Art zu handeln darin besteht, nichts weiter zu tun. Wir tragen einfach das Bild, das wir zuvor in uns verankert haben, in uns und vertrauen darauf, dass das Universum Wege zu seiner Verwirklichung finden wird, ohne dass wir in der äußeren Welt etwas dafür müssen. Laotse hat dazu einmal gesagt: »Der Weise tut nichts, doch nichts bleibt ungetan.«

Oft machen wir dann nach einiger Zeit die Erfahrung, dass sich – scheinbar ohne unser Zutun – in der äußeren Welt etwas fügt. Zum Beispiel stoßen wir auf genau die Stellenanzeige, die unserem Traumberuf entspricht. Oder andere Menschen reagieren auf einmal viel positiver auf uns. Vielleicht begegnen wir auch dem Mann oder

der Frau mit genau den Qualitäten, die wir uns für eine Partnerschaft gewünscht haben. Oder ein Freund erzählt uns, dass nebenan gerade die Wohnung frei wird, die wir visualisiert haben. Kurz gesagt, in vielen Fällen *fügt* sich also etwas. Daher schadet es ja auch nicht, ruhig sehr viele Ziele aufzuschreiben. Mit manchem werden wir vermutlich ganz einfach beschenkt werden.

Nicht-Handeln ist vor allem dann angemessen und sogar weise, wenn es keinen Handlungsimpuls gibt, der wirklich aus unserer Tiefe kommt. Der Grund hierfür kann darin liegen, dass wir bereits alles getan haben, was es zu tun gibt. Oder das Universum erledigt diese Angelegenheit schlicht und einfach besser ohne unser Eingreifen. Wahrscheinlich trocknen Sie Ihre guten Kristallgläser auch lieber allein ab als mit Hilfe Ihres Zweijährigen. So ähnlich ergeht es wahrscheinlich in mancher Hinsicht auch Gott in Bezug auf unsere Unternehmungen.

Manchmal ist auch einfach noch nicht der rechte Zeitpunkt zum Handeln gekommen. Dann heißt es warten wie ein Jäger auf der Jagd. Was nützt es, wild in den Wald hineinzuballern und seine Munition zu verschleudern in der Hoffnung, irgendein Tier werde schon getroffen werden? Der Jäger stattdessen wartet, bis er das Tier ganz im Blickfeld hat, erst dann setzt er gezielt seine Waffe ein. Natürlich neigt der Verstand oft zu oberflächlichem, hektischem Handeln. Aber solcher Art von Handeln oder – besser gesagt – solchem »Machen« um jeden Preis ist in der Regel kein großer Erfolg beschieden. Wir müssen also innehalten und in uns hineinhören, ob aus der Tiefe ein echter Handlungsimpuls aufsteigt und ob unsere Handlungsideen wirkliche Kraft haben. So viel zum Nicht-Handeln.

Falls Sie zu den eher trägen Zeitgenossen gehören: Nein, so leicht kommen Sie nicht davon. Denn für die meisten Ziele ist Handeln durchaus angesagt, wenn wir sie wirklich erreichen wollen! Dies gilt besonders für unsere größeren Ziele, und hier vor allem für jene, die auf der äußeren Ebene liegen, wie zum Beispiel die Verwirklichung unseres Traumberufs, die Steigerung unseres Einkommens, unsere Traumreise usw. Worum es auch immer für Sie persönlich gehen mag: Schreiben Sie all Ihre Ideen auf, was Sie konkret tun können, um Ihr Ziel zu erreichen. Und dann nehmen Sie Ihre Liste und handeln! »Gehen Sie los dafür«, wie es auf Neudeutsch so schön heißt. Melden Sie sich zu einer Fortbildung an, entwickeln Sie einen Sparplan für Ihr Traumhaus, drucken Sie Handzettel, die über den von Ihnen angebotenen Service informieren, kaufen Sie Ihr Wunschinstrument und vereinbaren Sie Unterrichtsstunden. Handeln Sie! Was auch immer es für Ihre Ziele zu tun gibt: Erfolg – egal in welcher Hinsicht – haben letztendlich nur diejenigen, die »dafür losgehen«. Diejenigen also, die wirklich alles tun, was in ihrer Macht steht, um ihr Ziel oder ihren Traum zu verwirklichen. *Träume nicht dein Leben, sondern lebe deinen Traum.*

Liegt Ihr Ziel eher auf der inneren Ebene, wollen Sie also zum Beispiel eine bestimmte innere Qualität entfalten, dann handeln Sie, um dieser Qualität Ausdruck zu verleihen und sie dadurch zu verstärken. Um einmal bei dem Beispiel »Körperliebe« zu bleiben: Kaufen Sie sich eine schöne Lotion, mit der Sie Ihren Körper fortan liebevoll eincremen. Wenn Ihr Ziel darin besteht zu lernen, Ihre wirklichen Gefühle auszusprechen, dann vereinbaren Sie mit einem Freund ein Rollenspiel, in dem Sie das neue Verhalten schon einmal einüben können. Oder Sie rufen Ihren Vorgesetzten an und sagen ihm nachträglich das, was Sie bei dem Gespräch vorgestern nicht zu sagen wagten, obwohl es Ihnen sehr wichtig war.

Zu lernen, Visionen auf die Erde zu bringen, gehört auch deshalb zum Entwicklungsweg unserer Seele, weil wir durch diesen Prozess so wichtige seelische Qualitäten entwickeln können wie Entschlossenheit, Ausdauer, Geduld und Hingabe. Alle, die etwas Großes erreicht haben – seien es Musiker, Sportler, Geschäftsleute, Freiheitskämpfer wie Gandhi oder Erleuchtete wie Ramakrishna oder Paramahansa Yogananda –, sie alle haben viel Ausdauer gebraucht. Und Hingabe! Es ist eine Erfahrung, die jedem offen steht: Wenn wir alles geben und den vollen Einsatz bringen, kommt von außen zumeist weit mehr zurück, als wir investiert und sogar erträumt haben. Gehen wir jedoch halbherzig vor und bringen nur den halben Einsatz, so bekommen wir dafür nicht etwa die Hälfte zurück, sondern erreichen in der Regel gar nichts. Die Kraft, die wir eingesetzt haben, geht völlig verloren. Wenn Sie also noch nicht mit einem Bein im Grab stehen, wenn es noch Ziele in Ihrem Leben gibt, dann schreiben Sie sie auf. Affirmieren Sie sie, visualisieren und handeln Sie. Gehen Sie los dafür! Das Leben ist ein Traum, verwirklichen Sie ihn!

Folge deinem Traum

Ich habe einen Freund namens Monty Roberts, dem eine Pferderanch in San Ysidro gehört. Er ließ mich sein Haus benutzen, um Veranstaltungen zur Finanzierung von Programmen für gefährdete Jugendliche abhalten zu können.

Das letzte Mal, als ich dort war, stellte er mich vor, indem er sagte: »Ich möchte erzählen, warum ich Jack mein Haus benutzen lasse. Es geht alles auf eine Geschichte über einen jungen Mann zurück, den Sohn eines umherwandernden Pferdedresseurs, der von Stall zu Stall zog, von Rennbahn zu Rennbahn, von Farm zu Farm und von Ranch zu Ranch, um Pferde zu dressieren. So wurde die High-School-Ausbildung des Jungen ständig unterbrochen. In der Oberstufe wurde er gebeten, eine Arbeit darüber zu schreiben, was er werden und tun wollte, wenn er älter wäre.

An diesem Abend schrieb er eine sieben Seiten lange Arbeit, die sein Ziel beschrieb, eines Tages eine Ranch zu besitzen. Er schrieb sehr ausführlich über seinen Traum und zeichnete sogar einen Plan einer zweihundert Morgen großen Pferderanch, der die Standorte aller Gebäude zeigte, der Ställe und der Bahn. Dann zeichnete er einen genauen Grundriss für ein vierhundert Quadratmeter großes Haus, das auf der Traumranch stehen sollte.

Er hängte sein Herz an das Projekt, und am nächsten Tag gab er die Arbeit bei seinem Lehrer ab. Zwei Tage später erhielt er sie zurück. Auf der Vorderseite war ein großes rotes F mit einer Notiz, die lautete ›Komm nach der Stunde zu mir‹.

Der Junge mit dem Traum ging nach der Stunde zu dem Lehrer und fragte: ›Warum habe ich ein F bekommen?‹

Der Lehrer sagte: ›Dies ist ein unrealistischer Traum für einen Jungen wie dich. Du hast kein Geld. Du stammst aus einer Wanderarbeiterfamilie. Du hast keine Reserven. Der Besitz einer Ranch kostet viel Geld. Du musst das Land kaufen. Du musst den anfänglichen Zuchtstamm bezahlen, und später musst du hohe Zuchtgebühren bezahlen. Es gibt keine Möglichkeit, dass du das jemals schaffen könntest.‹ Dann fügte der Lehrer hinzu: ›Wenn du diese Arbeit mit einem realistischen Ziel neu schreibst, werde ich die Note noch einmal überdenken.‹

Der Junge ging nach Hause und dachte darüber lang und angestrengt nach. Er fragte seinen Vater, was er tun sollte. Sein Vater sagte: ›Sieh *mal, Sohn, du musst das selbst entscheiden. Ich glaube aber, es ist eine wichtige Entscheidung für dich.<*

Schließlich, nachdem er eine Woche damit zugebracht hatte, reichte der Junge dieselbe Arbeit ein, ohne überhaupt irgend etwas zu ändern. Er erklärte: >Sie können das F stehen lassen, und ich kann meinen Traum behalten.<«

Monty wandte sich dann an die versammelte Gruppe und sagte: »Ich erzähle Ihnen diese Geschichte, weil Sie in meinem Vierhundertquadratmeterhaus mitten in meiner Zweihundertmorgenranch sitzen. Ich habe diese Arbeit immer noch gerahmt über meinem Kamin hängen.« Er fügte hinzu: »Der beste Teil der Geschichte ist, dass vor zwei Jahren im Sommer derselbe Lehrer dreißig Schulkinder für eine Woche zum Zelten auf meine Ranch brachte. Als der Lehrer ging, sagte er: »Schau, Monty, ich sage dir jetzt etwas. Als ich dein Lehrer war, war ich so etwas wie ein Träumedieb. Während dieser Jahre habe ich vielen Kindern ihren Traum gestohlen. Glücklicherweise hattest du genug Grips, deinen nicht aufzugeben.<«

Lassen Sie niemanden Ihren Traum stehlen. Folgen Sie Ihrem Herzen, was auch geschieht.[27]

Das Kronenzentrum:
Eins sein

Allgemeines

Mit seiner Lage – ganz oben auf dem Kopf – krönt das siebte Zentrum nicht nur unsere physische Form. Auch unser seelischer Entwicklungsprozess findet in der vollen Entfaltung dieses Zentrums seine Erfüllung und Krönung. Im Sanskrit wird dieses Chakra »Sahasrara-Chakra« genannt. *Sahasrara* bedeutet »tausendblättriger Lotos«. Dieser Name rührt daher, dass das Kronenzentrum in seinem voll entwickelten und aktivierten Zustand vor dem inneren Auge tatsächlich wie ein vielblättriger Lotos in weißem Licht erstrahlt.

Wenn das Kronenzentrum sich ganz geöffnet hat und unsere psycho-physische Energie sich in ihrer ganzen Fülle mit dem Kronenchakra vereinigt, erfahren wir das volle Gewahrsein unserer Einheit mit Gott. Das im Kronenzentrum verankerte Gewahrsein weitet sich aus zu dem Erleben, dass es das Universum und alles Seiende umfasst. Es findet sich selbst jenseits aller manifesten Formen als reines Sein, Bewusstsein und Glückseligkeit. In diesem Sinn ist also die Öffnung des Kronenzentrums bzw. der damit verbundene höchste Bewusstseinszustand das Ziel aller spirituellen Entwicklung.

Dem Wissen, dass wir im Kronenchakra unsere Verbindung und Einheit mit Gott erfahren, wird auch heute noch bei religiösen Ritualen Rechnung getragen, wenn auch zum Teil vielleicht unbewusst. Jedenfalls ist es gewiss kein Zufall, dass bei Ritualen wie der Taufe oder auch der Konfirmation, bei denen es ja um die Bekräftigung der Verbindung zu Gott geht, dem Täufling oder Konfirmanden die Hand ausgerechnet auf den Kopf gelegt wird.

Ebenso wie das Stirnzentrum fungiert das Kronenzentrum als

eine Art »Durchgangspforte« für die Seele, durch die sie den materiellen Körper verlässt und wieder dorthin zurückkehrt. Vielleicht haben Sie schon einmal ein Baby beobachtet, das gestillt wird und nach einiger Zeit die Augen zu schließen beginnt, um kurz darauf in einen zufriedenen Dämmerzustand zu verfallen. Wird es nun weiter auf dem Arm gehalten und nicht durch Geräusche oder andere Ablenkungen am Einschlafen gehindert, fangen nach einiger Zeit die Augenlider an zu flackern. Ein seliger Ausdruck macht sich auf dem kleinen Gesicht breit. Dieser Zustand dürfte der Phase entsprechen, in der die Seelenenergie das Kronenzentrum passiert, um sich in anderen Dimensionen aufzuhalten, während der Körper im Tiefschlaf liegt. Dass sozusagen »niemand zu Hause ist«, die Seele sich also außerhalb des Körpers befindet, ist für jeden offensichtlich, der einmal einen Säugling während dieser Tiefschlafphase betrachtet. Völlig reglos liegt er da und ist durch fast nichts aufzuwecken.

Im weiteren Verlauf unserer Entwicklung dient das Kronenzentrum zudem als eine Art »Empfangsstation« für Offenbarungen und Eindrücke aus höheren Dimensionen. Ich selbst nehme dann gelegentlich Wellen aus weißem Licht wahr, die durch das Kronenchakra in meinen Kopf hineinströmen und dort – nicht immer, aber manchmal – die Form verbaler Mitteilungen annehmen.

Die Bedeutung des Kronenzentrums für die innere Arbeit

Natürlich ist das Kronenzentrum ein überaus bedeutsames Bewusstseinszentrum, denn unter anderem fungiert es ja als eine Art Verbindungsstation zu der göttlichen Führung während einer Releasing-Sitzung. Im Zusammenhang mit bestimmten Symptomatiken hat es in der inneren Arbeit jedoch eine eher untergeordnete Bedeutung. Menschen, bei denen das Kronenzentrum stark blockiert ist, finden normalerweise keinen Zugang zu irgendeiner Art von Spiritualität. Ihnen fehlt jedes Gefühl für die Existenz einer höheren Kraft. Wenn sie andere Menschen über spirituelle Erfahrungen sprechen hören, haben sie keinerlei Vorstellung davon, was damit gemeint sein könnte. In der Regel leugnen sie die Existenz jeder Art von geistiger Wirklichkeit und ziehen sie nicht selten auch gern ins Lächerliche.

Das einzige Symptom, das in unmittelbarem Zusammenhang mit dem Kronenzentrum während der Releasing-Arbeit gelegentlich auftritt, ist ein Druckgefühl auf dem Kopf. Zumeist handelt es sich dabei um irgendeine Art von innerem Widerstand, sich den spirituellen Energien zu öffnen, die von oben hereinströmen möchten. Die Ursachen hierfür können vielfältig sein. Sie liegen normalerweise in den Bereichen begründet, über die wir beim Thema »Gottesbeziehung« im Kapitel über das Herzzentrum bereits gesprochen haben. Was auch immer diese Hintergründe im Einzelnen sein mögen, es gibt ein paar »Zaubersätze«, durch die sich ein solcher Kopfdruck in den allermeisten Fällen auflösen lässt:

Ich lasse los ...

• *meinen Widerstand gegen die göttlichen Energien*
• *alle Widerstände dagegen, mich diesen Energien zu öffnen*

• *Ich öffne mich den göttlichen Energien.*
• *Ich vertraue mich der göttlichen Führung an.*
• *Ich öffne mich dem Licht.*

Werden diese Releasing-Sätze im Entspannungszustand ausgesprochen, erleben manche Menschen hierdurch gleichsam eine Art Gipfelerfahrung. Oft wurde mir als Begleiter von einem subtilen oder auch sehr deutlich fühl- und sichtbaren Einströmen von Licht berichtet. Manchmal nehmen einzelne Klienten tief berührt zum ersten Mal eine wirkliche Verbindung zu einer göttlichen Kraft wahr. Gelegentlich erscheinen vor dem inneren Auge von oben auch »lichtvolle Hände« als Zeichen göttlicher Hilfe und Unterstützung.

Ansonsten liegen die Bewusstseinszustände, die im siebten Zentrum erfahren werden können, jenseits von Therapie und jenseits von Worten. Es geht hier nicht mehr darum, die Wahrheit zu finden, sondern die Wahrheit zu *sein*. Bis dahin stellt sich uns ganz allgemein die Aufgabe, uns selbst – unser *wahres Selbst* und damit unseren eigenen spirituellen Weg – ernst zu nehmen. Indem wir loslassen, lieben, meditieren und dienen werden wir von Bindungen frei, die uns an die Negativität und an die ausschließliche Identifikation mit dem Körper fesseln. Dann wird sich die psychische Energie, die auf diese Weise frei wird, automatisch in Richtung Kronenzentrum bewegen, und wir werden schließlich wissen, wer wir wirklich und wesentlich sind.

Lassen wir also los! Erfreuen wir uns an der zunehmenden Erleichterung, die das Loslassen mit sich bringt. Heißen wir die Erleuchtung willkommen!

Falls Sie an Veranstaltungen mit Christof Langholf interessiert sind,
wenden Sie sich bitte an:

Seminarbüro Christof Langholf
Postfach 1121
31077 Sibbesse
Fax: 0 50 65-96 31 69

www.cl-releasing.de

Anmerkungen und Zitate

1 Aldinger, Marco: *Was ist die ewige Wahrheit?*, S. 19
2 Yogananda, Paramahansa: *Autobiographie eines Yogi*, S. 22
3 Grof, Stanislav und Christina: *Spirituelle Krisen*, S. 211
4 Häuptling Seattle; zitiert in: Gunthard Weber, 1993
5 Canfield, Jack und Hansen, Mark Victor: *Hühnersuppe für die Seele*, S. 212
6 Weber, Gunthard (Hrsg.): *Zweierlei Glück*, S. 59
7 Novalis: *Heinrich von Ofterdingen*, S. 161
8 Sartory, Gertrude und Thomas (Hrsg.): *Krishnas Flöte*, S. 107
9 Vivekananda, Swami: *Karma-Yoga und Bhakti-Yoga*, S. 248
10 Amritanandamayi, Mata: *Mutter der unsterblichen Glückseligkeit*
11 Mahatma Gandhi; zitiert in Dass, Ram und Bush, Mirabai: *Auf dem Weg zum Herzen*, S. 143
12 Dass, Ram: *Subtil ist der Pfad der Liebe*. Geschichten über Neem Karoli Baba, S. 250
13 Kornfield, Jack und Feldman, Christina: *Geschichten, die der Seele gut tun*, S. 125
14 Bach, Richard: *Illusionen*, S. 80
15 Canfield, Jack und Hansen, Mark Victor: *Noch mehr Hühnersuppe für die Seele*, S. 139
16 Canfield, Jack und Hansen, Mark Victor: *Hühnersuppe für die Seele*, S. 45
17 Lily Tomlin; zitiert in: Canfield, Jack and Hansen, Mark Victor: *Chicken soup for the surviving soul*, S. 151
18 Bach, Richard: *Illusionen*, S. 22
19 Jaffé, Aniela: *Erinnerungen, Träume, Gedanken von C. G. Jung*, S. 137
20 Yogananda, Paramahansa: *Autobiographie eines Yogi*
21 Kornfield, Jack und Feldman, Christina: *Geschichten, die der Seele gut tun*, S. 124
22 Krystal, Phyllis: *Die inneren Fesseln sprengen: Befreiung von falschen Sicherheiten*
23 Krystal, Phyllis: *Die inneren Fesseln sprengen: Arbeitsbuch*
24 Kornfield, Jack und Feldman, Christina: *Soul Food*, S. 12
25 Canfield, Jack and Hansen, Mark Victor: *Dare to win*, S. 22
26 aus: Die Bibel in der Übersetzung Martin Luthers, Württembergische Bibelanstalt Stuttgart, 1971, Neues Testament, S. 171
27 Canfield, Jack und Hansen, Mark Victor: *Hühnersuppe für die Seele*, S. 154

Literatur

Aldinger, Marco: *Was ist die ewige Wahrheit?* Zen-Geschichten vom Anhaften und Loslassen. Herder, Freiburg 1998.

Amritanandamayi, Mata: *Mutter der unsterblichen Glückseligkeit. Leben und Lehre einer jungen indischen Weisen der heutigen Zeit.* Ansata, Interlaken 1989.

Bach, Richard: *Illusionen: Die Abenteuer eines Messias wider Willen.* Ullstein, Berlin 1978.

Bradshaw, John: *Das Kind in uns: Wie finde ich zu mir selbst.* Knaur, München 1992.

Brennan, Barbara Ann: *Licht-Arbeit: Das große Handbuch der Heilung mit körpereigenen Energiefeldern.* Goldmann, München 1989.

Brennan, Barbara Ann: *Licht -Heilung: Der Prozeß der Genesung auf allen Ebenen von Körper, Gefühl und Geist.* Goldmann, München 1994.

Cabobianco, Flavio M.: *Ich komm' aus der Sonne.* Ch. Falk, Seeon 1994.

Canfield, Jack and Hansen, Mark Victor: *Chicken soup for the surviving soul. 101 stories of courage and inspiration from those who have survived cancer.* Health Communications, Deerfield Beach, USA, 1996.

Canfield, Jack and Hansen, Mark Victor: *Dare to win.* Berkley, New York, USA, 1994.

Canfield, Jack und Hansen, Mark Victor: *Hühnersuppe für die Seele: Geschichten, die das Herz erwärmen.* Goldmann, München 1996.

Canfield, Jack und Hansen, Mark Victor: *Noch mehr Hühnersuppe für die Seele. Geschichten, die das Herz erwärmen.* Goldmann, München 1997.

Dass, Ram und Bush, Mirabai: *Auf dem Weg zum Herzen. Spiritualität und praktische Nächstenliebe.* Knaur, München 1993.

312 *Literatur*

Dass, Ram und Gorman, Paul: *Wie kann ich helfen? Segen und Prüfung mitmenschlicher Zuwendung.* Sadhana, Berlin 1994.

Dass, Ram: *Subtil ist der Pfad der Liebe. Geschichten über Neem Karoli Baba.* Sadhana, Berlin 1983.

Ferrucci, Piero: *Werde was du bist. Selbstverwirklichung durch Psychosynthese.* Rowohlt, Reinbek 1986.

Grof, Stanislav und Christina: *Spirituelle Krisen.* Kösel, München 1990.

Hellinger, Bert: *Die Mitte fühlt sich leicht an. Vorträge und Geschichten.* Kösel, München 1998.

Hellinger, Bert: *Ordnungen der Liebe: Ein Kurs-Buch von Bert Hellinger.* Carl-Auer-Systeme, Heidelberg 1994.

Hellinger, Bert und ten Hövel, Gabriele: *Anerkennen, was ist: Gespräche über Verstrickung und Lösung.* Kösel, München, 1996.

Jaffé, Aniela: *Erinnerungen, Träume, Gedanken von C. G. Jung.* Walter, Olten 1971.

Kornfield, Jack und Feldman, Christina: *Geschichten, die der Seele gut tun.* Herder, Freiburg 1998.

Kornfield, Jack und Feldman, Christina: *Soul Food. Stories to nourish the spirit and the heart.* Harper Collins, New York, USA, 1996.

Krystal, Phyllis: *Die inneren Fesseln sprengen: Befreiung von falschen Sicherheiten.* Econ, München 1999.

Krystal, Phyllis: *Die inneren Fesseln sprengen: Arbeitsbuch.* Econ, München 2000.

Krystal, Phyllis: *Sathya Sai Baba, Ziel aller Reisen.* Sathya Sai Vereinigung, Bonn 1991.

Morgan, Marlo: *Traumfänger.* Goldmann, München 1995.

Morse, Melvin und Perry, Paul: *Zum Licht. Was wir von Kindern lernen können, die dem Tod nahe waren.* Zweitausendeins, Frankfurt 1992.

Novalis: *Heinrich von Ofterdingen.* Insel, Frankfurt 1982.

Sartory, Gertrude und Thomas (Hrsg.): *Krishnas Flöte. Religiöse Liebeslyrik aus Indien.* Herder, Freiburg 1979.

Vivekananda, Swami: *Karma-Yoga und Bhakti-Yoga.* Bauer, Freiburg 1983.

Weber, Gunthard (Hrsg.): *Zweierlei Glück. Die systemische Psychotherapie Bert Hellingers.* Carl-Auer-Systeme, Heidelberg 1993.

Yogananda, Paramahansa: *Autobiographie eines Yogi.* O. W. Barth, München 1983.

Stichwortverzeichnis